헤겔『법철학 강요(綱要)』해설:

〈서문〉과 〈서론〉

헤겔『법철학 강요(綱要)』(*Grundlinien der Philosophie des Rechts oder Naturrecht und Staatswissenschaft im Grundrisse, 1821*) 해설: 〈서문〉과 〈서론〉

백훈승 지음

서광사

헤겔『법철학 강요(綱要)』해설: 〈서문〉과 〈서론〉

백훈승 지음

펴낸이 | 김신혁, 이숙
펴낸곳 | 도서출판 서광사
출판등록일 | 1977. 6. 30.
출판등록번호 | 제 406-2006-000010호

(10881) 경기도 파주시 회동길 77-12 (문발동)
대표전화 (031) 955-4331 팩시밀리 (031) 955-4336
E-mail : phil6161@chol.com
http://www.seokwangsa.co.kr | http://www.seokwangsa.kr

제1판 제1쇄 펴낸날 — 2016년 9월 20일

ISBN 978-89-306-2211-0   93160

『법철학』의 원전은 *Theorie Werkausgabe in zwanzig Bänden*, Redaktion von
Eva Moldenhauer und Karl Markus Michel, Ffm., 1969 ff. (=TW)의
제7권 *Grundlinien der Philosophie des Rechts oder Naturrecht und Sta-
atswissenschaft im Grundrisse* (1821)을 토대로 하였고 우리말 번역은,
아래의 여러 번역본들도 참고하면서 필자가 직접 한 것이다.

번역본들

G.W.F. 헤겔, 『법철학』, 임석진 역, 한길사, 2008.

T.M. Knox (tr. with notes), *Hegel's Philosophy of Right*, Oxford, 1953 (Knox
로 줄임).

Hegel, Elements of the Philosophy of Right, edited by Allen W. Wood, tr. by
H.B. Nisbet, Cambridge, 2004 (Nisbet으로 줄임).

헤겔, 『법의 철학(전편)』, 강문용, 이동춘 공역, 박영사, 1976.

헤겔, 『법의 철학』, 尹鎔桁 역, 『세계의 대사상』 7, 휘문출판사, 1978.

ヘーゲル, 『法の哲學』, 藤野涉・赤澤正敏 역, 岩崎武雄 책임편집, 『世界の名
著 35』, 東京, 昭和 47년(제9판), (149-604).

참고한 헤겔 『법철학』 텍스트들

Ilting, K-H (hg), *Vorlesungen über Rechtsphilosophie 1, Der objektive Geist aus der Heidelberger Enzyklopädie 1817 mit Hegels Vorlesungsnotizen 1818-1819. Naturrecht und Staatswissenschaft nach der Vorlesungsnach-schrift von C.G. Homeyer 1818/19. Zeitgenössische Rezensionen der "Rechtsphilosophie"*, Stuttgart-Bad Cannstatt, 1973 (Ilting I로 줄임).

_____, *Vorlesungen über Rechtsphilosophie 2. Die "Rechtsphilosophie" von 1820 mit Hegels Vorlesungsnotizen 1821-1825*, Stuttgart-Bad Cannstatt, 1974 (Ilting II로 줄임).

_____, *Vorlesungen über Rechtsphilosophie 3. Philosophie des Rechts. Nach der Vorlesungsnachschrift von H.G. Hotho 1822/23*, Stuttgart-Bad Cannstatt, 1974 (Ilting III으로 줄임).

_____, *Vorlesungen über Rechtsphilosophie 4. Philosophie des Rechts nach der Vorlesungsnachschrift K.G.v.Griesheims 1824/25. Der objektive Geist aus der Berliner Enzyklopädie zweite und dritte Auflage (1827 und 1830). Philosophie des Rechts nach der Vorlesungsnachschrift von D.F. Strauß 1831 mit Hegels Vorlesungsnotizen*, Stuttgart-Bad Cannstatt, 1974 (Ilting IV 로 줄임).

_____, *G.W.F. Hegel, Die Philosophie des Rechts. Die Mitschriften Wannenmann (Heidelberg 1817/18) und Homeyer (Berlin 1818/19)*, edited by K.-H. Ilting, Stuttgart, 1983.

Hegel, *Philosophie des Rechts: die Vorlesung von 1819/20 in einer Nach-schrift*, hg. von Dieter Henrich, Ffm., 1983.

Hegel, *Vorlesungen über die Philosophie des Rechts. Berlin, 1819/20*, Nachge-schrieben von Johann Rudolf Ringier, hg.v. E. Angehrn, M. Bondeli und Hoo Nam Seelmann, Hamburg, 2000.

우리말 강조체는 굵은 글씨로, 서양어 강조체는 독일어본 원문(原文)에서와 같
이 이탤릭체로 표기하였다. 양서(洋書)의 제목 또한 이탤릭체로 표시하
였다.

사용된 헤겔의 원전 및 저서는 다음과 같다.

1. 사용된 헤겔의 원전

Theorie Werkausgabe in zwanzig Bänden, Redaktion von Eva Moldenhauer
und Karl Markus Michel, Ffm, 1969 ff. (=TW).

Gesammelte Werke, in Verbindung mit der Deutschen Forschungsgemein-
schaft, hg.v. der Rheinisch-Westfälischen Akademie der Wissen-
schaften, Hamburg, 1968 ff. (=GW).

2. 인용된 헤겔의 저술

Phänomenologie des Geistes (1807), hg. v. Johannes Hoffmeister, Hamburg,
1952.

*Differenz des Fichteschen und Schellingschen Systems der Philosophie in Bezie-
hung auf Reinholds Beiträge zur leichtern Übersicht des Zustandes der
Philosophie zu Anfang des neunzehnten Jahrhunderts*, 1. Heft (1801),
35 f. in: *Jenaer Schriften 1801-1807*. TW 2, 7-138.

Glauben und Wissen, in: *Jenaer Schriften 1801-1807*. TW 2, 287-433.

*Über die wissenschaftilchen Behandlungsarten des Naturrechts, seine Stelle in
der praktischen Philosophie und sein Verhältnis zu den positiven
Rechtswissenschaften*, in: *Jenaer Schriften 1801-1807*. TW 2, 434-532.

"Wer denkt abstrakt?" (1807), in: *Jenaer Schriften 1801-1807*. TW 2, 575-

다. 이런 경우, 서술의 능숙함을 통해 그 난해성의 정도를 감소시킬 수는 있겠지만 그것을 근본적으로 변화시키기는 어렵다. 철학은 특히 추상화의 정도가 높은 개념들을 많이 사용할 뿐만 아니라 사태의 심층에까지 이르는 철저한 사유를 추구하기에, 이러한 사유의 전모를 꿰뚫어보기는 그리 쉽지 않다. 두 번째 이유는, 어떤 하나의 개념이 지니고 있는 다의성(多義性) 때문이다. 예컨대 '실체(實體)'라는 용어가 이러한 경우에 속한다. 그것의 근본적인 의미는 동일하더라도, 철학자가 용어를 사용하는 맥락과 상황에 따라 그 용어가 지니고 있는 의미들의 다른 측면에 강조점을 둠으로 인하여, 조금 변형된 의미를 지니고 나타난다. 따라서 철학자에 따라 다른 의미를 나타낼 수 있는 용어들의 스펙트럼을 포착하는 일에도 상당한 노력과 시간이 요구된다. 그렇기 때문에 철학을 공부하는 사람들에게는 철학사 공부가 무엇보다 중요하며, 반드시 철학사전을—그것도 여러 종류의 철학사전을—옆에 두고 수시로 참고하면서 공부해야 한다. 더 나아가서, 몇몇 철학자들은 동일한 용어를 일상이나 철학의 일반적인 의미와 상이한 의미로 사용하는 경우가 있다. 그런 예들 가운데 하나가, 우리가 바로 여기 『법철학』에서 만나게 되는 '이념'[die Idee]이나 '개념'[der Begriff]이라는 용어다. 일상언어 및 철학에서 말하는 '이념'은, '이상적(理想的)인' '생각[念]'으로, 물리적인 시·공간의 제약을 받지 않는 비현실적인 것이다. 이를 그냥 '이상(理想)'이라고도 하는데, 이 첫 번째 의미를 지닌 'Idee'는 영어로는 'ideal' 혹은 (대문자 'I'로 시작하는) 'Idea'라고 한다.[2] 두 번째로

---

2 '관념'이나 '생각'을 뜻하는 영어 'idea'는 플라톤이 말한 '이데아'(ιδέα)에서 유래한 용어다. 그러나 'ιδέα'라는 헬라스어를 라틴문자로 그대로 옮겨서 'idea'라고 쓰면 '이데아'나 '이념', '이상'이 아니라 '관념'이라는 뜻이 되어버린다. 이 점에 유의해야 한다. 물론 'ideal'이나 'idea' 모두 플라톤의 이데아에서 유래한 용어이기 때문에 양자는 밀접한 관계가 있다. 즉 우리가 어떤 이데아에 대해 생각하게 될 때, 그것은 우리의 머릿속에 관념으로 존재한다.

'Idee'는, 첫 번째 의미에서 '이상적(理想的)인'이라는 의미를 제외한 '생각[슨]'이라는 의미를 가진다. 이것은 독일어 'Gute Idee!'나 영어 'Good idea!'라고 할 때의 Idee나 idea에 해당된다. 이 경우, 독일어에서는 'Vorstellung'이라는 단어를 사용할 수도 있고, 영어에서는 'representation'을 사용할 수도 있다. 그런데 첫 번째 의미나 두 번째 의미 모두, 그것들이 '생각[슨]'이라는 점에서는 동일하다.

그러나 이제 헤겔이 독특하게 사용하는 세 번째 의미의 'Idee'가 있다. 그것은 한마디로 말하면, '개념과 실재(현실, 현존재)의 일치'[3]다. 우리가 통상적으로 말하는 '이상(理想)'이나 '이념(理念)'으로서의 Idee는 현실에 존재하지 않는다. 현실에 존재한다면 그것은 더 이상 '이상(理想)'이 아닐 것이다. 그런데 헤겔이 말하는 세 번째 의미의 Idee는 현실에 존재할 수 있다. 그리고 철학은 그것이 현실에 존재하도록 현실을 개혁할 책임이 있다. 이처럼 같은 용어도 사용자에 따라 다른 의미를 나타낼 수 있는데, 이 점을 포착하는 것이 그리 쉬운 일은 아니다.

철학이 어렵게 되어버린 네 번째 이유와 책임은 철학자들 자신에게 있다. 모든 철학자가 그런 것은 아니지만, 상당수의 철학자들은 다른 사람들이 이해하기 어려운 글을 쓴다. 자신이 사태를 올바로 파악하고 있다면 그 사태를 표현하는 글도 가능한 한 정확하고 오해가 없도록 써야 할 것이다. 베를린 시절에 헤겔은, "위대한 사람은 사람들로 하여금 자기를 해명하도록 저주한다"[4]고 말한 적이 있다. 그러나 이 말은 결코,

---

3 예컨대 헤겔은 『법철학』에서, "철학적 법학은 법 이념을, 즉 법 개념과 그것의 실현을 대상으로 갖고 있다"(TW 7, 29 §1)라고, 그리고 같은 곳의 보유에서 "현존재와 개념의 통일, 육체와 혼의 통일이 이념이다"(Die Einheit des Daseins und des Begriffs, des Körpers und der Seele ist die Idee)라고 말한다. 즉, '이념[Idee]은 실재[Realität]나 현존재[Dasein]가 그것의 개념[Begriff]―이때의 '개념'은 '본질'을 뜻한다―에 합치한 상태를 말한다.

4 "Ein großer Mann verdammt die Menschen dazu, ihn zu explizieren."["Aphoris-

위대한 철학자는 문장을 어렵게 써야 한다고 주장하는 것은 아닐 것이다. 이 말의 진의(眞意)는, 위대한 사상가는 그 자신이 가지고 있는 사상의 위대성으로 인하여, 그만큼 다양한 해석의 여지가 있고, 그 사상을 계속해서 더욱 발전시켜 나갈 수 있는 잠재력을 많이 가지고 있다는 뜻으로 해석되어야 할 것이다.

헤겔의 3대 저서로는 흔히 『정신현상학』(*Phänomenologie des Geistes*, 1807), 『논리학』(*Wissenschaft der Logik*, 1812–1816), 그리고 『법철학』(*Grundlinien der Philosophie des Rechts oder Naturrecht und Staatswissenschaft im Grundrisse*, 1821)을 꼽는다. 『정신현상학』에는 주로 헤겔의 인식론이 —물론 그 속에는 사회·역사철학, 예술철학, 종교철학 등이 포함되어 있지만— 서술되어 있고, 『논리학』 대부분의 내용은 헤겔의 형이상학이다. 즉 헤겔의 『논리학』은 2부로 구성되어 있는데, 제1부가 '객관적 논리학'[die objektive Logik]이고 제2부가 주관적 논리학[die subjektive Logik]이다. 제1부는 다시 제1권 〈존재론〉[Seinslehre]과 제2권 〈본질론〉[Wesenslehre]으로 나누어진다. 제2부는 〈개념론〉[Begriffslehre]이다. 일반논리학은 이 가운데 제2부 〈개념론〉에 포함되어 있다.

전통논리학은 존재자에 관한 이론이 아니라 사유에 관한 이론인 데 반해서, 헤겔의 논리학은 사유와 존재자 모두를 포괄하는 이론이다. 즉, 전통논리학은 존재자들의 객관세계·대상세계를 다루는 객관적인 학문과는 다른 '주관적'인 학문이었다. 따라서 '객관적 논리학', 다시 말하면 '대상세계를 다루는 논리학'이라는 표현은 성립할 수 없는 것이

---

men aus der Berliner Zeit," in: Karl Rosenkranz, *Hegels Leben*, Berlin, 1844, Unveränderter reprografischer Nachdruck der Ausgabe, Darmstadt, 1977, 555. und in: TW 11(=*Berliner Schriften, 1818–1831*), 574].

다. 그러나 헤겔에 있어서는 논리학이 두 분야, 곧 객관적 논리학과 주
관적 논리학이라는 두 분야로 나누어진다. 어떻게 이런 일이 가능한 것
인가? 즉 헤겔에 의하면 이 세계는 로고스(Logos)인 절대정신[der ab-
solute Geist] — 절대이성[die absolute Vernunft], 절대이념[die abso-
lute Idee] — 이 자신을 외화(外化)하여 드러난 결과물이다.[5] 그래서 이
세계, 온 우주는 정신적인 성격을 지니게 된다 — 이것이 정신주의[Spiri-
tualism]다 — 헤겔의 논리학 [Logik]은 바로 이 로고스의 전개과정을
다루는 학(學)이다. 그래서 헤겔의 논리학 [Logik]은 '로고스의 학'이
다. 독일어 Logik이나 영어의 logic은 모두 헬라스어 logos(λόγος)에서
나온 말이다. 로고스가 자신을 전개하여 이루어진 것이 정신과 물질로
서의 세계다. 이것을 파악하는 것이 헤겔 논리학 [Logik]의 과제이므
로, 그의 논리학(Logik)은 일반적인 의미의 논리학이기 이전에 이미 형
이상학(形而上學)인 것이다. 여기서는 이 문제를 더 거론하지 않고, 다
른 지면을 통해 상세히 설명하도록 하겠다.

　헤겔이 하이델베르크 대학 교수로 재직하던 1817년에 처음으로 간행
한『철학강요』(*Enzyklopädie der philosophischen Wissenschaften*)의 구
분과 서술에 따르면 그의 철학의 전 체계(全 體系)는 논리학, 자연철학,
정신철학으로 구성된다. 그런데『법철학』은 — 헤겔 철학체계의 제3부
에 해당되는〈정신철학〉에 속하며,〈정신철학〉은 다시〈주관적 정신〉,〈
객관적 정신〉,〈절대적 정신〉으로 분화되는 바,『법철학』은 두 번째 단
계인〈객관적 정신〉을 다루고 있고,〈객관적 정신〉에 대한 서술의 마지
막 부분은 역사철학과 연립(聯立)해 있다.

　『법철학』의 서술은〈서문〉[Vorrede]과〈서론〉[Einleitung]에 이어〈추

5　기독교에서 말하는 '로고스'도 하나님을 가리킨다: "태초에 로고스가 있었는데, 이
로고스는 하나님 곁에 있었고 하나님은 로고스였다"("Εν ἀρχῇ ἦν ὁ λόγος, καί ὁ
λόγος ἦν πρὸς τὸν θεόν, καί θεὸς ἦν ὁ λόγος. 요한복음 제1장 제1절).

상법(抽象法)[추상적 권리]〉[das abstrakte Recht], 〈도덕(道德)〉[die Moralität] 그리고 〈인륜(人倫)〉[die Sittlichkeit]의 단계로 진행된다. 우선은, 법이 특정한 '추상적' 현상방식(소유, 계약, 불법)들로부터 시작하여 칸트의 도덕철학에 대한 비판을 거쳐서 마침내 인륜적인 삶의 형태들(가정[6], 시민사회, 국가)에 대한 이론으로 전개되어 나간다. 이때, '인륜' 속에는 '추상법'과 '도덕'이 지양(止揚)되어 있고, '인륜' 내에서도 '가정'과 '시민사회'는 '국가' 속에 지양되어 있다. 결국 객관적 정신의 내용은 인간세계의 문제들, 즉 법과 국가, 경제와 사회, 정치와 역사 등이다. 따라서 객관적 정신의 이론은 인간들 사이에서, 즉 가정·사회·국가 안에서 그 목적과 기초를 지니는 인간의 행위들을 주제로 삼는다.

그런데 헤겔이 '법철학'[Philosophie des Rechts]이라고 할 때의 독일어 'Recht'에는 '권리[right]', '법[law]', 그리고 '정의[justice]'라는 세 가지 의미가 포함되어 있는데, 이 점은 라틴어 ius의 경우와 같다. 그러나 이 세 가지 의미를 모두 지니고 있는 하나의 영어 단어는 없다. 이

---

6 아직까지 한국 및 일본학계에서는 헤겔의 『법철학』에서 인륜의 세 형태 중 첫 번째 형태인 Familie를 '가족(家族)'으로 옮기고 있는데, 필자는 이를 '가정(家庭)'으로 옮긴다. 인륜의 세 형태는 die Familie, die bürgerliche Gesellschaft, der Staat이며, 우리말로는 가정, 시민사회, 국가다. 그리고 이들 인륜의 형태들을 형성하는 성원이 각각 Familienglied, Bürger, Staatsbürger(Citoyen)이며, 이를 우리말로는 가족, 시민, 국민[혹은 공민(公民)]이라고 한다. '가족'을 우리가 '가정'과 같은 의미로 사용하기도 하지만, 이 둘을 구별하자면, '가족'은 '가정'을 이루는 성원이 된다. 그래서 나는 Familie와 Familienglied를 구별하는 용어로 각각 가정과 가족이라는 용어를 사용한다. 다음의 헤겔의 설명을 참조하라: "법에서의 대상은 인격(체)이고 도덕의 입장에서는 주체이며, 가정에서는 가족이고 시민사회 일반에서는 (부르주아로서의) 시민이다"["Im Rechte ist der Gegenstand die *Person*, im moralischen Standpunkt das Subjekt, in der Familie das *Familienglied*, in der bürgerlichen Gesellschaft überhaupt der *Bürger* (als *bourgeois*)" §190 주해]. 그리고 국가를 구성하는 자들은 '국민'[Staatsbürger/citoyen]이다.

처럼 헤겔의 이 저술은 '법의 철학', '권리의 철학', '정의의 철학'이라는 의미를 모두 포함하고 있다. 그런데 객관적인 '법'과 주관적인 '권리'는 밀접하게 연관되어 있다. 주관이 가지는 권리는 법 — 그것이 자연법이든 실정법이든 간에 — 에 규정되어 있다. 법에 규정된 권리를 보장받지 못할 때 정의(正義, Recht, justice)가 실현되지 못한 것이고, 이때 우리는 정의를 회복하기 위하여 다시 법 혹은 법정(法庭)에 호소한다. 'Recht'는 또한 인식론적으로 혹은 도덕(윤리)적으로 '옳다'는 의미도 지니고 있다. 예컨대 "Du hast recht!"(소문자 recht를 사용한다)라고 하면 "네가(네 말이) 옳다!"는 뜻이다.

이러한 의미 외에도 헤겔은 'Recht'라는 표제하에 도덕, 인륜 및 세계사까지도 포함하여 다루고 있는데, 이러한 의도를 『법철학』 §33 보유(補遺)에서 언급하고 있다.[7] 이 말은, Recht가 추상법, 즉 사법(私法)으로서의 법 외에도 도덕생활의 법, 인륜생활의 법, 세계사의 법까지도 포함하고 있다는 의미다. 헤겔은 "현존재 일반이 자유로운 의지의 현존재라는 사실, 바로 이것이 법(권리)이다. — 따라서 법(권리)은 일반적으로 이념으로서의 자유다"[8]라고 말하므로, 위에서 말한 각 영역에는 이념으로서의 자유로운 의지가 스며들어 있는 것이다.[9]

헤겔 『법철학』에 대해서는 출간 직후부터 많은 논란이 있었다. 비판은 특히 〈서문〉과 본론의 국가론을 둘러싸고 이루어졌는데, 여기에 단초를 제공한 진술은 바로 〈서문〉에 있는 "Was vernünftig ist, das ist wirklich; was wirklich ist, das ist vernünftig"라는 한 쌍의 진술이다.

---

7 "우리가 본서에서 Recht라고 말할 때 보통 그 말로 이해하는 시민법(시민권)만이 아니라, 도덕, 인륜 및 세계사도 의미한다. (...)"(TW 7, 90-91).

8 "Dies, daß ein Dasein überhaupt *Dasein des freien Willens* ist, ist das *Recht*. — Es ist somit überhaupt die Freiheit, als Idee." TW 7, 80) / 『법철학』, 107.

9 최재희, 『헤겔의 사회철학 - 「법철학강요」를 중심으로 - 』, 형설출판사, 1994, 22 참조.

헤겔 사후, 하임(Rudolf Haym, 1821-1901)은 『헤겔과 그의 시대』(*Hegel und seine Zeit*, 1857)라는 책에서 헤겔 『법철학』의 사상을 프로이센 왕정복고의 정당화라고 비판하고, 현대에도 포퍼(Karl Popper, 1902-1994)와 같은 과학철학자는, 헤겔의 철학은 프로이센 국가와 프리드리히 3세를 옹호하는 보수·반동적인 철학으로서 국가의 시녀 역할을 했다고 신랄하게 비판한다.[10] 그러나 이러한 견해는 일방적이고 편협한 것이라는 점을 '예비적 고찰'과 '본문에 대한 해설'에서 살펴볼 것이다.

우리는 헤겔의 이 저술 곳곳에서 그의 탁견(卓見)을 발견할 수 있지만, 현대의 헤겔 연구자들이 대체로 그의 뛰어난 통찰력에 공감하고 있는 부분은 바로 시민사회에 대한 분석이다. 헤겔은 이미 스미스(Adam Smith, 1723-1790)나 리카르도(David Ricardo, 1772-1823) 등의 국민경제학을 파악하고 있었고, 17-8세기의 시민사회는 원자화된 개인주의를 바탕으로 개인들의 욕구를 충족시키기 위한 '욕구의 체계'[System der Bedürfnisse]로서 작동하고 있었다. 이기적인 개인들의 생존경쟁의 마당인 시민사회를 헤겔이 '인륜' 장(章)에 포함시켜 다루고 있는 까닭은 특히, 시민사회 내에서 제한된 범위에서이긴 하지만, 상호부조를 통해 특수성과 보편성의 통일이 가능하게 되는 직업단체(직능단체, Korporation)의 역할에서 발현되는 인륜을 발견하였기 때문이다. 하지만 헤겔은 이러한 시민사회는 결국은 국가로 지양되어야 한다고 보고 있다. 자기 자신의 이익만을 고려하면, 전쟁이 발발했을 때 밀항선을 타고 외국으로 도피하는 것이 가장 좋을지 몰라도 시민[Bürger]이 아닌 공민(公民, Staatsbürger, citoyen) 혹은 '국민'은 기꺼이 총을 메고 전

---

10 K. Popper, *The open Society and its enemies*. Vol. 2 Hegel & Marx, London, 1973, Ch. 12: Hegel and the new tribalism. 특히 I(27-35) 참조.

선으로 나아가는 것이다. 이런 점에서 우리는 오늘날 자유주의와의 대립으로 쟁점이 되고 있는 그의 공동체주의 사상을 발견할 수 있다.

지금까지 국내에서 약간의 각주가 첨부된 헤겔의 『법철학』 번역서들은 출간되었지만, 『법철학』 텍스트에 대한 해설서는 나오지 않았다. 헤겔의 다른 저서들과 마찬가지로 『법철학』 역시, 헤겔의 전문용어 및 사유방식에 대한 지식 없이는 이해하기 어려운 책이다. 뿐만 아니라, 난해한 서술과 파악해야 할 방대한 내용으로 인하여 혼자서 이 텍스트를 해독해나간다는 것은 참으로 어려운 일이다. 더욱이, 페퍼짝(Adriaan Th. Peperzak)도 말했듯이,[11] 『법철학』 서문을 이해하기 위해서는 헤겔 철학에 대한 지식 외에도, 헤겔이 『법철학』을 저술하고 출판했던 당시의 정치적 상황 및 대학의 상황을 잘 알아야만 하는데, 이를 위해서는 상당한 노력이 필요한 것이 사실이다.

수어캄프(Suhrkamp)판(版)으로도 500쪽이 훨씬 넘는 방대한 양의 저술을 해설하는 일은 전문지식 외에도 많은 시간과 노력이 필요한 일이다. 또한 헤겔의 다른 저술들에서도 볼 수 있듯이, 여러 방면에 걸친 헤겔의 관심과 해박한 지식을 따라잡아 그 깊은 의미를 파악하기는 결코 쉽지가 않다. 『법철학』에서도 단지 법 및 법학에 관한 내용들만 등장하는 것이 아니라, 여러 문예작품들을 비롯한 예술사상, 정치사상과 종교사상 등 실로 다양한 영역의 문제들과 실례들을 가지고 헤겔은 자신의 논의를 이끌어가고 있다. 필자는 그리하여 우선, 헤겔 『법철학』의 전체방향을 가늠할 수 있는 〈서문〉과 〈서론〉만을 해설하고 〈추상법〉, 〈도덕〉, 〈인륜〉으로 이어지는 본문에 대한 해설은 다음 기회로 넘기기로 하였다.

---

11 Adriaan Th. Peperzak, *Philosophy and Politics. A Commentary on the Preface to Hegel's Philosophy of Right*, Dordrecht/Boston/Lancaster (Peperzak으로 줄임), 1987, 15 참조.

나는 이 해설서에서 헤겔사상에 대한 비판적인 고찰보다는, 헤겔 자신의 진의(眞意)가 무엇인지를 파악하여 그것을 가급적 이해하기 쉽게 전달하려고 노력하였다. 나는 독자들이 헤겔의 텍스트를 ─ 가능하면 원어(原語)로 ─ 직접 읽기를 바란다. 독일어 원서로 읽는 것이 곤란하면 영어·프랑스어·일본어 등의 번역본과 우리말 번역본을 대조하며 읽기를 권한다. 〈서문〉과 〈서론〉의 각 문단과 장(章, Paragraph)을 꼼꼼히 읽고 우선 각 문단과 장(章)에서 헤겔이 말하고자 하는 바를 요약·정리하고 나름대로 텍스트를 해석해본 후, 이 해설서의 해당 부분을 보고 자신의 생각과 비교해보기 바란다. 이때, 자신의 생각과 해설서의 내용의 공통점과 차이점을 발견하게 될 것이다. 그런 다음 다시 헤겔의 원문을 정독(精讀)하면 본문의 의미를 훨씬 더 뚜렷이 파악할 수 있을 것이다.

헤겔 『법철학』의 우리말 번역본은 몇 가지로 나와 있다. 출간연도 순으로 정리하면, 『법의 철학(전편/후편)』(강문용, 이동춘 공역, 박영사, 1976), 『법의 철학』(尹鎔析, 『세계의 대사상 7』, 휘문출판사, 1978), 『법철학』[임석진 역, 한길사, 2008(1989)], 『법철학 강요』(권응호 역, 홍신문화사, 1990)가 출간되어 있고 이들은 모두 전문을 번역하였다. 부분 번역으로는, 〈서문〉과 〈서론〉만을 번역한 『법철학 1 ─ 서문과 서론 ─』(강유원 역, 사람생각, 1999), 『법철학』 전체에서 일부를 발췌하여 번역한 『법철학 강요』(서정혁 역, 지만지, 2008), 그리고 〈서문〉만을 번역한 「『법철학 요강』 서문(1820)」(G.W.F. 헤겔 지음, 『헤겔의 서문들』, 에르빈 메츠케 편주, 이신철 옮김, 도서출판 b, 2013, 133-149)이 있다. 이들 번역서 가운데 가장 많이 읽히는 것은 임석진 교수가 번역한 것이다. 임석진 교수는 국내에서 헤겔 원전을 가장 많이 번역한 원로학자다. 그의 번역은 유려(流麗)하다. 그러나 불필요한 말이 많이 포함되어 있고 의역(意譯)을 많이 하여 때로는 원저자의 본의가 무엇인지 잘 알 수 없게 하는 단점이 있다. 『법철학』 번역본에 관한 한 그의 1989년판이 더 나은 번역이라 할 수 있다. 2008년판의 장점은, 필요한 곳에 각주를 달아 이해를 돕고 있다는 점이다. 〈서문〉에 관한 가장 좋은 번역은 이신철의 것이고, 다음으로는 강유원과 서정혁의 번역이다. 尹鎔材은 정치학자이고 권응호는 영문학자인데, 두 사람 모두 독일어에서 직접 번역하지 않고 동일한 일본어 번역본을 가지고 중역(重譯)한 것으로 보인다.[12] 두 사람의 번역 내용과 표현, 그리고 각주를 단 내용까지 일본어 번역과 거의 같기 때문이다. 그래서 그런지 문장도 어색하고 우리말 표현이 부자연스러운 곳이 많아 아주 불만족스럽다. 강문용·이동춘 공역 또한 오역이 많고 우리말로도 이해하기 어려운 곳이 너무 많아 권할만한 것이 못된다.

여기 내놓는 해설서는 필자가 몇 학기에 걸쳐 학부와 대학원에서 강의한 내용을 보충하고 수정하여 이루어졌다. 몇 권의 해설서와 자료들을 참고하고, 필자 자신의 해석을 덧붙여 이루어진 것인데, 물론 잘못된 해석이나 오류가 있을 수 있을 것이다. 현명한 독자가 오류를 지적해준다면 필자로서는 감사할 따름이다. 나는 이 책을 나의 가족에게 바친다. 필자의 오랜 공부기간 동안, 특히 홀로 유학생활을 할 때 두 아이를 돌보고 남편 뒷바라지를 한 나의 아내 최민숙, 그리고 아빠 없이 잘 자라준 두 딸, 다라와 다영에게 감사한 마음을 전한다.

로즈(David Rose)는 철학책을 읽는 일을 등산에 비유하면서, 헤겔을 읽는 일은 K$_2$[13]를 등정하는 것과 같을 것이라고 말한다. 그러면서 그는

---

12 이들은 아마도 ヘーゲル, 『法の哲學』, 藤野涉·赤澤正敏 역, 岩崎武雄 책임편집, 『世界の名著 35』, 東京, 昭和 47년(제9판), (149-604)을 거의 그대로 옮긴 것으로 보인다.

13 K$_2$는 8,611미터의 높이로, 에베레스트(8,848미터)에 이어 세계에서 두 번째로 높은 산이지만, 가장 험준(險峻)한 산이다. 약 6,000미터까지 산은 온통 바위투성이며 그 위로는 깊은 만년설이 하얀 평원을 이루고 있다.

헤겔 『법철학』을 개괄적으로 소개하는 자신의 글이 베이스 캠프의 역할을 하기를 희망했다.[14] 그런데 나는 나의 해설서가 K_2를 완등(完登)하기 위한 피켈(Pickel)과 아이젠(Eisen), 그리고 자일(Seil), 방한복, 고글 등의 필수장비가 되기를 바란다. 여기저기 흩어져 있는 크레바스(crevasse)를 잘 건너고 험한 빙벽을 올라 마침내 모두가 정상도달의 기쁨을 만끽하기 바란다.

2016년 여름
백훈승

---

14 David Rose, *Hegel's Philosophy of Right. A Reader's Guide*, London and NY., 2007, 5 참조.

I

예비적 고찰:
헤겔 『법철학』의 개괄적 설명

1

『법철학』의 성립과정 및 역사적 배경

• 헤겔은 1816년 겨울학기부터 1818년 여름학기까지 하이델베르크 (Heidelberg)에서 가르친 후에, 1818년 겨울학기부터 베를린 대학[1]에서 강의했는데—10월 22일에 취임강연[Antrittsvorlesung]을 함—, 이때 『철학강요(哲學綱要)』(Enzyklopädie der philosophischen Wissenschaf-ten)[2]와 함께 〈자연법과 국가학〉을 강의했다. 그런데 전자의 강의에 관련해서는 이미 하이델베르크 시절에 책을 출간한 바 있지만[소위 『하이델베르크 시절의 철학강요』(Heidelberger Enzyklopädie, 1817)], 후자의 강의와 관련해서는 『철학강요』 가운데 〈객관적 정신〉의 서술 이외에는 별도의 저술을 갖고 있지 않았고, 단지 하이델베르크에서 1817/18[3]에

---

1 1810년에 설립된 대학으로, 오늘날의 베를린 훔볼트 대학[Humboldt Universität zu Berlin]을 가리킨다.

2 이 저술은 헤겔 철학체계의 전모를 압축해 서술한 책으로, 헤겔이 하이델베르크 대학에 근무하던 1817년에 출간되었다. 『철학적 제학문의 집대성』, 『철학대계』(哲學大界) 혹은 그냥 『엔쮜클로패디』 등으로도 부르는데, 나는 『철학강요』라고 부르겠다.

3 1817년 겨울에서 1818년 초까지 이어지는 겨울학기[Wintersemester]를 가리킨다. 전통적으로 독일의 주요학기는 겨울학기로, 대체로 10월 중순부터 이듬해 2월 중순까

〈자연법과 국가학〉을 강의한 강의안만 가지고 있었다. 그래서 헤겔은 강의를 위하여 책을 쓰기로 결심했다. 주제는 예나(Jena)시절(1801-1807) 이래 이미 주지하고 있던 것이었고 자료는 준비되어 있었다.[4]

 • 오늘날 우리가 보고 있는 『법철학』 서문에는 "1820년 6월 25일"이라는 날짜가 적혀있고 속표지에는 1821년 베를린의 니콜라이(Nicolai) 서점에서 출판된 것으로 되어 있다. 그러나 책은 1820년 10월에 이미 출간되었다.[5] 헤겔이 살던 시대에 책의 출판연도는 일반적으로 그 책이 최초로 책 박람회에 전시된 해를 의미했다. 그리하여 책의 출간연도는 종종 그것이 최초로 판매된 시기보다 늦었다. 이것은 헤겔의 『논리학』 (Wissenschaft der Logik)의 경우도 마찬가지다. 즉, 헤겔의 『논리학』 제1부 제1권인 〈존재론〉[Seinslehre]은 1812년에 출간된 것으로 알려져 있지만, 헤겔은 자신의 『논리학』이 1811년에 출간되었다고 말한다.[6]

 • 헤겔은 베를린 대학에서 1821년 여름학기에는 〈종교철학〉과 〈논리학, 형이상학〉을 강의했고 1821/22 겨울학기에는 〈이성적 자연학 또는 자연철학〉(『철학강요』에 의함)과 함께, 완성된 책을 사용하여 〈자연법과 국가학, 또는 법철학〉을 강의했다. 그 이후 1822/23 겨울학기에는 〈자연법과 헌법 또는 법철학〉을, 1824/25 겨울학기에는 〈자연법과 헌법〉을 강의하였다. 1830/31 겨울학기에는 〈자연법과 헌법, 또는 법철학〉을 매주 다섯 시간, 즉 12시부터 1시까지 강의하기로 예고하였으나 건강상의 이유로 취소하였고, 죽기 직전인 1831년 11월에 시작했던

지 약 4개월 간 계속된다. 이에 비해 여름학기[Sommersemester]는 대체로 7월 중순부터 10월 중순까지 약 3개월에 걸쳐 계속된다.

4 上妻精 외, 『헤겔 法哲學 입문』, 윤길순 역, 중원문화, 1984(上妻精으로 줄임), 34 참조.

5 TW 7, 525에 있는 'Anm. der Redaktion zu Bd. 7' 참조.

6 Berliner Schriften 1818-1831(=TW 11), 240을 볼 것. Terry Pinkard, Hegel. A Biography, Cambridge, 2000 (Pinkard로 줄임), 715 참조.

1831/32 겨울학기에는 교과서에 의거하여 〈자연법과 헌법 또는 법철학〉을 단 2회에 걸쳐 총 2시간 강의하였으나 갑작스러운 사망으로 인해 강의를 더 이상 계속할 수 없었다. 그러므로 하이델베르크에서 행한 1817/18의 〈자연법과 국가학〉 강의, 그리고 베를린에서의 최초의 학기였던 1818/19 겨울학기 강의와, 강의와 병행하여 원고를 고쳐 쓰면서 진행했다고 생각되는 1819/20 겨울학기의 강의를 합하여 총 6회에 걸쳐 완전한 〈법철학〉 강의를 한 셈이다. 죽기 직전의 강의를 포함한 7회의 『법철학』 강의의 장소, 시기, 강의제목, 노트 작성자 그리고 텍스트를 정리하면 다음과 같다.

1. Heidelberg, 1817/18, 자연법과 국가학, *Vorlesungen über Natur-recht und Staatswissenschaft. Heidelberg 1817/18 mit Nachträgen aus der Vorlesung 1818/19. Nachgeschrieben von P. Wannen-mann*, in: G.W.F. Hegel. Vorlesungen. Ausgewählte Nach-schriften und Manuskripte, Bd.1, hg. v. C. Becker u.a., Hamburg, 1983.

2. Berlin, 1818/19, 자연법과 국가학, Homeyer, Ilting I, 217-352; *G.W.F. Hegel, Die Philosophie des Rechts. Die Mitschriften Wan-nenmann (Heidelberg 1817/18) und Homeyer (Berlin 1818/19)*, Stuttgart, 1983, 203-285.

3. Berlin, 1819/1820, 자연법과 국가학 또는 법철학.
   1) 노트작성자 미상, *Philosophie des Rechts: Die Vorlesungen von 1819/1820*, hg.v. D. Henrich, Ffm., 1983.
   2) Johann Rudolf Ringier, *Vorlesungen über die Philosophie des Rechts. Berlin, 1819/20*, hg.v. E. Angehrn, M. Bondeli und Hoo Nam Seelmann, Hamburg, 2000.

4. Berlin, 1821/22, 『법철학』교과서에 의거한 자연법과 국가학 또
   는 법철학(일팅의 편집본에는 「1821-1825년까지의 헤겔의 강의
   메모를 첨부한 1820년의 "법철학"」으로 표기되어 있다), 노트 작
   성자 없음. TW 7; Ilting II.

5. Berlin, 1822/23, 교과서에 의거한 자연법과 헌법 또는 법철학(일
   팅의 편집본에는 「1822/23의 호토(Hotho)[7]의 강의필기에 의한
   법철학」으로 표기되어 있다), H.G. Hotho와 K.W.L. Heyse, Ilt-
   ing III, 87-841.

6. Berlin, 1824/25, 자연법과 헌법(일팅의 편집본에는 「그리스하임[8]
   의 강의필기에 의한 법철학」으로 표기되어 있다), Griesheim, Ilt-
   ing IV, 67-752.

7. Berlin, 1831/32, 교과서에 의거한 자연법과 헌법 또는 법철학(이
   강의는 1831년 11월 14일 헤겔이 사망함으로써 계속되지 못하고
   중단된다. 일팅의 편집본에는 「헤겔의 강의메모가 첨부된 1831년
   의 슈트라우스(D.F. Strauß)의 강의필기에 의한 법철학」으로 표
   기되어 있다), Strauß, Ilting IV, 905-925.[9]

---

[7] 호토(Heinrich Gustav Hotho, 1802-1873)는 철학자이자 예술사가로, 헤겔『미학』(Ästhetik, 1835)의 편집자로 알려져 있다. 베를린 대학의 미학 및 예술사 교수를 역임했다.

[8] 그리스하임(Karl Gustav Julius von Griesheim, 1798-1854)은 프로이센의 육군소장이자 영향력 있는 보수주의 군사정책가였다. 1819년에 그는 베를린 대학에서 특히 훔볼트와 헤겔강의를 들었는데, 그의 헤겔강의 필기본은 후에 강의출판의 토대로 사용되었다(https://de.wikipedia.org/wiki/Gustav_von_Griesheim).

[9] Georg Wilhelm Friedrich Hegel, *Vorlesungen über die Philosophie des Rechts. Berlin, 1819/20*, Nachgeschrieben von Johann Rudolf Ringier, hg.v. E. Angehrn, M. Bondeli und Hoo Nam Seelmann, Hamburg, 2000, Einleitung XI-XII 그리고 Friedhelm Nicolin (hg.), *Briefe von und an Hegel. Bd. IV*. Teil 1. Dokumente und Materialien zur Biographie. Dritte, völlig neubearbeitete Aufl., 1977, 113-125 참조.

그러나 헤겔은 하이델베르크 시기와 베를린 시기 이전에도 이미 『법철학』을 포함한 실천철학에 관심을 가지고 있었다. 1821년에 비로소 공간(公刊)된 『법철학』은 순식간에 완성된 것이 아니라 헤겔이 오랫동안 관심을 가지고 있던 주제들을 이미 수차례에 걸쳐 발표하고 난 후, 이를 통해 축적된 자료와 사유와 지식을 총괄적으로 통합하여 정리해낸 것이다. 『법철학』 이전에 논구된 헤겔의 실천철학에 관한 저술들, 그리고 실천철학을 그 부분으로 포함하고 있는 저술들을 발간시기 순으로 살펴보면 다음과 같다.

1) 「뷔르템베르크의 최근내정(最近內情), 특히 그 시의회 헌법의 결함에 대하여」("Über die neuesten innern Verhältnisse Württembergs, besonders über die Gebrechen der Magistratsverfassung", 1798)

2) 「독일헌법론 서론의 제1초안」(Erste Entwürfe einer Einleitung zur Verfassungsschrift, 1799/1801) (이 제1초안은 1799년 초에 프랑크푸르트에서 성립되었고 1801년 초에 예나에서 대폭 수정되었다)

3) 「독일헌법론」("Die Verfassung Deutschlands", 1802)

4) 「자연법의 학문적 연구방식, 실천철학에 있어서의 자연법의 위치와 실증법학들에 대한 그것의 관계에 대하여」("Über die Wissenschaftilchen Behandlungsarten des Naturrechts, seine Stelle in der praktischen Philosophie und sein Verhältnis zu den positiven Rechtswissenschaften")(1802–1803에 걸쳐서 『철학비평지』(*Kritisches Journal der Philosophie*)에 실렸던 글임)

5) 『정신현상학』(*Phänomenologie des Geistes*, 1807)

6) 『철학예비학』(*Philosophische Propädeutik*, 1809–1811)

7) 「1815년과 1816년의 뷔르템베르크 왕국 지방민회의 토론에 대한 비판」("Beurteilung der Verhandlungen in der Versammlung der Landstände des Königsreichs Wüttemberg im Jahr 1815 und 1816")

$(1817)^{10}$

8) 『철학강요』(Enzyklopädie der philosophischen Wissenschaften,
$1817)^{11}$

그밖에도 책으로 출간되지 않은 강의를 살펴보면, 헤겔은 예나에서
가르치던 1801년부터 1807년까지의 시기 중에, 1802년에서 1805/6년
까지 5년 간 법에 관련된 강의를 총 5회에 걸쳐 고지(告知)했는데, 한번
은 「자연법, 시민법, 그리고 국제법」[jus naturae, civitatis et gentium]^{12}
이라는 제목으로, 그리고 네 번은 「자연법」[jus naturae]이라는 제목으
로 고지했다.^{13}

헤겔은 예나로부터 베를린에 이르는 학문의 도정(道程)에서, 『정신현
상학』(1807)으로부터 시작된 학문의 체계를 완성하고자 끊임없이 노력
했다. 그런데 당시 300여개의 영방국가(領邦國家)로 분열되어 낙후함을
면치 못했던 독일은 1807년 이후 나폴레옹이 인도하는 프랑스의 점령
하에서 남독일의 라인 동맹국들을 중심으로 근대화 개혁을 추진하고,
프랑스에 대항하여 1813년에 일어난 여러 국민들의 전쟁은 독일민족주
의 운동을 야기하는 등 역사적 전환기를 맞이하고 있었다. 『법철학』은
이러한 상황에서 이루어진 것이다. 『법철학』 저술의 배경에 있는 또 하

10 익명으로 발표된 이 정치평론은 뷔르템베르크에서 새로운 헌법을 제정하려고 하
는 국왕 프리드리히 2세와 이에 반대하는 수구파 의회 사이에서 일어난 독일 최초의 헌
법분쟁을 다루고 있는 글로서, 헤겔은 라인동맹의 개혁을 무화하려는 의회에 반대하고
국왕의 입장에 찬동한다(곤자 다케시, ebd., 90 참조).
11 최재희, ebd., 10 ff. 참조. 이들 가운데 『정신현상학』, 『철학예비학』, 그리고 『철학
강요』는 실천철학을 부분적으로 포함하고 있는 저술들이다.
12 jus civitatis는 '국내법'으로, 그리고 jus gentium은 '국제법' 혹은 '만국공법(萬
國公法)' [international law, Völkerrecht]로도 옮길 수 있다.
13 H. Kimmerle (hg.), "Dokumente zu Hegels Jenaer Dozententätigkeit (1801-
1807)," in: Hegel-Studien 4, 1967 (21-99), 53-54 참조.

나의 사건은 바로 법전(法典)논쟁이다. 나폴레옹이 몰락한 1814년에는 나폴레옹 법전의 폐지를 주장하는 법학자 레베르크(August Wilhelm Rehberg, 1757-1836)의 저작을 계기로 하여 티보(Anton Friedrich Justus Thibaut, 1772-1840)와 사비니(Friedrich Carl von Savigny, 1779-1816)라는 두 명의 법학자 사이에 법전논쟁이 있었다. 하이델베르크 대학의 법학교수인 티보는 합리적 자연법론자로서, 나폴레옹 법전의 폐지에 반대하고 독일에서의 통일적 민법전(民法典)의 편찬을 주장했다. 이와 반대로 베를린 대학의 사비니는, 법이란 인위적인 입법에 의지하지 않고 자연적으로 성장·발전해 간다는 낭만주의적인 법 관념에 기초하여 나폴레옹 법전의 폐지에 찬성하고 프랑스의 선례를 따르는 성급한 입법에 반대하여 소위 '역사법학파'(歷史法學派, Historische Rechtsschule)의 창시자가 되었다. 사비니의 입장에 반대하고 티보의 입장을 지지하는 헤겔의 태도를 우리는 『법철학』〈서문〉에서 발견할 수 있다.[14]

또 하나 거론해야 할 사항은 바로 독일대학생학우회[Burschenschaf-ten][15] 운동과 칼스바트 결의(決意)[die Karlsbader Beschlüsse]다. 1814

---

14 곤자 다케시, 『헤겔과 그의 시대』, 이신철 역, 도서출판b, 2014, 85 ff. 참조.

15 Burschenschaft라는 용어를 처음으로 사용한 사람은 바로 뒤에 설명하게 될 얀(Friedrich Ludwig Jahn, 1778-1852)이며, 그것은 그가 1811년에 베를린의 훔볼트(Humboldt) 대학 총장인 피히테(Johann Gottlieb Fichte, 1764-1812)에게 기존의 지방 학생단체[Landmannschaft]를 대신할 새로운 학생단체의 설립을 제안한 데서 비롯되었다[김장수, 「Burschenschaft의 독일개혁 및 통합운동」, 『관동사학』 제7집 제1호, 관동사학회, 1996 (93-120), 93 참조]. 'Burschenschaft'라는 말에서 Bursche는 Burse의 주민이라는 뜻의 Bursarius에서 나왔는데, 18세기와 19세기 초에 이 단어는 대학생을 가리키는 일반적인 명칭이었다. 그래서 Burschenschaft라는 명칭은 Studenten-schaft[학생회, 학우회]와 같은 말이라고 할 수 있다. Burschenschaft의 문장(紋章)은 명예[Ehre], 자유[Freiheit] 조국[Vaterland]을 뜻하는 약자인 E, F, 그리고 V를 겹쳐놓은 모양으로 되어있다(https://de.wikipedia.org/wiki/Burschenschaft 참조).

년 3월, 나폴레옹에 맞선 프로이센·러시아·오스트리아 동맹군이 파리를 점령하고 나폴레옹을 퇴위시키고 엘바(Elba)섬에 유배시킴으로써 전쟁은 끝났다. 그해 9월에 오스트리아의 비인에서 프로이센 왕, 러시아 황제를 위시한 열국(列國)의 군주들과 오스트리아의 메테르니히(Klemens Wenzel Lothar von Metternich, 1773-1859) 등의 지도자들이 모여 프랑스혁명 이후의 전쟁의 뒤처리를 위해 회의를 개최하였으나, 자국(自國)의 영토를 확대하려는 각국의 이해(利害)가 얽혀 회의는 결렬되었다. 그러나 1815년 3월, 나폴레옹이 엘바 섬을 탈출하게 되자 충격을 받아 6월에 열국은 비인조약을 체결하기에 이른다. 이렇게 하여 유럽 하늘에는 보수적인 기운이 드리우게 되었다.[16]

나폴레옹체제가 붕괴된 이후, 독일에서는 해방전쟁에 지원병으로 종군한 대학생들이 대학 강의실로 복귀했다. 그러나 이들은 절대주의적이고 분파적인 독일의 상황에 대해 강한 불만을 표시했다. 이들은 민족의식의 함양이 전적으로 필요하다는 것과 자유주의 토대하에서 독일권이 통합되어야 한다는 인식도 가지게 되었다. 베를린 대학의 헤겔 전임자인 피히테는 프랑스 점령하에 있던 베를린에서 〈독일국민에게 고함〉(Reden an die Deutsche Nation, 1807-08)이라는 연설을 함으로써 독일민족주의를 고취하였다. 이 당시 예나 대학의 학생들은 기존의 학생조직으로는 민족의식의 함양 및 독일의 통합을 이행할 수 없다고 판단하였고, 따라서 이들은 새로운 학생조직을 가능한 한 빨리 결성해야 한다는 필요성을 느끼고 있었다. 바로 이러한 때에 얀[17]이 이들에게 구체

---

16 上妻精, 29 f. 참조.
17 독일의 교육자로, "체조의 아버지"라고도 불리며·프랑크푸르트 국민의회 회원이다. 더욱이 그는 처음부터 초기의 민족운동과 연관되었던 독일 체조운동의 창시자였다. 독일 체조운동은 무엇보다도 청년들로 하여금 나폴레옹의 점령에 대항하여 프로이센 및 독일의 해방을 이루기 위한 투쟁을 준비시키는 목적을 가지고 성립되었다. 얀에게 있어 체조는 '자유의 적(敵)'을 정복하기 위한 낭만주의적인 민족운동을 표현했는데,

적인 방안을 제시하였다. 이에 따라 1815년 6월 12일 리만(H.A. Rie-mann, 1793-1872)[18]은 같은 대학에 재학 중인 143명의 학생들과 더불어 대학생학우회를 결성했다. 1815년 6월 12일에 예나의 중심지인 '시장광장'[Marktplatz]에 예나 대학의 학생들이 많이 모였다. 그러나 예나시민들은 이러한 집회에 아무런 관심도 보이지 않았는데, 그것은 이들이 학생들이 무리를 짓는 일이나 행패를 부리는 일에 익숙했기 때문이다. 그럼에도 이 집회는 관심을 가질만했는데, 그것은 예나 대학 학생들의 1/2 이상인 243명의 학생들이 집회에 참여했기 때문이다.[19]

이 적(敵)에는, 프랑스인만이 아니라 더 나아가 독일민족의 통일과 자유를 방해하는 독일의 군주들도 포함되었다. 얀은 소국가주의(小國家主義, die Kleinstaaterei)에 반대하고 통일독일에 찬성했다(이 때문에 그는 1819년에 체포되어 6년을 감옥에서 보냈다). 그는 자신의 주의(注意)를 청년들에게 돌렸고, 청년들로 하여금 궁극적인 투쟁을 준비시키려고 했다. 1817년 10월 18일과 19일에 얀의 발의에 따라 독일의 체조운동의 정점으로서, 독일어권에서의 최초의 근대의 분서(焚書)사건이 있었던 바르트부르크 축제가 거행되었다. 얀 자신이 태울 책들의 목록을 작성하였고, 그의 제자인 마스만(Hans Ferdinand Maßmann)이 분서행위를 시작하였다. 칼스바트 결의는 체조운동에 가혹한 결과를 초래하였다. 얀은 1819년 7월 13일에 체포되었고, 대학생학우회는 금지되었고, 대학은 국가의 감시를 받아야 했고, 많은 대학생 체포인들과 학우회원들은 경찰의 감시를 받았다. 얀은 그 이후 5년 간 슈판다우, 퀴스트린과 콜베르크에 구금되었다. 프로이센 전역 및 독일의 다른 국가들에서 체조금지령이 내렸다. 오늘날의 스포츠종류인 기구체조로 발전된 철봉이나 평행봉 같은 체조기구들은 얀에 의해 도입되었다(https://de.wikipedia.org/wiki/Friedrich_Ludwig_Jahn).

18 리만(Heinrich Arminius Riemann)의 두 번째 이름은 원래 Hermann이었는데 그의 학우들이 Arminius로 번역해서 불렀다. 그러나 리만 자신은 바뀐 이름을 거부했다. 그는 예나에서 개신교신학을 공부했고, 루덴(Heinrich Luden)의 영향을 받아 독일 해방전쟁에 참전했고 호른(Carl Horn), 샤이들러(Scheidler)와 함께 예나의 원(原)대학생학우회[Urburschenschaft]를 설립하고 그 대변인이 되었다. 바르트부르크 축제에서 1817년 10월 18일에 그는 500명의 대학생 앞에서 자유와 통일을 호소하는 연설을 했다(https://de.wikipedia.org/wiki/Heinrich_Arminius_Riemann).

19 그러나 당시 예나 대학의 재학생이 650명이라는 점을 감안하면, 이 새로운 학생조직이 출범할 당시에 일반학생들의 관심은 그리 크지 않았다고 할 수 있다. 그러나 다음 해인 1816년에는 500명에 달하는 학생들이 학우회에 가입 신청을 했다(김장수, 『주제

　　1815년 독일 대학생 학우회 결성 이후 1817년 10월 18일과 19일에
학우회는 루터의 종교개혁 300주년[20] 기념 및 라이프찌히(Leipzig)전투
에서 나폴레옹 군에 승리한[21] 4주년을 기념하기 위하여, 루터가 기독교
성서를 독일어로 번역한 작센-바이마르-아이제나흐 대공국(大公國)의
바르트부르크(Wartburg)성(城)에서 축제를 열었다. 십 여 개 대학에서
500여명의 학생들이 참여했고 교수인 지도자들 몇 명이 참여했다.[22] 이
집회는 정치적인 목적에서만 이루어졌던 것은 아니었으며, 정치적으로
는 보수파로부터 급진파에 이르기까지 여러 경향의 학생들이 참여하였
다. 교수인 지도자들 가운데 유명한 사람은 오켄(Lorenz Oken, 1779-
1851)[23]과 프리스(Jakob Friedrich Fries, 1773-1843)[24]였고 키저(Diet-

---

별로 접근한 독일근대사』, 푸른사상, 2010, 133-4 그리고 김장수, 「Burschenschaft의
독일개혁 및 통합운동」, 94 참조).

20　루터는 1517년 10월 31일에 당시 카톨릭교회의 문제점을 지적하는 95개항의 테제
를 비텐베르크 성(城)의 교회[Wittenberger Schloßkirche]의 정문에 붙였고, —95개항
의 테제를 교회의 정문에 붙였다는 것은 사실이 아니라는 주장도 있다—이를 기점(起
點)으로 하여 종교개혁이 시작되었다.

21　1813년 10월 16일에서 19일까지 이루어진 라이프찌히 전투에서 나폴레옹은 연합
군에 패하였다.

22　김장수에 의하면, 축제에 참여한 학생은 모두 468명이었는데, 이는 전체 참석자
500명의 90%가 넘는 비율이었으며, 가장 많은 참석자를 차지한 대학은 역시 예나 대
학으로, 200여명에 달한 것으로 보고된다(김장수, 『주제별로 접근한 독일근대사』,
139-143참조). 그런데 다른 자료에 의하면 축제에는 13개 대학에서 1,300여 명의 학
생이 참가했고, 그중 168명이 예나 대학 학생이었다(마틴 키친, 『사진과 그림으로 보는
케임브리지 독일사』, 유정희 역, 시공사, 2006, 191 참조).

23　자연과학자 및 자연철학자. 비교해부학자. 쉘링의 영향을 받은 낭만주의적·사변
적 자연철학의 대표자. 1807년에 예나 대학의 의학 원외교수[außerordentlicher Pro-
fessor]가 되고, 5년 후에 철학부의 자연사 정교수가 되었다. 출판의 자유를 위해 개입
했다는 이유로 신성동맹 국가들의 압력을 받아 1819년에 대학에서 면직된 후, 뮌헨 대
학을 거쳐 1833년 쮜리히 대학의 자연사교수가 되고 1835년까지 초대총장을 지냈
다.(https://de.wikipedia.org/wiki/Lorenz_Oken).

24　독일의 철학자. 라이프찌히와 예나에서 공부하고 1800년, 예나 대학의 피히테에게

rich Georg von Kieser, 1779–1862)[25]와 루덴(Heinrich Luden, 1778–1847)[26]도 참석했다. 공식행사가 시작되어 간단한 개회선언에 이어 등장한 오켄 교수는 현재의 정치적 상황을 극복하기 위해서는 공통의 언어와 출생을 토대로 한 문화적 통합이 선행해야 한다고 주장했다. 오켄을 비롯한 이 당시 학자들은 계몽주의에서 강조되던 이성에 대해 부정적이었다. 따라서 이들은 자기중심적인 낭만주의를 선호했고, 그것은

서 박사학위를 취득하고 1801년에 피히테에게서 교수자격을 취득한 후 1805년에 그의 적대자인 헤겔처럼 예나 대학의 원외교수가 되었으나, 같은 해에 하이델베르크 대학의 철학 및 기초수학 교수로 초빙된다. 1816년에 다시 예나 대학의 교수가 되었으나 1819년 11월에 강제로 퇴임한다. 1824년에 수학과 물리학 강의를 할 수 있도록 허락받고, 1838년부터 다시 철학 강의를 맡게 된다. 정치적으로는 단호한 자유주의자, 민족주의자요 연합주의자였고 독일 대학생 학우회를 여러 면으로 도왔다. 1817년에 바르트부르크 축제에서 연설했으며, 1819년에 칼스바트 결의에 의해 대학에서의 활동을 그만두게 되었다. 코쩨부에(August Friedrich Ferdinand von Kotzebue, 1761–1819)를 살해한 잔트(Karl Ludwig Sand, 1795–1820)는 프리스의 제자였다. 다른 학생들에게서 발견되고 잔트에게 비밀결사에의 참여를 경고한 프리스의 편지를, 당국은 유죄의 증거로 간주하였다. 마인쯔 법원은 프리스에게 유죄판결을 내렸고, 그 때문에, 그리고 1817년에 바르트부르크 축제에 참여하였다는 이유로 바이마르의 대공(大公, Großherzog)은 프리스로부터 1819년부터 1823년까지 교수 권한을 박탈해야만 했다. 그러나 대공은 봉급은 계속 지불했다(https://de.wikipedia.org/wiki/Jakob_Friedrich_Fries).

25 독일의 의학자이자 정신과 의사. 예나 대학 교수. 프랑스 원정(遠征) 동안에 프로이센의 군의관 소령으로 뤼티히(Lüttich)에서 큰 육군병원을 이끌었고, 전쟁이 끝난 후 다시 예나 대학으로 복귀했다. 1831–1848까지 작센–바이마르의 주의회의[Landtags] 의원이었다(https://de.wikipedia.org/wiki/Dietrich_Georg_von_Kieser).

26 독일의 역사가로, 1806년에 예나 대학 원외교수로 시작하여 1810년에 역사학 정교수가 된다. 독일의 민족의식 고취를 위해 노력하였고, 오켄, 프리스, 키저(Dietrich Georg Kieser), 슈바이처(Christian wilhelm Schweitzer) 등과 함께 1800년 경의 예나 대학의 정치교수에 속하며, 예나의 원(原)대학생 학우회의 정신적 지도자들[spiritus rectores] 가운데 하나로 간주된다. 12권으로 된 『독일민족사』(Geschichte des Teutschen Volkes, 1825–1837까지 출간됨)와 세 권으로 된 『독일사』(Geschichte der Teutschen, 1842–1843까지 출간됨)를 남겼다(https://de.wikipedia.org/wiki/Heinrich_Luden).

집단적 자아를 강조하는 요인이 되기도 했다. 이후부터 유기체적인 민족이론이 당시의 지식인 세계를 지배하게 되었으며, 아울러 이러한 것은 민족이라는 것을 국가적 경계로부터 자유로운 언어공동체 또는 특정집단의 생활양식으로 인식하게 하는 요인도 되었다. 오켄 교수에 이어 등장한 프리스 교수도 낭만주의적인 관점에서 '국가와 헌법'이라는 주제로 연설했다. 여기서 그는 특히 대학생 학우회가 독일통합의 선봉역할을 담당해야 한다는 것과, 또 그것을 위해 대학생 학우회 간의 결속이 반드시 필요하다는 주장도 펼쳤다.[27]

이 축제는 독일 대학에서의 '학생의 이의(異義)'를 가장 일찍 표현한 행사 중 하나였다. 이 축제로 인해 다음 해인 1818년 10월 19일에는 예나에서 '전독일 대학생 학우회'가 창립되었는데,[28] 이 연맹의 '원리들'

---

27 프리스 교수는 연설문에서 작센-바이마르-아이제나흐 공국의 위상을 다음과 같이 언급했다: "독일의 젊은이들이여! 여러분들은 지금 독일에서 가장 자유로운 지역에 머무르고 있습니다. 이 집회를 끝내고 여러분들이 고향으로 돌아가면, '우리는 독일에서 사상의 자유를 보장한 지방에 머물렀고 여기서 민족 및 제후의 의지가 해방되었다는 사실도 파악했습니다. 아울러 우리는 거리에서 무장한 군인들이 배회하지 않는 평화로운 분위기도 접할 수 있었습니다'라고 사람들에게 알려주어야 할 것입니다. 이렇게 해야만 독일의 모든 제후들은 작센-바이마르-아이제나흐 공국을 본받아 개혁을 추진하게 될 것입니다." (김장수, 『주제별로 접근한 독일근대사』, 139-142참조).
28 여기서는 학우회 간의 관계가 구체적으로 언급되었는데, 각 대학의 학우회는 독자적으로 활동할 수 있고, 극히 제한된 부분만을 '전독일 대학생 학우회'에 위임한다는 것이었다. 이 회합에서는 또한 학우회의 상징이었던 '흑-적-황금색'을 독일 전체학생들의 상징색으로 채택했다. 이후 예나 대학의 학우회 회원들이 이것을 그들 제복의 색깔로 선택했다. 이 당시 예나 대학의 학우회 회원들은 흑색 상의[Schwarzer Rock]에 적색 3줄 레이스[roter Vorstoß]와 금색 단추들[goldene Knöpfen]을 달았다. 그런데 삼색(三色)은 나폴레옹 전쟁에서 큰 공을 세운 뛰어난 자유군단인 뤼쪼프 저격대[Lützower Jäger]가 사용한 색이었고, 1848년 혁명에서는 독일국기의 색이 되었다. 뤼쪼프 자유군단은 1813년에 뤼쪼프 소령[Major Adolf Wilhelm von Lützow]에 의해 창설되었다(김장수, ebd., 147 및 마틴 키친, ebd. 그리고 https://de.wikipedia.org/wiki/L%C3%BCtzowsches_Freikorps 참조).

은 독일의 통일, 국민대의제(國民代議制)와 입헌정부를 찬성했고 봉건
적 사회조직과 경찰국가를 반대했다. 그들의 정신은 — 항상 정합적이
지는 않았다. 이들 내부에는, 얀과 아른트(Ernst Moritz Arndt, 1769-
1860)[29]가 결합한 낭만주의적 예나 대학생 학우회에 반대하여 프랑스혁
명의 자코뱅주의를 추구하는 호렌이 지도하는 기쎈(Gießen)의 일파도
나타났다 — 프랑스혁명의 이상(理想)들이 독일 민족주의, 낭만주의의
유기체주의와 기독교의 경건함과 정서적으로 결합된 것이었다. 첫날의
마지막에 급진파에 속한 일부 학생들은 파문장(破門狀)을 소각했던 루
터의 고사(古事)를 모방하여, 당시 민족의 적으로 간주되고 있었던 22
권의 출판물들을 태워버렸다.[30] 여기에는 『나폴레옹 법전』, 폰 캄프츠[31]
의 『프로이센의 경찰법전』(Codex der Gendarmerie, 1817), 그리고 할
러(Karl Ludwig von Haller, 1768-1854)[32]의 『국가학의 부흥』(Restau-

---

29 독일의 민족주의운동가이자 시인, 작가, 역사가. 민족주의 성향의 여러 글을 기고
함으로써 독일의 민족주의를 고취했고, 독일 대학생 학우회 운동에도 적극적으로 참여
했다. 1818년 본 대학의 교수로서 대학생 학우회 운동을 지원하였고, 메테르니히가 주
도한 칼스바트 결의로 보수 반동적인 정치체제가 성립되자 이를 신랄하게 비판했다. 그
결과 그는 잠시 정부에 의해 반체제 인사로 낙인찍혀 체포되기도 했다. 1840년이 되어
서야 해금되어 다시 교수에 임명된 그는 1848년에 프랑크푸르트 국민회의 의원으로도
참가하여 독일의 빠른 통일을 촉구하였다(위키백과 참조).
30 이 분서(焚書)행위를 촉발하는, 분노에 가득한 연설을 하고, 고별행사에서도 학우
회를 대표한 연사로 나선 사람은 바로, 하이델베르크에서부터 예나까지 프리스의 제자
로 있었던 뢰디거(Ludwig Rödiger, 178-1866)였다(https://de.wikipedia.org/wiki/
Ludwig_Roediger).
31 Karl (Carl) Albert von Kamptz (1769-1849). 그의 완전한 이름은 Karl Albert
Christoph Heinrich von Kamptz이며, 프로이센의 법학자·법관이자 법무장관이었고,
경찰청장 재직 시에는 소위 선동가 색출 및 심문에 앞장섰다(https://de.wikipedia.
org/wiki/Karl_Albert_von_Kamptz).
32 스위스의 헌법학자, 정치가, 국민경제학자이며 반동적 보수주의자다. 1806-1817년
에 베른 대학 교수, 1814년에 추밀원 의원이 되었으나, 1821년에 가톨릭으로 개종하였
기 때문에 파면되었다. 1825년에 프랑스로 피신하여 문필활동을 하다가, 1830년에 7월

ration der Staatswissenschaften, 1816)과 코쩨부에(August von Kotze-
bue, 1761-1819)[33]의 『독일제국사』(*Geschichte des Deutschen Reiches
von dessen Ursprunge bis zu dessen Untergange*, 1814/1815)와 같은 저
술들을 포함한 '비-독일적인' 서적들이 포함되었다.[34] 이것들과 더불
어, 압제와 구체제·군국주의를 상징하는 물건인 프로이센 기병의 갑옷
[Ulanenschnürleb]과 헷센의 변발(辮髮)[Hessischer Zopf], 오스트리아
하사(下司)의 지휘봉[Österreichischer Korporalstock], 그리고 거름 치
는 쇠스랑[Mistgabel]도 소각되었다.[35]

　기존의 질서체제를 인정하지 않겠다는 성향이 대학생 학우회 내에서
강조됨에 따라, 메테르니히를 비롯한 일련의 위정자들은 두려움과 불
안을 느끼게 되었다. 이에 따라 메테르니히는 1818년 9월에 아헨(Aa-
chen)회의를 개최하여 대학생 학우회 문제를 정식 안건으로 상정하려
고 했으나 베를린 정부의 반대로 무산되었다.[36]

혁명 후 귀국하여 졸로투른주(州)에서 다시 관직에 복귀하였다. 그는 『국가학의 부흥』
(*Restauration der Staatswissenschaften*. 6권, 1816-1834)에서, 가톨릭의 입장에서 중
세 봉건시대로의 복고를 제창하여 사회를 지배하는 자연법칙은 강자의 약자에 대한 지
배이며, 그렇기 때문에 중세의 가산제(家産制) 국가가 가장 자연에 따른 국가라고 주장
하였다[네이버 지식백과], 두산백과 참조.
33　코쩨부에는 1761년에 바이마르에서 태어났다. 1781년에 예나 대학을 졸업한 그는
러시아로 가서 기대하지도 않았던 경력을 쌓게 되었다. 즉, 그는 1785년에 러시아 황제
로부터 귀족작위를 받았을 뿐만 아니라 러시아 귀족 딸과 결혼함으로써 막대한 부도 상
속받게 되었다.
34　Peperzak, 17 f. Nisbet, 384 f.; 곤자 다케시, ebd., 91 ff.; 上妻精, 31 f.; http://
www.deutsche-biographie.de/sfz39705.html 참조.
35　김장수, 「Burschenschaft의 독일개혁 및 통합운동」, 103 f. 그리고 마틴 키친,
ebd. 참조.
36　이 당시 베를린 정부의 실세였던 훔볼트(Alexander von Humboldt, 1769-1859)
와 하르덴베르크(Karl August von Hardenberg, 1750-1822. 1804년부터 1806년까지
프로이센의 외무부장관. 1810년부터 1822년까지 프로이센의 수상 역임)는 대학의 자
율권을 규제하는 어떠한 조치도 인정하지 않으려고 했다.

이 무렵, 대학생학우회 문제 이외에도 영국, 프랑스, 이탈리아에서 일어난 일련의 사건들이 메테르니히에게 불리하게 작용하고 있을 때, 최초의 정치적 암살사건이 독일에서 발생했다. 즉, 예나 대학의 대학생학우회의 일원이었던 잔트[37]가 1819년 3월 23일에 극작가인 코쩨부에를 만하임(Mannheim)에 있는 그의 집에서 암살한 것이었다.[38] 잔트는 당시 학우회의 지도자들 가운데 가장 급진적인 인물인 폴렌(Karl Theodor Christian Friedrich Follen, 1796-1840)[39]의 영향을 받기 시작했고, 그것은 그로 하여금 기존의 질서체제를 붕괴시키는 작업에 적극적으로 동참하게 하는 요인이 되었다. 이 당시 잔트는 기독교와 조국을 하나의 융해된 상태로 보았고, 민족이라는 것 역시 신성하기 때문에 사악한 것을 제거하는 명령도 내릴 수 있다는 확신을 가지고 있었다. 따라서 그는 1년 전부터, 민족통일을 저해하는 코쩨부에를 죽여야 한다는 결심을 하게 되었다. 이후부터 그는 대학에서 해부학 강의를 들었고, 거기서 심장을 쉽게 꿰뚫을 수 있는 방법도 터득하게 되었다. 잔트는 자신의 목적을 실행하기 전에 부모, 스승, 친구들에게 보내는 편지에서 코쩨부에를 죽여야 하는 당위성에 대해서 구체적으로 언급했다.[40] 그렇

---

37 이 당시 예나 대학에서 신학을 전공하던 잔트는 바르트부르크 축제 때 대회기를 들고 행진할 정도로 대학생학우회 운동에 적극적이었다.

38 잔트는 코쩨부에의 가슴에 칼을 꽂으면서 다음과 같이 소리쳤다: "당신은 조국의 적이다." 1308년 요한 공작이 자기의 삼촌인 신성로마제국의 독일왕 알브레히트 1세를 살해한 후 500년 만에 다시 정치적 암살이 독일에서 자행되었다. (잔트의 암살사건에 관련된 서술 및 그에 따른 각주는 많은 부분을 김장수, 『주제별로 접근한 독일근대사』, 151-155에서 가져왔다.)

39 코쩨부에가 암살된 후, 의혹은 그 범행의 정신적 원동자로 추정되는 폴렌에게로 향했는데, 잔트는 자기가 처형될 때까지도 암살은 혼자 계획하고 준비했다고 주장했다. 폴렌은 프랑스, 스위스를 거쳐 미국으로 도주하여 찰스 폴렌(Charles Follen)이라는 이름으로 노예제 철폐운동에 힘쓰다가 배 사고로 사망한다(https://de.wikipedia.org/wiki/Karl_Follen).

40 잔트는 자신의 편지에서 코쩨부에를 다음과 같이 평가했다: "코쩨부에는 평판이

지만 그는 편지에서, 다른 인물이 자기에 앞서 코쩨부에를 암살하기를 바라는 나약성도 보였는데, 그러한 성향은 당시 다른 학생들에게서도 발견할 수 있는 일반적인 것이었다. 잔트는 코쩨부에의 연구실로 들어가는 허가를 받아 네 번의 단도질로 코쩨부에를 살해했다. 폴렌의 사상에 열광했고 바르트부르크 축제에서 의장대(儀仗隊) 중 한 명이었던 잔트는 자신이 가장 신성한 행동을 한 것으로 생각했다.

그러면 잔트는 왜 민족통합을 저해한 인물들 중에서 코쩨부에를 살해 대상으로 선정했을까? 이 당시 극작가로 활동했던 코쩨부에는 200편이 넘을 정도의 많은 작품을 썼다. 대표작품으로는 1803년에 발표된 『소도시의 독일인』(Die deutschen Kleinstädter)을 들 수 있다. 이렇게 연극작가로 활동했던 코쩨부에는 1818년부터 정치적 문제를 공식적으로 거론하기 시작했다. 즉 그는 1818년부터 『문예주간지』(Literarisches Wochenblatt)를 독자적으로 발간했고, 거기서 루덴의 민족운동을 신랄하게 비판했다. 그의 견해에 따를 경우, 독일민족은 민족운동을 활발하게 전개하더라도 통합국가를 형성할 수 없다는 것이었다. 아울러 프랑스혁명, 얀의 체조연맹[Turnverein]을 중심으로 한 새로운 청소년 운동과 대학생학우회의 활동에 대해서도 비판하였다. 한마디로 말하면 그는 독일대학 내의 '자코뱅주의' 경향을 러시아 정부에 알리는 첩자(諜者)였고, 독일 전역에 퍼지고 있던 모든 개혁안을 드러내놓고 반대한

나쁜 유혹자일 뿐만 아니라 우리 민족을 파멸로 인도하는 인물이다." 만하임으로 떠나기 전에 잔트는 프리스 교수를 만나 그의 조언을 얻고자 했으나 프리스 교수의 급작스런 와병으로 인해 도움을 받지 못했다. 코쩨부에 암살사건이 발생한 이후 프리스는 잔트의 잘못된 상황판단에 대해 언급했다. 즉, 그는 잔트가 자신의 행동으로 독일이 혁명의 와중에 빠질 수 있다는 견해에 동의하지 않았던 것이다. 여기서 그는 잔트의 관점에 동조할 수 없는 이유를 밝혔는데, 그것은 그가 혁명이라는 과격한 방법을 원치 않았기 때문이다. 실제로 프리스는 혁명보다는 이성적 발전의 행동양식으로 개혁을 지향해야 한다는 관점을 가지고 있었다(김장수, 『주제별로 접근한 독일근대사』, 153 참조).

사람이었다.[41]

　대학생학우회는 코쩨부에의 이런 태도에 강한 불만을 표시했고 예나와 기쎈 대학의 학우회원들의 불만은 다른 대학의 학우회원들의 불만보다 훨씬 강도가 심했다. 예나 대학의 학우회 회원이었던 잔트 역시 이런 범주를 벗어나지 못했다. 더욱이 코쩨부에가 독일의 상황을 러시아 황제 알렉산더 1세에게 전달하는 첩자[42]라는 사실이 밝혀지면서 그에 대한 대학생 학우회의 반감은 더욱 격렬해졌고, 나아가 제거해야 할 인물로 부각되었다. 점차 예나와 기쎈 대학의 학우회 회원들은 코쩨부에를 암살하는 것이 자신들의 소명이라는 인식을 갖게 되었고 그것을 스스로 실천하고자 했다. 잔트 역시 이런 분위기를 거부감 없이 수용했던 것이다. 잔트는 코쩨부에를 암살한 직후 자살을 시도했지만 실패했다. 경찰에 인도된 후 잔트는 심한 고문을 받았고 그에 대한 재판은 다음 해 5월까지 계속되었다. 이 기간 동안 잔트에 대한 구명운동이 독일 전역에서 펼쳐졌지만 아무런 성과도 거두지 못했다. 따라서 잔트는 1820년 5월 20일 만하임에서 공개 처형되었다.[43]

41　Pinkard, ebd., 435 f. 그리고 Peperzak, 18, 그리고 비더만, 166 참조.

42　실제로 러시아정부는 1813년 코쩨부에를 추밀원 고문관[Staatsrat]으로 임명했다. 1816년부터 이 인물은 독일의 여러 도시를 여행하면서 비밀정보원으로서의 임무를 수행했다. 즉, 그는 러시아정부로부터 적지 않은 봉급을 받으면서 독일의 상황, 특히 독일 여러 대학의 상황을 아주 자세히 보고했는데, 그것이 그를 신성동맹의 중요한 첩자로 간주하게 하는 결정적인 요인이 되었다.

43　그러나 이러한 구체제의 결정은 잔트를 민족운동의 순교자로 승화시키는 계기가 되었는데, 그것은 당시 훔볼트 대학의 드 비테(de Witte) 교수가 쓴 전단에서 확인할 수 있다: "자, 이런 믿음과 이런 확신을 가진 이 순수하고 경건한 젊은이를 통해 이 행위가 발생하였는데, 이 행위는 시대의 아름다운 상징이다."(So, wie die Tat geschehen ist/durch diesen reinen, fromen Jüngling, mit diesem Glauben, dieser Zuversicht/ ist sie ein schönes Zeichen der Zeit/김장수, ebd., 154에서 재인용). 잔트의 처형은 그의 행동을 모방하려는 이들에게 경각심을 불러일으키기 위하여 공개적으로 이루어졌는데, 교수대에서 그가 보인 의연한 태도로 인하여 그는 자유주의자들의 우상이 되었으

잔트가 코쩨부에를 살해한 몇 달 후인 1819년 7월 1일, 학우회의 또
다른 회원인 약사 뢰닝(Karl Löning, 1791–1819)이 프랑크푸르트 근방
의 낫사우(Nassau)공국의 추밀원 고문[Regierungspräsident]이었던 이
벨(Karl von Ibell, 1780–1834)을 랑엔슈발바흐(Langenschwalbach)에
서 살해하려고 시도한 사건이 발생했다. 그러나 이 시도는 실패하여 이
벨은 살았고 뢰닝은 체포되어 감옥에서 유리조각을 삼켜 심각한 손상
을 입고 7월 18일에 비스바덴(Wiesbaden)에서 사망한다. 그런데 뢰닝
의 암살기도는 잔트의 경우와는 달랐는데, 그것은 폴렌이 뢰닝에게 직
접 암살 지시를 내렸기 때문이다. 당시의 지식인들은 이러한 정치적 암
살행위에 대해, '동기는 인정하나 그 행위는 용납할 수 없다'는 애매모
호한 입장을 보였는데, 그러한 것은 메테르니히 체제의 경직성에서 비
롯된 것으로 보인다. 이러한 일련의 사건으로 인하여 '선동가들'에 대
한 광범위한 수색이 본격적으로 시작되었고 1819년 7월 중순까지 많은
사람들이 체포되어 조사를 받았다.[44]

처음에 체포된 학생들 가운데는 하이델베르크에서 헤겔의 학생이었
던 아스베루스(Gustav Asverus, 1798–1843)[45]가 있었다. 1819년 4월 8
일에 아스베루스는 프로이센 경찰에 체포되었고, 잔트와 연관이 있다
는 아무런 증거도 없었지만 14일 동안이나 구금되었다. 그러나 구금에
서 풀려난 뒤 1819년 4월 29일에 아스베루스는 신중하지 못하게, 잔트

며 1869년에는 그를 기념하는 비석이 세워졌다. 그를 처형한 사람은 잔트가 매달렸던
교수대의 나무로 성물함을 만들어 젊은 순교자에게 경의를 표하려는 애국자들로부터
돈을 받아내기도 했다(마틴 키친, ebd., 188 f. 참조).

44 김장수, 『주제별로 접근한 독일근대사』, 151–155. Pinkard, 437 그리고 https://
de.wikipedia.org/wiki/Karl_L%C3%B6ning 참조.

45 예나와 하이델베르크에서 공부한 법학자로서, 하이델베르크에서는 티보와 헤겔의
제자였으며, 헤겔을 따라 베를린으로 왔다. 1842년에 정교수가 되었으나 이듬해에 사
망한다(https://de.wikisource.org/wiki/ADB:Asverus,_Gustav).

와 헤겔을 칭찬하고 드 베테(Wilhelm Martin Leberecht de Wette, 1780–1849), 헤겔, 그리고 핫세(Johann Christian Hasse, 1779–1830)[46]를 제외한 베를린 대학의 모든 교수들은 겁쟁이라고 주장하는 편지를 친구에게 썼다. 그 후에도 계속해서 헤겔을 칭찬하고 프리스를 비난하는 등의 편지를 지인들에게 보냈는데 경찰은 편지들을 가로채서, 1819년 7월 14일 밤에 그를 선동혐의로 다시 체포했다. 헤겔은 1819년 7월 27일에 아스베루스의 아버지의 부탁으로 아스베루스의 성품에 대해 호의적으로 말하면서 프로이센 경찰당국에 편지를 썼고, 아스베루스의 과거가 어떠했던 간에 그는 이제 학우회 운동, 그리고 실로 의심스러운 모든 운동과 완전히 단절하였고, 대학에서 약간의 성공을 거두면서 공부에 몰두하고 있다고 관료들을 안심시켰다. 그러나 헛수고였다. 아스베루스는 1820년 3월 3일에야 석방되었다. 석방조건에는 헤겔이 그의 보석금으로 5백 탈러(Taler)—이것은 헤겔의 1년 총수입의 거의 1/4의 금액이다—의 국가채권을 사는 것이 포함되어 있었다. 아스베루스 사건은 헤겔의 신경을 좀 날카롭게 한 것이 분명하다. 프로이센 당국은 다소 놀랄 정도로 신속하고 효율적인 조치를 취하여, '선동가'일지도 모른다고 의심되는 몇몇 인물들을 체포했고, 설상가상으로 당국이 가로챈 편지들에 헤겔의 이름을 언급한 것은 바로 헤겔의 학생 가운데 한 사람이었으므로, 이는, 다소 지나치게 열광적인 당국으로 하여금 헤겔을 의심하도록 만들지도 모르는 일이었다.[47]

메테르니히는 잔트와 뢰닝의 암살사건 이후, 자신의 체제를 위협하던 세력에게 일격을 가하기 위해 프로이센과 긴밀한 협력을 모색했다.

---

46 법학자. 1811년에 예나 대학 교수. 1813년에 쾨니히스베르크 대학 교수. 1818년에 베를린 대학 교수. 그리고 1821년부터 본 대학 교수를 역임하였다(https://de.wikipedia.org/wiki/Johann_Christian_Hasse).
47 Pinkard, 437 f. 참조.

대학의 자율성을 지지하던 하르덴베르크도 잔트의 암살사건 이후 자신의 정책을 포기하고 기존의 질서체제를 위협할 수 있는 저해요소들을 제거하는 데 동의했다. 이에 따라 하르덴베르크는 1819년 1월 11일에 개최된 내각회의에서 선동적 음모에 대한 신속한 대응조치, 대학과 체조연맹에 대한 정부의 감시 강화, 언론에 대한 철저한 검열 필요성을 역설했다. 메테르니히는 8월 1일 테플릿쯔(Teplitz)[48]에서 프로이센의 수상인 하르덴베르크와 회동을 가졌다. 하르덴베르크 역시 대학생 학우회 문제를 해결해야 한다는 인식을 가졌기 때문에 메테르니히의 입장을 지지했다. 다음 날 이들은 독일 내의 반정부활동을 규제하기로 의견의 일치를 보았는데, 거기서 중요한 것들을 제시한다면, 반정부적 신문의 간행 금지와 독일 대학 내의 반항적 요소들을 제거한다는 것이었다.

메테르니히는 하르덴베르크와의 합의를 구체화하기 위해 프로이센 정부의 동의를 얻어 독일연방[49] 중 주요 10개국의 대신회의를 1819년 8월 6일 보헤미아의 휴양도시인 칼스바트(Karlsbad)[50]에서 개최했다.[51] 여기에는 오스트리아, 프로이센, 바이에른, 작센, 하노버, 뷔르템베르크, 바덴, 메클렌부르크-슈베린, 메클렌부르크-슈트레릿쯔, 그리고 낫

---

48 테플릿쯔는 체코 보헤미아 북서부에 위치한 우스티 주의 도시로, 체코에서 카를로비 바리(독일명: 칼스바트)에 이어 두 번째로 큰 온천 도시다. 762년경 온천이 처음으로 발견되었지만 문헌에 처음으로 등장한 시기는 16세기다(위키백과).

49 독일연방(獨逸聯邦, Deutscher Bund): 1815년 빈 회의 이후, 독일 통일을 위하여 구성된 전독일적 조직. 설립연도: 1815년 / 소재지: 독일 프랑크푸르트 / 설립목적: 침략에 대한 상호원조와 연방군의 설치 등을 규정한 연합규약의 제정 / 주요활동 독일 통일을 위한 준비/규모: 오스트리아·프로이센·바이에른·작센·하노버 등 35개의 군주국과 4개의 자유도시. 오스트리아가 의장국으로서 주도권을 장악하였다.

50 체코어로는 카를로비 바리(Karlovy Vary)라고 하며, 체코 서부에 있는 세계적인 온천휴양지다. 당시에는 오스트리아 제국에 속해 있었다.

51 이 회의는 8월 31일까지 지속되었다. 칼스바트 결의 체결의 과정과 체결내용에 관해서는 김장수, ebd., 155 ff.와 Pinkard, 440 f.를 참조하였다.

사우의 대표가 참여했는데, 이들 모두는 메테르니히의 정책을 원칙적
으로 지지하던 국가들이었다.[52] 이에 반해 메테르니히의 정책에 부정적
인 시각을 가졌던 국가들은 초청대상에서 제외되었는데, 작센-바이마
르-아이제나흐가 그 대표적인 예라 하겠다. 메테르니히의 주도하에서
진행된 회담에서는 진보적 시민계층의 성장에 제동을 거는 방법들이 구
체적으로 논의되었다. 칼스바트 회의에서는 일련의 규제조항들이 논의
되고 통과되었는데 그 가운데는 다음과 같은 조항들이 포함되어 있다.

1) 향후 5년간 신문이나 정기간행물에 대해 엄격한 사전검열을 실시
한다. 320쪽[20Bogen] 미만의 출판물에 대해서도 이런 검열방식을 채
택한다. 그리고 320쪽을 초과하는 출판물들은 사후 검열도 실시한다.
아울러 독일연방에 대한 권위와 연방회원국들의 평화와 질서를 저해하
는 서적들이 발견될 경우 즉시 그것들을 회수하여 폐기한다. 그리고 이
러한 서적들을 출간한 출판사들의 책임자들은 5년간 동일업종에 종사
할 수 없다.

2) 공공질서를 어지럽히거나 국가의 기강을 흔들 것으로 판단되는
─다시 말해서 '전복적'이거나 '선동적'인 자들로 드러난─독일 대학
내의 모든 강사와 교수들을 즉각 해고하며, 각 대학 내에 교수와 학생
들의 혐의를 감시하는, 정부가 임명한 감시위원회를 설치한다. 더 나아
가, 그런 이유로 해고된 교수를 독일의 어떤 대학도 임용할 수 없다.

3) 7명의 법률가로 구성된 중앙조사위원회[Central-Untersuchun-
gs-Commission]를 마인쯔(Mainz)에 설치하여 각 지역에서의 혁명적
소요를 조사하고 그것을 연방의회에 보고하는 임무를 갖게 한다. 그리

---

52 회의 진행 중에 바이에른의 대표는 메테르니히의 반동정책에 대해 부정적인 견해
를 제시하기도 했다.

고 독일의 모든 나라에서 체포권 및 구인권(拘引權)을 가질 이 위원회
는 한시적으로 운영한다.

　4) 연방은 비협조적인 회원국에 대해, 다시 말해 칙령이 요구한 제재
조치에 참여하기를 거부한 국가들에 대해 제재를 가할 수 있는 강력한
실질적 권한을 갖게 될 것이다.

　1819년 9월까지 독일연방의회는 칼스바트의 결의에 따른 칙령을 법
제화하였고, 특히 프로이센은 강력하게 시행하기 시작했다. 칼스바트
의 조치로 그동안 대학들이 가졌던 자치권과 학문의 자유권은 대폭 축
소되었을 뿐만 아니라 대학생 학우회의 활동마저 금지되었다. 대학에
는 정부의 감독관이 배치되고 학생은 물론 교수도 이 감독을 받아야 했
다. 아울러 언론의 자유가 크게 위축되었고 출판물에 대한 검열도 강화
되었다. 더욱이 연방 전역에 걸쳐 혁명적 음모를 탐색하기 위하여 마인
쯔에 중앙위원회가 설치되었다. 각 국가에 대한 메테르니히의 내정간
섭도 본격적으로 시작되었다.[53] 이어 프로이센의 프리드리히 빌헬름 3
세(1797-1840)는 9월 20일 테플릿쯔에서 메테르니히와 회동을 가졌고
거기서 그는 메테르니히의 강력한 대응조치를 지지했다. 같은 날 프랑
크푸르트 연방의회[Bundesversammlung]를 통과한 칼스바트의 결의는
주요 독일국가의 위정자들에 의해 즉시 인준되었으며, 독일의 복고주
의를 강화시킨 이 정책은 독일의 각 지역에서 실행되었다. 하노버 왕국
에서는 칼스바트 결의의 내용보다 강도 높은 탄압이 자행되었고, 낫사
우 공국은 이 협약의 문구들을 보다 강화시켜 국법으로 수용하기도 했
다. 바덴공국, 뷔르템베르크 왕국 그리고 헷센 선제후국에서도 신문·
대학·의회에 대한 탄압이 시행되었다. 이에 반해 바이에른과 작센-바

53　上妻精, 31 f. 참조. 칼스바트 결의는 1824년에 5년이 더 연장되었다.

이마르-아이제나흐는 칼스바트 결의를 이행하는 데 부정적이었다.

프로이센에서도 반사회적 요소를 제거하는 정책이 펼쳐졌다. 베를린 정부는 1819년 10월 18일 새로운 검열규정을 제시하여 반군주적 이론이나 언론을 탄압했으며 지금까지 허용되었던 학문적 자유마저 유보시켰다. 정부의 모든 관료들은 모든 대학의 교수와 학생의 정치적 견해뿐만 아니라 모든 임용까지도 감시하라는 지시를 받았다. 프리스는 예나에서 가르치고 있는 오켄과 본에서 가르치고 있는 아른트와 마찬가지로 1819년 11월에 대학에서 파면된다.[54] 메테르니히 역시 오스트리아 제국에서 그러한 탄압을 펼치는 데 주저하지 않았다. 칼스바트 결의에 반발한 작센-바이마르-아이제나흐의 칼 아우구스트 대공도 프로이센과 오스트리아의 강압적 자세 때문에 협약의 내용을 준수할 수밖에 없었다. 예나 대학의 대학생 학우회는 1819년 11월 26일 자발적으로 해산했는데, 그러한 행위는 정치적으로 어려운 상황에 놓여있던 아우구스트 대공의 부담을 덜어준다는 취지에서 비롯된 것 같다. 대학생 학우회의 해산을 공식적으로 선언한 직후 대학생 학우회 회원들은 '해체의 노래'를 불렀는데, 거기서는 대학생 학우회의 해산이 한시적이라는 것이 은유적으로 부각되었다.[55]

잔트가 코쩨부에를 살해한 3일 후인 1819년 3월 26에 헤겔은 니이트하머(Friedrich Philipp Immanuel Ritter von Niethammer, 1766-

---

54 Peperzak, 19 참조.
55 김장수, 『주제별로 접근한 독일근대사』, 155 ff. 참조. '해체의 노래'의 가사는 빈쩌(August Daniel von Binzer)가 지은, "우리는 장엄한 집을 지었다네"(Wir hatten gebauet ein stattliches Haus)라는 제목을 가진 시이며, 곡은 여기에 튀링엔(Thüringen)의 민요곡조를 붙여 만들었다는 주장도 있고, 빈쩌가 수공업 직인이 노래하는 것을 듣고 본 따서 만들었다는 설도 있다(https://de.wikipedia.org/wiki/Wir_hatten_gebauet_ein_stattliches_Haus). 이 노래는 우리에게는 「어여쁜 장미」라는 제목의 독일민요로 알려져 있고, 1949년에서 1952년까지 서독의 국가로 사용되었다.

1848)[56]에게 "라이프찌히(Leipzig) 책 박람회에 보낼 또 한 권의 책[여러 파라그랖들(§§)로 이루어진 나의 자연법]을 써야만 합니다"[57]라고, 자신의 『법철학』을 출간하려는 의도를 알린다. 칼스바트 결의가 이루어지기 전에 프로이센에서는 이미 경찰당국에 의한 선동자 수색이 시작되었다. 자유주의자인 하르덴베르크와 알텐슈타인(Karl Sigmund Franz Freiherr vom Stein zum Altenstein, 1770-1840)[58]은 여전히 그 지위에 있었지만 유럽 전체가 반동화하는 가운데 그들의 정치 내부에서의 기반은 허약했다. 그러나 1819년 8월 31일에 칼스바트 회의가 끝나고 결의안이 채택된 이래 선동자 수배는 교수에게까지 미치게 되었다. 우선은 베를린 대학의 신학교수인 드 베테가 희생되었다. 그는 잔트를 칭찬하는 편지를 그의 어머니에게 보낸 것이 문제되어 국왕은 내각칙령을 통해 9월 30일에 드 베테의 파면을 선언하고, 알텐슈타인은 이 사실을 10월 2일자 편지를 통해 드 베테와 동시에 베를린 대학 교수

---

56 헤겔과는 튀빙엔 신학교에서 알게 되었다. 예나에서 라인홀트를 통해 칸트철학을 배우고 1794년부터 예나 대학에서 철학을 가르치고 1797년부터 피히테와 함께 『철학 잡지』(*Philosophische Journal*)를 간행하였으며, 이로 말미암아 그의 친구이자 헤어베르트(Franz Paul von Herbert)의 친구인 포어베르크(Friedrich Karl Forberg)가 유발한 무신론 논쟁에 휘말리게 되었다. 1804년까지 예나 대학 신학 원외교수로 일했고 1804년에 뷔르쯔부르크 대학의 초빙을 받았고, 1806년에 프랑켄의 개신교 상급학교감독관[Oberschulkommissar]이 되었다. 헤겔이 어려울 때마다 도움을 주었다. 『정신현상학』 출간에 곤란을 겪고 있었을 때 헤겔을 위해 출판사에 보증을 서주었고, 밤베르크의 카톨릭 신문 편집장 자리나, 뉘른베르크의 애기디엔 김나지움의 교장 및 교수직을 제안한 것도 그였다(https://de.wikipedia.org/wiki/Friedrich_Immanuel_Niethammer 참조).

57 Johannes Hoffmeister (hg.), *Briefe von und an Hegel. Bd. II: 1813-1822*, Dritte, durchgesehene Auflage, Hamburg, 1969(앞으로 Briefe로 줄이고 권수와 쪽수를 씀), 213.

58 헤겔을 베를린 대학으로 초빙한 1817년에, 새로 설치된 프로이센 문부성 장관이 되었다.

평의회에 알림으로써 파면절차가 마무리된다.[59]

헤겔도 자신에게 위험이 점점 다가오고 있음을 느꼈다. 왜냐하면 자신도 드 베테 등과 함께 대학생 학우회의 집회에 참석했는데, 체포된 사람들 중에는 하이델베르크에서 베를린으로 온 학생들, 그리고 자기와 관계되는 사람도 상당수 포함되어 있었고, 이들을 돕기 위하여 자기도 활동했기 때문이었다. 그리하여 여기에서 헤겔은 자신의 입장을 확실히 할 필요를 느꼈다. 그는 역사의 흐름을 후퇴시키는 보수·반동적인 모든 시도에 대해서도 비판적이었지만, 다른 한편으로 동기가 순수하다면 행동이 정당화될 수 있다고 주장하면서 잔트의 입장을 옹호한 드 베테의 입장에도 동의하지 않았기 때문이다(이 점에 관해서는 『법철학』 제2부 〈도덕〉의 도덕의식[도덕적(자기)확신][Gewissen)]에 관한 절(節)에서 잘 설명하고 있다). 헤겔은 드 베테의 경제적인 어려움을 돕기 위하여 매년 연봉에서 일정액을 각출하는 대학 동료들의 움직임에 동조하여 그를 위해 25탈러를 부조(扶助)하였지만, 11월 13일의 모임에서 헤겔은 드 베테에 대한 정부의 조치를 시인하는 입장을 표명함으로써 슐라이어마허(Friedrich Ernst Daniel Schleiermacher, 1768-1834)와 대립하게 되었다.

---

59 드 베테는 교수직에서 해임된 다음 해에 자신의 해임과 관련된 서류들을 모아 책으로 발간하였다. 이 책에는 문제의 발단이 된 편지—잔트의 어머니에게 보낸 편지—의 내용과 자신의 의도에 대한 해명, 알텐슈타인과 국왕 프리드리히 3세의 견해, 그리고 베를린 대학 교수평의회[Senat]의 입장이 상세하게 나타나 있다. 책의 제목은 『베를린의 신학교직에 있는 신학박사 드 베테 교수의 파면에 대한 서류모음』(Aktensammlung über die Entlassung des Professors D. de Wette vom theologischen Lehramt zu Berlin, Leipzig, 1820)이며, 책의 표지 아래에는 '공적인 판단을 바로잡기 위하여, 드 베테 자신이 간행함'(Zur Berichtigung des öffentlichen Urtheils, von ihm selbst herausgegeben)이라고 쓰여 있고, 1820년 1월 10일에 바이마르에서 본인이 직접 쓴 서문이 첨부되어 있고, 같은 해에 라이프찌히에서 간행되었다. Peperzak(Peperzak, 20)은 파면일을 10월 3일로 잘못 말하고 있다.

1817년 말에 겪은 유산(流産)으로 인해 건강이 좋지 않은 상태에 있었던 헤겔의 부인 마리(Marie Helena Susanne Tucher, 1791~1855)는 건강회복을 위해 1819년 8월 1일에 아이들을 데리고 노이슈타트(Neustadt)의 온천마을로 여행을 간다. 이들이 집을 비운 사이 헤겔은 8월 한 달 동안 『법철학』 저술에 전념했고, 9월 1일에 식구들을 만난다. 그들은 발트 해(海)에 있는 아름다운 섬 뤼겐(Rügen)에서 즐거운 시간을 보내고 난 후 9월 23일에 헤겔 먼저 베를린으로 돌아온다.[60] 1819년 10월 30일에 헤겔은 하이델베르크의 크로이쩌(Georg Friedrich Creuzer, 1771~1858)[61]에게 다음과 같은 편지를 쓴다: "나의 답장이 늦어진 것은, 너무 빈약하지만 법철학에 대한 몇 장의 파라그랖[§§]을 가지고 귀하의 선물에 답하려고 했던 데에도 이유가 있습니다. 그러나 모든 사람이 당신처럼 그렇게 부지런하고 생기 넘치게 일할 수는 없습니다. 나는 연방의회의 결의가 나왔을 때 바로 인쇄를 시작하도록 하려고 했습니다. 그런데 이제 우리는 우리들의 검열면제가 어디까지 진척되었는지 알고 있기에 나는 이제 곧 법철학을 인쇄에 맡길 것입니다."[62] 연방의회의 결의는 1819년 9월 20일에 나왔다.[63]

그해 10월, 프로이센에서 연방법에 의한 검열령이 시행된다. 이 검열령은, 모든 인쇄물의 사전검열을 정하고 대학 학술기관에 인정되었던

---

60 Pinkard, 438 f. 참조.

61 문헌학자이자 고고학자로서, 마부르크(Marburg)대학을 거쳐 하이델베르크 대학에 오랜 기간 봉직했다.

62 *Briefe. Bd. II: 1813~1822*, 220.

63 그런데 프로이센 국왕의 공지(公知)는 10월 18일에 이루어졌고, 이는 『1819년 프로이센왕국의 법령집』[*Gesetz-Sammlung für die Königlichen Preußischen Staaten 1819*] No. 20으로, 1819년 10월 26일, 베를린에서 포고되었다(Hans-Christian Lucas/ Udo Rameil, "Furcht vor der Zensur?: Zur Entstehungs- und Druckgeschichte von Hegels Grundlinien der Philosophie des Rechts," in: *Hegel-Studien* Bd. 15 (63~93), Bonn, 1980, 74 참조).

검열면제권도 5년 동안 정지된다는 엄한 것이었다. 1819년 12월 15일에 헤겔은 서점으로부터 최초의 원고료를 받았는데, 이것이 꼭 인쇄가 시작되었음을 뜻한다기보다는 아마 선불(先佛)인 것으로 보인다. 그리고 〈서문〉을 썼던 1820년 6월 이후에 원고가 검열에 들어가고, 그 뒤에 인쇄가 시작되었을 것이다.[64] 그런데 〈서문〉이 쓰인 시기는 크로이쩌에게 책의 인쇄를 곧 맡길 것이라고 말한 지 8개월이 지난 후다. 그런데 앞에서 언급했듯이, 오늘날 우리가 보고 있는 『법철학』 서문에는 "1820년 6월 25일"이라는 날짜가 적혀있고 1821년에 베를린의 니콜라이(Nicolai) 서점에서 출판된 것으로 되어 있지만 실제로 책은 1820년 10월에 이미 출간되었다.[65] 그렇다면 헤겔이 예상했던 출간일과 실제 출간일의 간격은 6개월 이상이 된다. 어쨌든 헤겔은 왜 〈서문〉을 쓰기까지 반년 이상을 기다렸을까?

이 점과 관련하여 많은 헤겔연구자들은, 1819년 10월 30일에 헤겔이 크로이쩌에게 편지를 보낼 때 이미 완성된 원고를 가지고 있었으나 정치적으로 신중했고, 검열을 두려워하여, 왕정복고[Restauration]라는 정치적 상황과 타협하려고 원고를 출판사에 넘기지 않고 가지고 있었

---

64 上妻精, 35 ff. 검열과 헤겔 『법철학』의 발생 및 인쇄에 관해서는 Hans-Christian Lucas/Udo Rameil의 위의 책을 참조할 것.

65 TW 7.525에 있는 '제7권 편집에 대한 주해'[Anm. der Redaktion zu Bd. 7] 참조. 그리고 이 점은 예나 대학의 피히테의 제자이자, 법률가이며 덴마크 왕의 사법고문이었던 타덴(Nicolaus von Thaden, 1770-1848)이 1821년 8월 8일에 헤겔에게 보낸 편지를 통해서도 확인할 수 있다. 여기서 그는 이렇게 말하고 있다: "세상에서 기회는 대개 천천히 오기 때문에, 반가운 선물을 제가 1820년 12월 15일에야 비로소 받았지만, 제가 8주 전에 이미 다른 견본[Exemplar]을 가지고 있었기 때문에 아무것도 부족하지 않았습니다"(Briefe. Bd. II: 1813-1822, 278). 헤겔은 이미 1820년 10월 10일에 문부성장관 알텐슈타인에게 편지와 함께 『법철학』을 헌정하였다. "제가 이제 막 출간한 저술의 한 부를 동봉하여 정중하게 증정하게 (...)"(Briefe. Bd. II: 1813-1822, 237)라고 편지에 쓴 것으로 보아 책은 10월 10일 이전에 출간되었다.

다고 주장한다.[66] 그러나 루카스와 라마일은, 헤겔이 10월 30일에 크로 이쩌에게 보낸 편지에서 말하는 "인쇄"는 『법철학』 전체가 아니라 원고의 앞부분이라고 생각한다. 그 이유는, 편지에 등장하는 "법철학에 대한 몇 장의 파라그랖을 가지고"라는 표현이 이 점을 가리키고 있고, 책 전체가 완성되어 나오기 전에 개별적인 인쇄물들을 지인(知人)들에게 보내는 일은 당시에 전혀 이례적인 일이 아니었다는 점 때문이다. 그리고 사실, 헤겔은 첫 번째 주저 『정신현상학』을 비롯한 『논리학』, 『철학강요』도 앞부분을 먼저 인쇄하도록 보내고 난 뒤, 뒷부분은 계속 작업하여 나중에 보냈던 것이었다.[67]

그가 1819년 9월 혹은 10월에 인쇄에 맡기려고 했던 원고는 『법철학』의 전체원고가 아니라, 인쇄를 위해 우선 보내려고 했던 원고의 일부분이었기에, 전체원고를 완성하기까지에는 추가의 시간이 필요했던 것으로 보는 것이 타당할 것이다. 헤겔이 당시의 정치적 보수주의와 타협하기 위하여 그동안의 『법철학』 원고를 수정했다는 주장은 별다른 설득력을 가지지 못한다. 그리고 헤겔이 『법철학』 제3부 〈인륜〉의 '국가', 특히 '군주권'에 대한 서술에서 자신의 근본적인 입장을 수정했다는 증거도 발견하기 어렵다.

이런 우여곡절을 겪으면서 출간된 『법철학』에 대하여 출간 직후부터 많은 논란이 있었다. 이 논란은 특히, 헤겔이 말한 "Was vernünftig ist, das ist wirklich ; was wirklich ist, das ist vernünftig"라는 말을 둘러싸고 일어났다. 그런데 과연 이 주장은 프로이센 왕정복고를 정당화한 진

---

66 예컨대 Ilting I, 227-351 ; Manfred Riedel (hg.), *Materialien zu Hegels Rechtsphilosophie*. Bd.1, Ffm., 1975, 16 ; Knox, "Hegel and Prussianism," in : *Hegels Political Philosophy*, ed. by W. Kaufmann, NY., 1970, 15 f.등을 들 수 있다(Hans-Christian Lucas/Udo Rameil, ebd., 74 f. 참조).

67 Hans-Christian Lucas/Udo Rameil, ebd., 75 ff. 참조..

술인가?[68] 하임(Rudolf Haym, 1821-1901)[69]은 예나시절 헤겔의 학문
의 경쟁자이자 하이델베르크 대학의 헤겔 전임자(前任者)였던 프리스
를 옹호하면서, 〈서문〉을 심지어 "칼스바트의 경찰조직 및 선동가 박해
를 학문적으로 진술하여 정당화한 것"[70]이라고까지 비난할 뿐만 아니라
헤겔이 "왕정복고 정신을 지닌 고전적(古典的)인 말, 그리고 정치적 보
수주의 · 정적(靜寂)주의 · 낙관주의의 절대적 진술을"[71] 하고 있으며,
"헤겔의 체계는 프로이센 왕정복고 정신의 학문적 거처가 되었다"[72]고
비판한다. 그런데 리터(Joachim Ritter, 1903-1974)는 하임이 이렇게
헤겔을 단죄한 근거를 다음의 세 가지로 파악한다. 1) 헤겔이 결국 베를

---

68 헤겔과 프로이센 왕정복고철학자들과의 사상적 대결에 관해서는 다음과 같은 남
기호의 연구가 참조할만하다. 그의 논문들은 헤겔『법철학』출간을 전후한 당대의 시대
적 · 사상적 배경을 비교적 상세하게 다루고 있다: 남기호, 「헤겔 법철학에서의 군주의
역할: 헤겔은 과연 왕정복고 철학자인가」, 『사회와 철학』, No.23, 사회와 철학 연구회,
2012, (111-146); 남기호, 「부르셴샤프트와 헤겔의 정치적 입장-헤겔은 과연 프로이
센 국가 철학자인가」, 『시대와 철학』Vol.23. No.1, 2012, (177-220); 남기호, 「프로이
센 왕정복고와 헤겔의 정치 법학적 입장: 프리스와의 대결을 중심으로」, 『시대와 철학』
Vol.24. No.1, 2013 (47-81); 남기호, 「프로이센 왕정복고와 헤겔의 정치 법학적 입장
2: 할러와의 대결을 중심으로」, 『哲學研究』Vol.100, 2013 (131-160); 남기호, 「프로
이센 왕정복고와 헤겔의 정치 법학적 입장 III = Restoration of Prussia and Hegel's
Politico-juristical Option III - Associated with Savigny」, 『사회와 철학』, No.25,
2013, (9-76).
69 하임은 독일의 철학자이며 당대의 가장 중요한 문예학자 가운데 한 사람이다.
1868년부터 할레(Halle)대학의 독일문예학 정교수로 근무하였다. 헤겔좌파인 루게
(Arnold Ruge, 1802-1880)의 헤겔비판을 계승하면서, 로젠크란쯔에 이어 헤겔에 관
한 두 번째 전기인 『헤겔과 그의 시대』(Hegel und seine Zeit)를 저술하였다(https://
de.wikipedia.org/wiki/Rudolf_Haym 그리고 가토 히사타케 외 편저, 『헤겔사전』, 이
신철 역, 도서출판 b, 2009, 466 참조).
70 Rudolf Haym, Hegel und seine Zeit, Berlin, 1857. Nachdruck, Hildesheim,
1962, 364.
71 Haym, ebd., 365.
72 Haym, ebd., 359.

린 대학의 임용을 받아들였다는 점. 2) 프리스를 "스스로 철학자로 자처하는 천박함의 대장(隊長)"이라고 비판하고 있다는 점, 그리고 3) 헤겔 자신의 철학 자체, 즉 국가 및 사회의 이론을, "Was vernünftig ist, das ist wirklich ; was wirklich ist, das ist vernünftig"라는 명제에 종속시킴으로써 헤겔철학이 "1821년 프로이센이 존재하는 대로의"(Haym, 366) 현실을 정치적으로 정당화하는 과제를 떠맡은 것으로 보고 있는 점이다.[73] 그러나 이에 대해서는 다음과 같은 반론이 가능하다.

1)에 대한 반론

헤겔의 편지에, 베를린으로 갈지도 모른다는 생각이 처음으로 나타난 것은 뉘른베르크에서 1814년 7월 30일에 파울루스(Heinrich Eberhard Gottlob Paulus, 1761-1851)[74]에게 보낸 편지에서다. 헤겔은 베를린 대학(편지 #236, #241, #243 참조), 예나 대학(편지 #262), 그리고 하이델베르크 대학에서도(편지 #263) 교수직을 찾는다. 이런 여러 가지 문제들을 생각하는 데 있어서 수입문제가 적지 않은 역할을 했다. 예나 대학과 관련해서 헤겔은 1816년 4월 14일 친구인 예나의 서적상 프롬만(Karl Friedrich Ernst Frommann, 1765-1837)에게 보낸 편지에서, 쉘링(F.W.J. Schelling, 1775-1854)이 예나 대학의 초빙을 거절했다는 소식을 전해 들었다고 하면서, "이 점은, (...) 철학교수직에 주

---

73 Joachim Ritter, *Hegel and the French Revolution. Essays on the Philosophy of Right*, tr. with an introduction by Richard Dien Winfield, Cambridge, Massachusetts, 1982, 35 참조.

74 예나 대학의 신학 및 동양언어 교수(1789-1803), 뷔르쯔부르크 대학 교수(1803-1807)를 거쳐 하이델베르크 대학의 해석학 및 교회사 교수(1811-1844)를 역임했다. 헤겔이 1816년 하이델베르크 대학으로 초빙되는 데 매개역할을 하였고, 그의 신학적 이성주의는 헤겔의 신학에 큰 영향을 주었다(https://en.wikipedia.org/wiki/Heinrich_Paulus).

어지는 보통의 봉급으로는 그(쉘링: 필자 첨가)를 초빙할 수 없었다는 사실을 입증하고 있네"(*Briefe. Bd. II: 1813-1822*, 73)라고 쓰고 있다. 이 점으로 미루어보건대, 헤겔 자신도 대학 임용에 있어서 봉급 문제를 중시하고 있다는 점을 알 수 있다. 베를린 대학의 초청에 관한 상세한 이야기는 호프마이스터(Johannes Hoffmeister, 1907-1955)가 편지 #278(Raumer에게 보낸 1816년 8월 2일자 편지)에 붙인 주1에 상세히 기록되어 있다(*Briefe. Bd. II: 1813-1822*, 397-403).

　서간들이 드러내고 있는 사실은, 대학 임용에 관하여, 따라서 베를린 대학 임용에 관해서도 헤겔이 우선시 한 것은 영향력을 미칠 수 있는 가능성이나 연구활동, 학과 내에서의 관계들, 봉급 같은 평범하고 전적으로 전형적인 고려였다는 점이다. 베를린 대학으로 가기로 결정한 것도 우선은 대학 경력 문제 때문이었다. 서간들 어디에서도 헤겔이 자신의 철학과 프로이센 혹은 프로이센의 정치와의 어떤 내적인 관계를 염두에 두고 숙고를 진행했다는 점을 시사하는 진술은 발견되지 않는다. 베를린이 제공한 것은 더 나은 연봉의 철학교수직이었다. 그런데 가장 중요한 것은, 새로 설립된 프로이센의 "문화·교육·보건성"을 1817년 11월 3일부터 이끈 "철학하는 장관"(Boisserée, Hoffmeister note 1 to Br. 326, vol. II, 422 참조) 알텐슈타인 남작이 헤겔과 헤겔철학에 대해 베푼 추가적인 긍정적인 준비였다(편지 #326, #328, #331, #332, #333, #337, #338, #339, #341, #343 참조). 슈바벤 출신의 헤겔은 남부독일을 선호하였지만 베를린은 철학, 철학적 영향, 그리고 학문교육에 더욱 유리한 자유로운 도시였다. 그는 1821년 6월 9일 베를린에서, 니이트하머에게 "시골이 아니라 한 중심지에 있기 위해 내가 여기로 왔다는 것을 당신은 아십니다"(*Briefe. Bd. II: 1813-1822*, 271)라고 썼다. 헤겔은 1817년의 「신분제의회 논문」에서 시골의 반동복고적인 경향에 대한 깊은 혐오감을 표명한 바 있다. 헤겔을 "프로이센의 반동"과 결부시키는 것은 사실과는 다르다는 점을 헤겔의 서신교환에서 분명히 알 수 있다. 또한 헤겔철학이 본질적으로 프로이센 철학이라는 생각이 등장하는 데 있어서 로젠크란쯔(Karl Rosenkranz)가 쓴 최초의 헤겔 전기[『헤겔의 생애』(G.W.F. Hegels Leben, Berlin, 1844)]가 본질적인 역할을 했다.[75]

2)에 대한 반론

헤겔이 〈서문〉에서 프리스를 공격한 것(TW 7, 18 f. /『법철학』, 40 ff.)은, 비더만(Georg Biedermann)이 지적하듯이[76], 프리스의 정치적인 신념보다는 오히려 철학의 원리였다. 즉 헤겔이 비판하고 있는 것은, "학을 사상(思想)과 개념의 발전 대신에 오히려 직접적인 지각과 우연한 상상 위에 정초하려는"(TW 7, 18 f.) "천박함"[77]이다. 그런데 이러한 "천박함"은 『법철학』이 출간되기 훨씬 전에 이미 헤겔에 의해 비판되고 거부되었다[이 점에 관해서는 헤겔 『논리학』(GW 11, 23)을 참조할 것]. 헤겔이 프리스를 "천박함의 대장(隊長)"이라고 비난한 것은 그의 철학에 대한 것이지, 결코 그가 독일 대학생 학우회의 지도자였기 때문이 아니다. 헤겔 자신도 학우회와 연관을 맺고있었고, 1819년에 헤겔의 여러 제자들과 조교들, 예컨대 아스베루스, 카로베(Friedrich Wilhem Carové, 1789–1852)[78], 푀어스터(Friedrich Christoph Förster,

75 Joachim Ritter, *Hegel and the French Revolution. Essays on the Philosophy of Right*, tr. with an introduction by Richard Dien Winfield, Cambridge, Massachusetts, 1982, 95–97 참조.
76 G. 비더만, 『헤겔』, 강대석 역, 서광사, 1999, 173 참조.
77 1811년 10월 10일, 뉘른베르크에서 헤겔이 니이트하머에게 보내는 편지. *Briefe. Bd. I: 1785–1812*, 388 f.
78 카로베는 하이델베르크 대학생 학우회의 지도자였는데, 스승인 헤겔의 영향을 받아 급진주의를 거부했을 뿐만 아니라 과격한 민족주의, 즉 독일 국수주의도 거부했다.

1791~1868), 헤닝(Leopold von Henning, 1791~1866)이 프로이센 당국에 의해 검거되고 조사받을 때에 그들을 위해 개입했고, 특히 그는 아스베루스의 보석금으로 거의 세 달치 월급인 500 제국 탈러를 내놓기도 했다. 만약 그가 프로이센 당국의 환심을 사려고 했다면, 이들을 모른 채 하고 사건에 개입하지 않는 편이 훨씬 좋았을 것이다.[79] 그러나 그는 그렇게 하지 않았고, 위험을 무릅쓰고 대학생 학우회의 편을 들어주었다. 그가 왕정복고 편에 선 프로이센의 국가철학자라는 주장은 설득력이 없는 주장이다.

3)에 대한 반론

〈서문〉에 등장하는 "Was vernünftig ist, das ist wirklich; was wirklich ist, das ist vernünftig"라는 헤겔의 진술은 현존하는 세계의 무조건적 긍정이 아니라, '참된 것', '진정한 것', 그것만이 이성적이라는 뜻이며, 그렇기에 현실에서 비이성적인 것은 부정되고 철폐되어야 하는 것이다. 헤겔은 '이성적인 것'과 '현실'을 동일시하는 오해에 대하여 1827년에 출간된 『철학강요』 제2판에서, 'Wirklichkeit'는 현존(現存, Existenz)이나 현존재(現存在, Dasein)가 아니라는 점을 강조하여 말했지만, 『법철학』〈서문〉에서 이러한 차이점을 설명하지 않아 오해를 살 여지를 남겨놓은 점은 분명하다고 할 수 있다. 이 점에 관해서는 〈서문〉에 대한 해설에서 상세히 설명할 것이다.

그리고 그는 유대인과 외국인도 대학생 학우회에 받아들일 것을 호소했는데, 그것은 왕정복고에 대한 투쟁이 독일인의 일에 국한된 것이 아니라고 생각했기 때문이다(G. 비더만, ebd., 165 참조).
79 대학생 학우회와 헤겔의 관계에 대해서는 남기호, 「부르셴샤프트와 헤겔의 정치적 입장: 헤겔은 과연 프로이센 국가철학자인가」, 『시대와 철학』 제23권 제1호, 한국철학사상연구회, 2012 (177~220)을 참고할 것.

하이스(Robert Heiss, 1903-1974)[80]는, "모든 작가들이 헤겔이 외적인 이유에서 그리고 당시의 프로이센 국가를 옹호하기 위해서 『법철학』을 썼다는 값싼 가정에서 출발하기 때문에 어떤 의미에서는 잘못 생각했다"[81]고 올바르게 평가한다. 그러나 하이스는 헤겔이 다음과 같이 말함으로써, 국가가 마땅히 무엇이어야 하는가를 국가에게 가르치고자 하는 사람들에게 열렬하게 대항한다고 비판한다: "존재하는 것을 개념적으로 파악하는 것이 철학의 과제다. 왜냐하면 존재하는 것은 이성이기 때문이다. 개인에 관해서 이야기한다면 모든 개인은 더 말할 것도 없이 자기 시대의 아들이다. 이와 마찬가지로 철학도 사상(思想)으로 포착한 자기의 시대다. 그 어떤 철학이 자기가 처해있는 현재의 세계를 벗어난다는 망상(妄想)을 하는 것은, 한 개인이 자기의 시대를 뛰어넘는다는, 즉 로도스 섬을 뛰어넘어 밖으로 나간다는 망상을 하는 것과 마찬가지로 어리석은 일이다. 그 개인의 이론이 실제로 자신의 시대를 넘어가서, 마땅히 존재해야 할 세계를 건립한다면, 물론 그러한 세계는 존재하겠지만 그것은 그의 사념(私念) 속에만 존재할 뿐이다. 즉 그것은 임의의 모든 것을 상상해낼 수 있는 연약한 지반 속에서만 존재할 뿐이다"(TW 7, 26 / 『법철학』, 50 f.) 하이스는 이런 진술들로 볼 때, "베를린 시민 헤겔은 청년 헤겔이 말한 것을 부인하고 있다"[82]고 비난한다. 헤겔은 청년 시절에, 이론은 현실을 움직일 수 있는 파벽차(破壁車, Sturmbock)라고 쉘링에게 쓴 것을 잊어버리고, 이제 이론은 현실을 정당화해야 하며, 세계가 마땅히 어떻게 되어야 하는지를 가르치는 데에 철학은 항상

---

80 독일의 철학자이자 심리학자. 1943년에 프라이부르크(Freiburg)대학의 '철학과 심리학' 교수직에 초빙되었다.

81 Robert Heiss, *Die großen Dialektiker des 19. Jahrhunderts. Hegel Kierkegaard Marx*, Köln/Berlin, 1963, Heiss, 163.

82 Heiss, ebd., 166.

너무 늦게 이른다는 생각을 갖게 되었다고 비판한다. 그리하여 결국 헤 겔은 현실 앞에서 항복하고, 이론은 현실을 앞서 비추지 못하고, 뒤에 서 다리를 절며 따라간다고 그를 비판하고 있다.[83]

물론 이런 하이스의 비판에는 타당한 점이 있다. 왜냐하면 헤겔은 "철학적 저술로서의 이 저술은 마땅히 그렇게 존재해야 하는 국가를 구성 해야 하는 것과는 가장 거리가 먼 것이 분명하다. 이 책이 담고 있는 교 훈은 결코 국가가 어떻게 있어야만 하는가를 가르치는 데 있는 것이 아 니라, 오히려 국가라는 인륜적 우주가 어떻게 인식되어야만 하는지를 가르치는 데에 있다"라고 말하며, "존재하는 것을 개념적으로 파악하는 것이 철학의 과제다. 왜냐하면 존재하는 것은 이성이기 때문이다"(TW 7, 26 / 『법철학』, 50)라고 말하고 있기 때문이다. 따라서 우리의 과제 는, 상치(相馳)되는 것으로 보이는 헤겔의 주장들을 어떻게 이해하고 조화롭게 해석하는가 하는 것이다.

---

83 Heiss, ebd., 166 f. 및 Franz Wiedmann, *Hegel*, Hamburg, 1965, 81 참조.

2

『법철학』의 내용과 구성

2.1. 전체의 구성

• 헤겔의 『철학강요』의 구성에 따르면 『법철학』은 정신철학의 제2부에 속하는 〈객관적 정신〉이라는 표제(表題)하에, 〈주관적 정신〉과 〈절대적 정신〉 사이에 위치하며, 〈객관적 정신〉에 대한 서술의 마지막 부분은 역사철학과 연립(聯立)해 있다. 객관적 정신의 내용은 인간세계의 문제들, 즉 법과 국가, 경제와 사회, 정치와 역사 등이다. 따라서 객관적 정신의 이론은 인간들 사이에서, 즉 가정·사회·국가 안에서 그 목적과 기초를 지니는 인간의 행위들을 주제로 삼는다.

• 『법철학』의 본래 제목은 『법철학 강요 혹은 자연법과 국가학 개요』 (*Grundlinien der Philosophie des Rechts oder Naturrecht und Staatswissenschaft im Grundrisse*)다. 그런데 두 번째 제목은 부제(副題)가 아니라, 〈개요〉(im Grundrisse)라는 부가어로 인해 법철학 〈강요〉 (Grundlinien)와 대등한 명칭을 이루고 있다. 헤겔 『법철학』은 자연법과 국가학의 대립을 전제로 하고 있고, 근대 유럽혁명을 역사적 배경으

로 한, 그리고 이 혁명 자체와 동일한, 이 대립의 극복을 향한 철학적·정치학적 시도다. 헤겔이 여기서 책의 제목으로 두 개의 표제를 붙이고 있다는 사실은 바로 이런 점을 나타내고 있다.[1] 〈자연법과 국가학〉은 볼테르(Voltaire, 1694-1778)[2] 이래 실천철학의 전통을 발생시켰던 강의 제목이었는데, 그는 실천철학에 자연법과 정치학, 윤리학을 포함시켜 가르쳤다. 그래서 헤겔이 '혹은'[oder] 다음에 제목을 붙인 이유는, 종래의 학문 및 커리큘럼과의 관계에서 '혹은'[oder] 앞에 있는 제목이 뜻하는 바를 명확하게 하기 위한 것으로 생각된다.[3]

• 『법철학』은 〈서문〉과 〈서론〉, 그리고 본론은 제1부: 〈추상법〉, 제2부: 〈도덕〉, 제3부: 〈인륜〉으로 구성되고, 〈추상법〉은 다시 〈소유〉, 〈계약〉, 〈불법〉으로, 〈도덕〉은 〈기도(企圖)와 책임〉, 〈의도와 복지〉, 〈선과 양심〉으로, 그리고 〈인륜〉은 〈가정〉, 〈시민사회〉, 〈국가〉로 각각 세 장(章)으로 세분되며, 다시 이 장(章)들은 하위의 구분을 갖는다.

〈서문〉에는 다른 책들의 서문과 마찬가지로, 『법철학』의 집필의도 및 배경, 『법철학』의 서술이 근거하고 있는 철학적 방법, 철학이 파악하고자 하는 대상이자 철학의 수단이기도 한 '이성'[Vernunft]에 대한 상세한 서술 등이 포함되어 있다.

〈서론〉에서는 『법철학』의 기반을 이루고 있는 법·도덕·인륜의 문제

---

1 Manfred Riedel, "Tradition und Revolution in Hegels Philosophie des Rechts," in: *Studien zu Hegels Rechtsphilosophie*, Stuttgart, 1970 (100-134), 103 ff. 참조.
2 본명은 프랑수아 마리 아루에(François Marie Arouet)이며, 필명인 볼테르로 널리 알려진 프랑스의 계몽주의 작가이자 철학자다. 가장 많이 읽히고 널리 알려진 작품은 『캉디드 혹은 낙관주의』(Candide ou l'optimosme, 1759), 『자디그』(Zadig, ou la Destinee, 1748), 『랭제뉘』(L'Ingenu, 1767)다. 디드로의 『백과전서』 집필에도 참여하는 등 철학자로서 작가로서 평생 왕성한 활동을 벌인 그는 84세까지 장수를 누렸지만, 프랑스혁명은 보지 못하고 1778년 5월 30일에 죽었다.
3 上妻精, 50 참조.

를 본격적으로 다루기 위한 예비작업으로, 그것들의 기초가 되는 '정신', '이성', '의지'의 문제를 집중적으로 다루고 있다. 그런데 여기서는 무엇보다도, 실천적 정신인 의지가 과연 무엇인지, 그리고 의지는 어떻게 전개되는지를 상세히 고찰하고 있다. 이러한 고찰은 헤겔 자신의 논리적 방법에 따라, 즉자적인 의지, 대자적인 의지, 즉자대자적인 의지의 순서로, 혹은 추상적·보편적 의지로부터 특수한 의지를 거쳐 개별적인 의지에 이르는 과정으로 서술되고 있다. 의지에 대한 이러한 고찰은 본론의 전개과정에도 그대로 적용되어, "추상적 혹은 형식적인 법(권리)의 영역을"을 이루는 '직접적이고 외면적인 의지'를 고찰하는 〈추상법〉, "외적 현존재로부터 자신 속으로 복귀한 의지"를 고찰하는 〈도덕〉, 그리고 "이들 추상적인 두 계기의 통일 및 진리이며—사유된 선의 이념이 자신 속으로 복귀한 의지"를 다루는 〈국가〉에 대한 서술로 이어지고 있다.

2.2. 각 절(節, Paragraph)의 구성

각 절(節, Paragraph)은 본문과 주해(註解: Anmerkungen, Remarks), 그리고 보유(補遺)[보충(補充), 추가(追加): Zusätze, Additions)], 그리고 난외주(欄外註)로 구성되어 있다.

1. 본문
2. 주해
   - 본문의 부연설명이다(왼쪽에 들여쓰기로 표기됨).
   - 헤겔 자신의 생각과 유사하거나 상치(相馳)하는 생각들이나 헤겔의 논증의 추가적인 결론들을 시사하거나, 텍스트의 추상적

인 내용을 때때로 명확히 하고, 당시에 당연한 것으로 생각된 분명한 생각들을 충분히 고려하고자 한 것[〈서문〉[Vorrede] 참조].

3. 보유

- 구두강의를 보충하는 이 부분의 전체를 헤겔이 작성한 것은 아니다. 헤겔 사망 후 그를 추모하는 〈고인 우인회(故人 友人會)〉(Verein der Freunde des Verewigten)가 1833년에 간행한 최초의 헤겔 전집 중 제8권인 『법철학 강요』를 헤겔의 제자 간스(Eduard Gans, 1797-1839)가 편집할 때, '보유'도 편집했다. 그리고 간스는 자기가 1833년에 출간하고 1840년에 재발간한 그 자신의 『법철학』 판본 속에 보유를 통합했다. 보유는 볼란트(Bolland)판(1902)과 랏손(Georg Lasson)(1911)판과 같은 더욱 근래의 판본들 속에도 포함되었을 뿐만 아니라 주어캄프(Suhrkamp) 출판사의 판본(1970)에도 포함되었다. 보유는 주의해서 다루어야 하는데, 그것은 학생들의 노트에 기초해 있기 때문이 아니라 간스가 매우 선별해서 발췌했고 두 개의 다른 강의(즉, 1822/23과 1824/25) 자료를 결합했고 문자 그대로 인용하기보다는 주로 알기 쉽게 바꾸어 썼기 때문이다. 다시 말하면 그는, 헤겔 자신이 직접 메모한 §1-§180까지의 보유 외에도, 호토(Hotho)가 1822/23에 직접 받아쓴 노트와 그리스하임(Hauptmann v. Griesheim)이 1824/25에 추가로 기입하여 작성한[nachträgliche Ausarbeitung] 노트의 내용도 포함시켰다. 그렇게 하면서 간스는 임의로 어떤 구절들을 선별하거나 한데 묶기도 하고 표현을 다듬기도 하면서 상당 부분 원본을 훼손하였다.
- 호토와 그리스하임 노트의 완전한 원 텍스트는 1974년 이래

『법철학 강의 1818-1831』의 일팅(Karl-Heinz Ilting)판의 제3
권과 제4권에서 각각 이용할 수 있게 되었는데, 여기서 일팅은
간스가 보유를 위해 가져온 단락들을 중괄호[中括弧: { }] 속에
포함시켰다(호토와 그리스하임의 노트는 Ho$_1$, Ho$_2$, Gr$_1$, Gr$_2$로
표현됨).[4]

4. 난외주(欄外註)

- 난외주는, 출간된 『법철학』 텍스트에 대한 헤겔 자신의 수정(修
正)으로, 주어캄프 판(TW 7)에는 '▶' 표시로 실려 있다. 이것
은 §180까지의 본문 및 본문에 대한 주해에 행간을 넓힌(책 사
이에 백지를 끼워 넣은) 헤겔의 수고(手稿)로 필기되어 내려오
는 메모들[die handschriftlichen Notizen in Hegels durch-
schossenem Handexemplar (=die eigenhändigen Notizen)]
을 가리킨다.[5] 또한 이 내용은 『법철학에 대한 헤겔 자신의 난
외주』(*Hegels Eigenhändige Randbemerkungen zu seiner Rechts-
philosophie*, Leipzig, 1930)라는 제목으로 랏손에 의해 출간되
기도 하였고, 호프마이스터에 의해 간행된 헤겔의 『법철학』의
뒷부분에 별도로 실리기도 하였다.[6]

---

4 Hegel, *Elements of the Philosophy of Right*, Edited by Allen W. Wood, tr. by
H.B. Nisbet, Cambridge, 2004 (Nisbet으로 줄임), xxxv f. 참조.

5 TW 7, 29의 각주 1 참조.

6 Johannes Hoffmeister (hg.), *G.W.F. Hegel. Grundlinien der Philosophie des
Rechts. Mit Hegels eigenhändigen Randbemerkungen in seinem Handexemplar der
Rechtsphilosophie*. Vierte Auflge (1955[1]), Hamburg, 1962 (Unveränderter Abdruck),
301-432.

II

해설:
〈서문〉과 〈서론〉

1

서문[Vorrede]

헤겔 『법철학 강요(綱要)¹』(*Grundlinien der Philosophie des Rechts oder Naturrecht und Staatswissenschaft im Grundrisse*, 1821)

• 〈서문〉은 일신상(一身上)의 목적, 정치적인 목적 그리고 철학적인 목적이라는 다양한 목적에 이바지하고 있는 것으로 볼 수 있다. 즉,

1) 헤겔은 몇 명의 옛날의 적들, 특히 프리스에 대한 해묵은 원한을 풀기 위해서, 그리고 (프리스 자신을 포함한) 철학자들이 정치적 활동으로 인해 대학의 지위에서 해고되고 있을 때 자기의 개인적인 지위를 보호하기 위해 〈서문〉을 이용하고 있다.

2) 정치적으로는, 〈서문〉으로 인해 그는 당시의 정부의 반동(보수)적인 입장에 동조할 수 있게 되었다.²

---

1 이후 『법철학』으로 표기.
2 뒤에서 다시 설명하겠지만 예컨대 "(…) 그리하여 또한 철학은 사상으로 포착된 자기의 시대다"[(…) so ist auch die Philosophie *ihre Zeit in Gedanken erfaßt*. TW 7,

3) 철학적으로는, 헤겔은 서문을 이용하여 자기의 저작을 이전의 출간물, 특히 『논리학』(*Wissenschaft der Logik*, 1812-1816)과 『철학강요』(*Enzyklopädie der philosophischen Wissenschaften*, 1817)의 문맥 속에 자리 잡게 하고, 자기의 입장을 당시의 적대자들의 입장과 대조시킨다.

4) 서문의 철학적인 내용에만 집중하여 말하면, 헤겔은 자기 학생들이 '사변적 인식방법', 즉 '학적 증명을 수행하는' 철저히 철학적인 방법에 익숙하게 될 것이라고 생각한다.[3]

TW 7, 11 / 『법철학』, 29 f.[4]

▶ "이 강요를 출간하게 된 직접적인 동기는 내가 직책상 **법철학**에 대해 행하는 강의에 이르는 안내서를 수강생들에게 제공할 필요 때문이다. 이 밖에도 이 교과서는 철학의 이 부분에 대하여 역시 나의 강의를 위해 마련된 『철학강요』(*Enzyklopädie der philosophischen Wissenschaften*, *Heidelberg*, 1817) 속에 이미 포함되어 있는 것과 동일한 기초

26], 혹은 "(…) 미네르바의 올빼미는 황혼이 깃들 무렵에야 비로소 날기 시작한다"[(…) die Eule der Minerva beginnt erst mit der einbrechenden Dämmerung ihren Flug. TW 7, 28] 등의 헤겔의 언급은 헤겔 자신의 의도와는 관계없이 이러한 해석의 빌미를 제공하는 소재로 사용된다.

3 Dudley Knowles, *Hegel and the Philosophy of Right*, NY., 2002(Knowles로 줄임), 63 참조.

4 ' / ' 앞의 TW 7은 Georg Wilhelm Friedrich Hegel, *Grundlinien der Philosophie des Rechts*, *Theorie Werkausgabe in zwanzig Bänden*, Redaktion von Eva Moldenhauer und Karl Markus Michel, Ffm., 1969 ff. (=TW), Bd. 7을 가리키고, 쉼표 다음의 숫자는 그 쪽수를, 그리고 ' / ' 뒤의 숫자는 G.W.F. 헤겔, 『법철학』(임석진 역, 한길사, 2008)의 쪽수를 가리킨다. 그러나 한국어 번역은 여러 번역들도 참고하면서 필자가 직접 한 것이다.

개념들에 관한 특별히 더욱 체계적이고 추가적인 상세한 서술이다.

　그렇지만 이 강요가 인쇄되어 출간됨으로써, 더 많은 대중 앞에도 나타날 것이라는 사실로 인하여,—물론 강의에서는 그에 해당하는 설명을 얻을 수 있지만—우선 나는 저자의 생각과 유사하거나 아니면 상치(相馳)되는 생각들과 또한 여기서 비롯되는 추가적인 결론 등을 간략히 언급하여 시사하는 주해(註解)를 이미 이 책의 여러 곳에서 상세히 열거함으로써 텍스트의 더욱 추상적인 내용을 때때로 분명히 밝혀주며, 오늘날 널리 유포되어 있는 명백한 생각들에 대해서도 더 폭넓게 숙고할 수 있게 되었다. 그리하여 여기서는 기타의 개요의 목적이나 양식이 지니고 있는 것보다 많은 수의 더 장황한 주해들이 생겨나게 되었다.”

　(해설)

　● 헤겔의 〈정신철학〉은 주관적 정신·객관적 정신·절대적 정신에 대한 논구로 삼분된다. 그런데 『법철학』은 1817년에 출간된 『하이델베르크 철학강요』(Heidelberger Enzyklopädie)에 실려 있는 〈객관적 정신〉에 관한 간략한 내용을 §360에 이르기까지 체계적으로 상세하게 서술한 것이다. 본래 ‘요강(要綱)’이나 ‘개요’는 핵심적인 내용을 압축적으로 서술하는 것이 보통인데, 헤겔은 여기서 왜 특히 자세한 주해들을 덧붙이고 있는지를 설명하고 있다. 즉 헤겔은 이 저술의 발간으로 말미암아 촉발될 여러 논의들을 염두에 두고 더욱 상세한 설명의 필요성을 느꼈던 것으로 보인다.

TW 7, 12 / 『법철학』, 30

▶ “페넬로페(Penelope)의 직물(織物)”[das Gewebe der Penelope]

(해설)

• 『오뒷세이아』(*Odysseia*)[5]에서 오뒷세우스(Odysseus)의 아내 페넬로페는 남편이 원정(遠程)길에 오른 사이에 수많은 청혼자의 요청을 거절하기 위해, 자기가 짜고 있는 직물이 완성되면 자기를 원하는 사람 중 하나와 결혼하겠다고 약속한다. 그러나 그녀는 짰던 직물을 밤이면 다시 풀어서, 결코 직물을 완성하지 않음으로써 자기가 처한 위기를 넘겼다.

• 여기서 "페넬로페의 직물"은 '완성되지 않은 체계'를 뜻한다. 그러나 『법철학』은 완성된 체계라는 것을 강조하기 위하여 헤겔은 이 예를 들고 있다. 그리고 완성된 체계는 '사변적(思辨的) 방법'[6]에 의해 가능

5　『오뒷세이아』('Οδύσσεια)는 호메로스의 장편서사시로, 주인공 오뒷세우스(Odysseus)가 트로이 원정을 마치고 고향인 이타카로 돌아오는 도정에 겪는 여러 모험을 기록한 이야기다. '오뒷세이아'는 영어로는 '오딧세이'(Odyssey)라고 하고, 오뒷세우스는 라틴어로는 'Ulyxes' 혹은 'Ulysses'라 하고, 영어로는 'Ulysses'라고 부른다.

6　'사변(思辨)'이라는 용어는, 현실적이고 지성적으로 사유하는 사람들 사이에서는 예로부터 별로 신뢰받지 못하고 있는 말이다. 자기가 설정한 목표의 실현이 자기 자신의 행위에도, 그리고 어느 정도 확실하게 계산될 수 있는 요소들에도 의존하지 않을 때 우리는 'spekulieren'[투기(投機)한다]고 말한다. 그리고 철학의 영역에서도, 자연과학의 학문이해에 정향(定向)된 경험론적 철학이 존재한 이래, 형이상학은 일반적으로 사변이라는 의혹을 받아온 것이 사실이다. 그러나 사변에 대해서 항상 그렇게 생각했던 것은 아니다. '사변'에 해당하는 'Speculatio'는 Boethius에 의해 희랍어 theoria에 대한 용어로 사용되었다. 아우구스티누스, 스콜라철학자(예컨대 토마스 아퀴나스), 그리고 신비주의자(예컨대 Seuse, 쿠자누스)는 이것을 speculum(거울)과 결합시키고 사도 바울을 따라서(고린도전서 13:12), 하나님은 직접 보이거나 알려질 수 없고, 마치 거울 속에서처럼 그의 일이나 성과 속에서만 보이거나 알려질 수 있다고 논증한다. 그러므로 사변은 감각경험을 초월하여, 신적인 것 혹은 초자연적인 것으로 나아간다. 토마스는 결과—예컨대 우주론적 신 존재 증명에서 나타나는—로부터, 결과를 야기하는 원인에로 소급할 수 있는 가능성과 사변개념을 연관시킴으로써 이 개념의 의미를 더 정확하게 규정했다(*Summa theol.* II. 2. qu. 180, art. 3. 무엇보다도 여기서 그는 다음과 같이 말한다: "어떤 것을 거울을 통해서 본다는 것은, 결과를 통해서 원인을 보는 것을 뜻한다. 그런데 결과 속에서는 원인과 유사한 것이 다시 발생한다.") 'Speculatio'는 현

하다.

• 『정신현상학』(*Phänomenologie des Geistes*, 1807) 서문에도 이와
유사한 구절이 있다.

§67: 형식적·추론적 태도(das räsonnierende Verhalten) 못지않게 철학 연
구에 장애(障碍)가 되는 것은, 형식적으로 추론하지도 않고 확정된(ausge-
machte) 진리들을 가지고 있다고 자만(自慢)하는 것이니, 그러한 진리들의
소유자는 그 진리들로 되돌아갈 필요가 없다고 생각하여 그것들을 기초로
삼으며 그것들을 진술할 수 있을 뿐만 아니라 그것들을 통해 판결하고 부인
(否認)하기도 할 수 있다고 믿는다. 이러한 측면에서 보면 철학함으로부터
다시금 진지한 과업이 이루어져야 하는 일이 특히 필요하다. 모든 학문, 예
술, 기능(재능, 숙련), 수공업(手工業)에 관해서는 그것들을 소유하기 위하
여 그것들을 배우고 익히는 다양한 노력이 필요하다는 확신이 시인되고 있
다. 이에 반하여 철학에 관해서는 지금 다음과 같은 선입관이 지배하고 있는
것 같다. 그것은 즉, 물론 누구나 눈과 손가락을 가지고 있고 가죽과 도구를
얻었다고 해서 구두를 만들 수 있는 것은 아니다. ─ 그러나 누구나 자기의
자연적(타고난) 이성에서 철학함을 위한 척도를 소유하고 있기 때문에, 누
구든지 곧바로 철학할 수 있고 철학을 평가할 수 있다고 하는 선입관이다.
─ 그러나 이것은 마치 누구나 자기의 발에서 구두의 척도를 마찬가지로 소
유하고 있지 않기라도 한 것 같은 이야기다. ─ 마치 철학의 소유가 바로 지

실적으로 주어진 것을 초월하여 그것의 궁극적인 규정근거들로 고양되는 것을 뜻했
다[Michael Inwood, *A Hegel Dictionary*, Cambridge, Mass., 1993, 271; Walther C.
Zimmerli, ebd., 99 ff. 그리고 Werner Becker, "Der Begriff der Spekulation und
seine Stellung im Rahmen der transzendentalphilosophischen Erkenntnistheorie
der Neuzeit," in: Ders., *Selbstbewußtsein und Spekulation. Zur Kritik der Transzen-
dentalphilosophie*, Freiburg, 1972 (45-65), 45 f. 참조]. 이상, 백훈승「헤겔에서의 반
성과 사변」,『범한철학』제34집, 범한철학회, 2004 (225-246), 234 참조.

식들과 연구가 결여된 곳에서 정립되며, 그 지식들과 연구가 시작되는 곳에서 철학이 중단되는 것으로 보인다. 철학은 흔히 형식적이고 내용이 없는 지(知)로 간주된다. 그러나 여기에 심히 결여되어 있는 것은, 그 어떤 지식과 학문에서 내용상 진리인 것도 철학에 의해 산출되었을 때에만 이 진리라는 이름에 어울릴 수 있다는 통찰, 그리고 다른 학문들이 철학 없이 형식적인 추론을 가지고서 스스로 원하는 만큼 시도할 수 있을지라도, 철학이 없으면 생명과 정신과 진리를 자신 속에 가질 수 없다는 통찰이다.[7]

---

[7] "Sosehr als das räsonierende Verhalten ist dem Studium der Philosophie die nicht räsonierende Einbildung auf ausgemachte Wahrheiten hinderlich, auf welche der Besitzer es nicht nötig zu haben meint zurückzukommen, sondern sie zugrunde legt und sie aussprechen sowie durch sie richten und absprechen zu können glaubt. Von dieser Seite tut es besonders not, daß wieder ein ernsthaftes Geschäft aus dem Philosophieren gemacht werde. Von allen Wissenschaften, Künsten, Geschicklichkeiten, Handwerken gilt die Überzeugung, daß, um sie zu besitzen, eine vielfache Bemühung des Erlernens und Übens derselben nötig ist. In Ansehung der Philosophie dagegen scheint jetzt das Vorurteil zu herrschen, daß, wenn zwar jeder Augen und Finger hat, und wenn er Leder und Werkzeug bekommt, er darum nicht imstande sei, Schuhe zu machen, jeder doch unmittelbar zu philosophieren und die Philosophie zu beurteilen verstehe, weil er den Maßstab an seiner natürlichen Vernunft dazu besitze, — als ob er den Maßstab eines Schuhes nicht an seinem Fuße ebenfalls besäße. — Es scheint gerade in den Mangel von Kenntnissen und von Studium der Besitz der Philosophie gesetzt zu werden und diese da aufzuhören, wo Jene anfangen. Sie wird häufig für ein formelles inhaltleeres Wissen gehalten, und es fehlt sehr an der Einsicht, daß, was auch dem Inhalte nach in irgendeiner Kenntnis und Wissenschaft Wahrheit ist, diesen Namen allein dann verdienen kann, wenn es von der Philosophie erzeugt worden; daß die anderen Wissenschaften, sie mögen es mit Räsonieren ohne die Philosophie versuchen, soviel sie wollen, ohne sie nicht Leben, Geist, Wahrheit in ihnen zu haben vermögen"[*Phänomenologie des Geistes* (1807) (이후로는 PG로 줄임), Hamburg, 1952, 54 f.]. 원문에는 문단번호가 매겨져 있지 않다. 그러나 나는 편의를 위해 문단번호를 매겼는데, `§67`은 예순일곱번째 문단을 가리킨다.

• 철학연구에 방해되는 것은 현실을 무시하고 자유롭게 추론하는 Räsonieren만이 아니라, 이러한 추론마저도 하지 않고 마치 확정된 진리들을 가지고 있다고 자만하는 것이다. 이런 태도를 가지고 있는 자들은 예컨대 낭만주의자들, 그리고 상식의 입장에 있는 사람들이다. 이들은 자신들이 가지고 있는 것이 진리라고 믿으면서 그것을 다시 검토할 필요가 없다고 생각하며 그것을 가지고 옳고 그름을 판결한다.

• 그런데 헤겔은 당대에 널리 유포되어 있는 선입관을 문제 삼는다. 즉, "모든 학문, 예술, 기능(재능, 숙련), 수공업(手工業)에 관해서는 그것들을 소유하기 위하여 그것들을 배우고 익히는 다양한 노력이 필요하다"고 생각하면서도, 철학을 하기 위해서는 아무것도, 아무런 노력도 필요하지 않고, 단지 태어날 때부터 가지고 있는 이성만 있으면 된다고 하는 선입관이 문제라는 것이다. "누구나 눈과 손가락을 가지고 있고 가죽과 도구를 얻었다고 해서 구두를 만들 수 있는 것은 아니다." 이와 마찬가지로 누구나 이성을 가지고 있는 인간이라고 해서 곧바로 철학을 할 수 있는 것은 아니다. 구두를 만들 수 있기 위해서는 눈과 손가락, 그리고 도구라는 작용인(作用因)과 가죽이라는 질료인(質料因)뿐만이 아니라, 구두를 만들 수 있는 기술도 필요한데, 이를 위해서는 그것을 "배우고 익히는 다양한 노력이 필요하다." 이와 유사한 구절이, 『정신현상학』을 발표한 10년 후에 출간된 『철학강요』에서도 발견된다.

철학이 자기의 독특한 연구형식(작업형태)으로서 요구하는 것이 단지 사유일 뿐이고, 그런데 인간은 본래 사유할 수 있는 한, 제3절에서 말한 구별을 빠뜨리는 이 추상으로 인하여 철학의 난해함에 대해 불평으로 언급된 것과는 반대의 것이 등장한다. 열심히 철학을 하지 않은 사람들도 자기는 철학을 본래 다 알고 있다거나 혹은 보통의 교양밖에 없으면서 특히 종교적 감정으로부터 철학할 수 있고 철학을 비판할 수 있는 능력이 있다는 그러한 자부심을 가지고 떠드는 사람들이 나올 만큼 철학은 자주 멸시받고 있다. 다른 학문에 있어서는 학문에 관한 지식을 가지려면 먼저 그것을 연구해야 한다는 것, 또 이 지식을 가진 뒤라야 비로소 이 학문에 대해서 비판할 권리가 있다는 것 등을 누구나 다 인정한다. 구두를 만드는 데 있어서, 구두의 치수를 맞추기 위해서는 발과 손이 있고, 또 그 손에는 구두를 만들기에 필요한 천성의 재능이 있다 하더라도, 구두를 만들려면 반드시 만드는 방법을 배우고 또 연습해야 된다는 것도 누구나 다 승인하는 바다. 그런데 철학함 자체를 위해서만은 그러한 연구와 학습과 노력이 필요하지 않다고 주장한다. ―이러한 편리한 견해는 최근에 직접지(直接知)나 직관을 통한 지(知)에 관한 이론에 의하여 그 확증을 얻고 있는 것이다.[8]

• 뿐만 아니라, "철학함을 위한 척도"는 각각의 사람마다 다른, 주관적인 것이 아니라 '객관적' 내지 '절대적'인 것이어야 한다. 각자가 가지고 있는 주관적인 척도에 의해 "곧바로 철학할 수 있고 철학을 평가할 수 있다고 하는" 것은 잘못된 선입관이다. 헤겔은 이러한 주관적인 척도나 기준으로 수행하는 철학이나 철학에 대한 평가는, 결국 주관적인 것일 뿐이어서 보편적인 진리에 이르지 못하는 것으로 생각한다. 즉, 각자의 주관적 척도가 진리 여부를 판정하는 척도가 될 수 없다는 말이다. 이것은 마치 우리가 구두를 만들 때, 우리들 자신의 발의 치수를 재서 거기에 맞게 구두를 만들 수 있는데, 이렇게 해서 만들어진 구두는 단지 나의 발에만 맞는 구두여서, 그 모두에게 맞는 것은 아닌 것과 마찬가지다. 모든 사람의 발에 다 맞는 구두는 존재하지 않는다. 엄밀하게 말하면, 사람의 발의 수에 해당하는 수많은 척도들이 존재한다.

---

8 Enz §5. TW8, 46. 인용문 안의 강조체는 이후로 별다른 언급이 없는 한, 모두 인용문의 원저자에 의한 것이다.

진리에도 이렇게 수많은 척도들이 존재한다면, 결국에는 진리 상대주의로 빠질 수밖에 없을 것이다.

• 철학은 결코 "지식들과 연구가 결여된 곳에서" 정립되는 것이 아니다. 또한 철학은 "형식적이고 내용이 없는 지(知)"가 아니다. 철학에 형식적인 논리성이 결여되어서는 안 되지만, 아울러 내용이 결여되어서도 안 된다. 철학이야말로 생동하는 현실을 개념에 의해 구체적으로 파악하는 활동이다.

• 그리고 실과 도구가 있다고 누구나 다 직물을 짤 수 없듯이, 이성을 가진 모든 사람이 철학적 사유, 사변적 사유를 할 수 있는 것은 아니라는 점을 헤겔은 아래와 같은 곳에서도 말하고 있다:

사상(事象)의 개념은 나면서부터 그대로 우리에게 안겨오는 그런 것이 아니다. 인간이면 누구나 손가락이 있고 붓과 물감을 가질 수 있지만 그렇다고 그가 아직 화가는 아니듯이 사유의 경우 또한 이와 마찬가지다. 법의 사상(思想)은 말하자면 모든 사람이 직접 가지고 있는 것이 아니다. 올바른 사상(思想)은 사상(事象)을 알고 또 인식하는 것이며, 따라서 우리의 인식은 학문적이어야만 한다.[9]

▶ "물론, 우선 이 강요는 그 안에서 주도적인 것을 이루고 있는 방법으로 인하여 통상적인 개요와는 차이가 있다. 여기서는 하나의 소재에서 또 다른 소재로 나아가는 철학적 진행방법이나 학문적인 증명방법,

---

9 "Der Begriff der Sache kommt uns nicht von Natur. Jeder Mensch hat Finger, kann Pinsel und Farben haben, darum aber ist er noch kein Maler. Ebenso ist es mit dem Denken. Der Gedanke des Rechts ist nicht etwa, was jedermann aus erster Hand hat, sondern das richtige Denken ist das Kennen und Erkennen der Sache, und unsere Erkenntnis soll daher wissenschaftlich sein" (TW 7, 17 / 『법철학』, 38).

즉 이러한 사변적 인식방법 일반이, 다른 인식방법과 본질적으로 구별
된다는 사실이 전제되고 있다. (...) 사람들은 예전의 논리학의 형식들
및 규칙들의 불충분함, 즉 지성의 인식의 규칙들을 포함하고 있는 정
의·구분·추론의 형식들 및 규칙들은 사변적 학에 불충분하다는 점을
분명히 인식했다. 혹은 그 점을 인식했다기보다는 오히려 느낀 것일 수
있다. 그러고 나서는 이 규칙들을 단지 족쇄에 불과한 것으로 생각하여
내버리고는 심정(心情), 환상(幻想), 우연한 직관(直觀)으로부터 자의적
(恣意的)으로 말하였다. 그런데도 반성과 사유관계는 또한 발생해야 하
므로 무의식 중에 사람들은 전적으로 통상적인 연역이나 추론이라는
경멸스러운 방법을 취한다."[10]

(해설)

• 『법철학』은 헤겔의 실천철학을 대표하는 저술로서 그의 거대한 체
계의 일부분을 이루고 있다. 그런데 『법철학』의 서술방식은 그의 『논리
학』에 기반하고 그것을 전제하고 있지만, 『법철학』을 서술함에 있어서
헤겔은 『논리학』에서 상세하게 설명한 자신의 개념들 및 방법, 즉 변증

---

10 "Allerdings weicht dieser Grundriß zunächst von einem gewöhnlichen Kom-
pendium durch die Methode ab, die darin das Leitende ausmacht. Daß aber die
philosophische Art des Fortschreitens von einer Materie zu einer andern und des
wissenschaftlichen Beweisens, diese spekulative Erkenntnisweise überhaupt, wes-
entlich sich von anderer Erkenntnisweise unterscheidet, wird hier vorausgesetzt.
(...) Man hat wohl die Unzulänglichkeit der Formen und Regeln der vormaligen
Logik, des Definierens, Einteilens und Schließens, welche die Regeln der Verstand-
eserkenntnis enthalten, für die spekulative Wissenschaft erkannt, oder mehr nur
gefühlt als erkannt, und dann diese Regeln nur als Fesseln weggeworfen, um aus
dem Herzen, der Phantasie, der zufälligen Anschauung willkürlich zusprechen;
und da denn doch auch Reflexion und Gedankenverhältnisse eintreten müssen,
verfährt man bewußtlos in der verachteten Methode des ganz gewöhnlichen Fol-
gerns und Räsonnements."

적 방법을 다시 자세히 설명하지는 않는다.

『법철학』의 서술방식은 그의 『논리학』에 기반하고 있다. 개념은 초기에는 맹아(萌芽)의 형태로 존재하며, 그것의 전개를 통해 점차 완성되어 이념에 이른다. 개념의 이러한 전개에 있어서, 이전의 상태는 다음 상태에 의해 부정된다. 그러나 그것은 완전히 무화(無化)되지 않고 다음 단계로 발전하는 계기로 작용한다. 그러므로 헤겔은 이러한 사태를 완전한 무화·절멸(絶滅)이 아니라 '지양(止揚)'[Aufheben]이라고 말한다. 발전단계에 있어서 이후의 상태는 이전 상태의 전면적인 부정이 아니라 '제한적(규정적) 부정'[die bestimmte Negation], 즉 '어떤 특정한 사태의 부정'인 것이다. 여기서 우리는 '지양'의 의미를 살펴보고 가기로 하자.

예컨대, A, B, C 세 사람이, 혹은 한 사람이 A, B, C 상이한 세 관점에서 하나의 사물을 관찰하고 다음과 같이 주장할 수 있다.[11]

A. "저것은 원형(圓形)이다.": 정립(定立, These), 즉자(卽者, an sich, in itself)

B. "저것은 직사각형이다.": 반정립(反定立, Antithese), 대자(對自, für sich, for itself)

C. "저것은 원통형이다.": (종)합[(綜)合, Synthese], 즉(자)대자[卽(者)對自, an und für sich, in and for itself]

'~을 두다, ~을 놓다', '~으로 간주하다', '주장하다' 등의 의미를 지니고 있는 헬라스어 'τίθημι'에서 유래하는 'These'라는 용어는 '정

---

11 이 예는 고사카 슈헤이(小阪修平), 『서양철학사』, 서계인·문상련 역, 동환출판사, 1986, 307 를 참조한 것임.

립' 혹은 '명제(命題)' 등으로 번역되는데, 이것은 바로, '어떤 진술을 둠(놓음)' 혹은 '제시된 진술'을 의미한다. 이 사실 또한, 변증법이 진술(陳述)과 관계있음을 말해주고 있다.

그런데 여기서 C의 입장을 'Aufheben'이라 하는데, 이 용어는 다음과 같은 세 가지 의미를 지니고 있다.

① 폐지(廢止), 폐기(廢棄), 부정(否定) (Beseitigen, Negieren 〈 tollere)

② 보존(保存), 유지(維持) (Aufbewahren 〈 reservare)

③ 고양(高揚) (Hinaufheben 〈 elevare)

여기서 니시 아마네[서주(西周)]는, '폐지한다'에서의 '지'와 '고양한다'에서의 '양'을 가져와 '지양 (止揚)이라는 번역어를 만들었다. 또한 여기서 생각할 점은, A ↔ B, B ↔ C의 관계는 논리적 '모순관계'가 아니라, '반대관계' 혹은 B가 A를, 그리고 C가 A나 B를 '부정(否定)하는 관계'라는 사실이다. 이처럼 변증법이란, 우리의 인식이 저차적(低次的)인 단계에서 고차적(高次的)인 단계로 발전해나가기 위한 사유의 방법·인식의 방법이다. 이때, 변증법에서 중요한 것은 바로, "① 타자(他者)를 매개로 한 ② 부정(否定)"인 바, A와 B와 C는 서로에게 타자이며, 부정은 각자에 매개된 부정으로, 전면적(全面的)인 부정이 아닌 제한적(制限的) 부정, 규정된 부정[bestimmte Negation, determinate negation]이다.

• 헤겔의 변증법 내지 변증적 사유에 대해 많은 사람들이 오해하고 있는 점을 해명하기 위해 다음과 같은 설명을 덧붙이고자 한다.

헤겔은 『철학강요』 중 〈논리학〉에서의 '예비개념'(§19-83, 특히 §

79-81)에서 변증적 사유에 대해 설명하고 있다. §79에서, 논리적인 것은 그 형식에 따라 세 가지 측면을 가지며, 이것은 모든 논리적·실재적인 것의 제계기(諸契機)가 된다고 말한다.

1) 추상적·지성적 단계(추상적인 면이거나 지성적인 면)
2) 부정적 이성의 단계(변증적인 면이거나 부정적·이성적인 면)
3) 긍정적[혹은 사변적(思辨的)] 이성의 단계(사변적인 면이거나 긍정적·이성적인 면)

이 구별에 따르면 '변증적'이라는 말은 모든 존재자의 발전(이 전체는 광의(廣義)의 변증법임)의 제 2단계이며, '부정적·이성적'으로 특징지을 수 있다. 협의(俠義)의 변증적 단계는 존재자가 자기를 부정하고 타자로 전화(轉化)하는 단계, 즉 대자(對自)의 단계에 해당한다. 이 대자(對自)를 다시 부정하여 자기를 회복하여 더욱 높은 차원의 동일성(구체적 동일성)을 얻는 즉자대자의 단계가 세 번째의 사변적(思辨的) 단계다. 다시 말하면 '동일 → 대립'은 협의의 변증적 과정이고, '대립 → 통일'은 사변적 과정이며, 이 두 과정을 결합한 것이 광의의 변증적 과정이다.

1)단계는 문제되고 있는 사상(事象)에 관해서 어떤 사유규정을 정립하고 그것을 고집하며, 오직 그것만을 진리라고 주장하는 입장이다. 그러나 우리가 경험의 대상을 온전하게 알려고 할 때에, 하나의 규정은 그것과 대립되는 규정으로 이행하며, 그 어떤 하나의 규정만으로는 진리라고 주장될 수 없다. 그러나 어떤 한 규정만을 진리라고 주장하는 것이 바로 '독단주의'다: "이 형이상학은 독단주의가 되었다. 왜냐하면 이 형이상학은 유한한 규정들의 본성에 의하여, 대립된 두 주장 ―상술한 저 명제들도 이러한 주장들이었다― 중에 하나는 참이지만 다른 하

나는 거짓이 분명할 것이라고 생각할 수밖에 없었기 때문이다."(Enz §32).

2)단계는 하나의 규정이 자신을 넘어서 반대의 규정으로 이행하는 것을 나타내며, 바로 여기에 '독단주의'를 부정하는 회의주의[der Skeptizismus]의 의의가 있으며, 이 입장은 철학적 인식에 불가결한 계기다. 그러나 회의주의와, 헤겔이 말하는 부정(否定)의 차이점은, 회의주의가 행하는 부정은 '전면적인 부정'인 데 반하여, 헤겔에 있어서의 부정은 '제한적 부정'·'규정적 부정'[die bestimmte Negation, the determinate negation]이라는 점이다.

여기서 또한 놓쳐서는 안 되는 점은, 이 2)단계가 단지 1회에 걸쳐서만 발생하는 것으로 보아서는 안 된다는 사실이다. 부정(否定)은 단 한 번만 이루어지는 것이 아니다. 참된 옳음인 진리에 도달하기 위한 부정의 과정은 무수히 반복될 수 있다. 헤겔의 변증적 사유를 '정-반-합'이라는 단조로운 3항1조도식[Triade]으로 규정해버린 오류는 바로 이 제2)단계를 '단 하나의 것'으로 생각한 데서 발생하는 것이다.

3)의 단계는 대립이 통일되는 단계다. 이 단계에서는 통일 속에 존재하는 대립을 파악할 수 있다. 대립이 통일되었다고 해서 대립이 완전히 사라진 것이 아니라 통일을 이루는 계기들로 '지양(止揚)되어' 있다. 로미오와 줄리엣이 사랑할 때, 그들은 이 사랑 속에서 '하나로' 통일되지만, 그럼에도 불구하고 로미오는 로미오대로, 줄리엣은 줄리엣대로 여전히 존재하는 것이다. 이것이 바로 '사변(思辨)'[Spekulation]의 단계다.

• 헤겔은 자신의 『법철학 강요』가 보통의 강요와는 다른 점을 우선 그것이 사용하고 있는 방법이라고 말한다. 그 방법이란 바로 '사변적 방법'이다. 사변적 방법이란, 이성적 방법이요, 부분에서 전체로, 추상

적인 것으로부터 구체적인 것에로 나아가는 방법을 가리킨다. 한 가지 예만 들자면, 『법철학』의 전체적인 구조는, 〈서문〉과 〈서론〉을 제외하면, 〈추상법〉, 〈도덕〉, 〈인륜〉으로 되어 있다. '추상법'에서는 외면적인 '법'을 다루고, '도덕'에서는 내면적인 도덕과 양심의 문제를 다루며, 마지막으로 '인륜' 장에서는 외면과 내면의 통일을 다룬다.

• 사변적 인식은 이성[Vernunft]의 인식, 총체적 인식, 구체적 인식이다. 이에 반해, 지성의 인식[Erkenntnis des Verstandes]은 대립된 것을 고착된 것으로 파악하는 추상적 인식이요 부분적 인식이다. 사변적 인식과 기타의 철학적 방법의 차이에 대한 헤겔의 상세한 설명에 대해서는 『철학강요』(1830) §§1-83을 참조할 것.

• 헤겔은 여기서 "사람들은 예전의 논리학의 형식들 및 규칙들의 불충분함, 즉 지성의 인식의 규칙들을 포함하고 있는 정의·구분·추론의 형식들 및 규칙들은 사변적 학(學)에 불충분하다는 점을 인식했다"고 말하는데, '정의·구분[12]·추론' 중, '정의와 구분'은 개념론에 속하고, '추론'은 당연히 추리론에서 다루는데, '추론'은 지성이 아니라 '이성'이 수행하는 일이다. 그런데 헤겔은 여기서 추론도 지성이 수행하는 일로 규정하고 있는가?

헤겔은 보통 사람들이나 칸트, 그리고 계몽주의자들이 말하는 '이성'이 사실은 '지성'에 불과하다고 비판한다. "같은 것은 같은 것에 의해 알려진다(Like is known by like)"라고 말한 엠페도클레스(Empedokles)와 마찬가지로, 헤겔은 이성을 뜻하는 'Vernunft'라는 말을 '신의 말을 알아듣는다'[vernehmen]는 뜻으로 해석하고 있다.[13] 그리하여

---

12 division (Einteilung): 개념의 외연을 분해함으로써 개념간의 구별을 명석하게 정돈하는 것(예: 인간을 인종이라는 구분기준에 따라 '황인종', '백인종', '흑인종'으로 나누는 것).

13 백훈승, 「계몽주의와 낭만주의의 종합자 헤겔」, 『범한철학』 제48호, 범한철학회,

헤겔이 말하는 '이성'은 단지 추리하는 기능이 아니라 절대자를 인식하는 능력을 가리킨다.

• 그런데 헤겔이 사용하는 '이성'과 다른 의미의 이성은 추리하는 기능이며, 지성이 경험적 대상에 관계하여 어떤 판단을 내리는 데 반하여 이성은 경험적 대상에 직접 관계할 필요 없이 지성이 이루어놓은 판단들을 가지고 추론해낸다.

예1) 사람은 죽는다. ∴ 죽지 않으면 사람이 아니다.

예2) 활명수에는 부채표가 있습니다. ∴ 부채표가 없는 것은 활명수 가 아닙니다.

이 두 추론은 모두 후건 부정형식[Modus Tollens]으로 타당한 추론이다. 그런데 이러한 타당한 추론을 하기 위해서 우리는 전제에 대한 사실 확인을 할 필요가 없다. 그런 일은 바로 지성(知性)이 한다.

★ 형식논리학[formal logic]의 내용들

• 그르지는 않지만, 세계에 대해 아무런 정보도 제공해주지 않는다.

• 형식논리학에서는 논증의 '형식'만을 문제 삼는다. 즉, 논증의 타당성(妥當性, validity)·부당성(不當性, invalidity) 여부에만 관심을 갖는다.

• 논증의 타당성 여부만을 문제 삼지 않고 그 내용까지 따지는, 즉 논증의 완벽성(完璧性, soundness) 여부를 따지는 것이 바로 비형식논리학[informal logic][14]이다. 그러나 사실은 형식논리학에서 타당성 여

2008, 168 참조.

14 '비형식논리학'이란, '형식을 무시한다'거나 '형식을 갖추지 않은' 논리학을 가리키는 말이 아니라, '형식만을 문제 삼는 논리학이 아니라는' 의미를 지니고 있다. 예컨

부를 가리기 위해서는 세계에 관한 사실을 알아야 하는 경우가 많다. 예컨대, 동물계나 식물계의 성원들 사이에서 성립하는 포함관계, 즉 유와 종의 관계를 알아야 논증의 타당성 여부를 판별할 수 있는 경우를 살펴보자. 예컨대 다음 논증을 보자.

예) 모든 사람은 죽는다.
———————
모든 동물은 죽는다.

이 논증은 부당하다. 그러나 이 논증이 '부당하다'는 것을 알 수 있는 것은 '사람'과 '동물'의 포함관계—이것은 형식적인 지식이 아니라 실질적인 지식이다—를 알고 있기 때문이다. 다시 말하면, "x는 y다"라는 진술이 어떤 논증에 포함되어 있을 경우, ① x와 y가 동치(同値)관계에 있는지, 아니면 ② x가 y에 포함되는지를 구별하려면 사실에 관한 지식을 가져야 하는 것이다. 따라서 이런 경우에는 순전히 형식만을 가지고 논증의 타당성을 가릴 수 있는 것이 아니라 사실에 관한 지식도 필요한 것이다. 그러나 물론 형식논리학에서는 사실여부에 관해서는 여러 과학들이 다루고, 형식논리학에서는 그러한 자료들을 이용하여 추론한다고 말한다.

★ 헤겔은 논리학의 임무에 대하여 다음과 같이 말하고 있다.

논리학이 일반적으로 사유에 관한 학문으로 취급될 때에 이해되는 것은, 이러한 사유란 인식의 한갓된 형식을 이루고 있다는 것, 그리고 논리학은 일체

대 '비판적 사고와 논리'라는 과목 등에서 문제 삼는 것이 바로 비형식논리학이다.

의 내용을 사상(捨象)하는 가운데, 인식에 속하는 소위 제2의 구성부분[das sogennante zweite *Bestandstück*]으로서의 질료는 다른 어떤 곳으로부터 주어져야만 한다는 것이다. 따라서 이 질료는 논리학으로부터 전적으로 독립적이어서 논리학은 참된 인식의 형식적인 조건일 뿐이고 실질적인(진정한, reale) 진리 자체를 포함하거나 더 나아가서 실질적인 진리에 이르는 길(방법)이 될 수도 없다는 것이다. 왜냐하면 바로 진리의 본질적 요소인 내용[Das Wensentliche der Wahrheit, der Inhalt]은 논리학의 외부에 존재하는 것이 되기 때문이다.

그런데 우선 무엇보다도 논리학은 일체의 내용을 사상(捨象)한다고 말하는 것, 그리고 사유된 것에 관여하거나 또는 그 사유된 것의 성질을 고려하지 않고, 다만 사유의 규칙들만을 가르친다고 말하는 것부터가 온당치 못한 처사다. 왜냐하면 사유와 사유의 규칙들이 논리학의 대상이어야 하기 때문에, 논리학은 실로 거기에서 곧바로 자기의 특유한 내용을 갖기 때문이다. 이런 점에서 논리학은 인식의 저 제2의 구성부분으로서의 질료[jenes zweite Bestandstück der Erkenntniß, eine Materie]도 아울러 가짐으로써 이 질료의 성질에 관심을 가진다.[15]

• 헤겔이 말하는 변증적 사유 내지 사변적 사유는 변화하는 대상, 역동적인 대상을 파악하기 위한 '사유의 방법'이다. 따라서 변증법[Dialektik]은 현실과 관계할 수밖에 없다.

• 그러나 형식논리학에 의한 논증이나 규칙이 내용 없는 '공허한 것' 내지는 '동어반복' 혹은 '하나 마나 한 말' (예컨대 'A=A'라는 동일률의 경우)에 불과할지라도, 그것이 그른 것은 아니므로, 버려서는 안 된다. 지성의 규칙 및 인식만으로는 총체적인 인식에 이르지 못하지만,

---

15 *Wissenschaft der Logik*, GW 11, 15-6.

그것들은 온전한 인식을 위해 필요한 것들이다. 즉, 그것들은 폐기(廢棄)되어서는 안 되고 지양(止揚)되어야[aufgehoben] 한다.

★ 낭만주의[Romantik]에 대한 비판

• 그런데 이와는 또 다른 편에서 사람들은 "이 규칙들을 단지 족쇄에 불과한 것으로 생각하여 내버리고는 심정(心情), 환상(幻想), 우연한 직관(直觀)으로부터 자의적(恣意的)으로 말하였다"고 헤겔은 말한다. 이것은 계몽주의에 비하여 지성을 상대적으로 경시하거나 무시하는 낭만주의자들의 입장을 비판하는 헤겔의 생각이다. 헤겔은 직접지(直接知)를 주장하는 낭만주의자들을 비판한다. 헤겔에 있어서 진리란, "권총에서 총알이 발사되듯"(PG, 26 §27) 단박에 얻어지는 것이 결코 아니라, 매개와 부정의 과정을 거쳐 가는 '개념의 노동'을 통해서만 획득되는 것이다.

경험론이나 비판철학에 대한 반동으로 야코비(Friedrich Heinrich Jacobi, 1743–1819)나 쉘링의 직접지의 입장이 제기된다. 이들에 의하면 신(神)이나 진리는 지성이나 이성의 도움을 받지 않고, 예지적(叡智的) 직관[intellektuelle (intellektuale) Anschauung]이나 혹은 무언가 깊은 감정에 의해 문득 직접적으로 알려지는 것이라고 주장한다. 그러나 경험의 매개[Vermittlung]를 배제하는 직접지는, 거기에 아무리 깊은 직관이 있다 하더라도 결국 논증할 수 없는 신비적인 것이 되어버린다. 이에 대해 헤겔은 직접성과 매개성 사이의 관계 자체를 문제 삼는다. 직접적이라는 것도 사실은 매개된 것임을[16] 우리들은 보통 경험을

---

16 ´ "하늘에서나 땅 위에서 그리고 땅 아래에서도, 직접성이라는 규정뿐만이 아니라 매개라는 규정을 자신 속에 지니지 않은 그 어떤 자연의 대상이나 정신의 대상도 존재하지 않을 뿐만 아니라, 매개되지 않거나 매개하지 않는 지(知), 감각, 표상, 의욕 등 정

통해 알고 있다.[17]

• 헤겔은 이러한 낭만주의의 입장을 『정신현상학』 서문에서 다음과 같이 비판한다.

다시 말해서, 즉 진리가 다만 때로는 직관, 때로는 절대자에 대한 직접지, 종교, 하나[Sein]—신의 사랑의 중심에 있는 하나[Sein]가 아니라, 그 중심 자체의 하나[Sein]—이라고 불리는 것 안에서만, 혹은 오히려 그러한 것으로서만 존재한다면, 그것의 입장에서는 동시에 철학의 서술에 있어서도 오히려 개념의 형식에 반대되는 것이 요구된다. 즉, 절대자는 개념적으로 파악되어야 하는 것이 아니요, 느껴지고 직관되어야만 하고, 절대자의 개념이 아니라 절대자에 대한 감정과 직관이 주도적인 발언권을 가져야 하며 진술되어야만 한다는 것이다.[18]

신에 귀속되는 그 어떤 활동도 존재하지 않는다"(*Vorlesungen über die Beweise vom Dasein Gottes*, hg. v. Georg Laßon, Leipzig, 1930, 3. Vorlesung, 26)라고 말하고 있다. 또한 이와 유사한 내용이 *Wissenschaft der Logik* (TW 5, 66)에도 서술되어 있다. 헤겔은 기독교 신약성서 빌립보서 2:10에 있는 다음과 같은 구절을 차용하여, 존재하는 모든 것은 직접성과 매개라는 규정을 지니고 있다고 말한다: "하늘에 있는 자들과 땅에 있는 자들과 땅 아래 있는 자들로 모든 무릎을 예수에 이름에 꿇게 하시고"

17 鯵坂 眞 외 편저, 『헤겔 논리학 입문』, 권오걸 역, 한마당, 1986, 17 ff. 참조. 그리고 백훈승, 「헤겔에 있어서의 學의 始原의 문제」, 『동서철학연구』 제68호, 한국동서철학회, 2013 (115-134), 특히 117-122를 참조할 것.

18 "Wenn nämlich das Wahre nur in demjenigen oder vielmehr nur als dasjenige existiert, was bald Anschauung, bald unmittelbares Wißen des Absoluten, Religion, das Sein—nicht im Zentrum der göttlichen Liebe, sondern das Sein deßelben selbst—genannt wird, so wird von da aus zugleich für die Darstellung der Philosophie vielmehr das Gegenteil der Form des Begriffs gefodert. Das Absolute soll nicht begriffen, sondern gefühlt und angeschaut, nicht sein Begriff, sondern sein Gefühl und Anschauung sollen das Wort führen und ausgesprochen werden." (PG, 12 f. §6).

위의 인용문의 '직관', '직접지', '종교', '사랑' 가운데서 직접지는 쉘링, 야코비, 슐라이어마허, 노발리스(Novalis, 1772-1801)[19], 슐레겔 (Schlegel) 형제[20] 등 낭만주의자들의 입장 전반을 가리키는 표현이며 (『철학강요』 §61-78, TW 8, 148-168), 또 직관은 쉘링을, 직접지는 야코비를, 종교는 슐라이어마허를, 사랑은 노발리스를 각각 특별히 가리키고 있다고 생각된다.[21]

헤겔에 의하면 "진리는 개념에서만 자신의 현존의 장면을"(PG, 12) 가지는데, 이러한 주장은 "요즘 사람들의 확신 속에 만연되어 있는 만큼이나 거대한 월권을 행사하는 표상 및 그것의(표상의: 필자 주) 귀결과 모순되는 것처럼"(PG, 12) 보인다고 말한다. 여기서 헤겔이 말하고 있는 "거대한 월권을 행사하는 표상 및 그것의 귀결"이란, "진리가 다만 때로는 직관, 때로는 절대자에 대한 무매개적 지, 종교 (...)로 불리는 것 안에서만, 혹은 오히려 그러한 것으로서만"(같은 곳) 존재한다는 생각이다. 이러한 입장에 서게 되면, 철학의 서술에 있어서도 오히려 개념의 형식에 반대되는 것이 요구된다. 다시 말하면, 절대자는 개념적으로 파악되어야 하는 것이 아니요, 느껴지고 직관되어야만 하고, 절대자의 개념이 아니라 절대자에 대한 감정과 직관이 주도적인 발언권을 가져야 하며 진술되어야만 한다(ebd. 참조). 이러한 낭만주의적 정신은 "사상(思想)의 분별을 뒤섞고 구별하는 개념을 억눌러서 실재에 관한 감정을 회복해야 하며, 통찰보다는 신앙심을 불러일으켜야 한다"(PG, 13)고 하며, "개념이 아니라 탈자(脫者)가, 냉정하게 전진하는 사상(事

---

19 독일초기 낭만파의 대표적 시인, 철학자. 본명은 프리드리히 폰 하르덴베르크 (Friedrich Philipp, Freiherr von Hardenberg)다.

20 형: August Wilhelm Schlegel (1767-1845); 동생: Friedrich Schlegel (1772-1829).

21 양무석 역, 『정신현상학 주해집성』, 형설출판사, 1996, 142 참조.

象)의 필연성이 아니라 부풀어 오르는 영감(靈感)이 실체의 풍부한 내용을 지탱하고 계속해서 전개해가는 것이어야 한다"(ebd.)고 주장한다. 또한 낭만주의자들은 "신이 잠 속에서 지혜를 넣어준다고 하지만" 헤겔은 직접지 속에서 "그들이 받아들이고 잉태하는 것은 꿈에 지나지 않으며"(PG, 14), 결국 직접지에 의해 파악된 절대자란, "모든 암소들이 검게 보이는"(PG, 19) 밤에 지나지 않는다고 비판했다. 그리하여 "마치 권총에서 (총알이) 발사되듯이 직접 절대지로부터 시작하고, 다른 입장들은 일고의 가치도 없다고"(PG, 26) 선언하는 이러한 낭만주의적 정신은 헤겔에게 받아들여질 수 없는 것이었다. 즉, 헤겔은 스스로 개념의 노력을 인수하지 않고 냉혹한 현실에 개입하지 않는 낭만파의 감상적인 내면성을 비판하고 있다.[22]

▶ 직관(直觀, Anschauung, intuition)은, '곧바로[直] 본다[觀]'는 뜻으로, 우리가 어떤 것을 보는 것은 '눈'을 통해서다. 그렇다면 우리가 어떤 눈을 가지고 있다고 생각하는가에 따라서 다음과 같은 종류의 직관이 있을 수 있다:

1) 감성적 직관[ästhetische Anschauung, aesthetical intuition] ←
   육안(肉眼)을 통해서 봄.
2) 지성적 직관[intellektuelle Anschauung, intellectual intuition] ←
   지성(知性)의 눈을 통해서 봄.
3) 영적(靈的) 직관/예지적(叡智的) 직관[geistige Anschauung, spiri-
   tual intuition] ← 영안(靈眼)을 통해서 봄.

---

22 Hans-Georg Gadamer, ebd., 398 참조. 백훈승, 「계몽주의와 낭만주의의 종합자 헤겔」, ebd., 182 f. 참조.

그런데 위와 같은 구분에서, 1)과 2)는 보통사람이면 누구나 인정하는 행위로서의 '직관'이다. 1)은 말할 것도 없고 2)도 우리가 여러 개념을 통해서 어떤 사태를 파악한다든지 혹은 수학이나 기하학 문제를 풀 때 종이나 칠판에 삼각형을 그려놓고 ─ 감성적 직관에 의해서는 불완전한 도형만을 볼 수 있을 뿐이지만 ─ 완전한 삼각형, 삼각형의 본질, 혹은 삼각형 자체, 삼각형의 이데아를 보게 되는데 ─ 훗설은 이를 '본질직관'[Wesensschau]이라고 했다, ─ 이런 것이 바로 지성적 직관이다.

그러나 3)에 대해서는 인정하지 않는 사람도 많이 있다. 종교인이 영안(靈眼)이 열려 신비한 세계를 보았다고 주장하거나, 혹은 쉘링과 같은 철학자의 경우에도, 천재(天才, Genie)는 예술작품을 통해서 절대자를 직관할 수 있다고 주장하는데, 이때의 직관이 바로 '예지적 직관'이다.

▶ "그러나 이런 가운데서도 또한 여기에는 반성(反省)과 사유의 관계들이 개입되어야만 하기 때문에 무의식중에 사람들은 전적으로 통속적인 연역과 형식적 추론이라는 경멸스러운 방법을 사용하고 있다."

★ "연역과 형식적 추론이라는 경멸스러운 방법"(der verachteten Methode des ganz gewöhnlichen Folgerns und Räsonnements)

● 'Folgern'은 '추론' 혹은 '연역'[reasoning, inference, deduction] 이라는 의미를 지니고 있다. 그리고 'das Räsonnement' 혹은 'das Räsonnieren'은 일반적으로는 다음과 같은 뜻을 지니고 있다.

1) (지나치게) 많은 말을 하다, 꼬치꼬치 따지다, 억설(臆說)하다.
2) 불만(불평)을 말하다, 투덜거리다, 흠잡다, 헐뜯다: 예) "er rä-

sonniert den ganzen Tag." → 그는 온종일 투덜거린다.
3) 이성적으로 말하다. 추론하다.

예컨대 라이프니쯔(Gottfried Wilhelm Leibniz, 1646-1716)의 경우,
진리를 두 종류로 구분하면서 그 중 하나로 '추론의 진리'를 말하고 있
는데, 이때의 'Räsonnieren' 혹은 'Räsonnement'은 '추론'을 의미한
다. 그는 『단자론』(Monadologie, 1714)에서 다음과 같이 말한다.

> 진리에도 두 종류가 있다. 추론의 진리와 사실의 진리가 그것이다(Il y a
> deux sortes des verités, celles de Raisonnement[23] et celles de Fait). 전자는
> 필연적이며 그 역(逆, 반대)은 있을 수 없다. 후자는 우연적이며, 역 또한 가
> 능하다. 진리가 필연적인 경우는 분석에 의하여 그 이유를 찾아낼 수가 있
> 다. 곧 그 진리를 더욱 단순한 관념 또는 진리로 분해시켜 가노라면, 최후에
> 가장 원초적인 관념이나 진리에까지 도달하게 된다.(§33).

• 추론의 진리[vérité de raisonnement]는 이성적 진리, 필연적 진리,
영원한 진리[vérité eternelle]이며, 모순율에 따르고, 사실의 진리[véri-
té de fait]는 경험적 진리, 우연한 진리로서, 충족이유율에 따른다.

※ 라이프니쯔가 구분한 두 종류의 진리

1) 추론의 진리[이성의 진리, vérité de raisonnement, truths of rea-
soning, Vernunftwahrheiten]
• 추론의 진리는 모순율에 의거해 있고, 내용이 없는 동어반복이다.

---

23 Urteilen, Urteilskraft, Vernunftschluss, Räsonnieren

우리는 이성적 진리를 논리에 의해 인식한다. 이성적 진리는 필연적 진리이며, 그것을 부정하면 모순에 빠지게 된다. 이성적 진리가 필연적인 이유는, 사용된 용어의 의미 자체와 인간의 지성의 양상은 어떤 사물들이 참임을 요구하기 때문이다. 'A는 A다', 'A는 A가 아닌 것이 아니다'와 같은 모든 명제는 참이다. 왜냐하면 그것을 부정하면 모순이 되기 때문이다. 이성적 진리는 동어반복이다. 왜냐하면 그러한 명제 속의 주어가 이미 포함하고 있는 내용을 술어는 단지 반복하는 것에 지나지 않기 때문이다. 이성적 진리는 자명한 진리이며 분석명제여서, 그 명제의 술어가 이미 주어 속에 포함되어 있으며 술어를 부정하는 것은 모순에 빠지는 결과를 초래한다. 라이프니쯔는 이것을 '영원한 진리'[vérité eternelle]라고도 한다.

2) 사실의 진리[vérité de fait, truths of fact, Tatsachenwahrheiten]

• 사실의 진리는 충족이유율[law of sufficient reason]에 따른다. 충족이유율은, 어떠한 사물도 충분한 이유 없이는 존재할 수 없다고 하는 원리로서, 우리는 이 원리에 의거하여 경험적인 사물의 원인을 구명해 갈 수 있다. 그러나 사실의 진리는 경험적 인식의 소산이기 때문에, 필연적이지 않으며, 그와 모순된 명제를 생각할 수 있기 때문에, 이것을 '우연의 진리'[vérité de contingente]라고도 한다. 스피노자(Baruch de Spinoza, 1632-1677)가 헤이그(Hague)에서가 아니라 라이든(Leyden)에서 죽었을 것이라는 가정에는 아무런 모순도 없다.

• 예컨대 "전북대학교는 전주시 덕진동에 있다"는 진술은 옳은 진술 내지 진리다. 그러나 이 진리는 필연적 진리가 아니라 우연적 진리다. 즉 전북대학교가 전주시 덕진동에 있을 수밖에 없는 것은 아니라는 말이다. 이러저러한 우연한 조건들과 상황 속에서 전북대학교는 어떤 특정 장소에 자리 잡게 되었을 뿐이며, 다른 곳에 위치할 수 있는 가능성

도 있었던 것이다. 그리고 더 나아가 말하자면, 아예 전북대학교라는 것 자체가 존재하지 않았을 가능성도 충분히 있는 것이다. 그러나 현재 이런 일이 일어난 데에는 그렇게 된 충분한 이유가 있는 것이다.

그러나 라이프니쯔에 의하면 이러한 진리의 구별은 인간의 지성에만 존재할 뿐이며, 신의 지성에서는 사람에게 사실의 진리로 밖에 보이지 않는 것까지도 영원한 진리로 인식할 수 있기 때문에, 신에 있어서는 이성의 진리와 사실의 진리가 하나인 것이다. 그렇다면 라이프니쯔에 의하면 '모든 사건은 결정되어 있다는 것', 즉 필연적이라는 말인데, 모든 것이 필연적으로 일어나는 것이라면 인간에게 자유의지는 존재하지 않을 것이다.

라이프니쯔 식으로 말하면, 스피노자에게 일어나는 일들은 이미 스피노자 속에 주름 잡혀 있다고 할 수 있다. 이러한 사태를 가리키는 용어가 바로 'complicatio'[니콜라우스 쿠자누스]나 'imply' 다. imply라는 용어는 '~ 속에'[im (=in)] '주름 잡혀 있다'[ply 〈 plicare (=fold)] 는 의미를 지니고 있다. 예컨대 논증에서 전제가 결론을 '함의(含意)하고 있다', '함축(含蓄)하고 있다'고 할 때 이 용어를 사용한다. 연역논증에서의 대전제의 내용이 아직은 펼쳐지지 않았지만, 이미 결론의 내용이 대전제 속에 주름 잡혀(포함되어) 있다는 뜻이다.[24] 'imply'가 생명체에 적용되면, 축소된 배종(胚種)은 성숙한 식물이나 동물의 전체를 포함하고 있다는 이론, 그리고 온전히 성장한 식물이나 동물의 형상(形

---

24 이런 맥락에서 베이컨(Francis Bacon, 1561-1626)은 아리스토텔레스(Aristoteles)의 연역논증에서의 결론은 대전제 속에 이미 포함되어 있는 내용을 단지 제시할 뿐이어서 우리의 지식을 확장해주지 못하므로―그리하여 베이컨에 의하면 아리스토텔레스의 연역논리는 '낡은' 도구[Organon]다 ― 우리에게 세계에 대한 새로운 정보를 가져다줄 수 있는 새로운 도구[Novum Organum]인 귀납을 자신의 새로운 학문방법으로 제시하였다.

相)이나 생명원리(psychē)는 씨(精蟲) 속에 집약된 상태로 존재한다는 이론[25]에 적용된다.[26]

• 그러면 헤겔에게 있어서 'Räsonnement' 은 과연 어떤 의미로 사용되고 있는가? 이 단어는 "(이성적) 숙고, 이성적 판단, 추리; 궤변, 이의(異議), 말대꾸; 수다" 등의 의미를 지니고 있는데, 헤겔은 이 말을 많은 경우, 나쁜 의미로 사용하고 있다. 그가 이 말에 부여한 의미는 『논리학』(GW 11, 311 f.)의 다음 문장에 의해 명백하다.

"그러므로, 어떤 도덕적 동기로부터는 하나의 행동이 야기될 수도 있지만 또한 야기되지 않을 수도 있다. 이와 반대로, 하나의 행동은 여러 근거들(이유들)을 가질 수 있다. 즉 어떤 구체적인 행동은 다양한 본질적 규정들을 내포하고 있어서, 이 규정들은 각각 근거로 이야기될 수 있다. 그러므로 특히 많은 말들을 늘어놓으면서 근거들을 탐색하거나 진술하는 것은, 그 아무런 최종적 규정도 포함하고 있지 않은 끝없는 방황이다. 이를테면, 모든 것에 대해서나 혹은 각각의 일에 대해서도 단 하나의 근거나 혹은 여러 개의 합당한

---

25 Alan R. White, *Methods of Metaphysics*, NY., 1987, 60 참조. 라이프니쯔는 자신의 『자연 및 은총의 원리』와 『단자론』에서 이러한 사상을 전개하고 있다. 예컨대 다음과 같은 구절을 참조하시오: "현재는 미래를 품고 있으며, 우리는 과거의 사실로부터 미래의 사실을 읽을 수 있고, 보다 멀리 떨어진 것은 보다 가까이 있는 것을 통하여 표현되기 때문이다. 만일 시간이 경과해야 비로소 감각할 수 있도록 전개되는 그의 주름들을 우리가 모두 펼칠 수 있다면, 우리는 모든 영혼 속에서 우주의 아름다움을 인식할 수 있을 것이다."[빌헬름 라이프니쯔, 「자연과 은총의 이성적 원리」, 『형이상학 논고』, 윤선구 역 (225~248), (§13), 아카넷, 2010, 241 f.] 또한 같은 글의 §6과 『단자론』 §§66-7, 74[「단자론」, 라이프니쯔, 같은 책 (249~298), 285 ff.]도 참조하시오. 여기서 "주름들"['enfolded' (접힌)]과 "펼칠 수"['unfold' (접힌 것을 풀다)]의 대비에 주목할 것.

26 백훈승, 「역사와 발전」, 『헤겔연구』 제30호, 한국헤겔학회, 2011 (357-375), 360 참조.

근거들이 (동시에) 제시될 수 있듯이 또한 이와 반대되는 경우도 있을 수 있는가 하면, 더 나아가서는 그것들로부터 아무런 성과도 얻을 수 없는 많은 근거들도 현존할 수 있다. 소크라테스나 플라톤이 궤변(詭辯)이라고 부른 것은 바로, 이와 같은 갖가지 근거들로부터 많은 말들을 늘어놓는 것[억설(臆說)을 늘어놓는 것, Raisonnement] 외에 다른 것이 아니다. 이러한 억설에 맞서서 플라톤은 이데아의 고찰, 즉 즉자대자적인 사상(事象)의 고찰, 혹은 그것의 개념에 의한 사상(事象)의 고찰을 정립하고 있다. 근거들은 오직 본질적인 내용규정들·관계들·관점들로부터 얻을 수 있을 뿐이지만, 또한 그들 개개의 사상(事象)은 그렇듯 많은 본질적인 내용규정들이나 관계들 및 관점들을 지니면서 동시에 또한 그와 반대되는 경우를 자아내기도 하는 것이다. 이제 본질성이라는 이들의 형식에 비추어보면 각기 그 규정은 다른 규정과 마찬가지로 타당한 셈이다. 결국 이러한 규정은 각기 어떤 사상(事象)의 범위 전체를 포함하는 것이 아니므로, 그것은 일면적인 근거이며, 그 밖의 다른 특수한 측면들은 다시금 특수한 근거들을 갖고 있다. 따라서, 이들 중의 그 어떤 근거도 이들의 전체적인 면을 결합하거나 그 모두를 포함하는 사상(事象)을 송두리째 드러내줄 수는 없다. 즉 그 어떤 근거도 충분한 근거, 즉 개념이 아니다."27

---

27 "Aus einem moralischen Beweggrunde kann also eine Handlung hervorgehen oder auch nicht. Umgekehrt kann einen Handlung mancherlei Gründe haben; sie enthält als ein Konkretes mannigfaltige wesentliche Bestimmungen, deren jede deswegen als Grund angegeben werden kann. Das Aufsuchen und Angeben von Gründen, worin vornehmlich das Raisonnement besteht, ist darum ein endloses Herumtreiben, das keine letzte Bestimmung enthält; es kann von allem und jeden einer und mehrere gute Gründe angegeben werden, so wie von seinem Entgegengesetzten, und es können eine Menge Gründe vorhanden sein, ohne daß aus ihnen etwas erfolgt. Was Sokrates und Plato Sophisterei nennen, ist nichts Anderes als das Raisonnement aus Gründen; Plato setzt demselben die Betrachtung der Idee, d.h. der Sache an und für sich selbst, oder in ihrem Begriffe entgegen. Die

또한 『철학강요』 §121 주해에서도 Räsonnement이란, 주관적이고 형식적인 불충분한 이유[raison, Grund]를 억지로 갖다 맞추는 것, 견강부회(牽强附會)요, 따라서 어떤 경우에는 궤변[Sophistik]의 입장과 같다고 한다.[28]

• 헤겔에 있어서 참된 것이란 부분적인 것이 아니라 '완전한 것(전체)'이다("Das Wahre ist das Ganze", PG, 26). 주관적인 것(형식)만으로도, 또한 객관적인 것(내용)만으로도 완전한 것이 되지 못한다. 이 양자가 통일되어야 비로소 완전함을 이룰 수 있다. 표상들을 따라 전진하는 습관(경험주의적인 사유방식)이나 현실의 내용을 무시하고 이론만을 내세우는 형식적인 사유 내지는 추론도 모두 참된 것이 아니다. 이런 사태를 다음과 같이 정리할 수 있다.

1) 경험적 사유 = 질료적 사유 → 질료에 구속됨 → 경험주의
2) 추론적 사유 = 형식적 사유 → 주관에만 몰두함 → 독단적 이성주의
   → 이 양 측면이 종합되어야 진리를 이룰 수 있다: "내용 없는 사유는 공허(空虛)하고, 개념 없는 직관은 맹목(盲目)이다."("Gedanken ohne Inhalt sind leer, Anschauung ohne Begriffe sind blind", Kant, KrV,

---

Gründe sind nur von wesentlichen Inhaltsbestimmungen, Verhältnißen und Rücksichten genommen, deren jede Sache, gerade wie auch ihr Gegenteil, mehrere hat; in ihrer Form der Wesentlichkeit gilt die eine so gut als die andere; weil sie nicht den ganzen Umfang der Sache enthält, ist sie einseitiger Grund, deren die andern besonderen Seiten wieder besondere haben, und wovon keiner die Sache, welche ihre Verknüpfung ausmacht und sie alle enthält, erschöpft; keiner ist zureichender Grund, d.h. der Begriff."

28 양무석, ebd., 192 참조.

A51, B75) cf. "학이불사즉망, 사이불학즉태(學而不思卽罔, 思而不學卽殆)"[29]

● 그러나 Räsonnement은 내용을 무시한 추론적 사유를 전개해나간다. 우리는 사실 내지 진리와 부합하지 않는 내용을 지니고 있으나 논리적으로는 타당한 논증을 얼마든지 구성할 수 있다. 예컨대 다음 논증을 보자.

1) 사람은 죽지 않는다. 철수는 사람이다. ∴ 철수는 죽지 않는다.
2) 미국의 대통령은 위대하다. 부시(George Bush)는 미국의 대통령이었다. ∴ 부시는 위대하(였)다.

이 논증들은 타당한(valid) 논증이지만, (대)전제가 그르기 때문에 완벽한[sound] 논증이 아니다. 그러나 우리가 철학에서 궁극적으로 찾아야 할 논증은 형식을 잘 갖추어서 타당할 뿐만 아니라, 전제들 모두가 참인 '완벽한' 논증인 것이다. 그러므로 헤겔은 Räsonnement이 지니고 있는 이러한 문제점을 지적한 것이다.

★ 철학이 자신의 방법으로 채택한 것들

1) 이성주의자들: 수학(기하학)의 연역적 방법(거미의 방법)
스피노자도 자신의 책『윤리학』을 이런 식으로 서술함. 이 책의 완전한 제목은 『기하학적 질서에 따라 논증된 윤리학』(*Ethica ordine geo-*

---

29 "배우기만 하고 생각하지 않으면 어둡게 되고, 생각하기만 하고 배우지 않으면 위태롭게 된다"(『논어(論語)』, 위정(爲政)편 제15장).

metrico demonstrata)임. 그러나 헤겔은 증명되지 않은 전제[정의(定義)]로부터 연역적으로 공리(公理)와 정리(定理)를 연역해내는 이러한 수학(기하학)의 방법을 비판한다. 본문의 "연역과 형식적 추론이라는 경멸스러운 방법"이라는 표현에서의 '연역'(Folgerns)이라는 것은 바로 이러한 맥락에서의 비판으로 보인다.

2) 경험주의자들: 자연과학의 관찰과 귀납의 방법을 채택(개미의 방법)

그런데 베이컨은 『새로운 도구』(*Novum Organum*, 1620)에서 기존의 경험주의자의 방법과 자신의 방법을 차별화하여, 자신의 방법을 "꿀벌"의 방법에 비유하고 있다.[30] 베이컨은 이로써, 자신의 방법을 통해 단순한 자료의 집적(集積)이 이루어지는 것이 아니라 새로운 것이 창출(創出)된다는 점을 시사하고 있다. 그러나 그의 방법을 통해 과연 새로운 것이 창출되는가에 대해서는 회의적이라 할 수 있다. 꿀벌의 방법은 칸트에 의해 비로소 사용되었다고 할 수 있다.

3) 칸트의 실험적 방법[구성주의(構成主義) 인식론]

칸트는 자신의 철학의 방법을 실험적 방법이라고 특징짓는다. 실험적 방법이란, "우리가 사유방식의 변화된 방법으로 간주하는 것, 즉 우리가 사물에 관하여 선험적으로 인식하는 것은, 우리 자신이 사물 속에 투입하는 것뿐이다"(KrV B XVIII)라고 하는 사유방법이다. 이러한 사유방법은 칸트가 말한 '코페르니쿠스적 전회'[die Kopernikanische Wendung, KrV B XVI 참조)를 가리킨다. 이에 의하면 우리의 인식은 외부

---

30 Francis Bacon, *New Organ*, in: *Selected Philosophical Works*, ed., with Introduction, by Rose-Mary Sargent, Indianapolis/Cambridge, 1999, 128(Book I, Aphorism 95).

의 대상에 의해 결정되는 것이 아니라, 지성의 선험적 규정들(범주들)을 대상에 투입함으로써 성립된다. 즉, 칸트는 "우리의 모든 인식이 대상에 따라야 한다"는 종래의 발상으로부터 "대상이 우리의 인식에 따라야 한다"(KrV B XVI)는 발상의 전환을 이룬 것이며 이것을 그는 "순수이성의 이 실험"(Dieses Experiment der reinen Vernunft)(KrV B XXI. Anm.)이라고 한다.

4) 헤겔: 이념(理念, Idee)의 변증적 전개. 대자적 정신의 자기매개를 통한 자기부정에 의해 새로운 것이 출현하게 됨[das Auftreten des Neuen].

TW 7, 12 / 『법철학』, 31

▶ "나는 사변적 지식의 본성을 나의 『논리학』 속에서 상세하게 전개했다"(Die Natur des spekulativen Wissens habe ich in meiner *Wissenschaft der Logik* ausfühlich entwickelt).

(해설)
● 헤겔은 사변적 지식 혹은 사변적 사유에 관하여 특히 『논리학』 서문[Vorrede]과 서론[Einleitung]에서 상세히 서술한 바 있다.

나로서도 물론 이 논리학의 체계 속에서 추적하고 있는 (...) 바로 이 방법이 갖추어야 할 미비한 점이 아직도 많이 있음을 모르는 바 아니지만, 그러면서도 동시에 이 방법만이 단 하나의 진정한 방법이라는 데 대해서는 추호도 의심치 않는다. 이러한 점은 바로, 이 방법이 결코 그의 대상이나 내용으로부터 전혀 구별될 수 있는 것이 아니라는 점에서 쉽사리 알 수 있으니, 왜냐하

면 바로 이 내용을 끊임없이 움직여가는 것은 오직 내용 그 자체에 해당하는
것, 즉 다름 아닌 그 내용이 자기 자체에 간직하고 있는 변증법(*die Dialektik,
die er an sich selbst hat*)이기 때문이다. 이렇게 볼 때, 지금의 이 방법이 펴
나가는 도정(道程)을 따르지 않거나 또는 이 방법의 단순한 리듬에 합치하
지 않는 어떠한 서술도 결코 학적인 것으로 간주될 수 없으리라는 것은 분명
하다 하겠다. 왜냐하면 오직 이 길만이 사상(事象) 그 자체의 행정(行程, der
Gang der Sache selbst)으로 볼 수 있는 것이기 때문이다.[31]

헤겔의 변증법은 — 물론 이 점에 대해서는 얼마든 비판이 가능하다
— 1) 존재자 자체의 운동과정인 동시에, 2) 존재자 자체의 운동과정을
파악하는 정신(의식)의 운동과정이다. 그러므로 존재자(대상)를 파악
하기 위한 방법은 변증적 방법이어야 한다.

그리하여 결국은 지금 다루어진 방향에서의 변증적인 것 속에, 다시 말하면
반대물을 통일성 속에서, 혹은 긍정적인 것을 부정적인 것 속에서 파악한다
는 데에 바로 사변적인 것(*das Spekulative*)이 깃들어 있다고 하겠다. 이것은
변증법을 위한 가장 중요한 요소이면서도, 여전히 이에 숙달되지 않음으로
써 자유로운 사고력을 행사하지 못하는 사람에게는 가장 힘겨운 문제이기도
하다.[32]

• 또한 헤겔은, 사변적 논리학은 이전의 논리학 및 형이상학을 포함
하고 있다고 설명하고 있다 :

---

[31] GW 11, 25.
[32] GW 11, 27.

그런 한에서 사변적인 학문과 다른 학문의 관계를 말한다면, 전자는 후자의 경험내용을 도외시하는 것이 아니라 도리어 승인하고 사용하며 후자의 보편적인 것이나 법칙, 유(類) 등을 승인하여 자기 자신의 내용으로 사용하고, 더 나아가서 이 범주들 속에 다른 범주를 끌어들여서 유효하게 만든다. 그런한에서 양자의 차이는 결국 이 범주들의 변화에만 관련된다. 사변적 논리학은 종전의 논리학과 형이상학을 포함하며 이러한 사상의 형태와 법칙 및 대상을 보존한다. 그러나 그와 동시에 그것은 종전의 그러한 학문들보다 더 광범위한 범주를 가지고 그것들을 추가적으로 형성하며 변형시킨다.[33]

γ) 사변적인 것 혹은 긍정적·이성적인 것은 대립된 두 규정의 통일을, 즉 대립된 두 규정의 해소와 이행 가운데 포함되어 있는 긍정적인 것을 파악하는 것이다.

1. 변증법에는 긍정적인 결과가 있다. 왜냐하면 변증법에는 특정한 내용이 있기 때문이다. 다시 말하면 변증법의 진정한 결과는 공허하고 추상적인 무가 아니라, 일정한 규정의 부정이기 때문이다. 이 긍정적 결과는 직접적인 무가 아니라 하나의 결과이기 때문에 그 결과 속에 이 특정한 규정을 내포하고 있다. 2. 그러므로 이 이성적인 것이 비록 사유된 것이며 추상적인 것이라고 하더라도 동시에 구체적인 것이다. 왜냐하면 이성적인 것은 단순한 형식적 통

---

33 "Das Verhältnis der spekulativen Wissenschaft zu den andern Wissenschaften ist insofern nur dieses, daß jene den empirischen Inhalt der letztern nicht etwa auf der Seite läßt, sondern ihn anerkennt und gebraucht, daß sie ebenso das Allgemeine dieser Wissenschaften, die Gesetze, die Gattungen usf. anerkennt und zu ihrem eigenen Ihhalte verwendet, daß sie aber auch ferner in diese Kategorien andere einführt und geltend macht. Der Unterschied bezieht sich insofern allein auf diese Veränderung der Kategorien. Die spekulative Logik enthält die vorige Logik und Metaphysik, konserviert dieselben Gedankenformen, Gesetze und Gegenstände, aber sie zugleich mit weitern Kategorien weiterbildend und umformend." (Enz, 42 §9).

일이 아니라, 서로 다른 제 규정의 통일이기 때문이다. 그러므로 철학은 애당초 단순한 추상이나 형식적인 사상을 취급하는 것이 아니라, 오직 구체적인 사상만을 취급한다. 3. 단순한 지성의 논리학은 사변논리학에 포함되고, 또 거기에서 얻어질 수 있는 것이다. 왜냐하면 그것은 사변논리학에서 변증적인 것과 이성적인 것을 제거한 것에 불과하기 때문이다. 그리하여 사변논리학은 보통의 논리학과 같은 것, 곧 자기의 유한성 속에서 무한한 것으로 여겨지는 갖가지 사상규정을 주워모아서 서술한 것이 되어버린다.[34]

• 1817년 이후의 철학체계의 발전은 헤겔로 하여금『논리학』을 넘어『법철학』으로 나아가도록 했다. 이 논리학이 '실천적' 지식의 본성을 전개하는 한, 논리학에 대응하는 것이『법철학』이다. 논리학과『법철학』의 체계적 구성이 지니고 있는 현저한 평행성은, 유럽 형이상학에 정박(碇泊)해 있고 아리스토텔레스의 가르침의 전통에 의존해 있던 18

---

[34] "γ) Das *Spekulative* oder *Positiv-Vernünftige* faßt die Einheit der Bestimmungen in ihrer Entgegensetzung auf, das *Affirmative*, das in ihrer Auflösung und ihrem Übergehen enthalten ist. 1. Die Dialektik hat ein *positives* Resultat, weil sie einen *bestimmten Inhalt* hat, oder weil ihr Resultat wahrhaft nicht das *leere, abstrakte Nichts*, sondern die Negation von *gewissen Bestimmungen* ist, welche im Resultate eben deswegen enthalten sind, weil dies nicht ein *unmittelbares Nichts*, sondern ein Resultat ist. 2. Dies Vernünftige ist daher, obwohl ein Gedachtes, auch Abstraktes, zugleich ein *Konkretes*, weil es nicht *einfache, formelle* Einheit, sondern *Einheit Unterschiedener Bestimmungen* ist. Mit bloßen Abstraktionen oder formellen Gedanken hat es darum überhaupt die Philosophie ganz und gar nicht zu tun, sondern allein mit konkreten Gedanken. 3. In der spekulativen Logik ist die bloße *Verstandes-Logik* enthalten und kann aus jener sogleich gemacht werden; es bedarf dazu nichts, als daraus das Dialektische und Vernünftige wegzulaßen; so wird sie zu dem, was die *gewöhnliche Logik* ist, eine *Historie* von mancherlei zusammengestellten Gedankenbestimmungen, die in ihrer Endlichkeit als etwas Unendliches gelten." (Enz, 176 f. §82). 이와 마찬가지로 WL 1, 35 f., 38 f., 142. WL 2, 58 ff., 222, 233, 433 ff. Enz, 12, 19, 103(§81)도 참조할 것.

세기의 볼프(Chritian Wolff, 1679–1754) 및 그 학파에 있어서 체계적
으로 견고하게 된, 철학을 이론적인 것과 실천적인 것으로 나누는 전통
을 상기시킨다. 여기에서도 역시 실천철학은 논리학과 병립해 있고, 인
간영혼의 이중적인 능력, 즉 인식능력과 욕구능력[facultas cognosciti-
va atque appetitiva]은 철학의 이 두 분야의 기초로 간주된다. 자연법,
정치학 및 윤리학을 향한 실천철학의 분류는 실천철학의 정의(定義)—
"진정으로 그것은 철학의 한 부분으로서 선을 택하고 악을 없애는 데
인간의 욕구능력이 사용되도록 강제하는 것인 바, 곧 실천철학이라 불
리는 것이다. 다시 말해 그 실천철학은 욕구능력을 선을 택하고 악을
없애는 데로 이끄는 지식이다"[35]— 와 결합되어 있다.[36] 헤겔은 이 점과
관련하여 다음과 같이 말한다:

"이론철학 강의와 실천철학 강의에서의 통상적인 구분에 따른 완전성이 주
어진다. 따라서 나는 한 학기에는 논리학과 형이상학을, 그리고 같은 해의
다른 학기에는 자연법과 국가학을 또는 윤리학이나 의무론을 포함하는 의미
에서의 『법철학』을 강의할 것이다."[37]

보통의 기준에 따르면 이론철학 강의와 실천철학 강의에서 하나도 보완된
것을 발견할 수 없습니다. 그래서 저 스스로 한 학기에 논리학과 형이상학을
강의한다면, 같은 해의 다음 학기에는 자연법과 국가학을 또는 『법철학』을,
그 가운데 윤리학이나 의무론도 포함시켜 강의하여 두 개의 학이 같은 해에

35 Chr. Wolff, *Philosophia rationalis sive logica* (1740), *Discursus Praeliminaris de philosophia in genere*, Cap. III, §62.
36 Manfred Riedel, ebd., 108 f. 참조.
37 Archiv der Phil. Fak. d. Univ. Berlin, Lit. K. Nr. 2, Vol. I, mitgeteilt in: *Nürnberger Schriften*, hg.v. J. Hoffmeister(1938), S. XXIV.

청강될 수 있도록 배려하겠습니다.[38]

TW 7, 12 f. / 『법철학』, 31 f.

▶ "그런데 다른 한편으로, 이 책의 전체도, 그 부분들의 형성도 논리적인 정신에 근거해 있다는 점은 저절로 독자의 눈에 띄게 될 것이다. 또한 나는 이러한 측면에서 이 논고(論考)가 이해되고 평가되기를 특히 바란다. 왜냐하면 이 논고에서 중요한 것은 학이며, 학에서는 내용이 형식에 본질적으로 결합되어 있기 때문이다.

그런데 문제를 가장 철저하게 다루는 것처럼 보이는 사람들에게서조차도 우리는 형식이란 외적인 것이어서 사상(事象)과는 무관한 것이며, 문제가 되는 것은 사상(事象)일 뿐이라고 말하는 것을 들을 수 있다. 더 나아가 우리는 저술가, 특히 그중에서도 철학서를 펴내는 저술가의 일이란, 진리들을 발견하고 진리들을 말하며 진리들과 올바른 개념들을 보급하는 데 있다고 말할 수 있다. 그런데 그런 일이 현실적으로 어떻게 행해지곤 하는지를 살펴보면, 한편으로 우리는 똑같은 옛날이야기가 거듭 되살아나서 모든 방면에 미치고 있음을 보게 되는데, 비록 그 일이 오히려 다망(多忙)한 쓸데없는 짓 — "왜냐하면 그들에게는 모세와 예언자들이 있으니 그들에게 들을지니라" — 으로 간주될 수 있을지도 모르지만, 그러한 작업은 확실히 인심(人心)의 교양(敎養)과 각성(覺醒)에 기여하게 될 것이다."[39]

---

38 1820년 5월에 베를린 훔볼트 대학(Humboldt Universität zu Berlin)의 총장 괴셴 (Johann Friedrich Ludwig Göschen, 1778-1837)에게 보낸 의견서 중 上妻精, 50에서 인용함.

39 "(…) teils wird aber es von selbst auffallen, daß das Ganze wie die Ausbildung seiner Glieder auf dem logischen Geiste beruht. Von dieser Seite möchte ich auch vornehmlich, daß diese Abhandlung gefaßt und beurteilt würde. Denn das, um

(해설)

• 헤겔은 "다른 한편으로 이 책의 전체도 그 부분들의 형성도 논리적인 정신에 근거해 있다는 것은 저절로 독자의 눈에 띄게 될 것이다. 또한 나는 이러한 측면에서 이 논고가 이해되고 평가되기를 특히 바란다"라고 말함으로써, 자신의 『법철학』이 프로이센 국가의 체제를 전복하려는 목적을 가진 것이 아니라는 점을 우회적으로 표명하고 있다.

• 진리란 무엇인가? 그것은 사상(事象, die Sache)을 충전적(充塡的)으로[adäquat][40] 드러내는 것이다. 그런데 이를 위해서는 내용-[Inhalt]만이 아니라 내용을 담을 수 있는 형식이나 틀[Form], 혹은 방법[Methode]이 필요하다. 이 형식 내지는 방법이 헤겔에 있어서는 바로 사변적 방법 혹은 변증적 방법이다.

• "왜냐하면 그들에게는 모세와 예언자들이 있으니 그들에게 들을지니라."[41] '모세와 예언자들'은 유대·기독교의 모세5경과 예언서(선지

---

was es in derselben zu tun ist, ist die *Wissenschaft*, und in der Wissenschaft ist der Inhalt wesentlich an die *Form* gebunden.

Man kann zwar von denen, die es am gründlichsten zu nehmen scheinen, hören, die Form sei etwas Äußeres und für die Sache Gleichgültiges, es komme nur auf diese an; man kann weiter das Geschäft des Schriftstellers, insbesondere des philosophischen, darein setzen, *Wahrheiten* zu entdecken, *Wahrheiten* zu sagen, *Wahrheiten* und richtige Begriffe zu verbreiten. Wenn man nun betrachtet, wie solches Geschäft wirklich betrieben zu werden pflegt, so sieht man einesteils denselben alten Kohl immer wieder aufkochen und nach allen Seiten hinausgeben —ein Geschäft, das wohl auch sein Verdienst um die Bildung und Erweckung der Gemüter haben wird, wenn es gleich mehr als ein vielgeschäftiger Überfluß angesehen werden könnte,—»denn sie haben Mosen und die Propheten, laß sie dieselbigen hören«."

40 어떤 것이 비어있는 곳이 없이 '차 있는 상태'를 가리키는 우리말 '참'은, 라틴어 adaequatio와 정확히 일치한다. 이것은 언어나 진술이 사상(事象)에[ad=to] 일치하는 것[aequatio=equation]을 가리킨다.

41 "(…) denn sie haben Mosen und die Propheten, laß sie dieselbigen hören." (누

서)들, 즉 구약성서를 말한다. 이것은 유대교인들 내지는 기독교인들에게 '진리 자체'여서 그들은 "이것이 진리다, 저것이 진리다"라는 등의 말에 귀 기울일 필요가 없다. 유대·기독교의 성서가 진리의 기준이다. 이 기준에 의해서 진리와 비진리를 판단하면 된다. 헤겔은 성서의 내용을 인용하여 다음과 같은 점을 말하고 있다: 지옥에서 고통 받고 있는 부자가 아브라함에게 부탁하여, 죽은 나사로를 현세로 보내서 부자의 다섯 형제들로 하여금 지옥의 무서운 불구덩이에 빠지지 않도록 천국과 지옥의 실상(實狀, 진리)을 알리게 하는 일은 불필요한 일[ein viel geschäftiger Überfluß]이다. 왜냐하면 현세에 살고 있는 사람들에게는 이미 '모세와 예언자들'(진리)이 있기 때문이다. 여기서 헤겔의 비유의 핵심은, "똑같은 옛날이야기가 거듭 되살아나서 모든 방면에 미치고 있는 일"이 "불필요한 일"이라는 데에 있다.

TW 7, 15 / 『법철학』, 35

▶ "자연에 관해서 철학은 자연을 있는 그대로 인식해야 한다는 점을 우리는 인정한다. 즉, 현자(賢者)의 돌은 그 어딘가에, 그러나 자연 자체 속에 감추어져 있다는 것, 그리하여 자연은 바로 그 자체로 이성적이므로 지(知)는 다만 이 자연 속에 현재화되어 있는 현실적 이성을, 그것도 단지 표면에 나타나 있는 여러 형태나 우연성이 아니라 오직 자연의 영원한 조화를 바로 그 내재적 법칙이며 본질로서 탐구하고 또 개념적으로 파악해야만 한다는 것을 우리는 인정한다."[42]

가복음 16:29). (Einheitsübersetzung: 통일번역). cf. "Sie haben Mose und die Propheten; die sollen sie hören." (루터 역)

42 "Von der *Natur* gibt man zu, daß die Philosophie sie zu erkennen habe, *wie sie ist* daß der Stein der Weisen *irgendwo*, aber *in der Natur selbst* verborgen liege,

〈해설〉

● 헤겔에 있어서 자연은 로고스인 절대정신·절대이성이 외화(外化, Entäußerung)된 하나의 형태다. 그러므로 자연은 그 자체로 이성적이며, 자연은 이성적인 자연법칙에 따라 운행된다. 자연 속에 있는 이런 법칙을 헤겔은 "현자(賢者)의 돌"[43]이라고 말한다. 우리가 자연에 내재한 법칙을 파악하면 그 자체로 진리를 파악하는 것이 된다. 자연법칙 자체가 이성적이기 때문이다. 그러나 이와는 달리, 인간에 의해 만들어진 현실, 제도 등에는 인간의 자의적(恣意的)이고 악한 요소들이 개입될 수 있으므로 반드시 이성적인 것은 아니다. 이들 가운데 비이성적인 것은 이성적인 것이 되도록 인간에 의해 개혁·수정되어야 한다. 현실적인 것과 이성적인 것을 동치관계로 보는 것은 헤겔의 진의를 곡해하는 것이다. 이에 관해서는 뒤에서 자세히 설명할 것이다. 헤겔은 1822/23 겨울학기 자연법과 국가학 강의에 간스가 삽입한 보유에서 이 구절에 대해 좀 더 상세히 설명하고 있다. 즉 법칙에는 자연법칙과 법의 법칙(법규, Gesetz des Rechts)이라는 두 종류가 있는데, 자연법칙

---

daß sie *in sich vernünftig* sei und das Wisen diese in ihr gegenwärtige, *wirkliche* Vernunft, nicht die auf der Oberfläche sich zeigenden Gestaltungen und Zufälligkeiten, sonder ihre ewige Harmonie, aber als ihr *immanentes* Gesetz und Wesen zu erforshen und begreifend zu fassen habe."

43 '철학자의 돌' [Lapis philosophorum, philosopher's stone]이라고도 한다. 현자, 철학자는 모두 연금술사라는 뜻. 연금작업의 최종단계에서 석출되어야 할 적색의 분말상의 물질로, 비금속을 금으로 바꾸고, 금의 양을 무한대로 늘리는 등의 변성능력을 가진다고 하였다. 또한 인간을 젊게 하고 병을 낫게 하는 만능 약으로도 보았다. 구체적 물질이라기보다는 자연의 근저에 숨어있는 정수를 응축한 비유적 실체이다. 원물질[prima materia]이 혼돈상태에서 포함하는 4대(大)(흙, 물, 불, 공기)를, 현자의 돌은 정련·순화한 형태로 포함하고 있다. 따라서 그것은 대우주에 대한 소우주이며, 만물의 생명을 저장하는 종자로서 근원적인 작용력을 가진다. 물질과 육체와 혼에 동시에 작용해서 이를 치유해서 향상시키는 구제력(救濟力)의 상징으로서 각종 도상(圖像)으로 표현되었다[네이버 지식백과 참조, 『종교학대사전』, 한국사전연구사, 1998).

은 그 자체로 타당하지만, "법규는 정립된 것, 즉 인간으로부터 유래하는 것"(Die Rechtsgesetze sind *Gesetztes*, von Menschen *Herkommendes*, TW 7, 16)이어서 오류가 있을 수 있다. 다시 말하면 "법규의 경우에는 단지 존재한다는 사실만으로 어떤 사상(事象)이 유효할 수는 없고 오히려 여기서는 누구나 그 사상이 자기 자신의 척도와 합치되기를 요구한다. 바로 여기서 있는 것과 있어야 하는 것, 또는 불변의 상태를 유지하는 즉자대자적인 법과 법으로 타당하게 되어야 한다는 규정의 자의성으로 인한 상호 갈등의 소지가 있다."(TW 7, 16).

• 헤겔은 『정신현상학』에서 "아낙사고라스(*Anaxagoras*)가 처음으로 실재자를 그것으로 인식했던 누우스(Nus)"라고 말하고 있고, 『역사철학 강의』(*Vorlesungen über die Philosophie der Geschichte*, TW 12)에서는 정신사관(精神史觀)의 실례로 두 가지 견해를 들고 있다. 그 하나는 고대 헬라스의 철학자 아낙사고라스의 사상이요, 또 하나는 신의 섭리(攝理)라는 기독교사상이다. 그는 아낙사고라스의 사상에 대해서 다음과 같이 말한다:

> 그 하나는 헬라스의 아낙사고라스가 누우스(nous, νοῦς), 지성 일반 혹은 이성이 세계를 다스린다고 처음으로 말한 역사적인 내용이다. ―그런데 이때의 누우스는 자기를 의식하는 이성으로서의 지성[Intelligenz]이나 정신 자체가 아니어서 우리는 이 양자를 아주 잘 구별해야 한다. 태양계의 운동은 불변의 법칙들에 따라 행해지고 있고, 이 법칙들이 태양계의 이성이다. 그러나 태양도, 이 법칙 속에서 태양 주위를 도는 행성(行星)들도 법칙을 의식하고 있지는 않다. 마찬가지로 자연 속에 이성이 있으며, 자연이 일반법칙에 의해 변치 않고 지배되고 있다는 사상에 우리는 결코 놀라지 않는다(TW 12, 23 f.)

아낙사고라스는 처음으로 누우스가 세계를 지배한다고 말했다. 그러나 여기서 말하는 누우스는 정신이나 이성으로 번역되지만, 단순히 이(理) 일반이나 이법(理法)을 뜻한다. 그것은 자기가 자기를 자각하는 자기의식적인 이성, 즉 정신 그 자체를 의미하는 것은 아니다. 예컨대 태양계는 일정한 법칙[이법(理法)]에 따라 운동한다. 이러한 이법이 곧 태양계의 누우스다. 그러나 태양계 자체도, 그 주위를 돌고 있는 행성도 그러한 이법을 의식하지 않는다. 그러므로 누우스가 세계를 지배한다는 것은, 자연계 속에 이법이 존재한다는 것, 자연계가 이법에 의해 지배되고 있다는 것을 의미할 뿐이다. 이것은 별로 놀라운 일이 아니다.[44]

TW 7, 18 / 『법철학』, 39 f.

▶ "어쨌든 이렇게 자칭하는 철학은, 참된 것(진리) 자체는 인식될 수 없고 인륜적 대상들, 특히 국가, 정부 그리고 헌법에 대하여 각자가 자기의 심정(心情), 성향(性向) 그리고 감격[열광, 흥분]으로부터 솟아나는 것이 곧 참된 것(진리)이라고 명백하게 말했던 것이다. 그들이 특히 젊은이들의 비위를 맞추면서 과연 이 문제에 관하여 떠들어대지 않은 것이 무엇이 있었는가? 이때 젊은이들은 물론 그런 얘기에 주목했다. 그야말로 '주(主)께서는 자기가 사랑하는 자에게 잠을 주신다' 라는 말이 학문에 적용되었고 이럼으로써 잠자고 있는 모든 자들이 '주가 사랑하는 자' 에 속하게 되었는데, 여기서 그들이 개념의 잠 속에서 얻은 것 역시 잠의 상품이었음이 분명하다."[45]

---

44 한명수, 『역사철학』, 이문출판사, 1996, 112 참조.
45 "Ohnehin hat die sich so nennende Philosophie es ausdrücklich ausgesprochen, daß *das Wahre selbst nicht erkannt werden* könne, sondern daß dies das Wahre sei, was jeder über die sittlichen Gegenstände, vornehmlich über Staat, Regierung und Verfassung, sich *aus seinem Herzen, Gemüt und Begeisterung, aufsteigen* laße. Was ist darüber nicht alles der Jugend insbesondere zum Munde

(해설)

• 헤겔은 여기서 다시 한 번 프리스를 염두에 두고 비판하고 있다. 프리스의 『독일연방 및 독일헌법에 관하여』[46]는 '독일청년들에게' (DBS, 3) 헌정되었다. 프리스는 『실천철학교본』(*Handbuch der praktischen Philosophie*)에서 다음과 같이 말하고 있다.

만물·신의 현존과 영생의 거룩한 기원(起源)을 종교적으로 확신하는 일은 학문적으로 지지되거나 증명되어서는 안 되고, 증명의 원리로서 학문적으로 적용되어서도 안 된다. 오히려 종교적 확신은 당연히 저 생동적인 예감(豫感, Ahndung)의 직접적이며 근본적인 사상(思想)이다. 이 생동적인 예감은 자연현상의 아름다움에 대한, 특히 인생의 영적 아름다움에 대한 영감과 헌신을 통해 영원한 진리를 깨닫는다.[47]

• 더욱 일반적으로 말하면 헤겔은 낭만주의자들, 특히—노발리스의 저술이라고 종종 말해지는—『기독교 혹은 유럽』(1799)이라는 저술, 그리고 피히테의 유고(遺稿)인 『국가론』(1813)에 나타난 후기 정치사상의 영향을 받은 낭만주의자들의 반이성주의적 철학을 언급하려고 하는 것 같다.[48]

---

geredet worden? Die Jugend hat es sich denn auch wohl gesagt sein lassen. *Den Seinen gibt Er's schlafend*, ist auf die Wissenschaft angewendet worden, und damit hat jeder schlafende sich zu den *Seinen* gezählt; was er so im Schlafe der Begriffe bekommen, war denn freilich auch Ware danach."

46 *Von deutschem Bund und deutscher Staatsverfassung: allgemeine staatsrechtliche Ansichten* (『독일연방 및 독일헌법에 관하여』, DBS로 줄임), Heidelberg, 1816.

47 Fries, *Handbuch der praktischen Philosophie*, Heidelberg, 1818 (HPP로 줄임), 6-7. Nisbet, 383에서 재인용.

48 Nisbet, 384 참조.

• 헤겔이 잠과 관련하여 인용한 구절의 출처는 다음과 같다: "너희가 일찍 일어나고 밤늦도록 자지 않고 수고의 빵을 먹는 것도 헛되도다. 그러므로 그가 자기의 사랑하시는 자에게 잠을 주시는 도다."(시편 127:2, KJV[49]의 한역).[50]

• 헤겔은 여기서 낭만주의의 입장을 비판하고 있다. "잠의 상품"은 '꿈'을 말한다. 이 점과 관련하여 우리는 『정신현상학』에서의 헤겔의 설명을 살펴볼 필요가 있다. 거기서 헤겔은 개념적 사유를 무시하는 낭만주의를 비판하면서 '잠과 꿈'의 관계에 대해 말하고 있다. 즉, 개념의 잠은 꿈(잠의 상품)을 산출한다는 것이다.

더욱이 학을 포기하는 이러한 만족은 그러한 열광(熱狂, Begeisterung)과 불투명함[Trübheit]이 학보다 고차적인 것이라고 주장해서는 안 된다. 이러한 예언적인 말(Rede)은 바로 핵심과 심저(深低)에 머물러있다고 생각[사념(私

---

49 KJV는 King James Version의 준말로, 우리말로는 '흠정역(欽定譯)'이라고 한다. 이것은 영국 국왕 제임스 1세가 영국 성공회의 예배에 사용할 수 있는 표준 성경을 번역하라는 명령에 따라 영국 성공회가 1604년에 번역을 시작하여 1611년에 끝마친 기독교 성경의 영어 번역본이다.

50 "너희가 일찍이 일어나고 늦게 누우며 수고의 떡을 먹음이 헛되도다. 그러므로 여호와께서 그 사랑하시는 자에게는 잠을 주시는 도다."(그랜드성경) / "일찍 일어나고 늦게 눕는 것, 먹고 살려고 애써 수고하는 모든 일이 헛된 일이다. 주께서는 사랑하는 사람에게는 그가 자는 동안에도 복을 내리신다."(표준 새번역) / "It is vain for you to rise up early, to sit upto late, to eat the bread of sorrows: for so he giveth his beloved sleep"(KJV) / "It is useless to work so hard for a living, getting up early and going to bed late. For the Lord Provides for those he loves, while the are asleep."(GNB) / "Es ist umsonst, daß ihr früh aufsteht und hernach lange sitzet und esset euer Brot mit Sorgen; denn seinen Freunden gibt er es im Schlaf."(Luther) / "Es ist umsonst, daß ihr früh aufsteht und euch spät erst niedersetzt, um das Brot der Mühsal zu essen; denn der Herr gibt es den Seinen im Schlaf"(Einheitsübersetzung). 앞에 인용한 것처럼, 루터역과 통일번역은 '잠'이 아니라 '빵'으로 번역하고 있다.

巡)]하고, 규정성(한계, Horos)을 경멸하는 눈으로 바라보며, 개념과 필연성을 단지 유한성 속에만 머물러 있는 반성이라고 보아, 고의로 개념과 필연성을 멀리한다. 그러나 공허한 넓이가 있듯이, 공허한 깊이도 있으며, 유한한 다양으로 흘러나가되, 이 다양을 한데 모을 수 있는 힘을 가지지 않은 실체의 연장(延長)[외연(外延)]이 있듯이, 확장이 없는 순전한 힘으로서 자기를 유지하는 실질 없는 강도(强度)(내포적 응집)는 피상성과 동일한 것이다. 정신의 힘은 오직 그 힘이 발현하는 만큼 크며, 정신의 깊이는 오직 정신이 자신의 전개에 있어서 자기를 확장하고 자기를 상실하는 일을 감행하는 만큼 깊은 것이다. ―그와 동시에 이러한 몰개념적인 실체적 지(知)가 자기의 특이성을 실재자(실체, Wesen) 속에 가라앉히고, 참되고 신성한 태도로 철학한다고 자칭하는 경우에도, 이 지(知)는 신에 귀의한 것이 아니라 척도와 규정을 무시함으로써 오히려 단지 때로는 자기 자신 속에 내용의 우연성을 방치해두는 것이고, 또 때로는 내용 속에 자기의 자의(恣意)를 방치해두는 것이라는 사실을 숨기고 있다. ―그런 사람들은 실체의 제어되지 않은 발효(흥분)에 몸을 내맡기면서, 자기의식을 덮어씌워버리고 지성을 포기함으로써, 자신들을 잠자는 사이에 신이 지혜를 주는 신의 사랑을 받는 자들이라고 생각한다. 그러므로 그들이 그처럼 실제로 잠자는 사이에 수태(受胎)하여 출산하는 것 역시 꿈인 것이다.[51]

---

51 "Noch weniger muß diese Genügsamkeit, die auf die Wissenschaft Verzicht tut, darauf Anspruch machen, daß solche Begeisterung und Trübheit etwas Höheres sei als die Wissenschaft. Dieses prophetische Reden meint gerade so recht im Mittelpunkte und der Tiefe zu bleiben, blickt verächtlich auf die Bestimmtheit (den *Horos*) und hält sich absichtlich von dem Begriffe und der Notwendigkeit entfernt, als von der Reflexion, die nur in der Endlichkeit hause. Wie es aber eine leere Breite gibt, so auch eine leere Tiefe, wie eine Extension der Substanz, die sich in endliche Mannigfaltigkeit ergießt, ohne Kraft, sie zusammenzuhalten – so ist dies eine gehaltlose Intensität, welche als lautere Kraft ohne Ausbreitung sich haltend, daßelbe ist, was die Oberflächlichkeit. Die Kraft des Geistes ist nur so groß

TW 7, 18 f. / 『법철학』, 40 f.

▶ "철학함이라고 불리는 이 천박함의 대장(隊長)인 프리스 씨는 악명 (惡名)높게 된 어느 공공 축제행사에서 국가와 헌법이라는 주제에 대해 연설하면서 다음과 같은 생각을 거리낌 없이 표명하였다. '진정한 공동 체 정신이 지배하고 있는 국민의 경우에는 공적(公的)인 사안(事案)에 관한 어떤 업무에서도 생명은 아래에 있는 국민으로부터 나올 것이다. 또 한 국민을 교육하고 국민에게 봉사하는 개별적인 모든 업무에서도, 생 동하는 모임(동아리)들이 우정(友情)이라는 거룩한 사슬로 견고하게 뭉 쳐서 헌신할 것이다. (...)'—이것이 바로 천박함의 주된 의미인데, 이 천박함은 학문을 사상(思想) 및 개념의 발전이 아닌 한낱 직접적인 지 각이나 우연한 상상 위에 올려놓았을 뿐 아니라 또한 마찬가지로 국가 라고 하는 인륜적 실체의 풍부한 분절(分節)을, 그리고 공적(公的) 생활 의 여러 범위와 그 권능의 명확한 구별에 의하여, 그리고 또 각각의 기 둥, 천장, 버팀벽이 지탱되는 엄밀한 척도를 통하여 전체의 부분들이 조화를 이룸으로써 전체의 힘이 생겨나게 하는 국가의 이성성의 건축 술을—이렇게 형성된 건축물을 »심정(心情)과 우정과 열광(흥분)이«

---

als ihre Äußerung, seine Tiefe nur so tief, als er in seiner Auslegung sich auszub-
reiten und sich zu verlieren getraut.—Zugleich wenn dies begrifflose substantielle
Wißen die Eigenheit des Selbsts in dem Wesen versenkt zu haben und wahr und
heilig zu philosophieren vorgibt, so verbirgt es sich, daß es, statt dem Gotte erge-
ben zu sein, durch die Verschmähung des Maßes und der Bestimmung vielmehr
nur bald in sich selbst die Zufälligkeit des Inhalts, bald in ihm die eigne Willkür
gewähren läßt.—Indem sie sich dem ungebändigten Gären der Substanz über-
laßen, meinen sie, durch die Einhüllung des Selbstbewußtseins und Aufgeben des
Verstands, die *Seinen* zu sein, denen Gott die Weisheit im Schlafe gibt; was sie so
in der Tat im Schlafe empfangen und gebären, sind darum auch Träume"(PG,
14–5, §10).

뒤섞인 죽으로 만들었다. 이것은 마치 에피쿠로스가 바라본 세계와 같은 것인데, 분명 세계는 그렇게 존재하지 않는다. 그러나 이런 생각에 따르면 인류의 세계는 속견(俗見)과 자의(恣意)의 주관적인 우연성에 내맡겨질 수밖에 없을 것이다.

이성과 또한 이 이성에서 비롯된 지성의 노동(작업), 그것도 수천 년에 걸친 노동을 감정에 근거지우는 단순한 자가처방(自家處方)과 더불어, 사유하는 개념에 의해 인도되는 이성적 통찰과 인식의 온갖 노고는 생략된다. 괴테의 메피스토펠레스는, 내가 다른 곳에서도 인용한 것처럼, 이 점에 대하여 대략 다음과 같이 말하고 있다.

'인간의 최고의 재능인
이성과 학문을 단지 경멸하시오.
그러면 그대는 악마에게 몸을 맡겨
멸망하고 말 것이오.'"

(해설)

• 여기서 헤겔은 바로 프리스 철학의 천박함[Seichtigkeit]을 비판하고 있다. 그런데 헤겔은 여기에서만이 아니라 대논리학의 서론에서도 프리스 철학의 천박함을 지적하고 있다: "근래에 출간된 이 학문, 즉 논리학의 최신 개정판인 『프리스 논리학 체계』[52]는 인간학적 기초로 되돌아가고 있다. 그런데 그 근저에 깔려있는 생각이나 견해 자체뿐만 아니라 그 서술의 천박성으로 인해 나로서는 이 무의미한 간행물에 대해 그 어떤 고려도 할 수고를 덜게 되었다."(TW 5, 47). 프리스는 논리적 개념들을 마음의 상태들과 혼동하고 있다. 이로써 헤겔은 그로부터 약

---

52 Jakob Friedrich Fries, *System der Logik*, Heidelberg, 1811.

100년 후에 훗설(Edmund Husserl, 1859-1938)이 『논리연구』(*Lo-gische Untersuchungen*, 1913)에서 수행하고 있는 '심리학주의'[Psy-chologismus]에 대한 비판을 선취하고 있다.[53] 뿐만 아니라 헤겔은 말년의 강의인 『철학사 강의』(*Vorlesungen über die Geschichte der Philoso-phie*)에서도 프리스를 "자의(恣意)의 주관성" 및 "직접지"[54]의 옹호자로 분류하고 있다.

그러나 프리스 역시 헤겔을 다음과 같이 비판하고 있다: "헤겔의 형이상학적 버섯은 실로 학문의 정원에서가 아니라 아부의 두엄더미 위에서 자라나온 것이다. 1813년까지 그의 형이상학은 프랑스인들을 대상으로 가지고 있었고, 그 다음에는 뷔템베르크 왕가(王家)의 것이 되었고, 이제는 폰 캄프츠 장관의 가죽채찍에 입 맞추고 있다.[55] (…) 학자인 에른스트는 경찰관들[Bütteln]의 수하에 있는 이 예언자에 맞서기에 적합한 무기가 되지 못할 것이다."[56]

• 프리스는 1801년 헤겔과 함께 예나 대학 사강사(私講師)가 되면서 1805년 헤겔에 앞서 하이델베르크에 초빙되어 1816년에 정교수로 예나 대학에 복귀할 때까지 11년간 하이델베르크 대학의 철학교수로 일했는데, 오랫동안 교수직을 둘러싼 헤겔의 경쟁상대였다. 철학자로서는 칸트, 야코비, 슐라이어마허의 영향을 받아 현상의 배후에 있는 물 자체

---

53 Gustav E. Müller, *Hegel. Denkgeschichte eines Lebendigen*, Bern und München, 1959, 311 참조.

54 Hegel, *Vorlesungen über die Geschichte der Philosophie III*, TW 20, 418.

55 이것은 헤겔이 제자인 아스베루스의 석방을 위해 자신의 편지와 아스베루스의 아버지의 전언(傳言)을 폰 캄프츠에게 보내 석방을 위해 노력한 일을 가리키는 것으로 보인다.

56 E.L.T. Henke, *Jakob Friedrich Fries. Aus seinem handschriftlichen Nachlaß dargestellt*, Berlin, 1937, 224. 여기서는 Arseni Gulyga, *Georg Wilhelm Friedrich Hegel*, Leipzig, 1980, 168에서 재인용함.

(物 自體, Ding an sich)는 지식으로는 포착되지 않고 감정 및 신앙에 의해 접근할 수 있다고 주장한 인물로, 잔트를 칭찬하는 편지를 그의 어머니께 보낸 드 베테의 스승이며 친구였다. 그가 하이델베르크 대학의 교수로 봉직했던 대부분의 기간을 헤겔은 뉘른베르크의 김나지움의 교장이자 교수로 근무했다. 헤겔은 프리스가 1816년에 예나 대학의 교수로 가고 나서 그의 후임으로 하이델베르크 대학의 교수가 된다. 그런데 1818년 헤겔은 베를린 대학으로 옮기고, (프로이센 정부의 새로 등장한 반동주의자들에 의해 수행된) 소위 '선동정치가 박해'의 일부로 프리스는 바르트부르크 축제에 참여했다는 이유로 1819년에 예나 대학 교수직을 박탈당했다(그 후 1824년에 교수직을 회복함).

1819년에 헤겔의 여러 제자들과 조교들[이들 중에는 아스베루스, 카로베, 회어스터, 헤닝이 포함되어 있었다]이 똑같은 박해를 받았다. 헤겔은 그들을 위해 개입했는데 항상 성공적인 것은 아니었다(그는 아스베루스의 보석금으로 거의 세 달치 월급인 500 제국 탈러를 내놓았지만 그는 1826년이 되어서야 석방되었다). 헤겔은 자기의 지위 및 『법철학』의 운명이 검열에 달려있음을 두려워할 몇 가지 이유를 가지고 있었고, 자기의 국가철학이 위험하거나 체제전복적인 내용을 포함하고 있지 않다는 사실을 검열관에게 확신시키고 싶어 하는 것으로 보인다.[57]

• 헤겔은 여기서, 1817년 10월 18일과 19일에 열린 바르트부르크 축제를 언급하고 있다. 독일 당국자들은 바르트부르크 축제를 자신들에 대한 직접적인 위협으로 느꼈다. '악명 높은' 바르트부르크 축제에 대한 헤겔의 언급은 분명히 적대적이다. 그러나 자세히 살펴보면 모든 적대심을 받아들이고 있는 것은 그의 적(敵)인 프리스라는 것을 알게 된다. 헤겔 자신이 하이델베르크와 베를린 모두에서 대학생 학우회를 도

와주는 교수였다. 비록 그가 바르트부르크 축제에는 참석하지 않았지만 그는 거기 참석한 사람들과 수많은 유대를 가지고 있었다. 그는 오켄과 친한 친구였으며 그의 제자들 가운데 여러 명이 대학생 학우회에서 활동하고 있었다. 예컨대 헤겔의 처남인 투허(Gottlieb von Tucher), 그리고 베셀회프트 형제[58]가 있었는데, 후자의 가정과 헤겔의 사생아는 얼마동안 함께 살았다. 헤겔 책의 출판자이자 친구인 프롬만의 아들도 그 축제에 참가했다.

카로베는 바르트부르크 축제에서 탁월한 연설을 했고 '독일 대학생 총학우회'를 창설했다(헤겔은 나중에 카로베가 베를린에서 자기의 조교로 임명되도록 노력했으나 카로베의 용납할 수 없는 정치활동 때문에 실패했다). 독일 학생운동의 내부에서 헤겔과 프리스는 대립되는 경향을 대표한다. 프리스는 공화주의자이며 독일의 통일과 독일 민족주의를 지지한다. 헤겔은 입헌군주제(TW 7 §273, §278 주해 참조)와 대의제의 지지자이며(TW 7 §§302-314 참조) 봉건제를 일관되게 반대하고 있다(TW 7 §46, §62 보유, §64, §75 보유, §172 보유, §180 보유, §273 주해, §278 주해, §286 주해 참조). 그는 반동주의자인 할러를 공격한다(TW 7 §258 주해 참조). 그러나 프로이센 및 나폴레옹 법전에 경의를 표한다(TW 7 §211 주해, §216, §258 주해; VPR 19[59], 172 참조). 독일 민족주의 및 통일에 대한 헤겔의 태도는 열광적이지 않다. 즉, 대의정부라는 토착적인 전통을 지닌 뷔템부르크 공국(公國)

---

58 로버트 베셀회프트(Robert Wesselhöft, 1796-1852): 독일 대학생 학우회원이며 의사. 예나 대학에서 법학을 공부하고 1817년에 예나 대학생 학우회의 회장단의 일원이 됨. 리만(Heinrich Riemann)의 뒤를 이어 예나 대학생 학우회의 지도자가 되었다. 빌헬름 베셀회프(Wilhelm Wesselhöft)는 그의 형제다(https://de.wikipedia.org/wiki/Robert_Wesselh%C3%B6ft).

59 *Philosophie des Rechts: Die Vorlesung von 1819/1820*, anonymous transcription or transcriptions edited by Dieter Henrich, Ffm., 1983.

출신의 남부 독일인인 그는 작은 독일의 국가들(German states)이 하나의 '독일민족'(German nation)으로 흡수되는 문제에 대해 신중했다(TW 7 §322 주해 참조). 독일민족주의자의 표어인 '독일적인 것Deutschtum [Teutonism]'에 대한 헤겔의 경멸적인 말장난은 '독일적인 어리석음Deutschdumm [German stupidity]'이다(B II, 43/312).[60] 1814년 10월에 파울루스에게 보낸 편지에서 헤겔은 독일적인 것[Deutschtum]을 환영하는 사람들은 독일적인 어리석음[Deutschdumm]을 환영하는 사람이라고 말했다.[61] 날조된 독일주의, 즉 신성로마제국으로의 회귀를 바라는 건강하지 못한 욕구나 근대유럽문화의 더 보편적인 요소들을 억누르기 위해 아둔한 독일적 특수주의를 개발하는 것은 헤겔에게 어리석고도 위험해 보였다. 예나 시절에 하만이나 야코비 같은 사람들—이들은 극단적으로 특수주의적인 '고향마을' 구조를 지키기 위해 계몽주의적 보편주의를 막으려 했다—의 '특수주의'에 반대했던 헤겔은 이제 '독일'의 이름 아래 그런 특수주의를 다시 천명하려는 모든 사람을 반대하게 된 것이다.[62]

---

60 Nisbet, 384 f. 참조.
61 Briefe II, #241 ; Letters, 312. 원문의 전체적인 의미는 전혀 낙관적이지 않다. "신이시여, 우리를 당신이 선택한 민족처럼 그렇게 고집스럽게 만들지 마옵소서. 그리고 우리를 많은 기생충들처럼 만들지 말며, 또한 독일적인 어리석음과 특수주의를 만연케 하지 마옵소서." 독일 민족주의자들을 유대인에 가차 없이 비유한 앞의 인용문 때문에 사실상 헤겔의 관점을 정확하게 파악하기가 어렵다. 물론 헤겔이 앞의 인용문을 얼마나 반어적으로 사용했는지는 명확하지 않다. 파울루스는 유대계였고, 헤겔은 이 점을 잘 알고 있었다. 하이델베르크 대학에 임용되려면 파울루스의 도움이 절실히 필요했고, 또한 파울루스와 친구 사이였던 헤겔이 반유대적인 말로 파울루스의 심기를 건드리려고 하지 않으리라는 것은 쉽게 추측할 수 있는 일이다. 하지만 인용문은 1814년 무렵 헤겔이 적어도 프랑크푸르트에서 지녔던 유대인에 대한 관점을 계속 유지했다는 것을 말해준다(Pinkard, 920 참조).
62 Pinkard, 404 참조.

★ 프리스 일파(一派)의 비이성주의에 대한 헤겔의 비판

• 헤겔이 윤리적 세계에서의 이성적인 것의 지배를 말했을 때, 그는 1819년 3월의 잔트에 의한 코쩨부에의 암살(暗殺)을 순수한 애국심에서 발로된 행위로 시인한 학생 및 지식인들의 동향을 의식하고 있었다. 여기서 보이는, 목적이 신성(神聖)하면 어떤 수단도 허용된다는 열광(熱狂)주의, 자신의 내면에 확신이 있다면 어떤 행위도 허용된다는 심정주의를 헤겔은 엄격하게 비판한다. 이런 풍조(風潮)를 헤겔은 '천박함'이라는 한 마디로 잘라버린다. 바르트부르크 축제에서 선동적(煽動的)인 연설을 한 예나 대학 교수 프리스는 "이런 천박한 박사" 중의 하나였다.[63]

• 1806년 나폴레옹의 프로이센 침입에 의하여 프로이센이 대패하고 나서, 이듬해 틸지트(Tilsit)에서 굴욕적인 화약(和約)을 체결한 이래, 프로이센의 애국운동은 현저하게 고조(高調)되었지만, 청년의 지도자로 자임하는 사상가들 중에는 자신들을 감정에 내맡겨 학적 체계나 윤리적 규범을 무시하는 자들이 배출되었다. 그 중에서도 1819년에 예나 대학 법학교수로 취임한 폴렌은, 신념에서 행해진다면 거짓말도 살인도 시인된다고 하면서, 그리스도를 이러한 무제약자의 영웅이라고 하였다. 학생인 잔트는 이 무제약자의 단체에 가맹(加盟)하고, 당시 그 유약한 작품과 러시아 공사관의 고문(顧問)이라는 이유로 이 파(派)의 학생으로부터 증오를 사고 있었던 저명한 문인(文人) 코쩨부에를, "그가 나의 안에 있는 신적인 것, 나의 신념을 압박하려 하기 때문에"라고 말하며 1819년 3월 23일 만하임에서 살해하였고, 체포되어 이듬해 5월 20일 사형될 때까지 그 죄를 후회하지 않았다. 세인(世人)의 다수는 이것

---

[63] 上妻精, 43 참조.

을 상찬(賞讚)하고, 그 중에서도 베를린 대학의 신학교수인 드 베테는 잔트의 살인사건이 발생한 지 8일 후인 1819년 3월 31일에 잔트의 어머니에게 다음과 같은 내용을 포함한 격려와 위로의 편지를 보낸다: "오류는 확신의 견고함과 순수함에 의해 용서되고 어느 정도 폐기됩니다. 그리고 열정(熱情)은, 그로부터 그것이 흘러나오는 선한 원천(源泉)에 의해 성스럽게 됩니다. 경건하고 덕망 있는 당신의 아들에게는 이 두 경우 모두가 해당된다고 저는 확신합니다. 그는 자기의 일을 알고 있었고, 자기가 행한 일을 행하는 것이 옳다고 생각하였고, 그는 그 일을 정당하게 행한 것입니다. 각자가 오직 자기의 최선의 확신에 따라 행동하면 그는 최선을 행할 것입니다."[64] 당국은 이 사건에 놀라서, 1819년 이런 학생운동에 동정을 표시했던 자유주의적인 교수들을 '선동가'[Demagoge]라 하여 탄압하고, 드 베테도 해직되고[65] 슐라이어마허의 설교도 감시 속에 행해졌다. 헤겔이 『법철학』에서 철학이 직관·신념·감정에 기초를 두는 것이 되어서는 안 된다고 하고, 이성과 체계를 가지는 학이 아니면 안 된다는 것을 얼마나 반복하여 강조하고 있는가는, 이러한 당시의 역사적 배경을 전제로 함으로써 비로소 이해된다.[66] 학부위원회는, 비록 학부에서 가장 보수적인 인물들로 구성되어 있음에

---

64 De Wette, "Schreiben des Professors de Wette an die Justizräthin Sand in Wunsiedel, Berlin, den 31. März 1819," in: *Aktensammlung über die Entlassung des Professors D. de Wette vom theologischen Lehramt zu Berlin*, Leipzig, 1820. 헤겔도 이 편지내용의 일부분을 1819년 10월 30일에 크로이쩌(Creuzer)에게 보내는 편지에서 인용하고 있다(Briefe II, 445). Peperzak, 19 f.에도 부분적으로 인용됨.

65 드 베테의 해직시기에 관해서 강문용·이동춘은 1819년 11월(강문용·이동춘, 20), 핑카드는 9월 30일(Pinkard, 563), 그리고 Peperzak은 10월 3일(Peperzak, 20)이라고 각각 달리 말하고 있는데, 앞서 말했듯이 국왕은 내각칙령을 통해 9월 30일에 드 베테의 파면을 선언하고, 알텐슈타인은 이 사실을 10월 2일자 편지를 통해 드 베테와 동시에 베를린 대학 교수평의회에 알림으로써 파면절차가 마무리되었다.

66 강문용·이동춘, 19 f. 참조.

도 불구하고 날카롭게 반발했고, 왕은 아주 짤막하게 다음과 같이 답변을 보냈다: "특정한 조건과 전제하에서는 암살을 정당하다고 생각하는 사람에게 청년의 교육을 계속 맡기려고 한다면 짐의 양심을 해치게 될 것이다."[67] 드 베테는 왕에게 도전적인 편지를 쓴 후, 베를린을 떠나 바이마르(Weimar)로 향했다. 1819년 11월에는 바이마르 정부도 자체의 의사(意思)와는 다소 다르지만 어쩔 수 없이 칼스바트 결의를 따라 프리스를 예나 대학에서 해고했다.[68]

• 잔트의 행위가 결과적으로 칼스바트의 결의를 초래한 것처럼, 주관주의가 객관적으로 헤겔을 포함하여 자유와 통일을 추구하는 모든 세력을 위험에 몰아넣고 반동세력에게 힘을 빼앗기게 했을 때, 이 주관주의의 대표자로서 프리스를 비판한 것은 헤겔에 있어 불가피한 과제였다고 말할 수 있다. 더욱이 주관주의적 윤리에 대한 비판은 칸트 윤리학에 대한 비판을 포함하여 헤겔에게 있어 그때 당시에 시작된 것이 아니라 젊은 시절부터 계속 견지되어왔던 것이다. 우리는 본론 중 〈도덕〉에서의 양심론을 통해서도 헤겔의 이러한 자세를 발견할 수 있다.[69]

• 헤겔은 국가를 인륜적 실체로 보며, 국가라는 건축물을 "심정(心情)과 우정과 열광(흥분)이" 뒤섞인 죽으로 만들어버리는 프리스를 비판하고 있다. 여기서 헤겔은 프리스의 연설 가운데 다음과 같은 언급을 가리키고 있는 것이 분명하다:

그러나 한 국민의 정신이 진정으로 공동적인 정신에 부속된다면, 정의, 순결, 그리고 자기를 희생하는 애국심이 이 국민을 지배할 것이다. 그렇게 되

---

67 1819년 10월 30일에 헤겔이 크로이쩌에게 보낸 편지에서 인용함. *Briefe. Bd. II: 1813-1822*, 446.

68 Pinkard, 442 참조.

69 上妻精, 44 f. 참조.

면 이 국민 속에서의 삶은 공적(公的)인 관심을 갖는 모든 업무에서 아래로 부터, 즉 국민으로부터, 나오게 될 것이다. 법 및 권위의 형태만이 아니라, 그리고 공적인 의무를 사적으로 강요하는 것만이 아니라, 복종하는 정신도 개인을 추동할 것이다. 지식욕과 학생의 분투는 선생을 열광하게 추동할 것 이고, 국민정신은 판사로 하여금 정의로운 판결을 하도록 추동할 것이다. 그 리고 이런 국민에 있어서 생동적인 사회는 우정(友情)이라는 거룩한 사슬로 견고하게 뭉쳐서, 국민을 교육하고 국민에게 봉사하는 개별적인 모든 업무 에 헌신할 것이다.[70]

국가라는 전체 건축물과 국가를 구성하는 각 부분·요소·지체들이 지니고 있는 이성적인 성격을 오랜 기간에 걸친 힘든 개념의 노동을 통 해서 파악하려고 하지 않고, 단지 "심정(心情)과 우정과 열광(흥분)이" 뒤섞인 죽으로 만들어버린 프리스의 오류를 헤겔은 고대의 원자론자들 가운데 대표자의 하나인 에피쿠로스(Epicuros, BC 341-271경)의 세계 관에 빗대어 비판하고 있다. 즉, 헬라스의 철학자 에피쿠로스는 자연에 는 원자들과 허공[kenon, κενόν]만이 존재한다고 생각했다. 그러나 국 가는 에피쿠로스가 말하는 원자들과 같은 자의적인 요소들이 우연한 운동에 의하여 이합집산하여 이루어진 건축물이 아니라, 이성에 의해 조직된 인류의 체계다. 국가는 감정에 의해 파악되는 것이 아니라 이성 에 의해 파악된다는 점을 헤겔은 강조한다. 이어서 헤겔은 파우스트의 한 구절을—정확하지는 않지만—인용한다. 헤겔이 "다른 곳에서도 인 용한 것처럼"이라고 말하는 곳은 바로 『정신현상학』이며, 헤겔이 부정 확하게 인용하고 있는 『파우스트』의 원문은 다음과 같다:

70 Fries, FDB; HPP, 328-9 참조. 여기서는 Nisbet, 386에서 재인용.

Goethe, Faust, 1. Teil, Studierzimmer 〈II〉·V.

Mephistopheles *in Faust's langem Kleide*

Verachte nur Vernunft und Wissenschaft,

Des Menschen allerhöchste Kraft,

Laß nur in Blend— und Zauberwerken

Dich von dem Lügengeist bestärken,

So hab' ich dich schon unbedingt —

Ihm hat das Schicksal einen Geist gegeben,

Der ungebändigt immer vorwärts dringt,

Und dessen übereiltes Streben

Der Erde Freuden überspringt.

Den schlepp' ich durch das wilde Leben,

Durch flache Unbedeutenheit,

Er soll mir zappeln, starren, kleben,

Und seiner Unersättlichkeit

Soll Speis' und Trank vor gier'gen Lippen schweben;

Er wird Erquickung sich umsonst erflehn,

Und hätt' er sich auch nicht dem Teufel übergeben,

Er müßte doch zu Grunde gehn![71]

괴테, 『파우스트』 제1부, 서재 〈II〉·V.

---

71 Goethe, *Faust I und II*, in: *Goethe Werke*, hg.v. Friedmar Apel u.a., Darmstadt, 1998, dritter Band, 66-67. 번역은 요한 볼프강 폰 괴테 저, 외젠 들라크루아·막스 베크만 그림, 『파우스트』, 이인웅 역, 문학동네, 2008, 53 f.를 참조하여 수정함.

메피스토펠레스(파우스트의 긴 옷을 입고)

인간의 최고의 힘이라고 하는,

이성이나 학문을 경멸하기만 하라.

그저 현혹과 마술 속에서

거짓 정령에 이끌려 기운을 차리도록 하라.

그럼 네놈은 무조건 내 것이 되고 말 것이다—

운명이 저놈에게 부여해준 정신이란,

무조건 언제나 앞으로만 치닫는 것이니,

그놈의 너무나 성급한 노력이

이 지상의 기쁨을 뛰어넘어버리고 만단 말이다.

내 저놈을 기어이 거친 생활 속으로,

평범하고 무의미한 세속으로 이끌어 가리라.

그놈이 내게 안달하고 고집하며 달라붙게 할 것이며,

언제나 허기진 탐욕스런 입술 앞에는

진수성찬에 맛 좋은 술을 어른거리게 하리라.

저놈은 기운 차릴 음식을 찾아 헛되이 애걸복걸할 것이며,

그쯤 되면 혹 악마에게 자신을 넘겨주지 않는다 할지라도,

놈은 결국 몰락하고야 말 것이다!

헤겔은 괴테(Johann Wolfgang von Goethe, 1749–1832)의 원문을 잘못 인용하고 있는데, 『정신현상학』에서도 같은 구절을 다음과 같이 잘못 인용하고 있다:

"Es verachtet Verstand und Wissenschaft,

des Menschen allerhöchste Gaben—

es hat dem Teufel sich ergeben
und muß zu Grunde gehn."[72]

"그것은 인간의 최고의 재능인 지성과 학문을 경멸한다—
그것은 악마에게 자신을 내어주어서
몰락할 수밖에 없다."

• 그런데 "이런 식으로 자유롭게 변형된 인용들은 헤겔에게서 자주
발견된다"[73]고 헤겔 『정신현상학』의 편집자인 호프마이스터(J. Hoff-
meister)는 말하고 있다. 예컨대 헤겔은 1807년 밤베르크에서 쓴 것으
로 추정되는 「누가 추상적으로 사유하는가?」 'Wer denkt abstract?' 라
는 글에서, 괴테가 1774년에 발표한 『젊은 베아터의 고뇌』[*Die Leiden
des jungen Werthers*]라는 작품을 "베아터의 고뇌"["*Werthers Leiden*"]
로 표현하고 있다.[74]

TW 7, 19 f. / 『법철학』, 42 f.

▸ "이러한 견해는 경건(敬虔)이라는 모습을 취하기도 한다는 생각이
곧바로 떠오른다. 왜냐하면 이러한 작태(作態)야말로 그 무엇을 다 이
용해서라도 자기를 권위 있게 하려고 하지 않았던가! 그런데 그것(이러
한 작태: 필자 첨가)은 신(神)의 축복과 기독교의 성서를 가지고 인류

---

72 Hegel, PG, 262.

73 Ebd.

74 "Wer denkt abstract?," in: *Theorie Werkausgabe in zwanzig Bänden*, Redak-
tion v. Eva Moldenhauer und Karl Markus Michel, Ffm, 1969 ff. Bd 2, *Jenaer
Schriften 1801–1807* (575–581), 제9문단 제16행.

적 질서와 법률의 객관성을 경멸하는 것이 자기에게 최고의 정당성을 부여하는 것으로 생각했다. 왜냐하면 세상에서 하나의 유기적 왕국으로 분화된 진리를 이보다 더 단순한, 감정의 직관으로 감싸는 것도 분명히 경건이기 때문이다. 그러나 경건이 실로 올바른 경건인 한, 그것은 내면으로부터 벗어나서 이념이 전개되어 계시된 이념의 풍요로움을 지닌 낮으로 들어서서 자기 내면의 예배를 탈피하여 감정의 주관적 형식을 넘어서는 즉자대자적으로 존재하는 진리와 법칙에 대한 존경을 수반하게 되자마자, 이 영역(감정의 직관이라는 영역: 필자 첨가)의 형식(형태)을 포기하게 된다.

이때 우리는 저 천박함이 펼치는 그런 종류의 달변(達辯)에서 표현되는 꺼림칙한 양심의 특수한 형태[Die besondere Form des üblen Gewissens]에 주목할 수 있다. 그리고 더욱이 우선, 이 특수한 형태는 정신이 가장 없는 때에 정신에 대해 가장 많이 얘기하며 또 그것이 가장 무생명적이며 무교양적으로 얘기를 늘어놓을 때일수록 생명이나 혹은 생명을 불어넣는다는 말을 입버릇처럼 할 뿐 아니라 더 나아가서는 그것이 헛된 교만함에서 오는 극도의 이기심을 드러낼 때일수록 국민이란 말을 자주 입에 올린다. 그러나 이 특수한 형태가 이마에 달고 다니는 특이한 징표란, 법에 대한 증오다. 법과 인륜, 그리고 현실적인 법과 인륜의 세계는 사상(思想)에 의해 포착되며 또한 사상에 의하여 이성성(理性性, 합리성)의 형식, 즉 보편성과 규정성이 부여된다는 사실, 이러한 사실, 즉 이 법칙은 바로, 자의(恣意)를 보존하고 있는 저 감정, 그리고 법을 주관적인 확신으로 바꿔치기하는 저 양심을 당연히 최대의 적으로 간주하는 그런 법칙이다. 의무이자 법칙으로서의 법적인 것이 지니는 형식이 이러한 양심에게는 죽어있는·차가운 문자(文字)나 족쇄로 느껴진다. 왜냐하면 감정이란 법칙 속에서는 자기 자신을 인식하지도 못하며, 따라서 또한 이 법칙 속에서는 자유로운 것으로 인식하지도 않기 때문이다. 그 이유는, 법칙이란 사상(事象)의 이성이며 또한 이 이성은 감정이 자기의 특이성에 따뜻하게 파묻히는 것을 허용하지 않기 때문이다. 그러므로 법칙이란 무엇보다도, 이 교과서의 서술과정에서 어디선가 주해를 단 것처럼[75], 소위 민족의 거짓형제나 거짓동지가 식별되는 암호(暗號, Schiboleth)다."

(해설)

● 여기서 헤겔은, 감정을 중시하는 사람들이 경건(敬虔)의 모습을 띠고 나타나, 이성에 의해 이루어진 인륜적 질서와 법률의 객관성을 경멸하는 일의 부당함을 지적하고 있다. 이성에 의해 분화되고 조직된 세계는 단순히 감정 속으로 녹여버릴 수 있는 세계가 아니다. 감정은 자신의 내면성·주관성을 벗어나서 진리의 세계, 법의 세계로 들어서야 한다. "저 천박함이 펼치는 그런 종류의 달변(達辯)"은 프리스에 대한 언급으로 보이는데, 이런 달변에서 드러나는 '꺼림칙한 양심'은 사실은 법을 증오하여 법을 주관적인 확신으로 바꿔치기한다. 그러나 이성에 의해 확립된 법은, 자의성을 지니고 객관적인 법을 죽어있는 차가운 문자나 족쇄로 생각하는 그런 양심을 부당한 것으로 판정한다. 법은 주관적이고 자의적인 감정 위에 기초하고 있는 것이 아니라 이성에 기초하고 있는 것이다.

★ "소위 국민의 거짓형제나 거짓동지가 식별되는 암호(暗號, Schiboleth)"

● "국민의 거짓형제나 거짓동지가 식별되는 암호(暗號, Schiboleth)"

---

[75] §258 주해에 대한 각주. TW 7, 402.

라는 말에서 '암호(暗號, Schiboleth)'라는 표현은 유대·기독교의 구약
성서에서 유래한다(원래의 표기는 'Schibboleth'이 옳으나 헤겔은
'Schiboleth'으로 쓰고 있다).「사사기(士師記)」제12장 제1-7절에는,
길르앗 사람 입다가 길르앗 사람을 다 모아 에브라임 사람과 싸워 이기
고 요단 나루터를 지키고, 에브라임 사람이 배를 타고 도망가려고 할
때 우선 그가 에브라임 사람인지 물어, 그가 만일 아니라고 하면 '쉽볼
렛'(Shibbdeth)이라고 말해보라고 하여 — 에브라임 사람이 발음을 잘
못하므로 — '시볼렛'(Sibboleth)이라고 발음하면 에브라임 사람인 것으
로 판단하여 죽여, 그 수가 사만 이천 명에 이르렀다고 기록되어 있다.

  헤겔은『법철학』§258의 주해에 대한 각주에서도 이 말을 하고 있는
데, 거기서는 반동적 낭만주의자인 할러의 견해를 비판하는 과정에서
이 말을 하고 있다. 할러의『정치학의 부흥, 혹은 자연·사회적 조건의
이론. 인공적·문명적 조건이라는 괴물에 반대하여』(1816-1820)라는
저서는 바르트부르크 축제에서 불태워진 책들 가운데 하나였다(『법철
학』§258의 각주3 참조). 헤겔의 옹호자들은 헤겔이 자유주의적인 프
리스를 공격함과 동시에 보수주의자인 할러를 공격함으로써 균형을 맞
추고 있는 점을, 헤겔의 공평함을 보여주는 예로 때때로 지적한다. 그
러나 여기에는 공평함보다 더 교묘한 진행이 이루어지고 있다. 헤겔은
권위주의적이고 반동적인 할러에 대한 통렬한 비판을 묘사하려고 하고
있는 것이다. 그런데 할러에 대한 프로이센의 반동주의자들의 호의적
인 태도는 1812년에 갑자기 바뀌었는데, 그것은 할러가 루터의 종교개
혁의 정신이 불가피하게 — 할러가 가능한 한 거리를 두어야만 한다고
느꼈던 — 프랑스혁명에까지 이르게 된 것으로 생각하게 되었다는 것을
근거로 하여 몰래 로마 카톨릭으로 개종했다는 사실이 그때 드러났기
때문이다.[76]

W 7, 21 f. / 『법철학』, 44 f.

▶ "그러나 결국 인륜적인 것과 법 그리고 의무 일반을 고려해본다면 이 천박성은 그 스스로가, 이 영역 내에서 피상적인 요소를 이루고 있는 원칙들, 즉 우리가 플라톤의 저작으로부터 그토록 확실하게[entschieden] 알게 되는 소피스트들의 원리로 귀착되며 — 다시 말해서 이러한 원리는 정의(正義), 정당한 것의 토대를 주관적인 목적이나 의견, 그리고 또 주관적인 감정이나 특수한 확신에 두며, — 더 나아가서 이러한 원리로부터는 내면적인 윤리[Sittlichkeit]나 올바른 양심, 그리고 사적(私的) 개인들 간의 애정이나 권리의 파괴만이 아니라 공공질서와 국법의 파괴도 초래된다.

이와 같은 현상들이 모든 정부에 대해 얻을 수밖에 없는 의미는, 예컨대 국가가 행동의 실체적 원천과 보편적 원칙들을 부패시키는 것과 심지어 국가에 대한 저항까지도 마치 그것이 적절하다는 듯이 허용하고 존재하도록 해야 한다고 국가에 요구할 정도까지, 보내진 신뢰 자체와 직무의 권위에 의존한 자격으로 인해 기각(棄却)되지 않을 것이다. 신은 직무를 부여하는 자에게 지성도 주신다(*Wem Gott ein Amt gibt, dem gibt er auch Verstand*)는 옛 사람들의 익살[Scherz]을 오늘날에는 분명 그 누구도 전혀 진지하게 주장하려고 하지 않을 것이다."

(해설)

• 예컨대 소피스트들의 원리는 플라톤의 『프로타고라스』(*Protagoras*)와 『고르기아스』(*Gorgias*), 463a–465d, 『국가』(*Republic*), 493a–495e, 『소피스트』(*Sophist*), 217a–218a 등에서 확실하게 알 수 있는데,

---

76 Nisbet, 387 f. 참조.

거기서 소피스트는 진정한 철학자와 대조된다.[77]

• 앞서 계속 말한 프리스 류(類)의 천박성은 결국 진리상대주의를 주장한 소피스트들의 원리로 귀착된다고 헤겔은 비판한다. 즉 법·정의(正義)는 이성에 토대를 두어야 함에도 불구하고, 주관적인 목적이나 의견, 주관적인 감정이나 특수한 확신에서 그 기초를 찾는 것은 잘못된 것이며, 결국 이러한 후자의 견해나 태도를 용인하게 되면 공공질서와 국법마저도 파괴되기에 이를 것이라고 비판하는 것이다.

• 여기서 "내면적인 윤리[Sittlichkeit]"라고 할 때의 '윤리[Sittlich-keit]'는 — 외면적인 추상법과 내면적인 도덕의 지양태로서 『법철학』 제3부에서 다루어지고 있는 '인륜'과는 구별되는, 우리가 일반적으로 말하는 '도덕'이나 '윤리'의 의미로 사용되고 있다.

• "신은 직무를 부여하는 자에게 지성도 주신다(*Wem Gott ein Amt gibt, dem gibt er auch Verstand*)"는 격언은 독일속담집에 "나라에서 직무를 얻은 자는 분별력도 얻는다"(Wer ein Amt erhält im Land, der erhält auch den Verstand)[78]로 표현되어 있다. 그런데 이 격언은 여기서 헤겔이 사용하고 있듯이 보통 역설적인 내용을 뜻한다.[79] 즉, 법의 토대에 대해 잘못 이해하고 있는 낭만적이며 천박한 사상의 소유자들이 국가의 직무를 맡는다고 해서 지성과 분별력을 가지고 법과 관련된 공무를 잘 처리할 수는 없을 것이라는 말이다. 어떤 사람이 어떤 직무를 맡았다고 해서 반드시 그가 자기의 직무를 잘 처리한다는 보장은 없는 것이다.

---

77 Knox, 301 참조. Nibet, 388 참조.

78 *Deutsches Sprichwörter-Lexikon. Ein Hausschatz für das deutsche Volk*, hg.v. Karl Friedrich Wilhelm Wander. Erster Band, Darmstadt, 1977(Leipzig, 18631), 71.

79 Nisbet, ebd. 참조.

TW 7, 23 / 『법철학』, 46

▶ "심지어 우리는 이른바 이성의 학, 즉 논리학을 추천하는 소리를 분명히 들을 수 있지만 이런 추천은, 무미건조하고 비생산적인 학으로서의 논리학을 사람들이 게다가 더 이상 연구하지 않거나 혹은 간혹 연구되는 경우에도 그 속에서는 단지 내용이 없고 따라서 아무 소득도 없고 어떤 것도 파괴하지 않는 그런 정식(定式)만을 얻어낼 수 있을 뿐이므로 이러한 추천은 결코 해(害)가 되지도 득이 되지도 않을 것이라는 확신을 동반하고 있다."

(해설)

• 헤겔은 자신의 논리(학)에 관한 책의 제목을 *Wissenschaft der Logik*이라고 붙였다. 왜 그랬을까? 독일어 Logik은 두 가지 뜻을 갖는데, 하나는 논리라는 뜻이고, 다른 하나는 논리학이라는 뜻이다. 그렇다면 *Wissenschaft der Logik*은, '논리(의) 학' 혹은 '논리학의 학'이라는 의미를 지닐 수 있다. 그렇다면 헤겔이 뜻하고자 한 것은 전자일까 후자일까? 만약 전자라고 하면, 헤겔은 그냥 Logik이라고 하면 될 것을 왜 굳이 Wissenschaft der Logik이라고 했을까? 물론 헤겔이 '논리학'을 뜻하고자 하면서 이 표현을 사용했을 수도 있다. 그러나 우리는 후자의 가능성을 함께 고려해야 할 것이다. 후자의 견해를 우리가 취할 때, 이 표현은 '논리학의 학'이라는 의미를 지니게 된다. 즉 '논리학에 대한 비판', 더 자세히 말하자면 '전통논리학에 대한 비판'이라는 의미를 지닐 수 있는 것이다.

• 이 후자의 해석 가능성은 헤겔의 논리학관(論理學觀)을 살펴보면 납득할 수 있다. 즉 그의 논리학은 전통논리학이—넓게 말해서 존재자에 관한 이론이 아니라—사유에 관한 이론인데 반해서, 사유와 존재

(자) 모두를 포괄하는 이론인 것이다. 이 점은 헤겔논리학의 구성을 보면 알 수 있다. 즉 그의 논리학은 크게 2권으로 구성되어 있는데, 제1권이 〈객관적 논리학〉[die objektive Logik]으로서 이것은 다시 1) 존재론[Seinslehre]과 2) 본질론[Wesenslehre]으로 나뉘어 있고, 제2권이 〈주관적 논리학〉[die subjektive Logik]으로서 곧 3) 개념론[Begriffslehre]이다.

앞서 말했듯이 헤겔 이전의 논리학은 사유에 관한 이론이었다. 따라서 당연히 논리학은 주관적 — 존재자들의 객관세계·대상세계를 다룬다는 의미에서의 객관적인 학과는 다른—인 것이었다. 따라서 '객관적 논리학', 다시 말하면 '대상세계를 다루는 논리학'이라는 표현은 성립할 수 없는 것이다. 그러나 헤겔에 있어서는 논리학이 두 분야, 곧 객관적 논리학과 주관적 논리학이라는 두 분야로 나누어진다. 어떻게 이런 일이 가능한 것인가?

• 이것은 헤겔철학의 기본신조와 관련되어 있다. 즉 헤겔에 의하면 이 세계는 로고스(Logos)인 절대정신[der absolute Geist] — 절대이성[die absolute Vernunft], 절대이념[die absolute Idee] —이 자신을 외화(外化)하여 드러난 결과물이다.[80] 그래서 이 세계, 온 우주는 정신적인 성격을 지니게 된다. — 이것이 정신주의[Spiritualism]다 — 헤겔의 논리학[Logik]은 바로 이 로고스의 전개과정을 다루는 학이다. 독일어 Logik이나 영어의 logic은 모두 헬라스어 logos(λόγος)에서 나온 말이다. 로고스가 자신을 전개하여 이루어진 것이 정신과 물질로서의 세계다. 이것을 파악하는 것이 헤겔 Logik의 과제이므로, 그의 Logik은 일반적인 의미의 논리학이기 이전에 이미 형이상학(形而上學)인 것이다.

---

80 기독교에서 말하는 '로고스'도 하나님을 가리킨다: "태초에 로고스가 있었는데, 이 로고스는 하나님 곁에 있었고 하나님은 로고스였다"("Ἐν ἀρχῇ ἦν ὁ λόγος, καί ὁ λόγος ἦν πρὸς τὸν θεόν, καί θεὸς ἦν ὁ λόγος. 요한복음 제1장 제1절).

그래서 헤겔은 논리학 〈서문〉에 자신의 논리학의 책무를 다음과 같이 말하고 있다: "그리하여 마침내 우리는 이 논리학의 내용이 곧, 자연과 유한한 정신의 창조에 앞서서 자기의 영원한 본체로 존재하는 신의 서술[die Darstellung Gottes (…), wie er in seinem ewigen Wesen, vor der Erschaffung der Natur und eines endlichen Geistes ist]이라고 말할 수가 있는 것이다."[81]

● 이 점에 관하여 헤겔은 『철학강요』에서 다음과 같이 말한다: "사변적 논리학은 이전의 논리학과 형이상학을 포함하며, 동일한 사유형식 법칙 및 대상을 보존하는 것이지만, 이와 동시에 더욱 고차적인 범주들로서 이 범주들을 전개하고 변형한다"(Enz §9, S. 53). 또 다른 곳에서도, "따라서 논리학은 형이상학과 일치한다. 형이상학이란, 사상(思想)에 있어서 파악된 사물의 학이다. 사상(思想)은 사물의 본질을 표현하는 것으로 생각되어 왔다"(Enz §24, S. 83)라고 말하기도 한다.[82]

● 헤겔은 대상세계에 대한 내용은 고려하지 않고 단지 논리의 형식만을 문제 삼는 형식논리학[formal logic]을 비판한다. 다시 말하면 형식논리학에서는 논증(論證, argument)의 '형식'만을 문제 삼는다. 즉, 논증의 타당성(妥當性, validity)·부당성(不當性, invalidity) 여부에만 관심을 갖는다. '타당성'이란, 만약에 우리가 전제를 옳다고 가정했을

---

81 Hegel, *Wissenschaft der Logik. Erster Band. Die Objektive Logik (1812/1813)*, in GW 11, hg. v. F. Hogemann und W. Jaeschke, Düsseldorf, 1978, 21.

82 그러나 1812년 대논리학 〈존재론〉이 출간되기 전, 예나 시절의 헤겔은 논리학을 형이상학과 구별하고 있었다. 즉 "그는 1802년부터 1806년까지 예나 대학에서 자신의 철학체계를 논리학, 형이상학, 자연철학 그리고 정신철학으로 구분하여 강의하였다. 이 강의는 현재 보존된 초고(草稿)에 의하면 세 권으로 출판되었는데, 그것은 1)『예나 시절의 논리학, 형이상학 및 자연철학』, 2)『예나 시절의 실재철학(1) (1803/04)』, 3)『예나시절의 실재철학(2) (18005/06)』이다. 그런데 여기서 실재철학이란, 당시의 헤겔의 강의제목표에 의하면 자연철학과 정신철학을 가리킨다."(서동익, 「Hegel의 변증법 존재론의 정초」, 『철학연구』Vol. 6, 철학연구회, 1971, (1–71), 22).

때, 그 전제로부터 결론이 논리적으로 필연적으로 도출될 경우, 그 논증이 갖는 성격을 말한다. 그러므로 우리가 논증의 타당성 여부를 판별할 경우, 우리는 "만약에 전제가 모두 옳다면, 결론이 옳을 수밖에 없는가?"라고 물어보게 된다. 따라서 '전제'의 진위(眞僞) 여부(與否)는 문제 삼지 않고 괄호 속에 들어가게 된다[판단중지(判斷中止, epochē)].

그러므로 논증의 전제와 결론의 참(옳음)과 거짓(그름)은 여기서는 아무런 문제가 되지 않는다. 전제와 결론이 그른 타당한 논증이 얼마든지 나올 수 있고, 전제와 결론 모두가 옳은 부당한 논증도 얼마든지 존재할 수 있다. 예컨대,

1) 어떤 이름(명칭)이 있으면, 그 이름에 대응하는 대상이 실재한다.
   신(神)이라는 이름이 있다.
   _____

   신은 실재한다.

   (※ 이 논증은 '타당'하기는[valid] 하지만 대전제가 거짓이므로 '완벽하지는'[sound] 않다).

2) 독일의 수도는 베를린이다.
   한국의 수도는 서울이다.
   _____

   전북대학교는 전주 덕진동에 있다.

   ※ 이 논증은 전제와 결론 모두 '참'[true]이지만, 전제와 결론이 적절한[relevant] 관계로 이루어져 있지 않기 때문에 '부당한'[in-valid] 논증이다.

• 이렇듯, 우리는 형식만으로도, 그리고 내용만으로도 우리가 찾는 완벽한 논증을 얻을 수 없음을 알 수 있다. 헤겔이 말하듯, "참된 것은 온전한 것"이다. 형식만으로도, 내용만으로도 진리가 될 수 없다. 철학이 찾아야 할 것은 진리요, 그것은 내용과 형식의 통일(체)이다.

TW 7, 24 / 『법철학』, 47 f.

▶ "철학은 이성적인 것의 구명(究明)이기 때문에 바로, 그것이 어디 있는지 신만이 알고 있는 피안적인 것을 수립하는 것이 아니라 현재적인 것 및 현실적인 것을 포착하는 것[*das Erfassen des Gegenwärtigen und Wirklichen*]이다. 혹은 우리는 그 피안적인 것이 어디에 있는지 실로 분명히 말할 수 있으니, 즉 그것은 일면적인, 공허한 추론[*Räsonierens*]의 오류 속에 있는 것이다. (...) 이성적인 것, 그것은 진정한 것이고, 진정한 것, 그것은 이성적이다."

(해설)
• "일면적인, 공허한 추론[*Räsonierens*]"이란 무엇을 말하는가? 이것은 헤겔이 『정신현상학』에서 말하고 있는 반성적 사유, 형식적·추론적 사유[*das räsonnierende Denken, Das Räsonnieren*]에 해당한다. 이에 반해, 사변적 사유·이성적 사유는 개념적으로 파악하는 사유[*das begreifende Denken, Das Begreifen*]에 해당한다. 『정신현상학』 서문 §58에서 우선 헤겔은 형식적·추론적 사유와 질료적 사유를, 개념적으로 파악하는 사유와 구별한다. 형식적·추론적 사유는 내용으로부터 자유롭다는 점에서, 그리고 "내용보다 우월하다는 자만(自慢)"(PG, 48)이라는 점에서 자신의 존립을 지니고 있으며, 따라서 이러한 사유에는 이러한 자유를 포기하려는 노력, "내용의 자의적(恣意的)인 운동원리가

되지 않고 이러한 자유를 내용 속으로 침잠시켜서, 내용으로 하여금 내용 자신의 본성에 의하여, 다시 말하면 내용 자신의 것으로서의 자기에 의하여 운동하도록 하고, 이 운동을 고찰하는 노력이 요구된다."(Ebd.). 그러나 이에 반해, 개념적으로 파악하는 사유는 형식적인 사유, 즉 내용을 넘어서는 외적인 반성에 불과한 것도 아니고, 그렇다고 해서 내용에 몰두하는 내적인 반성도 아니다. 그것은 오히려 주어와 술어의 구별을 자신 속에 포함하고 있는 진술의 형식과 철학적 내용인 개념의 통일의 충돌로부터 귀결되는 율동(律動, Rhythmus)이다.

헤겔에게 있어서 참된 것이란 부분적인 것이 아니라 완전한 것, '전체'다. 주관적인 것(형식)만으로도, 또한 객관적인 것(내용)만으로도 완전한 것이 되지 못한다. 이 양자가 통일되어야 비로소 완전함을 이룰 수 있다. 표상들을 따라 전진하는 습관(경험주의적인 사유방식)이나, 현실의 내용을 무시하고 이론만을 내세우는 형식적인 사유 내지는 추론도 모두 참된 것이 아니다.[83]

• 헤겔은 철학의 과제를, 이성적인 것을 철저하게 파헤치는 것이라고 생각한다. 그런데 이성적인 것은 피안의 세계에 있는 것, 혹은 칸트가 말하는 물 자체와 같은 것이 아니라, 우리가 살고 있는 이 현실세계에 실현될 수 있는 것이다. 따라서 철학은 '지금·여기에' 존재하는 현실을 올바로 파악해야 한다. 여기서 헤겔이 말하고 있는 '현재적인 것'[Gegenwärtigen]은 바로 뒤에 이어지는 '현실적인 것'[Wirklichen]과 같은 것이다. 이 경우의 'Wirklich'라는 용어는 '현실적인'[사실적인, faktisch]이라는 의미로 사용되고 있다. 그러나 이 말은, 현재 현실에 존재하는 모든 것이 '이성적인'[vernünftig] 것이라는 뜻이 아니다.

---

[83] 백훈승, 「헤겔과 사변적 진술: 『정신현상학』 서문 §§58~66의 분석과 비판」, 『철학연구』 제118집 (123–147), 2011, 126–7 참조.

헤겔은 여기서 "Was vernünftig ist, das is wirklich ; und was wirklich ist, das ist vernünftig"라고 말하고 있다. 이 명제는 필자가 번역한 것처럼, "이성적인 것, 그것은 진정한 것이고, 진정한 것, 그것은 이성적이다"라는 의미이지, "이성적인 것, 그것은 현실적인 것이고, 현실적인 것, 그것은 이성적이다"라는 뜻이 아니다. 일반 철학도는 말할 것도 없고, 헤겔연구자들도 이 점을 오해하고 있다. 이 점은 매우 중요하므로 아래에 좀 더 상세히 설명하겠다.[84]

"Was vernünftig ist, das is wirklich ; und was wirklich ist, das ist vernünftig." 헤겔의 사상을 이야기할 때, 『법철학 강요』 서문에 등장하는 이 진술만큼이나 많이 인용되고 또 그만큼 많이 오해되고 있는 문장도 없을 것이다. 이성적인 것이 현실적이고, 현실적인 것이 이성적인 것이라니! 그렇다면 과연, 현실에 존재하는 것은 어떤 것이든 다 이성적인 것, 합리적인 것이란 말인가? 그러나 우리가 역사를 되돌아보더라도, 아니 그날의 조간신문만 읽어보더라도 이 말은 우리에게 도무지 설득력이 없고 도저히 이해할 수 없는 말이라는 것을 알 수 있다. 히틀러가 수백만의 유태인을 살해한 것도 이성적인 것이었으며, 우리나라에서 벌어졌던 동족상잔의 비극인 6.25전쟁(한국전쟁)도 이성적이었고 미국의 이라크 침공도 이성적인 것이었단 말인가? 매일 수많은 사람들이 굶주려 죽어가고 크고 작은 사고가 일어나며 도처에서 환경파괴가 자행되고 있을 뿐만이 아니라, 많은 근로자들이 부당한 대우를 참고 일하고 있다. 헤겔의 진술이 과연 이런 의미를 지니고 있다면, 우리는 우리의 행위에 대해 아무런 도덕적 책임을 질 필요도 없이 그저 마음 내키는 대로 행위하면 그만일 것이다. 그러나 헤겔의 진술은 과연 이런 의미

---

84 아래의 설명은 필자의 글, 「"이성적인 것은 현실적이고, 현실적인 것은 이성적인가?」, 『범한철학』 제33집, 범한철학회, 2004(153-171)를 부분적으로 수정한 내용이다.

를 지니고 있는 것인가? 그렇지 않다. 이 말의 진의를 이해하기 위해서 우리는 우선, 헤겔에게 있어서 '이성적'이란 무엇이고 또 'wirklich'란 무엇인가를 알아야만 한다. 이 유명한 진술에 대해 구구한 해석이 있어왔으나, 우리의 의문점은 그리 쉽게 풀리지 않는 것 같다. 아래에서 위의 명제의 참뜻을 살펴보기로 하자.

▶ 'wirklich'의 이중적 의미

• 'wirklich' 혹은 'Wirklichkeit'란 무엇을 뜻하는가? wirklich는 크게 세 가지 의미를 지니고 있다. 그 하나는, '현실적'이라는 의미다. 그리고 또 하나는, '활동적인, 작용하는'이라는 의미이고, 마지막으로는, '참된, 진정한, 진짜의'라는 의미다. 그러면 '현실적'이라는 것은 무엇을 말하는가? 넓은 의미로 말할 때, 현실적이란 물리적인 시·공간의 제약을 받고 있는 것을 말한다. 이런 의미에서 현실적인 것이란, 비현실적인 것 혹은 이상(理想)과 구별되며, 가능한 것 및 필연적인 것과도 구별된다. '활동적·작용적'이라는 의미의 wirklich[85]와 대립되는 것은 '잠재적·가능적'이라 할 수 있다. 마지막으로, 진정한 것이란 무엇인가? 진정한 것과 그렇지 않은 것을 구별하는 기준은 바로 '독립성'이라는 기준이며, 또 하나의 기준은 '어떤 표준에 들어맞음'이다. 진짜 화폐와 위조지폐, 진짜 다이아몬드와 가짜(모조) 다이아몬드 간에는 바로

---

85 이러한 의미는 바로, wirklich가 wirken이라는 동사에서 온 사실로부터 설명될 수 있다. 그리고 wirken은 헬라스어 ergon, energeia와 관계된 용어다. 즉, '작용하다', '활동하다', '일하다'라는 뜻을 가지고 있다. 따라서, 이성적인 것은 wirklich하다는 말은, 이성적인 것은 현실을 초월한 피안에 그냥 부동의 것으로 머물러 있는 힘없는 존재자가 아니라, 이 현실에서 힘으로서 작용하여 무엇을 생산해낸다는 뜻을 지니며, 이와 동시에, 이렇게 이성적인 것이야말로 진정한 것, 참된 것이라는 의미를 지니고 있다. 이성적인 것은 현실 속에서 자신을 실현한다.

독립성과 의존성이라는 개념이 중요한 구분기준으로 작용한다. 진짜는 독립적인 것이고 가짜는 의존적인 것이다. 가짜가 진짜를 모방하여 만들어진 것이지, 진짜가 가짜를 본 따서 만들어진 것이 아니다. 또한 가짜는 우리가 진짜로 인정하는 표준에 들어맞지 않는 것이기도 하다. 우리는 Wirklichkeit 개념이 갖는 이러한 이중적인 의미를, 플라톤의 이데아론을 예로 하여 적절히 이해할 수 있다. 우리는 이렇게 물을 수 있다. 이데아의 세계와 현실세계 둘 중에서 어떤 것이 wirklich하냐고. 이에 대한 대답은, '둘 다 wirklich하기도 하고 또 둘 다 그렇지 않기도 하다' 이다. 다시 말하면, 어떤 세계가 진정한(진짜) 세계냐 하는 의미로 wirklich를 사용한다면, 당연히 이데아의 세계가 진짜 세계고, 현실세계는 이데아의 세계를 본 따서 만들어진 것이므로 가짜 세계가 된다. 그러나 어떤 세계가 현실적인 세계인가 하는 뜻으로 wirklich를 사용한다면, 우리가 숨 쉬고 사는 이 세계가 현실세계이고, 이데아의 세계는 이 현실세계를 초월하여 존재하는 이상세계, 비현실적인 세계인 것이다. 이러한 용법은 영어나 독어의 real의 경우도 마찬가지다.[86]

---

86 'Wirklichkeit'는 wirken[작용하다]이라는 동사로부터 유래한 것으로서, 철학적으로는 엑카르트(Meister Eckhart, 1260-1328)에 의해 처음으로 actualitas에 대한 용어로 사용되었다. 주로 가상(假象) 내지는 현상과 대립되어, 실제로 주어진 것, 경험할 수 있는 것을 말하며, 한편으로는, 현실성[Realität]을 내용규정으로 포괄하고 있는 동시에, 활동성[Aktualität, 즉 현실성의 실현]을 포괄하고 있다. 일반적으로는, 작용하고 있는 것 내지는 작용하게 된 것, 현존하게 된 것[energeia]을 뜻한다. 형이상학적·존재론적인 의미로 Wirklichkeit는 현상적인 것, 비본질적인 것, 경험적인 것에 불과한 것, 우연적인 것[가상(假象)]과 대립된, 진정으로 존재하는 것들, 본질적인 것들[이념, 즉 자]의 총체다. 칸트는 주로 전자의 의미로 'wirklich'를 사용했다. 즉, 단지 가능한 것, 상상할 수 있는 것, 그리고 사유에 대해서가 아니라, 감각적으로 지각할 수 있는 것에 대해 사용했다: "경험의 물질적 조건들[감각]과 관계된 것은 wirklich하다"(*Kritik der reinen Vernunft*, Hamburg, 1956, B 266). "지각은 (....) Wirklichkeit의 유일한 성격이다"(같은 책, B 273). Wirklichkeit 개념은 오늘날 Realität 개념과 거의 같은 의미로 사용된다. 그러나 'Realität'은 주로 개별적, 구체적인 사물, 예컨대 물질적 사물의 소

► 이성적인 것[das Vernünftige]이란?

1) 헤겔에 있어서 이성의 의미

(1) 이성과 이념

헤겔에 있어서 이성이란 무엇인가? 헤겔은 『철학강요』의 논리학에
서, 자신의 철학의 방법을 다음과 같이 규정하고 있다. 즉, 논리적인 것
은 그 형식에 따라 세 가지 측면을 갖는다. a) 추상적인 면이거나 지성
적인[87] 면 b) 변증법적인 면이거나 부정적·이성적인 면 c) 사변적인 면
이거나 긍정적·이성적인 면.[88] 첫 번째 단계에서 지성으로서의 사유는
타자에 대한 고정된 규정성의 구별성에 머물러 있다. 지성은 대상을 구
별·정돈하고 규칙을 적용하며, 엄격한 한계를 고수함으로써 분리·고
립시키는 작용을 하고 유한자에 관계하는 데 반하여(제1단계), 이성은
변증법적 부정의 단계(제2단계)를 지나서, 한계들을 극복하고 대립된
규정들의 통일을 파악한다. 긍정적 이성은 대립된 규정들의 해체와 이
행 속에 포함된 긍정적인 것이다. 헤겔은 이성[Vernunft]의 기능은 "신
의 일을 감지하는 것"[das Vernehmen des göttlichen Werkes][89]으로

여방식을 나타낸다. 그러나 'Wirklichkeit'는 주로 다른 소여방식들을 나타내며, 따라
서 포괄적인 의미를 지닌다[Alexander Ulfig, *Lexikon der philosophischen Begriffe*,
Wiesbaden, 1997, 481-2 그리고 Johannes Hoffmeister (hg.), *Wörterbuch der phi-
losophischen Begriffe*, 2. Auflage, Hamburg, 1955, 672. 또한 Michael Inwood, *A
Hegel Dictionary*, Cambridge, Mass., 1992, 33-35 참조].

87 verständig의 역어임. Verstand를 보통 오성(悟性)으로 번역해왔으나, 이 용어는
라틴어 intellectus와 영어 intellect (또는 understanding)에 대응하므로, 그리고 일상
용어와의 혼란도 피하기 위하여 '지성'으로 옮기고 verständig도 '지성적'이라 옮겼다.

88 *Enzyklopädie der philosophischen Wissenschaften* (Enz로 줄임) §79, TW 8,
168.

89 *Die Vernunft in der Geschichte* (VG로 줄임), fünfte, abermals verbesserte

보고 있다. 그러므로 지성이 아닌 이성은 신의 파악과 관계되어 있다. 이성 속에서 감지되는 것은 "신의 진리"요 "신의 모사(模寫, Abbildung)"다.[90]

　이러한 이성 내지 이성적인 것은, 이념과 동일한 것이라고 헤겔은 말한다.[91] 그러면 이념이란 무엇인가? 그런데 우리는 헤겔에게서 '이념'이라는 용어의 용법에 주목해야 한다. 왜냐하면, 그에게서 '이념'은 이중적인 의미를 지니고 있기 때문이다. 우리가 일상언어에서와 철학에서 '이념'이라고 말할 때의 그것은, 우리의 머릿속에 있는 생각[념(念)]으로서, 물리적인 시공간의 제약을 받지 않는 것, 즉 비현실적인 것이다. 이것은 '이상'[Ideal]의 경우도 마찬가지다. 만약에 이념이나 이상이 현실화, 즉 실현된다면, 그것은 현실이지, 더 이상 이념이나 이상이 아닌 것이다. 우선 헤겔은 일상언어와 일반 철학에서와 같은 의미로 이념이라는 용어를 사용한다. 예컨대, 『법철학』의 서술순서를 통해서 우리는 이러한 점을 확인할 수 있다. 즉, 역사적(시간적)으로는 국가가 먼저 발생했고 그 후에 시민사회가 형성되었으므로, 『법철학』의 서술이 가족-국가-시민사회의 순으로 이루어져야 함에도 불구하고, 가족-시민사회-국가의 순으로 되어 있다. 그 이유는, 헤겔이 여기서 다루는 것은 '역사적인 현실태(현존태)'로서의 시민사회와 국가가 아니라 이념으로서의 시민사회와 국가이기 때문이다. 그러나 두 번째로 헤겔은, 이용어를 이와는 다른 의미로 사용한다. 그것은 한마디로 말하면, '개념과 현실의 일치'다.[92] 즉 어떤 것의 현실이 그것의 개념에 일치하지 않

Auflage. hg. v. J. Hoffmeister, Hamburg, 1955, 78.

90 Ebd.

91 "왜냐하면 이념과 동의어인 이성적인 것은 (…)"[Denn das Vernünftige, was synonym ist mit der Idee, (…), TW 7, 25].

92 예컨대 헤겔은 『법철학』에서, "철학적 법학은 법 이념을, 즉 법 개념과 그것의 실현을 대상으로 갖고 있다"(TW 7, 29 §1)라고 말한다.

은 채로 현존할 때, 그것은 그저 현실이나 현상에 불과하고 결코 이념은 아니다.[93] 그러나 어떤 것의 현실이 그 개념에 부합할 때, 그것을 바로 이념이라고 말한다. 예컨대 국가를 생각해보자. 현존하는 국가들{현상[Erscheinung], 현존[Existenz]}이 과연 국가라는 개념에 적합한 것인가? 사실은 그렇지 못하다. 다시 말하면, 현존하는 국가들은 국가가 마땅히 지녀야 할 속성들을 모두 갖추고 있는 것이 아니라 무언가를 결여하고 있다. 따라서 그것들은 모두 이념으로서의 국가가 아닌 현존태로서의 국가들에 불과하다. 그리고 물론, 헤겔에 의하면 이념은 이성과 동일한 의미를 지니고 있으므로(예컨대, 절대이념＝절대이성) 이념으로서의 국가는 이성적 국가이고, 그것은 곧 진정한 국가다. 헤겔이 말하는 바는 바로 이런 것이다. 지상에 현존했던, 그리고 현존하는 국가들은 모두 이성적인 국가, 진정한 국가가 아니다. 요컨대, 일상적인 용어법이나 일반철학에 있어서의 '이념'은 현실에 존재할 수 없는 것이지만, 헤겔이 말하는 두 번째 의미의 '이념'은 현실에 존재할 수 있다는 점이 다르다.[94] 그러므로 헤겔은, 철학은 사람들이 단순히 개념이라고 부르는 것에 관계하는 것이 아니라, 개념의 일면성 혹은 비진리를 지양하여 개념과 실재가 통일된 이념을 다룬다고 말하는 것이다.[95]

---

93 "개념 자체를 통해 정립된 이 진정성[Wirklichkeit]이 아닌 모든 것들은 일시적인 현존재, 외적인 우연, 사념(私念), 본질이 없는 현상, 비진리, 기만 등이다"(TW 7, 29 §1).

94 그러므로 헤겔은, "철학은 단지 이념과만 관계한다. 이념은 오직 당위로만 존재하고 현실적[wirklich]이지 않을 정도로 무력하지 않다"(TW 8, 49)고 말하는 것이다. 플라톤은 이데아를 이상적인 것, 가능태로 생각하여 실현 불가능한 것으로 간주했지만 아리스토텔레스는 그것을 "현실태[energeia]로서, 즉, 단적으로 외부로 나온 내적인 것으로서, 따라서 내적인 것과 외적인 것의 통일로서"(TW 8, 281) 파악하고 있다는 점이 다른데, 헤겔은 이념, 이성, 진정성의 문제에 있어서 아리스토텔레스의 입장을 따르고 있다.

95 TW 7, 29 §1 참조. 헤겔은 이념을, "현존재[Dasein]와 개념의 통일" 혹은 "몸과

▶ ‘das Wirkliche’ 란?

1) 현실적인 것인가, 진정한 것인가?: 현존[Existenz]과 진정성[Wirklichkeit]의 차이점

우리는 헤겔이 말하는 Wirklichkeit를 무엇으로 불러야 할지를 결정해야 한다. 이성적인 것과 현실적인 것이 동치관계에 있는가, 아니면 이성적인 것과 참된 것 혹은 진정한 것이 동치관계에 있는가? 우리는 더 이상 망설일 필요 없이 후자가 옳다는 결론을 내릴 수 있을 것이다. 이에 대해 좀 더 자세히 헤겔의 주장을 살펴보기로 하자. 헤겔은 『논리학』에서 현존[Existenz]이나 현상[Erscheinung]과 진정성[Wirklichkeit]을 구별하고 있다.

현존하는 사물들과 과정들은 생성되고 소멸한다. 이러한 세계는 "상호 의존하는 세계이며, 근거 짓고 근거 지워지는 무한한 연관의 세계"[96]다. 이와는 반대로 Wirklichkeit는 현상하는 현존자들 이상의 것이다. 그것은 이성적인 것만을, 그리고 이성적으로 되는 것들을 포함하고 있

마음의 통일"(TW 7, 30 §1. Zus)이라고도 표현한다. 그리고 이러한 통일은 단지 조화를 이루는 것이 아니라, 완전한 침투 내지는 융합(ebd. 참조)이라고 말한다. 헤겔은 여기서 이념을 하나의 생명체로, 그리고 개념을 (인간의) 영혼으로, 그리고 현존 내지는 실재를 몸으로 각각 비유하여 이들의 상호관계를 설명하고 있다. 이러한 설명은 아리스토텔레스의 질료형상론에 대응한다. 즉 헤겔이 말하는 이념은 아리스토텔레스의 제 1 실체[he prote ousia]에 해당한다. 그리고 현실개체로서의 우시아는 질료와 형상으로 구성되는데, 이 경우 질료에 해당하는 것이 현존재 내지는 실재라는 표현으로 나타나고, 형상에 해당하는 것은 바로 개념으로 표현되고 있음을 알 수 있다. 그리고 헤겔이 "진정한 것은 내적인 것과 외적인 것의 통일일 뿐이다. Wirklichkeit ist nur die Einheit des Inneren und Äußeren (…)"(TW 7, 30 §1 Zus. vom 30. 10. 1822)라고 말할 때의 내적인 것은 영혼(개념)을 말하고, 외적인 것은 몸(현존)을 말한다.
96 Enz TW 8, 253.

다. 다른 모든 것들은 단지 현존의 차원에 속한다. 헤겔은 이러한 진정한 것[dieses Wirkliche]을 "손에 잡히는 것이나 직접적으로 지각될 수 있는 것들과"[97] 혼동하지 말라고 경고한다. 시간적으로 계기하는 것들은 현존하는 사물들이다. 철학은 주어진 것, 현존하는 것을 기술해야 할 뿐만 아니라, 진정한 것 혹은 이성, 이념도 기술해야 한다. 이로 말미암아 철학은 그때그때마다 주어진 것, 사실적인 것, 단지 현존하는 것에 대해 늘 비판적으로 대립해 있다. 철학은 진정한 것, 이성에 이르는 것을 항상 옹호한다.[98]

또한 헤겔은 자연법칙과 사회적 법의 규칙의 차이점을 설명하면서 '존재와 당위'를 말하고 있는데, 이때 자연법칙이 어떠하다는 것은 현존에 해당하고 법의 규칙이 마땅히 어떠해야 한다는 것은 Wirklichkeit에 해당한다. 즉, "자연법칙은 단적으로(절대적으로) 존재하며, 있는 그대로 타당하고 옳다. (...) 단지 그 법칙들에 관한 우리들의 관념이나 생각이 틀릴 수 있을 뿐이다. (...) 이에 반해, 법의 규칙은 "정립된 것(제정된 것, Geseztes), 즉 인간으로부터 유래한 것이다. (...) 자연에서의 최고의 진리는, 어떤 법칙이 보편적으로 존재한다는 것이다. 그러나 법의 규칙에서는, 사실이 있다고 해서 그것이 타당한 것이 아니며, 누구나 그 사실이, 자기 자신이 가지고 있는 표준에 일치해야 할 것을 요구한다. 여기에서, 존재하는 것과 존재해야 하는 것 사이의 충돌이, 즉 불변하며 즉자대자적으로 존재하는 법과, 법으로서 타당해야 한다고 하는 것에 대한 규정의 자의성 사이의 충돌이 있을 수 있다".[99] 여기서 헤겔은 두 가지를 구별하고 있다는 것을 알 수 있다. 즉, 자연의 경우에는 있는 그대로의 현상이나 현존이 이성적인 것이지만, 인간의 행위가

---

97 Enz §142 Zus. TW 8, 281.

98 http://www.thur.de/philo/asmoeg2.htm 참조.

99 TW 7, 15 f.

개입된 것, 즉 인위적인 것의 영역에서는 현존하는 것이 그대로 이성적
인 것은 아니라는 점이다. 따라서, 인간에 의해 제정된 법은 마땅히 실
현되어야 할 이성적인 것이 아니고, 비이성적인 것이 될 수 있는 가능
성이 충분히 있는 것이다. 이 때, 이러한 법은 이성적인 것으로 수정되
어야 마땅하다. 현실적인 것은 가능적인 것이 물리적인 시공간 속에 실
현되어 있는 것에 불과하며, 그것이 그대로 진정한 것, 참된 것은 아니
다. 그것은 그래서 현상이라고도 한다. 현상, 현존, 혹은 현실은 이성적
인 것이 될 때까지 변화되어야 한다. 그렇게 될 때에만 현실은 비로소
참된 것, 이성적인 것이라 말할 수 있게 된다. 그러므로, "세계사는 영
원한 이성의 산물이고, 이성이 세계사의 모든 대혁명을 규정해왔다"[100]
고 하는 헤겔의 주장은 이런 의미로 이해되어야 한다.

2) 진정성[Wirklichkeit]이란?

헤겔은 1821년에 출간된 『법철학』에 실려 있는, 우리의 논의의 중심
을 이루고 있는 위의 문장에 대해 많은 오해가 있음을 알고, 1827년과
1830년의 『철학강요』에서 이에 대한 해명을 하고 있다. 그는 여기서,
"우리가 세계를 주의 깊게 고찰한다면, 광대한 영역의 내적·외적 현존
재로부터 현상에 불과한 것, 일시적이고 무의미한 것과, 그 자신 참으
로 Wirklichkeit라는 이름에 합당한 것을 구별할 수 있다"[101]고 말한다.
이에 이어서 헤겔은, 자신의 『법철학』 서문에 있는, 위에서 우리가 인용

---

100 VG, 46.

101 Enz §6. TW 8, 47. 또한 『법철학』에서도 진정성과 현존 사이에 이와 유사한 구
분을 하고 있다: "철학은 (...) 오직 개념만이 (...) 진정성을 갖고 있다는 것을, 그리고
개념이 자신에게 진정성 자체를 부여한다는 것을 보여준다. 개념 자체를 통해 정립된
이 진정성이 아닌 모든 것은 무상한 현존재, 외적인 우연, 사념(私念), 본질 없는 현상,
비진리, 기만이다"(TW 7, 29 §1).

한 유명한 문장을 제시하면서, "이 간단한 문장이 많은 사람들에게 기이하게 보였고, 심지어는 종교는 물론이고 철학을 가지고 있다는 것을 부인하려 하지 않는 사람들에 의해서조차도 반감을 겪게 되었다"[102]고 말한다. 그런데 그는, "신이 세계를 지배한다는 종교의 교리는 바로 이 진술을 아주 분명하게 표현하고 있다"[103]고 말하면서, 이 진술의 철학적 의미를 이해하기 위해서는 다음과 같은 내용을 이해할만한 교양이 있어야 한다고 말한다. 첫째, 신이 wirklich하다는 것. 둘째, 신만이 가장 wirklich하고[104], 실로 wirklich하다는 것. 셋째, 형식상으로 보아서 일반적으로 현존재의 일부분이 현상이라는 것, 따라서 Wirklichkeit도 그 일부분에 불과하다는 것.[105]

헤겔은 일상생활에서 우리가 현존, 현상에 불과한 것도 Wirklichkeit라는 이름으로 부르고 있다는 사실을 잘 알고 있다. 그러나 이때의 Wirklichkeit라는 단어는 '현실'이라는 의미를 지니고 있으며, 이것은 결코 헤겔이 말한, 현존이나 현상과 구별되는 진정성이라는 의미를 지닌 Wirklichkeit는 아니다. 그렇기 때문에 헤겔은, "그러나 내가 상세한 『논리학』[106]에서 Wirklichkeit에 관해서도 다루었고, 그것을 현존도 지니고 있는 우연적인 것과 구별했을 뿐만이 아니라 더 나아가 Dasein,

---

102 ebd.

103 ebd.

104 우리는 실재성의 정도를 말할 수 있다. 예컨대, 외계의 사물은 우리의 인식주관으로부터 독립하여 존재한다고 주장하는 인식론적 실재론의 경우를 보자. 예컨대, 내 앞에 있는 저 나무는 나의 관념에 의존하지 않고 존재한다는 점에서 '실재'하지만, 나무가 정말로 인간의 관념뿐만 아니라 그 어떤 것에도 의존하지 않는 독립성을 지닌 것이 아니라 신에 의해 창조된 것이라고 생각하는 경우, 나무의 실재성은 상대적이다. 이에 반해, 자존적 존재자로 상정되는 신은 가장 독립적이고 실재적인 존재자라고 말할 수 있다.

105 Enz §6, TW 8, 47–48 참조.

106 *Wissenschaft der Logik*, II. Buch, 3. Abschnitt: die Wirklichkeit, TW 6, 186 ff.

Existenz 및 다른 규정들로부터도 정확히 구별했기 때문에, 내가 Wirklichkeit에 관해서 말했을 때, 어떤 의미로 이 표현을 사용하고 있는가를 스스로 생각해보아야만 할 것이다"[107]라고 분명히 말하고 있다.

우리는 우리의 주변에서 많은 것들이 마땅히 있어야 할 그대로 있지 않다는 것을 쉽게 알아 볼 수 있다. 그러므로 모든 현실을 이성적이라고 말하는 것은 잘못이라는 것도 어렵지 않게 알 수 있다. 그리하여 우리는 이성에 맞지 않은 현실을 바로 잡아서 이성과 합치하도록 만들어야 한다. 그렇게 될 때 이념은 단지 당위로만 존재하는 것이 아니라 현실로 되며, 이때의 현실은 곧 진정성을 지니게 된다.[108] 요컨대 Wirklichkeit는 "본질과 현존의, 혹은 외부와 내부의 직접적으로 이루어진 통일'[109]이다. 존재자는 그것의 현존이 그것의 본질과 조화를 이룰 때에

---

107 TW 8, 48.

108 TW 8, 49 참조.

109 TW 8, 279. 그리고 TW 8, 280, 281 및 284도 참조; 또한 『법철학』(TW 7, 30. Handschriftliche Notiz zu §1); 『논리학』에서는 다음과 같이도 표현한다: Wirklichkeit는 "자기의 현상과 하나가 된"[*Wissenschaft der Logik. Erster Band. Die objektive Logik. Zweites Buch. Die Lehre vom Wesen* (1813), Nach dem Text von GW, Bd. 11 neu herausgegeben von Hans-Jürgen Gawoll, mit einer Einleitung von Walter Jaeschke. PhB 376. 2., verbesserte Auflage, Hamburg, 1999, 6, 14-15] 본질이며, 타자로의 반성과 자신 속으로의 반성의 "완전한 침투[vollkommene Durchdringung]"(ebd. 105, 8-10). 그리고 "직접적인 현존과 반성된 현존의 절대적인 통일"(ebd., 142, 28-29). 또한 다음과 같이 말하기도 한다: "본질과 현존의 통일"(GW 11, 369). "내부와 외부의 통일"(같은 곳). "내부 혹은 본질과 현상의 동일"(GW 11, 368). 이때 본질은 내부에, 그리고 현존은 외부에 각각 해당한다. 내부와 외부가 통일될 때, 즉 본질과 현존이 통일될 때, 그것을 참되다[wirklich]고 한다. 이러한 사상은 우리말이 간직하고 있는 사상과 동일하다. 즉, 참된 것은 글자 그대로 '참[fullness]'을 뜻한다. 겉 다르고 속 다른 것도 아니고 겉은 멀쩡한데 속이 텅 비어있거나 훼손된 것이 아니라 꽉 차있음을 말한다. 이에 반해 거짓된 것이란—이 말은 '가죽', '거죽', '껍질' 등과 동계어다—겉과 속이 일치하지 않은 것, 거죽만 번드르한 것을 말한다. 우리말의 참, 거짓은 인식론적 용어이기 이전에 존재론적 용어임을 알 수 있다. 또한 참된 것은 좋은 것이고 거짓된 것은 나쁜 것이다. 좋은 친구란 어떤 친구인가? 그것은 친

만, 그것의 현존이 그것의 고유한 개념, 기능 혹은 관념과 일치할 때에 만 참되다. 그러고 보면 Wirklichkeit는 진리[die Wahrheit], 참된 것 [das Wahre]과 관계되어 있음을 알 수 있다.[110] 진리란, 진술이 그것의 대상에 대응할 때 그들이 소유하는 성질이라고 보통 간주된다. 그러나 헤겔은 지(知)와 실체의 동등성[Gleichheit]을 진리라고 말하기도 하지 만(PG, 34), 보통은 이에 대해 '정확함'[옳음, Richtigkeit]이라는 용어 를 사용한다. 그것은 아마도 우리의 통상적인 인식은 부분적인 것이어 서 대상을 '충전적(充塡的)'으로 드러내지 못하기 때문일 것이다. 헤겔 은 이러한 개념과, 더 깊고 철학적인 의미의 진리를 구별하는데, 그것 은 어떤 대상(객관)과 그것의 '개념'의 일치를 가리킨다.[111]

유한한 물(物)들은 변화하고 소멸될 수밖에 없고 일시적인 것이어서 그들의 현존과 그들의 개념은 일시적으로만 결합되어 있으며, 이러한

구[friend]의 본질[우정, friendship]을 잃어버리지 않은 사람인 것이다.

110 이렇게 볼 때, "Das Wahre ist das Ganze"(PG, 21)라는 헤겔의 유명한 진술은 아주 쉽게 이해된다. 이 말은 "참된 것은 완전한 것이다" 혹은 "참된 것은 전체다"로 번 역될 수 있다. 이 진술은 사변적 진술로서, 어떤 의미에서는 동어반복이다. 왜냐하면 '빈 곳이 없이 꽉 차 있는 것'이 '완전한 것' 내지는 '전체'이기 때문이다. 또한 참된 것이란, 주관적인 것만이거나 객관적인 것만이 아닌 완전한 것[das Ganze]이다.

111 이 점에 관해 헤겔은 다음과 같이 말한다: "(...) 이와는 반대로, 더 깊은 의미의 진리는 바로, 객관성이 그 개념과 동일하다는 데에 존재한다. 이러한 더 깊은 의미의 진리는, 진정한 국가나 진정한 예술작품에 관해 말할 때에 문제가 되는 바로 그런 의미 의 진리다. 이러한 대상들은 그들이 마땅히 있어야 할 바대로 있는 경우에, 즉 그들의 현실[Realität]이 그들의 개념과 일치할 때 참된 것이다. 이렇게 파악해 볼 때, 거짓된 것[das Unwahre]이란, 나쁜 것[das Schlechte]이라고도 불리는 것과 동일하다. 나쁜 사 람이란 거짓된(진정하지 않은) 사람, 즉 사람이라는 개념이나 사람의 본분에 적합하지 않게 행동하는 사람이다"(Enz §213 Zus., TW 8, 369 그리고 Enz §24 Zus. 2, TW 8, 86도 참조). 예컨대 우리는 참된 친구에 관해 말하는데, 우리는 참된 친구를, 그의 행동 방식이 친구임(우정)이라는 관념에 들어맞는 사람이라고 이해한다. 따라서, 우리는 어 떤 존재자가 자기의 본분이나 기능을 제대로 발휘할 경우, 그것을 참되다거나 좋은 것 이라고 말한다.

결합은 영원한 것이 아니고 분리될 수 있는 것이다.[112] 이러한 사실은 그 속에서 급진적이고 비판적인 철학의 씨앗을 보았던 소장 헤겔학도들에 의해 포착되었다. 신만이 온전히 참되고 온전히 이성적이라면, 현실에 존재하는 것들은 결코 이상적이지 않은 것이다. 그리하여 소장 헤겔학도들에게 있어서는, 이성의 실현이 기정사실이 아니라 목표나 과제로 인식되었다. 존재하는 세계, 사물들의 현상태는 비판받아야 하고 변형되어야 한다. 현존질서는 개념이나 이상의 불완전하고 부분적인 구체화로 간주된다. 기존질서는 이상에 견주어서 평가되어서 무엇이 결여된 것으로서 발견된다.[113]

• 헤겔 우파로 불리는 노장 헤겔주의자들은 헤겔의 위의 진술을 현실을 긍정하는 진술로 해석하면서 현존질서를 정당화하고자 하는 반면에, 헤겔 좌파로 불리는 소장 헤겔주의자들은 현실은 이성적이어야 한다고 주장하면서 현실개혁 내지는 혁명을 외친다. 포퍼와 같은 헤겔 비판가는, 헤겔의 철학은 프로이센 국가와 프리드리히 3세를 옹호하는 보수·반동적인 철학으로서 국가의 시녀의 역할을 했다고 신랄하게 비판한다 그는, 『법철학』§258 보유의 구절을 다음과 같이 잘못 번역하여 헤겔의 주장을 오해하고 있다: "보편자는 국가에서 발견될 수 있다. 국가는 지상에 존재하는 신의 이념이다. (...) 그러므로 우리는 국가를 지상에 나타난 신으로 숭배해야 한다. (...) 국가는 세계를 통과하는 신의 행진이다."[114] 뿐만 아니라 포퍼는, 헤겔이 이성적인 것은 현실적인 것과 동일하다는 주장을 한 것으로 잘못 이해하고 있다.[115] 아비네리의 지

---

112 Enz §193, TW 8, 349 참조.

113 Sean Sayers, "The Actual and the Rational", in: *Hegel and Modern Philosophy*, ed. by David Lamb, NY, 1987, 151 이하 참조.

114 K. Popper, *The open Society and its enemies*, ebd., 31.

115 Ebd., 41 참조.

적에 의하면, 『법철학』의 "Es ist der Gang Gottes in der Welt, daß der
Staat ist"[116]라는 문장에 대해서 여러 가지 잘못된 해석들이 있었다. 요
컨대, 이 문장이 뜻하는 바는, 국가가 세계 속에서 이루어지는 신의 행
진이라든가 혹은 국가가 세계 속에 드러난 신의 현존이라는 것이 아니
다. 이것이 뜻하는 바는, 국가가 지상에 존재한다는 사실은 바로 신의
계획에 의한 것, 신의 도리라는 것이다.[117] 또한 헤겔이, 상호승인이 실
현되는 인륜의 상태가 국가 속에서 이루어진다고 말할 때의 '국가'란
결코 현실의 국가가 아니다. 그것은 이념으로서의 국가, 혹은 국가라는
이념이다. 현실에 존재했던 국가들 가운데는 완전한 국가는 하나도 없
었다. 우리는 현실의 국가와 진정한 국가, 이념으로서의 국가를 혼동해
서는 안 된다. 즉, 현존하는 국가들은 "이런저런 결점"과 "결함"을 지니
고 있고 "자의(恣意), 우연, 오류의 영역"에 있다. 그러나 "아무리 야비
한 인간, 범죄자, 병자나 불구자라 하더라도 여전히 그런 자들도 살아

---

116 TW 7, 403 §258 Zus.

117 Shlomo Avineri, *Hegel's Theory of the Modern State*, Cambridge, 1976, 176
이하 참조. 그런데 아비네리는 『법철학』 서문의 다음 구절을 인용하면서, "『법철학』 서
문의 끝 부분에 가서는 헤겔의 주장이 보다 진전된 측면이라 할지, 주장에 대한 모순이
라 할지 하는 면이 있다"(같은 책, 127)고 말하는데, 이는 전혀 모순된 표현이 아니다:
"개인에 관해서 말하자면, 각 개인은 어쨌든 자기 시대의 아들이다. 그리고 또한 철학도
사상으로 포착된 자기의 시대다. 이와 마찬가지로, 그 어떤 철학도 자기의 현재의 세계를
넘어설 수 있다고 생각하는 것은, 이는 마치 한 개인이 자기의 시대를, 즉 Rhodus 섬을
뛰어넘을 수 있다고 생각하는 것만큼 어리석다"(TW 7, 26). 현실을 긍정하고 있는 듯
이 보이는 이 구절은, 앞에서 이미 설명한 것처럼, 헤겔이 이념이라는 용어를 이중적인
의미로 사용하고 있다는 점을 염두에 두고 있다면 문제없이 이해될 수 있다. 즉 헤겔은
이념이 지니고 있는 비현실성이라는 의미를 인정하고 있기는 하지만, 다른 사람들과는
달리, 이러한 이념이 결코 피안과 이상의 세계에서만 존재할 수 있는 것이 아니라 현실
속에서 이루어질 수 있는 것으로 생각한다. 즉 어떤 것의 존재상태가 그것의 개념에 부
합하게 될 때, 그것은 이념이 되는 것이다. 그리고 우리는 이념을, 피안의 것, 이룰 수
없는 것으로만 생각해서는 안 되고, 그것을 현실 속에서 성취하도록 노력해야 한다는
것을 헤겔은 말하고 있다.

있는 인간"[118] 인 것처럼, 국가도 여러 가지 기형적인 요소가 있다 하더라도 '국가'라고 여전히 말할 수 있다. 하지만 그것은 현존태로서의 국가일 뿐, 진정한 국가나 이념으로서의 국가라고는 할 수 없다.[119] 이러한 헤겔의 견해에 의하면 예컨대, 개인의 자유가 말살되는 전체주의 국가는 현존하는 국가에 불과할 뿐, 진정한 국가는 아니다. 진정한 국가에서는 개인의 자유가 억압되거나 말살되지 않고, 국가의 목적과 이익에 부합되는 한에서 보존되고 신장된다. 헤겔이 프로이센 국가의 어용철학자 내지 독일의 우월성을 내세우는 사람이라는 근거 없는 주장에 대하여 뮐러(G.E. Müller)는 다음과 같이 말한다. 즉, 우선 헤겔은 프로이센인이 아니라 슈바벤인이었고 그의 성격은 완강하지 않고 유연했으며, 게르만 세계라고 헤겔이 부른 것은 독일을 뜻하는 것이 아니라 단지 로마제국의 해체 이후에 여러 게르만족들이 유럽을 재편성했다는 역사적 사실을 가리키거나 혹은 현재 우리가 아랍세계와 슬라브 세계 등과 구별해서 '서구'라고 부르는 것을 가리킬 뿐이다.[120] 이런 의미에서 볼 때, 엥엘스(F. Engels)는 헤겔의 진의를 대체로 파악하고 있다고 말할 수 있다. 예컨대, 프랑스의 군주제는 매우 비진정한 것으로 되어버렸기 때문에, 헤겔이 항상 열광적으로 말했던 1789년의 대혁명에 의해 파괴되어야 했다고(ebd.) 주장한다.[121] 그러나 엥엘스 역시 "헤겔에 있어서 Wirklichkeit의 속성이란, 오직(현실적인) 동시에 필연적인 것에만 속한다"[122]라고 말함으로써, '당위'라고 표현해야 할 것을 '필연적

118   TW 7, 403 f. §258 Zus.

119   TW 7, 428 f. §270 Zus. 참조.

120   Gustav E. Müller, "The Hegel Legend of 'Thesis-Anththesis-Synthesis'," in Journal of the History of Ideas, Vol. 19, 1958, 413 f. 참조.

121   *Ludwig Feuerbach und der Ausgang der klassischen deutschen Philosophie*, in *MEW.*, Bd. 21, Berlin, 1987, 266 참조.

122   Ebd.

인 것'이라고 잘 못 표현하는 오류를 범하고 있고 "죽어가는 현실을 대신하여 새롭고 활력 있는 현실이 나타난다"[123]라고 함으로써, 때로는 Wirklichkeit의 이중적인 의미를 혼동하여 사용하고 있다.

　헤겔의 진술에 대해 구구한 해석들이 있어 왔으나, 이 진술의 형식은 p⊃q, q⊃p로서, 결국 p≡q, 즉 이성적인 것과 진정한 것이 동치관계에 있음을 말해주고 있다. 그러므로 만약에 어떤 것이 이성적이 아니라면, 그것은 진정한 것이 아니고(~p⊃~q : MT), 만약에 어떤 것이 진정한 것이 아니라면, 그것은 이성적이 아니다(~q⊃~p : MT). 헤겔의 이 간단한 진술이 그토록 많은 오해를 불러 일으켰던 이유는, 물론 Wirklichkeit라는 용어 자체의 다의성(多義性)에도 기인하지만, 더욱 큰 이유는 어떤 사람의 사상을 그 전체적인 맥락 속에서 파악하려 하지 않고, 단지 몇몇 구절만을 가지고 속단한다든가 아니면 2차 문헌에 의존하여 그것을 맹신하는 데에 기인한다고 하겠다. 이러한 무지를 비웃듯, 이미 헤겔은 그의 1817/18년의 법철학 강의에서 "이성적인 것은 (...) 생겨나야만 한다"["Was vernünftig ist, muß geschehen, (...)"][124]고 말하고 있을 뿐만이 아니라, 슈트라우스(D. F. Strauss)가 작성한 1831년의 법철학 강의 필기본에서도 "진정한 것은 이성적이다. 그러나 현존하는 모든 것이 진정한 것은 아니다. 나쁜 것은 내면적으로 파괴된 것이고 무력한 것이다"["Was wirklich ist, ist vernünftig. Aber nicht alles ist wirklich was existirt, das Schlechte ist ein in sich selbst Gebrochenes und Nichtiges"][125]라고 분명히 말하고 있다.

123　Ebd.

124　제자 바네만(P. Wannemann)의 강의 필기본 §134, in: *Die Philosophie des Rechts*, Hg. v. K-H. Ilting, Stuttgart, 1983, 157.

125　D. F. Strauss, Fragment von Hegels Rechtsphilosophie, in: G.W.F. Hegel, *Vorlesungen über Rechtsphilosophie 1818-1831*, Edition und Kommentar in sechs Bänden von Karl-Heinz Ilting, Stuttgart-Bad Cannstatt, 1974, 923.

이제 우리는 다음과 같은 물음을 던져볼 수 있다. 즉, 현존하는 국가가 그것의 개념이나 본질에 적합하지 않을 경우, 그러한 국가를 진정한 국가라고 할 수 없다는 것은 지금까지의 고찰로 분명해졌다. 그러나 만약에, 전제정치가 그것의 본질에 적합하게 이루어진다면, 이러한 전제정치 또한 이성적인 것이라고 해야 하지 않겠는가? 강도나 사기꾼이 자기의 본질에 적합하게 행동할 때, 그들을 진정한 강도나 사기꾼이라고, 그리고 그들의 행위를 이성적이라고 말할 수 있겠는가? 만약 그렇지 않다면, 우리는 어떤 것이 이성적이고 진정한 것이 되기 위한 필요조건을 여기에 추가해야만 할 것이다. 그러나 헤겔은 이성을, 신적(神的)인 것으로, 신으로부터 유래하는 것으로 생각하고 있기 때문에, 악이라든가 불의(不義)와 같은 것들은 이성적이 아니라는 것을 전제하고 자신의 논의를 전개시켜 나간다. 왜냐하면 헤겔은 이성은 "신의 일을 감지하는 것"으로 보고 있기 때문이다.

TW 7, 25 / 『법철학』, 48 ff.
_____

▶ "만약 이와 반대로 이념[die Idee]이 사념(私念, Meinen) 속에 있는 표상이라는 그런 이념(생각, die Idee)에 불과한 것으로 간주된다면, 철학은 여기에 맞서서 이념 이외에는 그 어떤 것도 진정한 것이 아니라는 통찰을 제공한다. 그렇다면 중요한 것은, 시간적인 것과 무상(無常)한 것의 가상(假象) 속에서[in dem Scheine des Zeitlichen und Vorü-bergehenden] 내재하며 현존하는 영원자인 실체를 인식하는 일이다. 왜냐하면 이념과 동의어인 이성적인 것은, 그것이 자기의 진정성(참됨) 속에서 동시에 외적 현존[Existenz] 속으로 들어서면서 무한히 풍부한 형식·현상·형태로 등장하며 다채로운 외피로 자기의 핵심을 감싸기 때문이다. 그런데 의식은 우선 이 외피로 둘러싸여 있는데 개념이 비로

소 이 외피 속으로 침투해 내면의 맥박을 발견하여 그 맥박이 외면적인 형태들 속에서도 고동치고 있음을 느낀다. 그러나 본질이 외면으로 반영되어 이 외면에 형성되는 무한히 다양한 관계도, 이 무한한 소재와 이 소재를 정비하는 것도 철학의 대상이 아니다. 이런 일들로 철학은 자기와 관계없는 것들에 개입하였는데, 그런 일들에 대하여 훌륭한 조언을 하는 일을 철학은 하지 않아도 좋다. 예컨대 플라톤은 유모들에게 어린아이를 안고 결코 가만있지 말고 계속 흔들어주어야 한다는 권유를 할 필요는 없었고, 이와 마찬가지로 피히테도, 여권행정을 완수하려면 용의자의 인상착의만을 여권에 기재할 것이 아니라 초상화를 그려 넣는 일까지 해야 한다고 언급할 필요는 없었다. 이와 같은 상세한 설명에서 철학의 흔적은 더 이상 발견할 수 없으며, 철학은 이 무한히 많은 대상들에 대하여 바로 가장 자유로운 자로 자신을 드러내기보다는, 그런 과도한 지혜를 사용하지 않는 것이 나을 것이다."

(해설)

• 여기서 헤겔은 이념과 철학의 과제와의 연관성에 관해 말하고 있다. 그런데 이미 설명한 바와 같이, 헤겔에 있어서 'Idee'는 크게는 두 가지, 세분하면 세 가지 의미로 사용되고 있다는 점을 강조해야겠다. 'Idee'는 첫 번째로, 일상언어와 철학에서 말하는 '이념'을 가리킨다. 이것은 우리의 머릿속에 있는 '이상적(理想的)인' '생각[念]'으로서, 물리적인 시공간의 제약을 받지 않는 비현실적인 것이다. 이를 그냥 '이상(理想)'이라고도 하는데, 이 첫 번째 의미를 지닌 'Idee'는 영어로는 'Ideal' 혹은 (대문자 'I'로 시작하는) 'Idea'다.[126] 두 번째로 'Idee'

---

126 '관념'이나 '생각'을 뜻하는 영어 'idea'는 플라톤이 말한 '이데아'(ἰδέα)에서 유래한 용어다. 그러나 'ἰδέα'라는 헬라스어를 라틴문자로 그대로 옮겨서 'idea'라고 쓰면 '이데아'나 '이념', '이상'이 아니라 '관념'이라는 뜻이 되어버린다. 이 점에 유의

는, 첫 번째 의미에서 '이상적(理想的)인'이라는 의미를 제외한 '생각
[念]'이라는 의미를 가진다. 이것은 독일어 'Gute Idee!'나 영어 'Good
idea!'라고 할 때의 Idee나 idea에 해당된다. 이 경우에 독일어에서는
'Vorstellung'이라는 단어를 사용할 수도 있고, 영어에서는 'represen-
tation'을 사용할 수도 있다. 그런데 첫 번째 의미나 두 번째 의미 모두,
그것들이 '생각[념(念)]'이라는 점에서는 동일하다.

   그러나 이제 헤겔이 독특하게 사용하는 세 번째 의미의 'Idee'가 있
다. 그것은 한마디로 말하면, '개념과 현실의 일치'다. 우리가 통상적으
로 말하는 '이상(理想)'이나 '이념(理念)'으로서의 Idee는 현실에 존재
하지 않는다. 현실에 존재한다면 그것은 더 이상 '이상(理想)'이 아닐
것이다. 그런데 헤겔이 말하는 세 번째 의미의 Idee는 현실에 존재할 수
있다. 그리고 철학은 그것이 현실에 존재하도록 현실을 개선하고 개혁
할 책임이 있다.

   ● 헤겔의 『논리학』도 역시 '주관적인 것과 객관적인 것의 통일'인
이념, 참된 것을 지향하고 있다. 이런 의미의 Idee는 플라톤의 이데아
와 같은 초월자가 아니라 아리스토텔레스의 완전태(完全態, Enteleche-
ia)에 대응한다. 어떤 것의 현실[실재, Realität]이 그것의 개념[Begriff]
과 일치할 때 그것의 이념[Idee]이 된다. 예컨대 아리스토텔레스(의 윤
리학)에 있어서 '좋은 친구'(헤겔식으로 말하면 '친구의 이념')란, 어
떤 사람[현실(실재, Realität)]이 친구의 개념에 합치할 경우, 즉 '친구
임[frendship=우정(友情)]'을 지니고 있는 경우를 말한다(이 경우의
'개념'은 '본질'과 같은 의미로 사용되고 있다). '좋은(훌륭한) 학생'
이란 어떤 학생인가? 그것은, 학생의 본분, 개념에 일치하는 학생일

해야 한다. 물론 'ideal'이나 'idea' 모두 플라톤의 이데아에서 유래한 용어여서 양자
는 밀접한 관계가 있다. 즉 우리가 어떤 이데아에 대해 생각하게 되면, 그것은 우리의
머릿속에 관념으로 존재하게 되기 때문이다.

것이다. "좋은(훌륭한) 법원(法院)은 법원의 본분을 다 하는 법원이다. '법원'이라는 이름[명(名)]만 있고 그 현실(실재)[실(實)]이 법원의 개념 내지 규정과 일치하지 않는다면, 그 법원은 유명무실(有名無實)한 것이다.[127]

→　　　이념[Idee]　=　개념[Begriff] + 실재[Realität]

명실상부(名實相符) =　　명(名)　+　　실(實)
→ 진정한, 이성적인, 이념적인[wirklich, vernünftig, ideell][128]

● 헤겔은 그리하여, 통상적으로는 이념[die *Idee*]을, "사념(私念, Meinen) 속에 있는 표상", 즉 개인의 마음속에 있는 '생각'으로만 간주하고 있는 입장에 반대하여 '진정한 것은 오직 이념[die *Idee*]이라는 점을 강조한다. 그렇기 때문에 철학은 이러한 이념을 인식해야 한다는 과제를 가지게 된다. 헤겔은 철학이 인식해야 하는 대상을 다시, "시간적인 것과 무상(無常)한 것의 가상(假象) 속에서[in dem Scheine des Zeitlichen und Vorübergehenden] 내재하며 현존하는 영원자인 실체"라고 표현함으로써, 이념은 결국 모든 변화 속에서도 변치 않는 진정한 존재자(것)이며 "이성"이라는 사실을 — "왜냐하면 이념과 동의어인 이성적인 것은, (…)" — 드러내고 있다. 여기서 분명히 헤겔은, "이성적인 것"[das Vernünftige]이 이념과 동의어라고 말한다. 따라서 철학의 과제는 또한 '이성적인 것'을 현실에서 발견하고 또 실현하는 것이다. 현실에 존재하는 것들 가운데 일부는 '이성적인 것'이고 일부는 '비이성

127　이에 관해서는 "法院"이라는 시(김광규, 『우리를 적시는 마지막 꿈』, 문학과 지성사, 1979, 78)를 참조할 것.
128　백훈승, 『철학입문』, 전북대학교출판문화원, 2015, 128 ff. 참조.

적인 것'이다. 그러므로 우리는 '비이성적인 것'을 '이성적인 것'이 되 도록 변화시켜야 한다. 헤겔은 이성적인 것과 이념은 현실 속에서 다양 한 껍질을 쓰고 다채로운 모습을 띠고 자신의 핵심을 감춘 상태로 나타 난다고 말하고 있다. 그리하여 철학은 개념적 사유를 통하여 껍질 속에 감추어진 이성적인 것·진리를 파악해야 한다고 말한다. 따라서 사상 (事象)의 핵심(核心, Kern)을 파악하지 않고 그것을 둘러싸고 있는 다 양한 껍질[der bunten Rinde]들을 상세하게 서술하고 규정하는 일은 철학의 과업이나 대상이 아니다. 그래서 헤겔은 여기서 예로 든, 플라 톤이나 피히테가 수행한 일들은 사실상 철학이 해야 할 일이 아니라고 말하는 것이다. 예컨대 플라톤의 권유—이 내용은 『법률』(Nomoi) 제7 권(789a-791b)에서 확인할 수 있다—는 교육학자나 혹은 아이를 키우 는 어머니가 하면 되는 일이고, 여권행정에 관련된 업무는 법을 전공하 는 학자나 법을 만드는 의원들, 혹은 행정명령을 내리는 행정기관에서 하면 되는 일들이다. 헤겔은 철학이 이런 시시콜콜한 일들까지 신경 쓸 필요는 없다고 말한다.

피히테는 『자연법의 기초』(Grundlage des Naturrechts nach Prinzipi- en der Wissenschaftslehre, 1796/97)에서 다음과 같이 말하고 있다:

잘 조직된 모든 경찰의 주요한 준칙은 다음과 같을 수밖에 없다: 모든 시민 은, 필요한 곳 어디에서나 이런저런 특정한 사람으로 곧바로 확인될 수 있어 야만 한다. 그 누구도 경찰관에게 알려지지 않은 채로 있을 수는 없다. 그리 고 이런 일은 오직 다음과 같은 방식으로만 성취될 수 있다. 모든 사람은 직 속관청에서 발급한, 자기의 외모가 정확하게 기술되어 있는 신분증을 늘 소 지하고 다녀야 한다. 그런데 여기에는 신분의 차이가 없다. 외모를 단지 말 로만 기술하게 되면 늘 애매함이 남기 때문에—따라서 또한 값을 지불할 수 있는—중요한 인물들은 그들의 신분증에 기술 대신에, 잘 그린 초상화가 있으면 좋을 것이다. 이 신분증을 통해 자기 자신과 자기의 마지막 거주지를 정확하게 알 수 없다면, 그 누구도 어떤 곳에 거주할 수 없을 것이다.[129]

그런데 헤겔은 이러한 국가를 『피히테철학체계와 쉘링철학체계의 차이』(*Differenz des Fichteschen und Schellingschen Systems der Philosophie*, 1801)에서 "비상(非常)국가"[Notstaat], "지성국가"[Verstandesstaat] ─ 이러한 '국가' 는 헤겔 『법철학』에서는 시민사회에 해당한다 ─ 라고 비판하고 있다.[130]

TW 7, 26 / 『법철학』, 50 f.

───────────

▶ "여기가 로도스다. 여기서 뛰어라('Ιδοὺ ἡ Ῥόδος, ἰδοὺ καὶ τὸ πήδημα) (*Hic* Rhodus, *hic* saltus.)

───────────

[129] "Die Hauptmaxime jeder wohleingerichteten Polizei ist notwendig folgende: *Jeder Bürger muss allenthalben, wo es nötig ist, sogleich anerkannt werden können, als diese oder jene bestimmte Person*: Keiner muss dem Polizeibeamten unbekannt bleiben können. Dies ist nur auf folgende Weise zu erreichen. Jeder muss immerfort einen Pass bei sich führen, ausgestellt von seiner nächsten Obrigkeit, in welchem seine Person genau beschrieben sei: und dies ohne Unterschied des Standes. Möge, da die bloss wörtlichen Beschreibungen einer Person immer zweideutig bleiben, bei wichtigen Personen, die es sonach auch bezahlen können, statt der Beschreibung ein wohlgetroffenes Portrait im Passe befindlich sein. Kein Mensch werde an irgend einem Orte aufgenommen, ohne dass man den Ort seines letzten Aufenthalts, und ihn selbst durch diesen Pass, genau kenne." [*Grundlage des Naturrechts nach Prinzipien der Wissenschaftslehre* (1796/97). GA I/3 (291-460), 379: SW III (1-386)., 295].

[130] Hegel, *Differenz des Fichteschen und Schellingschen Systems der Philosophie* (*1801*), in: TW2. Jenaer Schriften 1801-1807 (7-138), 84, 87.

　존재하는 것을 개념적으로 파악하는 것이 철학의 과제다. 왜냐하면 존재하는 것은 이성이기 때문이다. 개인에 관해서 이야기한다면 모든 개인은 더 말할 것도 없이 자기 시대의 아들이다. 이와 마찬가지로 철학도 사상(思想)으로 포착한 자기의 시대다.[131] 그 어떤 철학이 자기가 처해있는 현재의 세계를 벗어난다는 망상(妄想)을 하는 것은, 한 개인이 자기의 시대를 뛰어넘는다는, 즉 로도스 섬을 뛰어넘어 밖으로 나간다는 망상을 하는 것과 마찬가지로 어리석은 일이다. 그 개인의 이론이 실제로 자신의 시대를 넘어가서, 마땅히 존재해야 할 세계를 건립한다면, 물론 그러한 세계는 존재하겠지만 그것은 그의 사념(私念) 속에만 존재할 뿐이다. 즉 그것은 임의의 모든 것을 상상해낼 수 있는 연약한 지반 속에서만 존재할 뿐이다.

　앞에 인용된 어투를 조금 바꾸어보면 이렇게 말할 수도 있을 것이다: "여기에 장미(薔薇)가 있다. 여기서 춤추어라(Hier ist die Rose, hier tanze.)"

　(해설)

• "Hic Rhodus, hic saltus!"는 "여기가 로도스다, 여기서 뛰어라!"라는 뜻이다. 이것은, "네가 할 수 있는 것을 여기서 보여라!"라는 것을 뜻한다. 이 말은 원래 이솝의 "허풍쟁이 5종 경기[132] 선수"라는 우화에

---

[131]　로마의 문법가 아울루스 겔리우스(123-165)가 헬라스에 체체하던 겨울밤에 재료를 모아 쓴 논집 『앗티카의 밤』에 "옛날 어느 시인이 진리는 시대의 딸이라고 말했다"고 되어 있으며, 또한 베이컨의 『새로운 도구』(Novum Organum)의 제84절에는 여기에 대하여 "진리는 시대의 딸이라고 불리고, 권위의 딸로 불리지 않는 것도 당연하다고" 기록되어 있는 것에 대응하는 것으로 보인다[ヘーゲル, 『法の哲學』, 藤野涉·赤澤正敏 역, 岩崎武雄 책임편집, 『世界の名著 35』, 東京, 昭和 47년(제9판), (149-604)('岩崎武雄'으로 줄임), 171 참조].

[132]　5종경기: 창던지기·멀리뛰기·192m(1주) 경주·원반던지기·레슬링.

서 유래하는데, 어떤 5종 경기 선수가 자기가 로도스 섬에서 멀리 뛰기에서 거듭 탁월한 업적을 이뤘다고 자랑하자 그와 대화하던 사람은 그의 허풍을 충분히 알아차리고 그가 성취한 바를 지금 여기서 반복해줄 것을 이 말로 그에게 요구한 것이다.

• 우리는 '우리 집에 금송아지가 있다' 는 등의 허황된 주장을 하는 사람들을 가끔 볼 수 있다. 학문의 영역에서도 예외는 아니다. 그러나 철학은 이런 터무니없는 주장을 일삼아서는 안 된다. 철학의 활동무대는 '지금·여기' 라는 현실이다. 그리고 철학은 존재하는 것들을 개념적으로 파악해야 한다. 철학이 자기가 처한 시대와 상황을 벗어나 미래를 예언한다든가 하는 것은 망상(妄想)일 뿐이다. 개인과 철학은 각각 그 시대의 아들이자 산물인 것이다.

• 헬라스어로 Rhodos('Pόδος, ἡ)는 로도스 섬[Rhodes]을 가리키고 Rhodon('Pόδον, τό)은 장미[rose]를 가리킨다. 그리고 라틴어로 saltus 는 '뛰다' [salire]의 명령형인 '뛰어라' [jump]를 뜻하며 salta는 '춤추다' [saltare]의 명령형인 '춤추어라' [dance]를 뜻한다. 그래서 헤겔은 "앞에 인용된 어투를 조금 바꾸어보면 이렇게 말할 수도 있을 것이다: '여기에 장미가 있다. 여기서 춤추어라' 고 말하는 것이다. 이 재담(才談)은 현실적인 것의 이성성(理性性)을 이해하려는 도전을 충족시키는 일은 또한 현재에 즐거워하는 방법을 발견하는 일이기도 하다는 점을 헤겔에게 제시하고 있다. 장미는 기쁨의 상징이며, 철학자의 임무란 현재 속에서 장미를 발견함으로써 현재 속에서 기쁨을 찾는 일이다. 다른 말로 하면, 철학은 현세에서 기뻐서 춤출 수 있다. 철학은 그 어떤 다른 곳에서 이상(理想)을 세울 때까지 춤추는 일을 미룰 필요가 없다.[133]

---

133   Nisbet, 391. Knox, 303 참조.

TW 7, 26 f. / 『법철학』, 51 f.

▸ "자기를 의식하는 정신으로서의 이성과 현존하는 현실로서의 이성 사이에 있는 것, 즉 전자의 이성과 후자의 이성을 구별하여, 현존하는 현실로서의 이성 속에서 만족을 발견하지 못하게 하는 것은 개념에까지 해방되지 않은 그 어떤 추상물의 구속(拘束)이다. 이성을 현재의 십자가에 있는 장미로 인식함으로써 현재를 기뻐하는 것, 이러한 이성적 통찰이 현실과의 화해다."

(해설)

★ "이성을 현재의 십자가에 있는 장미로 인식하는 일"

• 헤겔은 1820년의 『법철학』 강의노트에서도 이와 유사한 언급을 하고 있다: "현재는 반성에게, 특히 자만(自慢)에 대해 십자가로 (물론 필연적으로) 나타난다. —장미— 즉 이 십자가에 있는 이성을 철학은 인식하게 된다."[134] 또한 『종교철학강의』에서도 다음과 같은 구절을 발견할 수 있다: "그것을 통해 이상(理想)이 규정되는 그런 것이 현존할 수 있다. 그러나 이념이 실제로 현존한다는 점은 아직 인식되지 않았다. 왜냐하면 이념은 유한한 의식과 더불어서만 고찰되기 때문이다. 우리는 이미 이 껍질을 통해서 현실의 실체적 핵심을 인식할 수 있는데, 그러기 위해서는 고된 노동이 필요하다; 우리가 현재의 십자가에서 장미를 따내기 위해서는 십자가 자체를 우리에게 받아들여야 한다."[135]

---

[134] "Gegenwart erscheint der Reflexion besonders dem Eigendünkel als ein Kreuz (allerdings: mit Noth) —die Rose —d.i. die Vernunft in diesem Kreuze lehrt die Philosophie erkennen." (Rechtsphilosophie. Ilting II, 89).

[135] "Das, wodurch das Ideal bestimmt ist, kann vorhanden sein; aber es ist noch

• 장미십자회[136]는 18세기 말에 부흥되었고 헤겔 당대에는 정치적 보수주의 및 연금술(鍊金術)로 명성이 높았다. 위의 구절에서 헤겔은 정치적 관념론 내지 유토피아주의를 비판하고 있다. 대부분의 헤겔 주석가들은 헤겔이 십자가의 중심으로부터 피어나는 장미를 상징으로 가지고 있는 장미십자회의 형상(形象)을 참고하고 있다는 데에 동의한다. '십자가의 장미'에 앞서서 헤겔은 자연에 내재한 이성을 '현자(賢者)의 돌'이라고 말한 바 있다. 헤겔 자신도 1829년에 출간된 논평문에서,

---

nicht erkannt, daß die Idee in der Tat vorhanden ist, weil diese nur betrachtet wird mit dem endlichen Bewußtsein. Es ist schon durch diese Rinde der substanti-elle Kern der Wirklichkeit zu erkennen, aber dazu bedarf es auch einer harten Arbeit; um die Rose im Kreuz der Gegenwart zu pflücken, dazu muß man das Kreuz selbst auf sich nehmen." (*Vorlesungen über die Philosophie der Religion I*, TW 16, 272).

136 장미십자회[薔薇十字會, Rosicrucianism; Rosenkreuzerei(독)]는 17세기에 만들어졌다고 전해지는 베일에 싸인 기독교적 신비주의 단체이자, 전설적인 비밀결사단체다. 이들은 유대교의 신비주의인 카발라와 연금술 등의 영향을 받았다고 한다. 그들이 사용한 십자가상징인 장미와 십자가가 결합된 '장미십자'는 이후 신비주의단체에서 많이 사용된 대표적 신비주의 상징으로 유명하다. 진리를 꿰뚫는 명상을 위한 핵심적인 상징이라고 한다. 하지만 이 단체에 대한 자세한 사항과 심지어, 그 존재여부조차도 아직 베일에 가려져 있다. 이 단체의 존재를 처음 알린 것은 1614년과 1615년에 독일에서 출판된 두 통의 익명의 성명서이다. 이들 성명서는 학문과 경건의 중요성을 강조하면서, 독일인 귀족으로 알려진 크리스티안 로젠크로이쯔(Christian Rosenkreutz)를 장미십자회의 창설자로 언급했다. 그는 동양에서 과학적이며 연금술적인 지식을 습득한 사람이었다. 그는 1378년에 태어나 106세인 1484년에 사망하였는데, 120년이 지난 후 우연한 기회에 그의 잘 보존된 육체가 무덤 속에서 발견되었다. 지하묘소의 입구에는 큰 글씨로 이런 글이 쓰여 있었다. "POST CXX ANNOS PATEBO" 해석하면 "120년 후에 나는 (문을) 열 것이다"라는 말이다. 그 무덤은 일곱 면과 일곱의 모퉁이로 이루어진 방이었는데, 햇빛이 전혀 들지 않는 곳이었지만 신비로운 빛으로 환하게 밝혀져 있었다고 한다. 각각의 벽면 속에는 비밀스런 가르침이 담긴 여러 권의 책들이 나왔으며, 가운데의 제단 속에서는 대단히 잘 보존된 그의 육체가 발견되었는데, 한 손에는 성경 다음으로 가장 중요하게 여겨졌던 신비지식의 양피지 두루마리가 들려져 있었다고 한다(http://watch.pair.com/TR-20-christian-rosencreuz.html).

"hic Rhodus, hic salta!" ("여기에 장미가 있다, 여기서 춤추어라!")라
는 관용구와 장미십자회의 유명한 상징을 발견하고 인용하고 있다는
점을 분명히 밝히고 있다.[137] '장미십자회' 라는 이름 자체는 또한 '십자
가 없이는 왕관도 없다' [즉, '십자가' (현세의 고난)을 통해서만 '장
미' (신적인 것)에 이른다]는 장미십자회원들의 격언과 결합되어 있는
교리의 의미를 장미십자회에 대해 가지고 있는데,[138] 이 단체의 창시자
로 알려져 있는 로젠크로이쯔(Christian Rosenkreuz)라는 이름 자체도
'장미십자가' 라는 의미를 지니고 있다.[139]

• 웨스트팔(Kenneth Westphal)은 "현재의 십자가에 있는 장미"에
대한 헤겔의 언급은 미신을 믿고 반동적인 왕인 프리드리히 빌헬름 3세
에게 보내는 메시지라고 생각한다. 그러나 웨스트팔은 왕이 장미십자
회원이었고, 헤겔은 장미십자회원인 왕의 "차안(此岸)적(的)인 생각"을
비난하고 그가 현재의 십자가에 있는 장미를 인식해야 한다고 그에게
말하고 있는 것으로 생각한다.[140] 그러나 웨스트팔은 프리드리히 빌헬름
3세를 프리드리히 빌헬름 2세로 착각하고 있다. 헤겔이 『법철학』을 출
간한 1820년에는 이미 프리드리히 빌헬름 2세는 사망한 지 23년이 지
난 후(재위기간: 1786-1797)이며, 『법철학』 출간 당시의 왕이었던 프

---

137   Hegel, "Über die Hegelsche Lehre oder absolutes Wissen und moderner Pan-
theismus. — Über Philosophie überhaupt und Hegels Enzyklopädie der philoso-
phischen Wissenschaften insbesondere [1829]," in: *TW 11. Berliner Schriften
1818-1831*, (390-466), 466 참조.

138   Nisbet, 391 참조.

139   Christian Rosencreutz, Christian Rosenkreutz, Christianus Rosencreutz,
Christian Rosenkreuz 등으로 다양하게 불린다(https://de.wikipedia.org/wiki/
Christian_Rosencreutz 참조).

140   Kenneth Westphal, "Context and Structure of Hegel's Philosophy of Right,"
in: *The Cambridge Companion to Hegel*, ed. by Frederick C. Beiser, Cambridge
Univ. Pr., 1993 (234-269), 238 f. 참조.

리드리히 빌헬름 3세는 장미십자회원이 아니었다. 또한 웨스트팔은, 장미십자회원들은 개혁주의자가 아니었으며, 헤겔이 〈서문〉에서 분명히 표현하고 있는 반(反)유토피아주의를 옹호하고 있다는 사실을 놓치고 있다. 그들은 모든 변화에 대해 맹목적으로 반발하고 모든 개혁을 반대했다. 페퍼짝은 헤겔이 왕과 그의 반동적인 조언자들에게, 진정한 철학은 그들이 바라는 바로 그것을 수행한다는 메시지를 보내고 있다고, 즉 진정한 철학은 현존하는 정치현실이 비록 고통스러운 측면을 지니고 있지만 장미처럼 아름다운 것이라는 점을 보여줌으로써 현존하는 정치현실과의 화해와 그것에 대한 만족을 정당화한다는 메시지를 보내고 있다고 주장하고 있다. 그러나 페퍼짝은, 헤겔이 자신을 정치인들 중의 장미십자회원들과 의견을 같이 하는 것으로 보이게 하는 것은 헤겔의 수사법에 의한 속임수라고 주장하고 있는데,[141] 이것은 오해라고 하겠다. 장미십자회는 1821년 프로이센에서 정치세력이 아니었다. 그래서 헤겔이 장미십자회원들에 동의하는 것으로 보이는 '수사법적인 속임수'를 사용함으로써 얻을 것은 아무것도 없었을 것이다. 오히려 이와는 반대로, 정부로부터 장미십자회의 영향력을 오래 전에 몰아낸 사람이 바로 당시의 왕이었던 것이다.[142]

• 이 점과 관련하여 우리는, "Wer denkt abstrakt?"(「누가 추상적으로 사유하는가?」)를 음미해볼 필요가 있다. 이 글에서 헤겔은 여러 종류와 형태의 추상적인 사유의 예를 들고 있을 뿐만 아니라, 이와 대립되는 구체적인 사유의 예들을 제시하고 있다. 헤겔이 『법철학』의 이 부분에서 이야기하고 있는 '십자가(고난)'와 '장미(영광, 기쁨)'라는 비

---

141 Peperzak, ebd., 109 참조.
142 Glenn Alexander Magee, *Hegel and the Hermetic Tradition*, Cornell Univ. Pr., 2001, 252 참조. 헤겔과 장미십자회에 관해서는 이 책의 247–257을 참조할 것.

유[143]와 관련된 부분을 언급하자면 다음과 같다.[144]

"세련되고 감상적인 라이프찌히(Leipzig)의 사람들"(10, 4–5)[145]은 "처형바퀴[146]에, 그리고 그 바퀴 위에 묶여있는 범죄자에게 화환(花環)[화관(花冠)]들을 뿌리기도 하고 묶기도 했다"(10, 5-6). 그러나 헤겔은 이러한 행위는 "또한 반대편의 추상작용"(10, 7)[147]이라고 비판한다. 라이프찌히의 사람들의 "감수성"(10, 17; 그리고 10, 4 참조)은 이로써 "수치스러운 형벌기구라는 그것의 일면적인 의미"(10, 10-11)를 부정하고자 함으로써, 벌 받을만한 범죄로부터 추상된 것이다.[148] 이러한 잘

---

143 장미는 영혼을 뜻하고 십자가는 사대원소(四大元素)인 공기[Air]·물[Water]·불[Fire]·흙[Earth]으로 이루어진 육체를 뜻하므로, 장미십자회의 십자가는 물질계라는 십자가에 못 박혀 있는 인간의 영혼을 나타낸다는 해석도 있다(위키백과,「헤르메스주의」참조).

144 이하의 내용은 백훈승,「누가 구체적으로 사유하는가?: 헤겔과 총체적 사유」,『범한철학』제30집 (249-270). 범한철학회, 2003, 261-263의 내용을 정리한 것이다.

145 "Wer denkt abstrakt?"(1807), in: TW 2 (575-581) Abs. 10, Zeile 4-5. 헤겔의 이 글은 몇 페이지 되지 않는 아주 짧은 글이기에, 괄호 안의 앞의 숫자는 단락을, 쉼표 다음의 숫자는 행을 나타낸다.

146 여기서 '처형바퀴' [Rad]란, 중세 로마시대로부터 근대에 이르기까지 사용된 처형도구를 가리킨다. 오늘날 수레바퀴를 이용한 처형은 더 이상 실행되지 않는데, 예컨대 독일의 경우, 실제 집행은 바이에른에서 1813년에 철폐되었고, 쿠어헤센(Kurhessen)에서는 1836년까지도 시행되었다. 알려진 마지막 수레바퀴 처형은 1841년에 프로이센에서 있었다. 강도 살인범인 퀸앞펠[Rudolf Kühnapfel]은 에름란트의 주교인 하텐[Andreas Stanislaus von Hatten, des Bischofs von Ermland, 1763-1841]을 살해한 죄로 형(刑)이 선고되었다(https://de.wikipedia.org/wiki/R%C3%A4dern 참조).

147 "반대편의 추상작용 die entgegengesetzte Abstraktion"이란, "Wer denkt abstrakt?"(1807)라는 글의 앞부분에서 나온 인간 전문가와 괴테에 있어서는 모두, 살인자의 다른 측면들은 도외시하고 살인이라는 범죄행위 —자살도 일종의 살인이다— 에만 집중하여, 범죄의 원인을 분석하여 범죄자를 동정하는 식의 추상작용이 일어나고 있는 데 반하여, 라이프찌히의 사람들은 범죄라는 측면을 도외시하고 있는 것을 가리키는 것 같다.

148 Bennholdt-Thomsen, "Hegels Aufsatz: Wer denkt abstract?", in: *Hegel Studien Bd.* 5, 189 참조. 헤겔에 의하면, 범죄란 법의 부정이고 형벌은 범죄의 부정이므

못된 동정심을 헤겔은 "피상적인 코쩨부에적 화해[149]이며, 감수성과 악의 일종의 경박한 타협"(10, 16-18)이라고 경멸적으로 이야기하고 있다. 이런 추상적인 사유에 대립시키고 있는 견해는 바로 기독교인들의 구체적인 견해다. 즉, 그들에게 있어서 십자가는 "가장 즐거운 환희와 신의 영광을 함께 지니고 있는, 최대의 고통과 가장 철저한 포기라는 관념"(10, 12-14)을 보여주고 있다. 가장 즐거운 환희와 신의 영광이라는 개념이 한 쌍을 이루고, 이에 대립하여 최대의 고통과 가장 철저한 포기라는 개념이 한 쌍을 이루고 있다.

로, 형벌은 법의 부정의 부정이다. 범죄는 그대로 방치해서는 안 되고 부정되고 시정되어야 한다. 이를 통해 법이 회복되는 것이다.

149 헤겔은 제 4단락에서 "희극 속에 등장하는 장관(長官)이 극(劇) 중 내내 외투를 걸치고 주변을 맴돌다가 마지막 장면에 가서야 외투의 단추를 풀고 지혜의 별이 비춰지게 해야 하는 것처럼 (....)"(4, 7-10)이라고 말하고 있는데, —이러한 표현들은, 알려지지 않은 어떤 장관의 추천으로 도시에서 시골로 와서, 마침내는 추밀고문관인 것이 폭로되는 어떤 사람에 관한 것인데, 필자가 보기에 '지혜의 별'이란, '별 모양의 훈장'을 가리키는 것 같다 —여기 나오는 여러 표현들(예컨대, '장관', '외투', '단추를 풀다', '별')은 바로 코쩨부에라고 하는 작가의『소도시의 독일인』(*Die deutschen Klein-städter*)(1802년에 만하임에서 초연되고 1803년에 라이프찌히에서 처녀 출간됨)이라는, 4막으로 된 희극에 나오는 표현들이다. Bennholdt-Thomsen은, 헤겔이 이 작품을 기억하면서 인용하고 있는 것으로 추측할 수 있다고 생각한다(Bennholdt-Thomsen, 위의 책, 166 이하 참조). 필자가 보기에는, 제4단락에서 헤겔이 코쩨부에의 희극을 인용한 것은 이 희극의 내용 중에, "추밀고문관인 것이 폭로되는 어떤 사람"이 등장하기 때문인 것 같다. 즉 헤겔은, 이 사람이 희극의 마지막 장면에 가서야 외투의 단추를 풀고 자기의 정체를 드러내듯이, 당시의 사회도, 많은 사람들이 교양 있는 자로, 즉 구체적으로 사유하는 자로 자처하고 있지만, 철학적으로 검토해보면 '나중에는' 그들이 사실은 '추상적'으로 사유하고 있었고, 따라서 교양 없는 자들이었다는 사실이 폭로되기 때문이 아닌가 생각한다. 그런데 여기서 말하는 코쩨부에는 바로, 러시아의 스파이라는 의심을 받다가 1819년 3월 만하임에서 잔트에 의해 살해된 바로 그 사람인데, 여기서 헤겔이 말하는 "피상적인 코쩨부에적 화해"가 무엇을 뜻하는지는 정확히 파악되지 않는다. 하지만 헤겔이 여기서 '피상적인 화해'와, 제11단락에 등장하는 노파에 의한, 하나님과 살인자 간의 진정한 종교적 화해를 대비하고 있는 것은 확실하다.

감상적인 라이프찌히 사람들의 오류는, 범죄를 범죄로 인정하고 죄의 값을 마땅히 치루는 것이 옳고, 처형바퀴는 법을 부정한 범죄를 다시 부정함으로서 법을 회복하는 일종의 법의 집행도구라는 점을 가리기에만 급급한 일면적이고 '추상적인' 행위를 하고 있다는 점이다. 이에 비해 기독교인들은 형벌도구인 십자가의 수치스럽고 고통스럽고 가장 철저한 포기라는 측면과 더불어, 그 반대극에 있는 환희와 신의 영광이라는 측면을 보고 있다는 점에서 구체적이고 사변적인 사유를 하고 있는 것으로 헤겔은 보고 있다. 여기『법철학』에서 이제 헤겔은 "이성을 현재의 십자가에 있는 장미(薔薇)로 인식함으로써 현재를 기뻐하는 것, 이러한 이성적 통찰이 현실과의 화해다"라고 말한다. 이성은 피안의 세계에 존재하는 것이 아니다. 이성은 현실 속에, '현재의 십자가'와 더불어 존재하는 것이다. 그리고 철학은 십자가와 더불어 이성을, 고난과 더불어 환희와 기쁨을, 법의 부정(否定)인 범죄와 더불어 범죄로부터 법을 회복하는 행위인 형벌(刑罰)을 꿰뚫어보아야 한다.

TW 7, 27 / 『법철학』, 53

▶ "어설픈 철학은 신으로부터 멀어지지만—물론 인식작용을 진리에의 접근으로 보는 것도 이와 마찬가지로 어설픈 것(불완전한 것)이다—진정한 철학은 신에게로 나아간다는 말이 유명한 말이 되어버린 것처럼 이와 동일한 내용이 국가에도 적용된다. 이성이 차지도 따뜻하지도 않아서 내뱉어지는 그러한 접근으로 만족하지 못하듯이, 물론 이 시간성 속에서는 나쁘거나 혹은 기껏해야 평범하게 일이 되어가지만, 바로 이 시간성 속에서는 더 나은 것을 가질 수 없어서 단지 현실과의 평화만을 유지할 수 있음을 시인하는 냉혹한 절망으로도 만족하지 못한다. 그러나 인식이 마련해주는 것은 바로 현실과의 더욱 따뜻한 평화다."

(해설)

• 하이픈 안의 내용을 제외한 인용문, 즉 "어설픈 철학은 신으로부터 멀어지지만, 진정한 철학은 신에게로 나아간다"는 헤겔의 말은 베이컨(Francis Bacon)의 다음과 같은 말로부터 가져온 것으로 보인다: "실로, 철학을 조금 맛보게 되면 무신론으로 나아가기 쉽지만, 철학의 맛을 더 깊이 보게 되면 종교로 되돌아가게 된다는 점은 아주 확실하고 경험을 통해 확증된다."[150] 그런데 라이프니쯔는 베이컨의 이 생각을 특히 그의 「무신론자에 반대하는 자연의 고백」(Confessio naturae contra atheistas, 1668)에서 다음과 같이 적어도 세 번 인용한다: "신적 이성을 지니고 있는 베룰람(Verulam)의 프란시스 베이컨은, 철학을 대충 하게 되면 신으로부터 멀어지지만, 철학을 제대로 하게 되면 신에게 되돌아 간다고 정확하게 말했다."[151] 이렇게 보면 헤겔의 인용은 베이컨보다는 라이프니쯔의 이 마지막 문장과 더 유사하다. 헤겔이 지적하듯이, 이 격언은 당대에 통상적인 표현이 되었다. 그래서 헤겔은 그런 생각을 표현한 최초의 인물을 알지 못한 채 그 격언을 자기가 인용한 유형으로 사용했을 수 있다.[152]

---

[150] "Quin potius certissimum est, atque experientia comprobatum, leves gustus in philosophia movere fortasse ad atheismum, sed pleniores haustus ad religionem reducere."[Bacon, *De Dignitate et Augmentis Scientiarum*(1623) (*The Dignity and Advancement of Science*)], in: *The Works, Faksimilie-Neudruck der Ausgabe von* Spedding, Ellis und Heath, London, 1857-1874, in 14 Bden, Stuttgart, 1963, The Works I, 436.

[151] "Divini ingenii vir *Fanciscus Baconus de Verulamio* recte dixit, philosophiam obiter libatam a DEO abducere, penitus haustam reducere ad enundem" ("Cofessio naturae contra atheistas. Pars I," in: *Gottfried Wilhelm Leibniz. Philosophische Schriften*, hg.v. der Akademie der Wissenschaften der DDR. Erster Band, 1663-1672. zweiter, durchgesehener Nachdruck der Ersteraugabe, Berlin, 1990, 489).

[152] Peperzak, 114 참조.

• 하이픈 안의 내용은 '이성의 이념들을 규제적으로 사용해야 한다' 고 주장하는 칸트에 대한 공격이다(Kant, KrV, B. 675).

• 여기서 헤겔은 '신'과 '진리'를 대응관계에 놓고 논의를 진행하고 있다. 여기 두 종류의 '어설픈 철학'(반푼이 철학, eine halbe Philosophie)이 있다. 하나는 신으로부터 멀어진다(abführe). 또 하나는 '진리에 접근한다'(eine *Annäherung* zur Wahrheit). 전자도 올바른 철학이 아니지만 후자도 마찬가지다. 헤겔이 말하는 진정한 철학은 신과 진리를 인식하는 철학이다. 그는, 철학은 신이 존재한다는 사실을 인식할 뿐만 아니라 신이 누구인지도 알 수 있다고 말한다. 그런데 신과 진리를 알 수는 없고 다만 그것들에게로 가까이 나아갈 수 있을 뿐이라고 주장하는 칸트철학은 예컨대 회의주의처럼 진리로부터 멀어지는 것보다는 나은 것으로 헤겔은 보지만, 그럼에도 불구하고 헤겔의 눈에는 양자 모두 '어설픈 철학'으로 보이는 것이다.

• 위와 같은 설명은 헤겔에 의하면 '국가'에 있어서도 마찬가지로 적용된다. 즉, 진정한 철학은 국가로부터 멀어지지도 않고, 그렇다고 해서 국가로 가까이 나아가기만 하는 것도 아니라는 말이다. 참된 철학은 국가가 무엇인지를 개념적으로 정확히 파악할 수 있고, 또 그래야만 한다는 것이다.

• '차지도 따뜻하지도 않아서 내뱉어지는'이라는 표현은 요한계시록에서 성령(聖靈)이 라오디게아 교회의 사자(使者)에게 하는 말을 생각나게 한다. 즉 "내가 네 행위를 아노니 네가 차지도 아니하고 뜨겁지도 아니하도다. 네가 차든지 뜨겁든지 하기를 원하노라. 네가 이같이 미지근하여 뜨겁지도 아니하고 차지도 아니하니 내 입에서 너를 토하여 버리리라."(요한계시록 3:15-16 개역개정성경).

위의 구절에서 헤겔은 다시 한 번 "접근"(Annäherung)이라는 표현을 사용한다. 다시 말하자면 헤겔은 칸트가 물 자체나 예지계(叡智界)

는 인식할 수 없고 인간의 이성으로는 단지 거기에 근접할 뿐이라는 주
장에 반대하여, 물 자체나 예지계란 존재하지 않으며 인간의 이성은 존
재하는 것 그 자체를 인식할 수 있다고 생각한다. 헤겔이 말하는 이성
은 단지 이러한 "접근"만으로는 만족하지 못한다. 그것으로 만족하는
것은 반푼짜리의 어설픈 철학이 하는 일이다. 이와 마찬가지로 철학이
단지 주어진 현실과 타협하고 현실에 안주(安住)하면서 평화를 누리는
것으로 만족해서는 안 된다. 그것은 자포자기(自暴自棄)이며 냉혹한 절
망일 뿐이다. 현실에 존재하는 모든 것이 이성적인 것·참된 것은 아니
다. 그렇기 때문에 현실에 안주하는 일은 옳지 않다. 오히려, 현실에 존
재하는 비이성적인 것·진정하지 않은 것들을 이성적인 것이 되도록 변
화시켜야 한다. 이러한 이성의 수고와 노력을 통해서만 우리는 현실과
의 더욱 따뜻한 평화를 누릴 수 있는 것이다.

TW 7, 27 f. / 『법철학』, 53 f.

▶ "세계가 어떠해야만 하는지를 가르치는 데 대하여 한마디 더 하자
면, 어쨌든 철학은 이에 대해서(dazu) 항상 너무 늦게 가르치게 된다는
것이다. 세계에 대한 사유(사상)로서의 철학은 현실의 자기의 형성과정
을 완성하여 끝낸 후에야 비로소 시간 속에 나타난다. 개념이 가르쳐주
는 이 사실을 역사도 마찬가지로 필연적으로 보여주고 있으니, 그것
은, 현실이 무르익었을 때 비로소 이상적(理想的)인 것이 실재하는 것
에 맞서서 나타나서 실재하는 세계의 실체를 포착하여 그것을 지적(知
的)인 왕국의 형태로 구축한다는 사실이다. 철학이 자기의 회색(灰色)
빛을 또 다시 회색으로 칠할 때, 생(生)의 모습은 늙어버리게 되어, 회
색에 회색칠을 한다 할지라도 생의 모습이 젊어지는 것이 아니라 다만
인식될 뿐이다. 미네르바의 올빼미는 황혼이 깃들 무렵에야 비로소 날

기 시작한다."[153]

(해설)

• 헤겔은 철학의 과제를, 미래를 예언하는 일이라고 보지 않는다. 철학의 과제는 지금 우리 눈앞에 일어나고 있는 일이나 이미 일어난 일들을 개념적으로 파악하는 것이다. 이미 일어난 일들을 그대로 세세히 서술하고 그들 간의 인과관계를 분석한다거나 하는 일은 — 이것은 역사학에서 할 일이다 — 철학의 업무가 아니다. 철학은 그것들 속에 있는 '이성적인 것'을 포착해내야 한다. 이것을 헤겔은 '이상적인 것' 혹은 '세계의 실체' 등으로 표현하고 있다. 이것들을 개념적으로 포착해낸다고 해서 세계의 모습 자체가 변하는 것은 아니고 세계가 올바로 인식될 뿐이다. 이러한 사실을 헤겔은, "철학이 자기의 회색(灰色)빛을 또다시 회색으로 칠할 때, 생(生)의 모습은 늙어버리게 되어, 회색에 회색칠을 한다 할지라도 생의 모습이 젊어지는 것이 아니라 다만 인식될 뿐이다. 미네르바의 올빼미는 황혼이 깃들 무렵에야 비로소 날기 시작한다"라고 설명하고 있는 것이다. 올빼미[Eule]는 로마신화 속의 지혜의 여신 미네르바 — 헬라스신화에서는 아테나(Athena) — 가 항상 데리고 다니는 신성한 새로, 여기서는 철학자를 상징한다. 따라서 철학자(미네르바의 올빼미)는 역사적 사건들이 발생한 후에야(황혼이 깃들 무렵에야 비로소) 사건들을 개념적으로 파악하기 시작한다(날기 시작한다)는 것이다.

• 여기서 헤겔이 '회색빛', '생', '인식'이라는 단어들을 포함하고 있

---

153 "Wenn die Philosophie ihr Grau in Grau malt, dann ist eine Gestalt des Lebens alt geworden, und mit Grau in Grau läßt sie sich nicht verjüngen, sondern nur erkennen; die Eule der Minerva beginnt erst mit der einbrechenden Dämmerung ihre Flug."

는 문장은 괴테의 『파우스트』의 다음 구절을 연상케 한다:

"(메피스토펠레스)

소중한 친구여, 모든 이론이란 회색빛이고,

푸르른 것은 생(生)의 황금나무라네."

"(Mephistopheles)

Grau, teurer Freund, ist alle Theorie,

Und grün des Lebens goldner Baum."[154]

● 이 유명한 격언의 분명한 의미는, 문화에 대한 철학적 이해는 문화
가 쇠락(衰落)할 때에만 정점에 도달한다는 것이다.[155]

● '황혼(黃昏)'이라는 한자에는 '노랗다' [황(黃)]는 단어가 포함되어
있지만, 이 번역어에 대응하는 원문 속의 독일어 단어는 'Dämmer-
ung'인데, 이 단어가 가리키는 대상은 '회색빛'을 띠고 있다. 그러므로
헤겔이 "철학이 자기의 회색(灰色)빛을 또다시 회색으로 칠할 때"라고
말하는 것과, "황혼이 깃들 무렵에야 비로소"라고 말하는 것은 잘 대응
하고 있는 것이다. 그러나 메피스토펠레스가 한 위의 말이 이 대목에
어울리지 않는 점도 있다. 왜냐하면 메피스토펠레스는 분명히 이론을
평가절하하고 있는 반면에 헤겔은 이론이나 이성을 결코 평가절하하지
않기 때문이다.

● 그런데 우리는 이와 관련하여, 철학의 임무 내지 과제에 대한 몇몇
철학자들의 입장을 살펴볼 필요가 있다. 비트겐슈타인(Ludwig Witt-

---

154 Goethe, ebd., 72.

155 Nisbet, 392 참조. VG 66, 178-180 참조.

genstein, 1889-1951)의 초기입장에 의하면 "철학의 목적은 생각(사
상)의 논리적 명료화다."[156] 이 입장을 논리실증주의자들도 따르고 있
다. 한편, 이런 견해와는 달리 맑스는 『포이어바흐에 대한 테제들』(The-
sen über Feuerbach, 1845)의 제11테제에서 다음과 같이 말하고 있다:
"철학자들은 세계를 다양하게 해석했을 뿐이다. 그러나 중요한 것은 세
계를 변화시키는 것일 것이다"[157]라고 주장함으로써 철학의 실천성을 중
시한다.

시대를 좀 더 거슬러 올라가면, 아리스토텔레스는 『시학(詩學)』(Poe-
tik) 제9장에서 다음과 같이 말한다:

시인의 과제는 실제로 무엇이 발생했는지를 말하는 것이 아니라 무엇이 발
생할 수 있을 것인가를, 그리고 무엇이 개연적으로 혹은 필연적으로 발생할
것인가를 말하는 것이다. 역사기술자와 시인의 차이점은, 전자는 산문으로
글을 쓰고 후자는 운문으로 글을 쓴다는 데 있는 것이 아니다. 사실, 헤로도
토스의 글은 운문으로 고쳐 쓸 수 있지만 운율(韻律)에 맞추어 쓰든 아니든
간에 그것은 여전히 일종의 역사기술이다. 양자의 진정한 차이점은, 역사기
술자는 발생한 것을 말하는 데 반해, 시인은 발생할 수 있을 것을 말한다는
점이다. 따라서 시는 역사기술보다 더 철학적이고 더 진지한 것이다. 왜냐하
면 시는 보편적인 진리들을 제공하는 경향이 있는 데 반해, 역사기술은 특수
한 사실들을 제공하기 때문이다.[158]

---

156 "Der Zweck der Philosophie ist die logische Klärung der Gedanken." (Tracta-
tus Logico-Philosophicus, NY. and London, 1961, 4.112.)

157 "Die Philosophen haben die Welt nur verschieden interpretiert; es kömmt
drauf an, sie zu verändern."[Marx Engels Werke (MEW) Bd. 3, Berlin, 1983
(5-7), 7].

158 Aristotle, Poetics, IX,, with an English Translation by W. Hamilton Fyfe, in:
The Loeb Classical Library, London/Cambridge, Massachusetts, 1965, 35.

여기서 아리스토텔레스는 시(詩)와 역사기술(歷史記述)의 차이를 말하면서, 시는 앞으로 발생할 수 있는 것, 즉 미래를 알려주고, 특수한 것이 아니라 보편적인 것에 대해 더 많은 것을 말하기 때문에 철학적이라고 주장한다. 아리스토텔레스의 견해에 의하면 철학은 미래에 대해서 알려주고 보편적인 것에 대해서 말하고 있다. 그러나 헤겔의 생각은 이와 다르다. 물론 철학이 지나간 특수한 사건들을 일일이 기록하고 그 의미를 검토하는 것은 아니다. 철학이 역사기술과 달리 보편적인 것을 언급한다는 점은 헤겔도 인정하는 바다. 그러나 그렇다고 해서 철학이 미래에 대해 무엇을 예측하거나 예언하는 것은 아니다. 이 점이 헤겔과 아리스토텔레스의 큰 차이점이다. 다시 한 번 헤겔의 언급을 인용해보자.

"(…) 그리하여 또한 철학은 사상으로 포착된 그의 시대다"[159]
"(…) 미네르바의 올빼미는 황혼이 깃들 무렵에야 비로소 날기 시작한다."[160]

• 그렇다면 과연 우리는 철학의 과제 내지 임무를 무엇이라고 말할 수 있는가? 이 질문에 대한 대답은, 우리가 철학을 어떻게 정의하느냐에 따라 다를 수 있다. 이 점과 관련하여 피히테의 견해를 살펴보자. 피히테에 의하면 우리가 어떤 철학을 택하는가 하는 문제는 우리의 "성향과 관심에 의해"[161] 결정될 수밖에 없다. 그러므로 그는 다음과 같이 말한다.

---

159 [(…) so ist auch die Philosophie *ihre Zeit in Gedanken erfaßt*.](TW 7, 26).

160 "(…) die Eule der Minerva beginnt erst mit der einbrechenden Dämmerung ihre Flug." (TW 7, 28).

161 "durch *Neigung* und *Interesse*" (GA I/4, 194; SW I, 433).

우리들이 어떤 철학을 택하는가 하는 것은 우리가 어떤 인간인가에 달려 있다. 왜냐하면 하나의 철학체계는, 우리들이 마음대로 떼어내고 취할 수 있는 죽은 가구(家具)가 아니라, 그 체계를 가지고 있는 사람의 혼에 의해 생명이 주어져 있기 때문이다. 본래 맥 빠진 인격 혹은 정신의 예속에 의해, 그리고 사치와 허영을 배워 무기력해지고 왜곡된 인격으로는 결코 관념론으로 고양될 수 없다.[162]

그런데 피히테는 자아의 근원적인 활동성 및 자발성을 굳게 믿고 있는 매우 실천적인 사람[163]이었으므로 후자의 입장을 택한다. 물론 여기서 피히테가 말하고 있는 점은, 우리가 여러 가지의 철학, 특히 관념론과 (독단적) 실재론 가운데 어떤 입장을 택할 것인가 하는 문제와 관련하여 자신의 입장을 피력한 것이지만, 이것은 우리가 철학의 과제 내지 목표를 무엇으로 생각하고 있는가 하는 문제와 결코 분리될 수 없는 것이다. 이처럼, 철학의 과제와 임무에 대한 견해도 각 철학자에 따라 다를 수 있기에 그 가운데 어떤 하나의 입장만이 옳다고 할 수는 없을 것이다.

---

162 "Was für eine Philosophie man wähle, hängt sonach davon ab, was man für ein Mensch ist: denn ein philosophisches System ist nicht ein toter Hausrat, den man ablegen und annehmen könnte, wie es uns beliebte, sondern es ist beseelt durch die Seele des Menschen, der es hat. Ein von Natur schlaffer oder durch Geistes- knechtschaft, gelehrten Luxus und Eitelkeit erschlaffter und gekrümmter Charakter wird sich nie zum Idealismus erheben"[『학문론의 새로운 서술의 시도』 (*Versuch einer neuen Darstellung der Wissenschaftslehre*), in: GA I/4, 195; SW I, 434].

163 피히테는 실로 실천적이고, 때로는 과격하기까지 한 인물이었다. 주지하듯이 그는 나폴레옹이 독일을 점령하고 있을 때, 국민적인 저항운동의 선두에 서서 위험을 무릅쓰고 1807년부터 1808년에 이르는 겨울동안 〈독일국민에게 고함〉(*Reden an die deutsche Nation*)이라는 연설을 하여 독일인의 각성과 단결을 호소했을 뿐만이 아니라, 1806년과 1813년 두 차례에 걸쳐 나폴레옹에 대항하는 전쟁에 종군목사로 복무하고자 하였으나 뜻을 이루지 못한 적도 있다.

서론[Einleitung]: 법철학 개념, 의지·자유·법(권리) 개념

[Begriff der Philosophie des Rechts, des Wil-
lens, der Freiheit und des Rechts] §1-32

2.1. 철학적 법학: §§1-4[1]

TW 7, 29 f. / 『법철학』, 55 f.

§1 『법철학』의 대상: 개념, 실현, 이념

▶ "철학적 법학은 법의 이념, 즉 법 개념과 법 개념의 실현을 대상으로
갖는다."

▶ (주해)

"철학은 이념을 다루며, 따라서 그것은 사람들이 흔히 단순한 개념으
로 부르는 것[dem, was man *bloße Begriffe* zu heißen pflegt]을 다루지

---

1 원래 헤겔의 텍스트에는 각 절(§)의 제목이 붙어있지 않지만 내용의 개요를 알려주
기 위하여 Ilting II에서 붙여진 제목을 가져왔다.

않는다. 철학은 오히려 개념의 일면성과 비진리성을 드러낼 뿐만 아니라 오직 개념(이것은 우리가 종종 들어오고 있듯이 단지 추상적인 지성 규정인 것이 아니다)만이 진정성[*Wirklichkeit*]을 지니고 있는 것이며, 더욱이 이 개념이 진정성 자체를 자신에게 부여한다는 사실을 드러낸다. 개념 자체에 의해 정립된 이런 진정성이 아닌 모든 것은 그저 스쳐 지나가버리는 현존재(*Dasein*), 외적인 우연이나 속견[Meinung], 비본질적 현상, 비진리 또는 기만(착각) 등이다. 개념이 자기를 실현하면서 자기에게 부여하는 형태[*Gestaltung*]는 개념 자체의 인식을 위한 것이면서도, 또한 단지 개념으로서만 존재하는 형식[형상, *Form*]과는 구별되는, 이념의 또 다른 본질적 계기다."

(해설)

★ "철학적 법학은 법의 이념, 즉 법 개념과 법 개념의 실현을 대상으로 갖는다."

● 여기서 헤겔은 "철학적 법학"[die philosophische Rechtswissenschaft]이라는 용어를 사용하고 있는데, 이것은 '법철학'[Rechtsphilosophie]과 무슨 관계에 있는 것인가? '철학적 법학'은 '법철학'과 동의어다. 이 점은 헤겔이 『역사철학 강의』에서 역사에 대한 고찰을 세 종류로 나누고 그 중 하나를 철학적 역사라고 하면서, 이것은 곧 역사철학 외에 다른 것이 아니라고 말하는 것으로부터 미루어 알 수 있다. 헤겔이 말하는, 역사를 고찰하는 세 가지 방법(종류)은 다음과 같다.

1. 근원적(본래의) 역사[ursprüngliche Geschichte]: (사건의) 기록
   으로서의 역사
2. 반성적 역사[reflektierende (oder reflektierte) Geschichte]: 역사

학으로서의 역사

3. 철학적 역사[philosophische Geschichte]: 역사철학으로서의 역사[2]

• 그러므로 철학적 법학, 곧 법철학의 대상은 "법의 이념, 즉 법 개념과 법 개념의 실현"이 된다. 여기서 헤겔은 법의 이념을 법 개념과 법 개념의 실현이라고 말하는데, 이것이 뜻하는 바를 이해하기 위해서는 헤겔에 있어서 이념, 개념, 현존재가 무엇을 뜻하는지 알아야 한다.

우선, 헤겔이 말하는 '이념'이 무엇인지 알아보자. 일상언어 및 철학에서의 '이념'은, '이상적(理想的)인' '생각[念]'으로서, 물리적인 시공간의 제약을 받지 않는 비현실적인 것이다. 이를 그냥 '이상(理想)'이라고도 하는데, 이 첫 번째 의미를 지닌 'Idee'는 영어로는 'Ideal' 혹은 (대문자 'I'로 시작하는) 'Idea'다. 두 번째로 'Idee'는, 첫 번째 의미에서 '이상적(理想的)인'이라는 의미를 제외한 '생각[念]'이라는 의미를 가진다. 즉, 이것은 '관념(觀念)' 혹은 '생각'이라는 뜻이다. 예컨대 독일어 'Gute Idee!'나 영어 'Gut idea!'라고 할 때의 Idee나 idea에 해당된다. 이것은 '좋은 생각이다!'라는 뜻이지, 여기에 이념(理念)이라는 의미는 포함되어 있지 않다. 단지 관념을 가리킬 경우에 독일어에서는 'Vorstellung'이라는 단어를 사용할 수도 있고, 영어에서는 'representation'을 사용할 수도 있다.[3] 그런데 첫 번째 의미나 두 번째 의미 모두, 그것들이 '생각[念]'이라는 점에서는 동일하다.

그러나 이제 헤겔이 독특하게 사용하는 세 번째 의미의 'Idee'가 있다. 그것은 한마디로 말하면, '개념과 실재의 일치', 혹은 '개념과 현실(현존재)의 일치'다. 이때 주의할 점은, 헤겔이 여기서 말하는 '개

---

2 Hegel, *Vorlesungen über die Philosophie der Geschichte*, TW 12, 11 ff. 참조.

3 Vorstellung이나 representation은 '표상(表象)' 혹은 '이미지'로 옮길 수 있다.

념'[Begriff]은 일반논리학에서 말하는 통상적인 (주관적) 개념이나 표상이 아니라 '본질'이라는 의미로 사용되고 있다는 점이다. 이것을 통상적인 개념, 즉 공통의 징표를 지니고 있는 대상들을 지칭하는 개념으로 생각한다면, 이런 입장은 전통적인 진리대응론에서 말하는, '진리는 지성과 사물의 일치다'(Veritas est adaequatio intellectus et rei)'라는 주장과 같은 것이 되어버린다. 헤겔은 때로는 이것을 진리라고 하기도 하지만 보통은 진리라는 표현 대신에 '옳음(정확함)'[Richtigkeit]이라는 표현을 사용한다. 왜냐하면 우리의 표상이나 개념이 외부의 대상과 일치 내지 대응한다 하더라도, 대상 자체가 참된 것, 진정한 것이 아닐 경우에는 우리의 표상 자체가 거짓된 것이 될 것이기 때문이다. 우리는 이로써 헤겔이 진리 개념에 이미 인식론적 가치 외에 존재론적 가치를 부여하고 있음을 알 수 있다. 헤겔이 말하는 철학적 의미의 '진리'는 "어떤 내용이 자기 자신과 일치함"[Übereinstimmung eines Inhalts mit sich selbst][4] 혹은 "대상이 자기 자신과 일치함, 즉 자기의 개념과 일치함"[Übereinstimmung des Gegenstandes mit sich selbst, d.h. mit seinem Begriff][5]이다. 이때의 개념은, 앞서 말한 것처럼, '본질', '본래 그러해야 할 바로서의 자기'를 뜻한다. 흔히 우리는 "사람이면 사람이냐, 사람이어야 사람이지!"라는 말을 한다. 이 경우, 맨 앞의 '사람'은 현존하는 사람을 가리킨다. 그리고 나머지의 '사람'은 '사람다운 사람', '사람의 본질이 실현된 사람'을 가리키며, 바로 이것이 헤겔이 말하는 '사람의 개념'을 뜻한다.

　헤겔이 말하는 진리는 곧 '이념'이다. 그런데 우리가 통상적으로 말하는 '이상(理想)'이나 '이념(理念)'으로서의 Idee는 현실에 존재하지

---

4   Enz I, §24 Zus. 2, TW 8, 86.

5   Enz I, §172 Zus., TW 8, 323.

않는다. 현실에 존재한다면 그것은 더 이상 '이상(理想)'이 아닐 것이
다. 그런데 헤겔이 말하는 세 번째 의미의 Idee는 현실에 존재할 수 있
다. 그리고 철학은 그것이 현실에 존재하도록 현실을 개선하고 개혁할
책임이 있다.[6]

• 또한 여기서 헤겔은 두 종류의 개념에 관해 말하고 있다. 첫 번째 의
미의 개념은 우리가 일반논리학에서 보통 말하는 개념으로서, 이것을 헤
겔은 "사람들이 흔히 단순한 개념이라고 부르는 것"["dem, was man
bloße Begriffe zu heißen pflegt"], "단지 추상적인 지성규정인 것"["das,
was (...) aber nur eine abstrakte Verstandesbestimmung ist"]이라고
말한다. 이런 의미의 '개념'은 특수한 것들에서 공통적인 것(보편적인
것)을 추상하여 붙인 '이름'이다. 그러나 헤겔이 통상적인 의미의 '개
념'과 구별하여 독특하게 사용하는 '개념'은 "모든 생명의 원리요, 따라
서 동시에 전적으로 구체적인 존재자"[7]다. 그리고 "그 자체로 자유로운
실존(*Eixtenz*)에로까지 발전한 개념은 자아(*Ich*) 혹은 순수한 자기의식
(*Selbstbewußtsein*) 외에 다른 것이 아니다."[8] 개념은 자기에게 현실적 ·
객관적 실존을 부여하고자 한다. 그렇게 될 때 개념은 '이념'[Idee]이라
고 불린다. 따라서 이념은 "충전적인 개념(der *adäquate Begriff*)"[9]이며,
"즉자대자적으로 참된 것이며, 개념과 객관성의 절대적인 통일"[10]이다.[11]

---

6 이 점에 관해서는 백훈승, 「이성적인 것은 현실적이고, 현실적인 것은 이성적인
가?」[『범한철학』 제33집, 범한철학회, 2004 (153-171)]를 참조할 것.

7 "das Prinzip alles Lebens und damit zugleich das schlechthin Konkrete"(Enz I
§160 Zus. TW 8, 307).

8 *Wissenschaft der Logik II*. TW 6, 253.

9 *Wissenschaft der Logik II*. TW 6, 462.

10 "das Wahre an un für sich, die absolute Einheit des Begriffs und der Objektivi-
tät"(Enz I §213. TW 8, 367).

11 Nisbet, 392 참조.

　앞서 〈서문〉의 해설에서 설명한 내용을 상기해보자. 어떤 것의 실재나 현실이 그것의 개념에 상응하지 않는다면 그것은 유명무실(有名無實)한 것이고, 이념의 상태에 이르지 못한 것이다. 즉, 어떤 것의 개념[명(名)]에 실재[실(實)]가 대응할 경우, 그것은 명실상부(名實相符)한 것이 되고, 바로 이 상태가 헤겔이 말하는 이념의 상태다.

　그리하여 헤겔은, "이념은 충전적(充塡的)인 개념이며 객관적으로 참된 것 혹은 참된 것 자체다. 그 어떤 것이 진리를 갖는다면 자기의 이념을 통해서 갖는다. 혹은 어떤 것은 그것이 이념인 한에서만 진리를 갖는다. —Idee라는 표현은 철학의 다른 곳에서는 종종, 일상생활에서처럼, 개념에 대해, 실로 단순한 표상에 대해 사용되었다. 예컨대 '나는 이 소송, 이 건물, 이 지역에 관해 아직 아무런 생각이 없다(아직 아무것도 모른다)' 라는 말은 표상 이외에 아무것도 표현하고 있지 않다"[12]거나, "이념은 즉자대자적으로 참된 것이며, 개념과 객관성의 전적인 통일이다. 이념의 관념적 내용은 모든 규정을 갖춘 개념 이외의 다른 것이 아니며, 그 실재적 내용은 이 개념의 표현에 불과하다. 그런데 개념은 외적인 현존재의 형식으로 표현되며, 다시 이 외적 현존재의 형태를 자기의 관념성 속으로 포함하여 이것을 자기의 위력 속에 포함하면서 그 속에서 자기를 보존한다"[13]고 말하는 것이다.

12　"Die Idee ist der *adäquate Begriff*, das objektive *Wahre* oder das *Wahre als solches*. Wenn irgend etwas Wahrheit hat, hat es sie durch seine Idee, oder *etwas hat nur Wahrheit, insofern es Idee ist*. —Der Ausdruck *Idee* ist sonst oft in der Philosophie, wie im gemeinen Leben, auch für *Begriff*, ja gar für eine bloße *Vorstellung* gebraucht worden; »ich habe noch keine *Idee* von diesem Rechtshandel, Gebäude, Gegend«, will weiter nichts ausdrücken als die *Vorstellung*." (WL VI, 462/755). cf. 'adäquate' 〈 'made equal'

13　"Die Idee ist das Wahre an und für sich, die absolute Einheit des Begriffs und der Objektivität. Ihr ideeller Inhalt ist kein anderer als der Begriff in seinen Bestimmungen; ihr reeller Inhalt ist nur seine Darstellung, die er sich in der Form

• "개념 자체에 의해 정립된 이러한 진정성(Wirklichkeit)"과 대립되는 것들을 헤겔은 "그저 스쳐 지나가버리는 현존재(Dasein), 외적인 우연이나 속견(Meinung), 비본질적 현상, 비진리 또는 기만(착각) 등"이라고 말하는데, 이 점에 관해서는 〈서문〉에 대한 해설 중 'Wirklichkeit'에 대한 부분을 참고할 것.

▶ (보유)

"개념과 그것의 실존은 혼과 몸처럼[wie Seele und Leib] 구별되면서 하나인 두 측면이다. 육체[Körper]도 혼과 같은 생명이다. 그럼에도 불구하고 이 양자는 서로가 분리되어 있다[auseinanderliegende]고 할 수도 있다. 몸 없는 혼은 생명체가 아닐 것이며 그 반대의 경우도 마찬가지다. 따라서 개념의 현존재는 개념의 육체이면서도 또한 육체는 자기를 산출한[hervorbrachte] 혼에 복종한다. 싹은 아직 나무 자체는 아니지만, 자신 속에 나무를 가지면서 나무의 온 힘을 포함하고 있다. 나무는 싹의 단순한 모습[dem einfachen Bilde]에 전적으로 상응한다[entspricht]. 만약 육체가 혼에 상응하지 않는다면 그것은 바로 가련한 것이다. 현존재와 개념의 통일체, 육체와 혼의 통일체가 이념이다. 이념은 단지 조화로움만이 아닌 완전한 융합(融合, 상호침투, Durchdringung)이다. 그 어떤 방식으로든 간에 이념이 아닌 것은 살아있을 수가 없다. 법의 이념은 자유다. 그래서 법의 이념이 진정으로 파악되기 위해서는 법의 이념이 법의 개념과 그 개념의 현존재 속에서 인식될 수 있어야만 한다."

äußerlichen Daseins gibt und [der,] diese Gestalt in seine Idealität eingeschloßen, in seiner Macht, so sich in ihr erhält."(Enz §213).

(해설)

• 여기서 헤겔은 '혼'과 '몸'을 함께 붙여 쓸 경우에는 "혼과 몸"[Seele und Leib]이나 "몸 없는 혼"[Seele ohne Leib]으로 표현함으로써 혼에 대응하는 용어로 'Leib'를 사용하고, 육체만을 따로 쓸 경우에는 'Körper'라는 용어를 사용하고 있다. —그런데 "육체와 혼의 통일체가 이념이다"라고 할 때는 또 혼에 대응하는 용어로 'Körper'를 사용하기도 한다. —그러나 'Leib'와 'Körper'는 대동소이한 의미를 지닌 용어들로, 서로 바꿔서 사용할 수 있는 용어다. 물론 문맥과 상황에 따라서는 'Leib'는 살아서 활동하고 있는 측면을 강조하는 용어로 사용될 수 있다. 그것은, 이 단어가 '살다'라는 의미를 지닌 'leben'이라는 동사와 동계어이기 때문이다. 그 반면에 'Körper'는 라틴어 'corpus'에서 유래한 용어로, '물질'이라는 의미를 지니고 있다. 정신[(영)혼]과 육체의 통일체인 인간의 경우, 육체가 인간을 구성하는 '물질'적인 요소이므로 corpus나 Körper가 인간의 육체 혹은 몸을 가리키는 용어로 사용되는 것이다. 이러한 차이점을 제외한다면 양자는 동일한 의미로 사용될 수 있다. 그러나 여기서 헤겔이 두 용어를 구별하여 사용한 점을 고려하여 'Leib'는 '몸'으로, 'Körper'는 '육체'로 달리 옮겼다.

• 헤겔은 인간을 혼과 몸으로 구성되어 있는 통일체로 본다. 양자는 구별되지만, 이와 동시에 그것들은 혼연일체의 상태로 존재하고 있다. 혼도 생명(체)이고 몸도 생명(체)이다. 이들이 통일된 상태에서 분리되는 경우를 '죽음'이라고 부를 것이다. 만약 인간의 몸이 없이 혼만 존재한다면, 그것은 '유령(幽靈)'이라고 불릴 것이고, 혼이 없이 몸만 존재하는 경우 그것은 '시체(屍體)'라고 불릴 것이다. 두 경우 모두 '인간'이라고 할 수 없다. 여기서 헤겔은 '개념'과 '개념의 실존' 간의 관계가 '혼'과 '몸'의 관계와 같다고 말한다. 개념만 존재하고 그것이 객관화되지 않는다면, 또 이와는 반대로 어떤 현실태에 개념이 결여된다면,

그것은 앞서 말한 것처럼 '이념'이 되지 못한다. 다시 말하면 혼 없는 몸이나 몸 없는 혼을 '사람'이라고 할 수 없듯이, 개념 없는 현존재나 현존재 없는 개념도 '이념'이라고 불릴 수 없는 것이다. 우리는 이런 사태를 아리스토텔레스의 실체론과 연관시켜 생각해볼 수 있을 것이다. 즉, 아리스토텔레스에 있어서 현실개체 즉, 실체는 형상과 질료의 통일체였듯이, 헤겔에 있어서 이념은 개념과 현존재 혹은 개념과 실재의 통일체다.

→ 개념[Begriff, Subjektivität] + 실재[Realität, Objektivität]
  = 이념[Idee]
  혼[Seele] + 몸[Körper, Leib] = 인간[Mensch] / 생명체[Leb-
                endiges]
  형상[Eidos] + 질료[Hyle] = 현실개체[Ousia]
→ psychē(ψυχή)[soul] + sōma(σῶμά)[body] = anthropos
  (ἄνθρωπος)[man / human being]
  anima + corpus = homo, animal

• 헤겔은 개념[Begriff]을 아리스토텔레스가 말한 혼에 대응시키고, 실재(자)를 몸에 대응시킨다. 그런데 헤겔은 "개념의 현존재는 개념의 육체이면서도 또한 육체는 자기를 산출한[hervorbrachte] 혼에 복종한다. 싹은 아직 나무 자체는 아니지만, 자신 속에 나무를 가지면서 나무의 온 힘을 포함하고 있다. 나무는 싹의 단순한 모습[dem einfachen Bilde]에 전적으로 상응한다[entspricht]. 만약 육체가 혼에 상응하지 않는다면 그것은 바로 가련한 것이다"라고 말한다. 여기서 '혼이 육체를 산출한다'고 하는 주장은 옳은가? 원래 아리스토텔레스가 혼[psychē]을, '생명원리'나 '생명력'으로 보고 있다면, 육체가 산출되는 것도 생명원리인 혼에 의해서라고 말할 수 있을 것이다. 그리고 이 생

명원리인 혼은 바로 실체에 있어서 '형상(形相, eidos)'이다. 그리고 이 형상 속에 가능태로서의 어떤 존재자의 미래의 모습이 내재(잠재)해 있다. 예컨대 나무와 싹의 관계에서, 싹의 eidos 속에는 미래의 나무의 eidos가 내재해 있다. 위의 보유에서 헤겔은 마치 싹이 개념이고 eidos인 것처럼 오해할 수 있도록 표현했으나, 사실은 싹이 지니고 있는 형상이 싹의 개념이고, 싹을 이루고 있는 질료가 싹의 현존재에 해당한다. 그리고 싹이 성장해서 이루어진 나무의 경우에도, 나무의 형상이 나무의 개념이고, 나무의 질료가 나무의 현존재에 해당한다.

• 그런데 헤겔은 '법의 이념'이 '자유'[Freiheit]라고 말한다. 헤겔의 주장에 따르면, 자유, 즉 '법의 이념'은 '법 개념'이 실현된 것을 뜻한다. 그러면 '법 개념'이란 무엇인가? 그것은 우리 인간이 마음속에 지니고 있는 '자유 개념'이다. 그리고 이 자유 개념이 구체적·현실적인 법률, 도덕으로, 그리고 가정, 시민사회, 국가라는 인륜조직(제도)로 실현된 것이 바로 '법 이념'이라고 할 수 있다.

여기서, 아직까지도 그 의미가 정확하게 정리되지 않은 '정신'(精神), '마음', '영'(靈), '혼'(魂), '영혼'(靈魂) 등의 개념들을 살펴보고 지나가도록 하자.

• '정신'(精神)을 뜻하는 영어에는 mind, soul, spirit 등이 있다. 그러나 사실 우리말이나 한자(漢字)의 '정신'의 의미 자체가 확정되지 않았기 때문에 정확한 대응어를 찾기 쉽지 않고, 서양어도 마찬가지로 일의적(一義的)으로 사용되고 있지 않다. 위의 세 용어를 다음과 같이 구별하는 경우도 있다. 즉, mind는 '마음'이나 '정신'으로, soul은 '혼'(魂)으로, 그리고 spirit은 '영'(靈)으로 말이다. 특히 3분설을 주장하는 기독교에서는, 인간이 살아있는 동안에는 마음이나 혼, 즉 mind나 soul은 활동하지만, 죽은 다음에는 이들은 소멸하고 오직 영(靈)인 spirit만이

남는다고 주장한다. 영(靈)에 해당하는 히브리어는 루아흐(ruach, רוּחַ)이며, 헬라스어는 프뉴마(pneuma, πνεῦμα)인데, 루아흐는 숨(호흡, breath), 바람[wind], 영[spirit] 등을 의미한다.[14] 프뉴마는 '숨'(호흡, breath)을 뜻하는 고대 헬라스어인데, 종교적인 맥락에서는 '영(靈)'이나 '혼(魂)'을 뜻한다. 고전철학에서 프뉴마는, 원래 '생명의 숨'을 뜻했던 프쉬케(psychē, ψυχή)와 구별된다. 예컨대 '움직이는 공기, 숨, 바람' 등을 뜻하는 프뉴마는, 아낙시메네스(Anaximenes)의 물질일원론에서 그 밖의 모든 것을 발생시키는 공기(空氣, aer, ἀήρ)와 같은 것이다. 유대·기독교에서 프뉴마는 '영'(靈)을 뜻하는 통상적인 단어다.[15] 이에 대응하는 영어는 spirit인데, spirit을 영(靈)과 동일시하는 이런 입장은, 기독교에서 말하는 삼위일체 신의 한 위(位)인 '성령(聖靈)'을 'Holy Spirit'으로 표현하는 데에서도 마찬가지로 발견된다. 이에 대응하는 독일어 표현은 'der Heilige Geist'로서, 이때의 Geist는 Spirit과 마찬가지로 '영'(靈)을 가리킨다. 그러나 예컨대 라일(Gilbert Ryle, 1900-1976)의 『마음(정신) 개념』(The Concept of Mind)에 대한 독일어 번역은 Der Begriff des Geistes인데, 이 경우의 Geist는 '영'(靈)이 아니라 '마음'이나 '정신'을 가리킨다. 이처럼 맥락에 따라 같은 용어도 다른 의미로 사용되고 있음을 알 수 있다.

한편 어떤 생명체가 '살아있다'는 사실을 나타내는 용어는, 예컨대 히브리어에서는 '네페쉬 하야'(הַיָּה שֶׁפֶנ, 창세기 2:7)라고 하는데 이것은 '살아있는 혼(魂)'이라는 뜻이다. '네페쉬'에 대응하는 헬라스어는 '프쉬케'(psychē, ψυχή)인데, 이것은 '불다'를 뜻하는 동사 'psychō(ψύχω)'의 명사로서, '숨(호흡)'이라는 의미의 '생명(력)' 혹은

14　http://biblehub.com/hebrew/7307.htm 참조.

15　https://en.wikipedia.org/wiki/Pneuma 참조

'혼(魂)'을 뜻한다. 예컨대 플라톤은 제자들 가운데 아리스토텔레스를 가장 아껴서, 그를 '아카데미아의 혼(魂)'이라고 부르면서, 그가 아카데미아 수업에 출석할 때까지 수업을 시작하지 않고 기다렸다고 하는데, 이 경우의 '혼'이 바로 '프쉬케'다. '혼'이나 '프쉬케'라고 하는 것은, 그것이 빠져버리면 더 이상 어떤 것을 어떤 것이라고 할 수 없는 생명과도 같은 것을 말한다. 뿐만 아니라 아리스토텔레스가 생명체의 단계를 나누면서 식물에게는 영양섭취혼[threptike psychē, θρεπτικὴ ψυχή]이 있다고 할 때의 psychē도 생명력을 가리킨다. 그래서 영어로 혼을 뜻하는 'soul'로도 '어떤 사람 자체'를 가리키기도 하는 것이다. 예컨대 'There were no soul on the street'라고 하면, '거리에는 아무도 없었다'라는 뜻이 된다.

 • 고대 헬라스인들은 삶이란 혼과 육체가 결합되어 있는 상태이며, 죽음이란 혼과 육체가 분리되는 것이라고 생각했다. 그러나 혼은 육체와 분리된 후에도 계속 존속하는 것으로 생각했다. 예컨대, 플라톤에 의하면 인간의 혼이 육체와 결합하기 전에는 신적(神的)인 세계에서 살았는데,[16] 혼이 지은 죄[17]로 말미암아 육체 속으로 들어오게 되었다. 따라서 육체[sōma, σῶμά]는 혼의 감옥[phroura, φρουρά][18]이요 무덤[sēma, σῆμα][19]이며, 혼을 감각적인 세계에 박아두는 못[20]일 뿐 아니라, 혼의 목적인 이데아의 인식을 방해하는 것이다. 한 번 육체 속으로 전

---

16 Platon, *Phaedo*, 80.

17 플라톤은 육체를 소유하려는 혼 자신의 지적 타락에 의하여 혼이 육체 속으로 들어오게 되었다고 한다(*Phaedrus*, 246 참조).

18 Platon, *Phaedo*, 62 b.

19 "육체는 우리에게 있어서 무덤이다."("τὸ μὲν σῶμά ἐστιν ἡμῖν σῆμα." Platon, *Gorgias*, 493 a 2–3); *Cratylus*, 400 c. 이 말은 아마도 피타고라스로부터 인용한 것으로 보인다.

20 Platon, *Phaedo*, 83 d.

락(轉落)한 혼은 그 죄를 완전히 씻을 때까지 자기가 행한 바에 따라 다른 육체 속으로 들어가서 고통스러운 전생(轉生)을 거듭하다가 완전히 정화된 혼만이 자기의 고향인 신적인 세계로 돌아가서 영생(永生)하게 된다고 말하는데, 이러한 주장은 거의 오르페우스(Orpheus)교(敎)의 영혼전생설(靈魂轉生說)을 기초로 한 것으로 볼 수 있다.

• 헬라스어 psychē는 라틴어 anima로 번역되었다. 아리스토텔레스가 혼에 대해 저술한 『혼에 대하여』(peri psychēs, Περὶ Ψυχῆς)는 라틴어로 De anima로 번역되었다. 그래서 animation이라고 하면, 무생물에게도 '혼을 불어넣어 살아있는 것으로 만드는 것'을 의미하게 된다.[21]

§2 『법철학』의 전제들: 실증법학에서의 정의들. '형식적' 학문과 '철학적' 학문에서의 개념들의 정의. '의식의 사실'로부터 곧바로 법이론을 정초함. 방법론으로서의 철학적 논리학

TW 7, 30 f. / 『법철학』, 56 f.

▶ "법학은 철학의 일부분이다. 따라서 법학은 대상의 이성에 다름 아닌 이념을 개념으로부터 전개해나가야 한다. 혹은, 같은 말이지만, 법학은 사상(事象) 자체의 고유한 내재적 발전을 살펴보아야 한다. 철학의 일부인 법학은 선행(先行)하는 것의 결과이자 진리인 특정한 출발점을 가지고 있고, 선행하는 것은 이 결과에 대한 소위 증명을 이룬다. 따라서 법 개념은, 그것의 생성(Werden)[22]에 따라 볼 때 법학의 외부에 속하

21　백훈승, 『철학입문』, ebd., 218 ff. 참조.

22　Werden은 헤겔 『논리학』〈존재론〉에서 두 가지 의미로 사용되고 있다. 첫째로는 순수유로부터 순수무로의 이행 및 그 반대방향으로의 이행을 가리키는 의미로 사용된다. 두 번째로는 무로부터 규정된 유로의 이행—이것은 생성(生成, Entstehen)이다—

며, 여기서 법 개념의 연역은 전제되어 있어서 주어진 것으로 받아들여
야 한다."

(해설)

• 법 개념의 전개 혹은 증명은 『철학강요』(Enz III §§ 485-487. TW
10, 303 ff.)에 서술되었다. 『법철학』은 거기에서(Enz III §§ 488-552,
TW 10, 306 ff.) 제시된 헤겔 체계의 일부를 확장한 것이다.

• 철학의 일부인 법학의 "특정한 출발점"[시원점(始原點, Anfang-
spunkt)]이란, 『논리학』에서 헤겔이 말하고 있는 '시원(始原, Anfang)'
이다. 헤겔은 이미 『법철학』 서문의 앞부분에서 『법철학』이 취하는 방
법은 이미 자신의 『논리학』에서 서술한 방법을 따른다는 점을 명백히
말했다.

• '시원'은 로고스요 절대자로서, 의식에 대해서는 최초에는 '순수
무' 내지 '순수유'로 나타난다. 그것은 다른 말로 하면 'das reine Sein'
으로서, 곧 '하나(님)'이다. 그런데 이 시원은 선행하는 것의 결과이자
진리라고 헤겔은 말한다. 그러면 "선행하는 것"이란 무엇인가? 그것은
바로 『정신현상학』이다. 『정신현상학』은 우리의 의식이 가장 저차적인
단계로부터 출발하여 마침내는 '절대지'에 이르기까지의 도정(道程)을
서술한 저술이다. 그런데 『정신현상학』의 마지막 도정이자 종착점인
'절대지'에서 인간의 의식은 '절대자'에 이른다. 그리고 『논리학』은 바
로 이 절대자로부터 출발하므로, 『논리학』의 시원은 "선행하는 것의 결

과 규정된 유로부터 무로의 이행 — 이것은 소멸(消滅, Vergehen)이다 — 을 포괄하는
상위개념으로서의 Werden이다. 그렇다면 이 두 가지의 Werden을 망라할 수 있는 적
절한 개념은 '됨'이라고 하겠다. 그러나 『법철학』의 이곳에서 말하는 Werden은
Werden의 첫 번째 의미나 두 번째 중 '소멸'과는 관계없는 '형성'이라는 의미를 가리
키므로 '생성'이라고 옮겼다.

과이자 진리"인 것이다.

• 또한 "선행하는 것은 이 결과에 대한 소위 증명을 이룬다." 이 말은
『논리학』의 시원에 대한 증명이 되는 것이 『정신현상학』이라는 말이다.
다시 말하면, "왜 이런 시원이 존재할 수 있는가?"라는 물음에 대해,
"그것은 정신현상학의 전(全)과정을 통해 도달한 결과점(종착점)이기
때문"이라는 대답을 할 수 있다는 말이다.

• 다른 각도에서 문제를 좁혀 생각해보면, 객관정신의 학인 『법철학』
은 헤겔의 체계(『엔쮜클로패디』)에서 정신철학에 속하고, 객관정신의
선행단계는 주관정신이므로, 가까운 선행자는 주관정신이라고 할 수
있다. 『법철학』의 "특정한 출발점"이란, '정신', '의지', '자유' 등과 같
은 보편적 원리, 더 자세히 말하면 "자유로운 의지"인데, 이러한 출발점
으로서의 원리(개념)들은 선행하는 주관정신의 결과이자 진리를 이룬
다. 그리고 주관정신은 이런 원리(개념)들에 대한 증명이 되는 것이다.

그러므로 법 개념이라 할 수 있는 '정신', '의지', '자유' 등과 같은
개념들은 법학의 외부에 속하는 주관정신으로부터, 더 멀리 나아가서
는 정신철학의 원리이자 시원인 『논리학』으로부터 도출되는 것이며, 따
라서 법 개념의 연역은 전제되어 있는 것이다. 이에 관해서는 §4, TW
7, 46 / 『법철학』, 70을 참조할 것. 거기서 헤겔은 법의 출발점을 "자유
로운 의지"라고 말하고 있다: "법의 지반은 어쨌든 정신적인 것[das
Geistige]이며, 법의 더욱 상세한 위치[입장, Stelle]와 출발점[Ausgang-
spunkt]은 자유로운 의지다. 그리하여 자유가 법의 실체 및 규정을 이루
고 법의 체계는 실현된 자유의 왕국이며, 정신 자체로부터 산출된 제2
의 자연으로서의 정신의 세계다."

(보유)

▶ "철학은 하나의 원(圓, einen Kreis)을 이루고 있다. 철학은 최초의

것, 직접적인 것을 가지고 있다. 왜냐하면, 철학은 어쨌든 근원적으로
시작해야 하고, 증명되지 않은 것이어서 결과를 갖고 있지 않기 때문이
다. 그러나 철학의 출발점은 다른 하나의 종점에서는 결과로 나타나는
것이 분명하므로, 철학이 근원적으로 무엇으로 시작하는가 하는 것은
직접적으로는(단적으로, unmittelbar) 상대적이다. 철학은 공중에 매달
려 있는 것이 아닌 하나의 연속(계열, Folge)이요, 직접적으로 시작하는
것이 아니라 원환(圓環)을 이룬다."

(해설)

• 헤겔에 있어서 철학은 원(圓)을 이루고 있다. 원은 완전성을 나타
내는 표상이요 이미지다. 직선이라는 표상은 완결되지 않음을 나타내
지만, 원 표상은 완결성을 상징한다. 그래서 헤겔이 1817년에 자신의
체계를 한 권의 책으로 출간했는데, 바로 이 책의 제목이 *Enzyklopädie
der philosophischen Wissenschaften* (*Enzyklopädie*라고 줄여 부르기도
함)이다. 그런데 바로 이 *Enzyklopädie* 라는 명칭 자체가, 자신의 철학
은 하나의 완결된 체계, 즉 하나의 원환[Zirkel, circle]을 나타내고 있
다는 점을 시사하고 있다(Enz §15-18 참조).

• 헤겔은 또한 진정한 무한, 즉 "진무한"[die wahre (wahrhafte) Un-
endlichkeit][23]과 거짓된 무한, 즉 "위(악)무한"[die schlechte Unend-
lichkeit][24]를 구별하여 표현하기 위하여 직선과 원이라는 상징을 사용

---

23 Enz §95. TW 8, 200과 201. "긍정적 무한(die affirmative Unendlichkeit)" (TW
5, 156)이라고도 부르며, 이에 대응하는 무한자를 "진무한자(das wahrhafte Unendli-
che)", "이성의 무한자(das Unendliche der Vernunft)" (ebd., 149)라고 말한다.
24 "부정적 무한(die *negative* Unendlichkeit)" (Enz §94, TW 8, 199) 혹은 "경험적
무한(eine empirische Unendlichkeit)" (*Diffenrenz des Fichte'schen und Schel-
ling'schen Systems der Philosophie*, 29, In: *Jenaer Kritische Schriften*, hg.v. H.
Buchner und O. Pöggeler, Hamburg, 1968 (=TW 4), 1-92)이라고도 부른다. 그리

한다: "무한전진의 이미지는 직선이다 (...)."[25] 이에 반하여 진무한을
상징하는 것은 원이다: "(...) 진무한의 이미지는, 출발점과 끝이 없고
완결되고 전적으로 현전하는, 자신에게로 돌아온 선(線)인 원"[26] 이다.
그런데 악무한의 표상을 직선이라고 말한 이유는 무엇일까? 필자가 생
각하기에 그 이유는 다음과 같다. 무한히 뻗어나가는 직선으로 인하여
공간이 양분되는데, 이 경우에 무한자인 직선은, 유한자로 생각되는 분
할된 양 공간을 자체 내에 포함하고 있지 않고 그것들과 대립하기 때문
인 것 같다. 또 하나의 이유는, 진무한자는 자기 완결적인 전체여야 하
는데 직선은 자기 완결적이지 못하고 끝없이 뻗어나지만,[27] 이에 비해
원은 자신 속에 유한자로 표상되는 공간을 포함하는 완결된 전체로 생
각되기 때문이다.[28] 그리고 마지막으로, 진무한자 혹은 절대자는 자기

고 이에 상응하는 무한자를 "유한화된 무한자(das *verendlichte* Unendliche)", "추상적,
일면적인 무한자(das abstrakte, *einseitige* Unendliche)"(*Wissenschaft der Logik I.* TW
5, 149), "규정된, 그 자체로 유한한 무한자(ein bestimmtes, *selbst endliches Unendli-
ches*)" 또는 "위(악)무한자(das Schlecht-*Unendliche*)" 혹은 "지성의 무한자(das
Unendliche des *Verstandes*)"라고 부른다(ebd., 152; ebd., 157-159도 참조).

25 TW 5, 164.

26 같은 곳. 헤겔은 여러 곳에서, 자기의 체계가 "원(ein Kreis)" 혹은 "원들의 원(ein
Kreis von Kreisen)"을 이루고 있다고 주장한다(Enz §15. TW 8, 60).

27 악무한은 "그것이 향해 가는 것에 결코 이르지 못하는[Hegel, *Jenaer Systement-
würfe III* (=GW 8), 287] 과정을 나타낸다.

28 물론 원 밖의 공간도 유한자를 상징하는 것이 아닌가 하는 물음이 제기될 수 있으
나, 그 공간은 무(無)에 해당한다. 인간의 표현력의 한계로 인해 본래의 사태를 정확하
게 비유나 상징으로 나타낼 수 없는 점을 인정할 수 밖에 없다. 헤겔은 진무한과 참된
것[das Wahre], 전체, 그리고 원과의 관계를 『정신현상학』에서는 다음과 같이 말하고
있다: "자기를 회복하는 이 동등성 혹은 타재 속에서 자기 자신으로의 반성(복귀)만이
—근원적인 통일 자체나 직접적인 통일 자체가 아니라— 참된 것이다. 참된 것은 자기
자신이 됨(das Werden)이요, 자신의 종말을 자신의 목적으로서 전제하고 시작(단초)
으로 삼고 그리고 [목적의: 필자 첨가] 실현과 자신의 종말을 통해서만 현실적인(현실
성을 갖게 되는) 원환(圓環)이다. (...) 참된 것은 온전한 것이다. 그러나 온전한 것이
란, 자기를 전개함으로써 자기를 완성하는 실재자일 뿐이다. 절대자에 관해서 우리는

외부에 아무것도 존재하지 않을 뿐만이 아니라, 그 어떤 것에 의해서
산출된 것도 아닌, 자기가 자기 자신의 원인인 동시에 결과이기 때문에
이를 나타내는 데에 원이 적절한 것으로 생각되기 때문일 것이다.[29]

TW 7, 31 / 『법철학』, 58

(주해)

▶ "시민법에서 모든 정의(定義)는 위험하다"("omnis definitio in
iure civili periculosa" = "In civil law all definitions are hazardous.")

(해설)

• 이 명제는 유스티니아누스(Justinianus) 대제(483-565. 재위:
527-565)의 『법률요람』[라틴명: *Digesta*, 독일명: *Pandekten*, 영어명:
Digest][30] 50.17.202에 나오는 말로, 로마의 법률가 이아볼레누스(Iavo-

'절대자는 본질적으로 결과(성과)다'라고, 즉 '절대자는 종국에 가서야 비로소 자기의
참된 모습이 드러난다'라고 말해야 하며, 바로 이 점에 현실적인 것(참된 것), 주체, 자
기 자신으로 됨이라고 하는 절대자의 본성이 존재한다."(PG, 20 f.). 즉, 절대자는 최초
에 근원적인 통일체로서 존재하지만, 단지 그러한 통일체로만 존재한다면 진정한 의미
의 절대자가 아니므로 자기의 타자에로 외화되었다가 자기에게로 복귀한 통일체로 된다.
이때, 최초의 통일체에 대해서 헤겔은 바로 "근원적인 통일" 혹은 "직접적인 통일"이라고
부른 것이다. "원환(圓環)"이란, 이러한 절대자의 외화와 자기 내 복귀를 표현하는 표상
이다. 이와 관련하여, 『정신현상학』에 앞선 저술인 『기독교의 정신과 그의 운명』(*Der
Geist des Christentums und sein Schicksal*)에 서술된 다음 내용과 비교해 볼 것: "생(生
)은 전개되지 않은 통일로부터 교양을 통하여, 완성된 통일에 이르는 원을 지나왔
다"(*Hegels Theologische Jugendschriften*, hg. v. Herman Nohl, Tübingen, 1991, 379).
29 「헤겔과 절대자」, 『범한철학』 제32집, 범한철학회, 2004.03 (269-289), 276 ff. 참조.
30 『법률요람』은 동로마 황제 유스티니아누의 명(命)에 의하여 편찬되어 533년 12월
30일에 공포된 로마법전—나중에 시민법전[Corpus iuris civilis]이라는 이름이 주어짐
—의 네 부분 중의 두 번째 부분이다.

lenus, AD 1세기)가 한 말이다. 이것은 로마의 법학자가 실제를 중히 여기고, 일반적·추상적 정의를 내려 원칙을 세우는 것은 위험하다고 하여 배척한 사상을 표시한 것이다. 특히 시민법에 있어서 시민의 자격을 정의할 경우 노예를 시민으로 간주해야 하는가의 여부를 명시하지 않으면 안 되며, 시민으로 간주하면 노예제는 부정하지 않을 수 없고, 시민으로 간주하지 않는 것은 인간으로서의 권리를 부정하는 불법에 빠진다. 더구나 당시의 사회는 이 불법을 묵인(默認)하는 형식으로 허용하지 않으면 안 되는 실정에 있었다.[31] 그래서 헤겔은 여기서 "로마법에서는 인간에 관한 정의(定義)가 불가능할 텐데, 왜냐하면 거기서 노예는 인간에 포함되지 않으며 노예라는 신분 속에서는 오히려 인간 개념이 손상될 것이기 때문이다"라고 말하는 것이다.

▶ "또한 마찬가지로 소유나 소유(권)자에 관한 정의(定義)도 여러 가지 관계 속에서는 위험하게 나타날 것이다."

(해설)
● 예컨대 로마법에서 아이를 아버지의 소유(물)로 규정하는 경우, 이것은 위험한 것으로 나타난다. 헤겔은 이 점과 관련하여 다음과 같이 말하고 있다:

로마법의 부정(不正)하고 비윤리적인 규정에 따르면 아이는 아버지에 대해서 물건[Sache]이 되고 이로써 아버지는 자기 아이를 법률적으로 점유하게 되지만, 또 아버지는 분명히 아이에 대한 사랑이라는 인륜적인 관계 속에 있기도 하였다(물론 이것은 앞에서 본 그 부정함 때문에 의미가 몹시 약화될

---

31 강문용·이동춘, 56 참조.

수밖에 없었지만). 이런 점에서 물건과 물건이 아닌 것이라는 두 규정 사이의 어떤, 그러나 전적으로 부정한 야합(野合)이 생겨난 것이다.(TW 7, 105, §43 / 『법철학』, 134).

그런데 바로 이와 같은 자의(恣意)를 가족 내부에서 상속의 주요원리로 삼는 것이 앞에서 지적된 로마법의 잔혹성과 비윤리성으로 지적되어 왔는데, 로마법에 따르면 자식은 아버지에 의해서마저도 팔려나갈 수 있게 되어 있었기 때문이다. 이때 자식은 타인에게서 해방되더라도 또다시 부권(父權)의 지배 아래 되돌아오게 되어, 결국 세 번째로 노예상태에서 해방되고 나서야 비로소 사실상 자유로워질 수 있었다.—또한 이 법률에 따르면 아들은 도대체가 법률상[de iure] 성인(成人) 또는 법적 인격체가 되는 일이 없고 그가 자기 것으로 점유할 수 있는 것이라곤 다만 전리품, 즉 군사특별재산[pecu-lium castrense] 밖에 없었다. 또한 그는 지금 이야기된 바와 같이 세 번 팔려나간 뒤에 방면되고 나서 부권에서 벗어나더라도 유언에 의한 지정 없이는 여전히 가족 내의 예속상태에 있는 자들과 마찬가지로 상속할 수는 없었다.(TW 7, 334, §180 Anm. / 『법철학』, 346 f.).

§3 자연법과 실정법: 실정법의 비이성적주의적인 평가절하에 반대함. 철학적 법이론의 한계. 자연법과 실정법은 대립하지 않는다. 법의 역사성. 법에 대한 역사적인 설명과 철학적인 개념적 파악. 이 구별에 주의하지 않을 때 일어나는 혼란. 구스타프 후고에 반대함

TW 7, 34 f. / 『법철학』, 60 f.

▸ "법은 1) 한 국가 안에서 타당성을 지닌다는 형식으로 인해서 일반적으로 실정적(實定的)이다. 그리고 이와 같은 법률적 권위를 이루는

것이 법의 이해를 위한 원리로서의 실정적 법학이다. 2) 내용면으로 보면 이 법은 아래의 세 가지 점에서 실정적 요소를 얻는다. α) 한 국민의 특수한 국민성과 그 민족의 역사적 발전단계 및 자연필연성에 속하는 모든 상태의 연관성과, β) 하나의 제정된 법체계는 외부로부터 주어지는, 대상들 및 경우들의 특수한 성질에 보편적인 개념을 적용시킨다는 점을 포함할 수밖에 없는 필연성으로 인하여 그런 것이다. ― 그런데 이때의 적용이란, 더 이상 사변적 사유나 개념의 전개가 아닌 지성의 포섭을 의미한다 ― γ) 현실에서 판결하기 위해 요구되는 최종적인 규정들로 인하여 그러한 실정적 요소를 지니기도 한다.”

(해설)

● 법은 여러 종류로 나눌 수 있다. 우선 우리가 가장 쉽게 접하게 되는 것이 바로 실정법이다. 실정법은 '현실(實)에서 제정(定)된 법' 혹은 '실제로 제정된 법'이라는 뜻이다. 그리고 이것은 '인간이 제정한 법'이라는 의미에서 '인정법(人定法)'이라고도 한다. '현실에서 실제로 제정된 법이라는 의미의 실정법과 대립된 의미의 법은, 토마스 아퀴나스(Thomas Aquinas)가 구분한 바에 따르면 '영원법'이다. '영원'이라는 것은 본래 '무시간'을 의미하므로, 시간이 존재하지 않는 영원의 세계에 존재하는 것으로 상정(想定)되는 법을 말한다. 예컨대 신이 우주를 창조하기 이전에 신의 마음속에 있는 법이라고 생각하면 될 것이다. 이런 영원법이 예컨대 유대·기독교의 경전(經典)에 신의 명령으로 나타난 것이 바로 '신법(神法)'이고 인간의 이성에 드러나는 것이 '자연법'[32]이다. '자연'이라는 말은 맥락에 따라 다양한 의미로 사용되는데,

---

32 자연법[natural law, Naturrecht]과 자연법칙[law of nature, Naturgesetz]을 혼동해서는 안 된다.

이 경우에는 '이성'이라는 의미로 사용되고 있다. 모든 학자들이 토마스처럼 '영원법'을 인정하는 것은 아니다. 또한 '신법(神法)'이라는 것도, 특정종교를 신봉하지 않는 사람의 입장에서는 인정하기 어렵다. 그렇다면 우리는 일반적으로 자연법과 실정법에 대해서 말할 수 있을 것이다.

• 예컨대 실정법 가운데 하나인 도로교통법을 생각해보자. 우리나라, 미국, 독일 등에서 자동차는 중앙선의 우측으로 다니게 되어 있다. 그러나 일본이나 영국 등의 나라에서는 이와는 반대로 중앙선의 좌측으로 다니도록 규정하고 있다. 이처럼 실정법은 나라(공간)에 따라 상이할 수 있고, 같은 나라나 지역의 경우에도 시대(시간)에 따라 다를 수 있다. 즉, 실정법은 상대성을 띠고 있다는 말이다. 그러나 각 나라에서 도로교통법을 제정하고 그것을 준수하도록 명령하고 노력하는 이유는 과연 무엇일까? 그것은 바로 '생명의 보호'다. 비록 시대와 지역에 따라 구체적으로 제정되는 법인 실정법은 다르다 할지라도 그것의 배후에 있는 사상, 즉 '생명은 존귀한 것이니 그것의 보호를 위해 노력해야 한다'는 생각은 공통적인 것이라 할 수 있는데, 바로 이것이 자연법인 것이다.

• 그런데 헤겔은 바로 첫 문장을, "법은 1) 한 국가 안에서 타당성을 지닌다는 형식으로 인해서 일반적으로 실정적(實定的)이다"라는 말로 시작한다. 즉 실정법은 우선 구체적인 내용은 검토하지 않더라도, —자연법이 보편성이라는 형식을 지니고 있는데 비해서— 모든 국가가 아니라 어떤 한 국가 안에서 타당성을 지닌다는 점, 즉 특수성이라는 형식으로 인해서 실정적이라고 말하는 것이다.

★ "2) 내용면으로 보면 이 법은 아래의 세 가지 점에서 실정적 요소를 얻는다. α) 한 국민의 특수한 국민성과 그 국민의 역사적 발전단계 및

자연필연성에 속하는 모든 상태의 연관성과, (...)"

● 내용면에서 실정법이 실정적 요소를 얻는 측면은 우선 한 국민의
특수한 국민성이다. 실정법은 결국 인간이 만드는 법이기 때문에 법을
제정하는 국민의 특수한 국민성이 반영되기 마련이다. 뿐만 아니라 실
정법은 "그 국민의 역사적 발전단계 및 자연필연성에 속하는 모든 연관
성"에 제약된다. 여기서 "역사적 발전단계"란, 시간적인 제약을, "자연
필연성"은 공간적인 제약을 가리킨다. 실정법은 이처럼 시간과 공간의
제약을 받는 가운데 성립하는 것이다. 여기서 "자연필연성"에 대해 좀
더 생각해보자.

★ "자연필연성"[Naturnotwendigkeit, natural necessity]

● 이에 관해서는 헤겔의 『역사철학강의』 중 〈세계사의 지리적 기초〉
[Geographische Grundlage der Weltgeschichte][33]와 『역사 속의 이성』
중의 〈세계사의 자연적 연관 혹은 지리적 기초〉[34]를 참조할 것. 아래에,
『역사철학강의』 가운데 이와 관련된 부분을 참고로 인용한다 :

민족정신과 자연의 관계는, 인륜적 전체의 보편성과 인륜적 전체 속에서 행
동하는 개별적인 인격체(와의 관계)에 비하면 외면적인 것이다. 그런데 우
리가 그것을 민족정신이 운동하는 터전으로 생각해야 하는 한, 그것은 본질
적으로 그리고 필수적으로 하나의 기초가 된다. 우리는, 세계사 속에서는 정
신의 이념이 일련의 외적인 형태를 띠고 실제로 나타나고, 그 형태들의 각각

---

33 *Vorlesungen über die Philosophie der Geschichte*. TW 12, 105-133.
34 VG, 198-241.

은 현실적으로 존재하는 민족으로 나타난다는 주장으로부터 출발했다. 이러한 실존의 측면은 자연적 존재의 방식으로 시간과 공간 속으로 나타난다. 그리고 세계사에 등장하는 각 민족이 지니고 있는 특수한 원리는 자체 내에 이러한 실존의 측면을 동시에 자연적 규정성으로 가지고 있다. 자연성이라는 이러한 방식의 옷을 입고 나타나는 정신은 자기의 특수한 형태들을 흩어지게 한다. 왜냐하면 여기저기에 흩어져 존재하는 것이 자연성이 취하는 형태이기 때문이다. 그런데 자연의 이러한 차이들은 우선 그로부터 정신이 솟아나오는 특수한 가능성들로 간주되어야 하며, 그리하여 이러한 차이들이 지리적 기초를 제공한다. 우리에게 문제되는 것은 민족의 외면적인 장소로서의 터전을 아는 것이 아니라, 그 장소성의 자연적 유형을 아는 것이다. 자연적 유형은 그러한 터전의 아들인 민족의 유형 및 성격과 바로 연관된다. 민족의 이러한 성격은, 여러 민족들이 세계사에 등장해서 거기서 위치와 자리를 차지하는 양상과 방식이다. —자연은 과대평가되어서도 과소평가되어서도 안 된다. 이오니아의 온화한 하늘이 호메로스의 시(詩)의 우아한 기품을 만드는데 큰 기여를 한 것은 분명하지만, 그것만으로는 호메로스를 만들 수 없다. 또한 온화한 하늘이 항상 호메로스를 만들어내는 것도 아니다. 터키의 지배 아래 있던 이오니아에서는 한 명의 시인도 늘어나지 않았다. —이제 여기서 우선, 세계사의 운동으로부터 확실히 배제될 지도 모르는 자연성을 고려해야 한다. 즉, 한대(寒帶)와 열대(熱帶)에서는 세계사적 민족들의 터전이 존재할 수 없다는 것이다. (...) 자연은 그로부터 인간이 자신 속에서 자유를 획득할 수 있는 최초의 입장이다. 그리고 이러한 해방은 자연의 위력에 의해 방해받아서는 안 된다. 자연은 정신에 맞서 있는 양적(量的)인 것으로 간주된다. 그러나 그 위력은 전능한 것으로 정립될 정도로 커서는 안 된다. 그런데 남북의 극지대(極地帶)에서 인간은 자유롭게 움직일 수가 없다. 여기서 추위와 더위는 너무나 강력한 위력이어서 정신이 독자적인 세계를 구축하도록 허락하지 않는다. 아리스토텔레스는 '절박한 필요가 충족된 이후에 인간

은 보편적인 것, 보다 더 높은 것으로 향한다'(『형이상학』 제1권 제2장 982
b)라고 분명히 말한다. 그러나 저 극지방에서는 곤궁함을 결코 멈출 수 없고
피할 수 없어서 인간은 자기의 주의(注意)를 자연에, 즉, 작열(灼熱)하는 태
양빛과 얼음 같은 추위에 돌리는 일을 지속적으로 하지 않으면 안 된다. 그
러므로 세계사의 진정한 무대는 온대(溫帶)지방이며, 더욱이 북반구의 온대
지방이다. 왜냐하면 북반구의 온대지방의 땅은 대륙을 이루고, 헬라스인이
말하는 것처럼, 넓은 가슴을 가지고 있기 때문이다. 반면에 남반구의 온대지
방은 나누어져 있고, 여러 개의 돌출지점들에 이르기까지 분리되어 있다. 이
와 동일한 계기가 자연의 산물들에서도 드러난다. 북반구에는 아주 많은 종
류의 동식물이 공통적으로 존재하지만, 땅이 여러 개의 돌출지점들로 분할
된 남반구에서는 자연의 형태들도 서로 개별화된다.[35]

★ "β) 하나의 제정된 법체계는 외부로부터 주어지는, 대상들 및 경우
들의 특수한 성질에 보편적인 개념을 적용시킨다는 점을 포함할 수밖에
없는 필연성으로 인하여 그런 것이다. ― 그런데 이때의 적용이란, 더
이상 사변적 사유나 개념의 전개가 아닌 지성의 포섭을 의미한다―"

● 이 구절은 칸트의 인식론에서 감성과 지성의 관계를 생각해보면
쉽게 이해된다. 즉, 칸트의 인식론에서는 지성의 (보편적) 개념들인 범
주(範疇)들[Kategorien]을 감성적(감각적) 직관을 통해 인식주관에 들
어온 카오스적 다양(잡다)[kaotische Mannigfaltigkeiten]에 적용한 것
혹은 후자를 전자의 밑으로 포섭한[subsumieren] 결과로 이루어진 것
이 바로 현상 내지는 인식이다. 실정법에서도 이와 마찬가지로 보편적
인 개념을 개별 사례들에 적용하여 죄의 여부를 판가름한다. 예컨대 헤

겔은 『법철학』의 난외주(欄外註)[36]에서, 절도법(竊盜法)은 그 법이 처음에 제정되었을 때에는 구체화되지 않았던 경우인 저작물의 표절(剽竊)의 경우에 적용되어야 한다고 말하고 있다(『법철학』 §§69, 212, 214의 주해 참조).

그런데 헤겔은 실정법의 이러한 적용이 "더 이상 사변적 사유나 개념의 전개가 아닌 지성의 포섭을 의미한다"고 말한다. 이 말은 무슨 뜻인가? 실정법에 의해서도 현실의 여러 사건들과 사례들에 대한 죄의 여부가 판단되기는 하지만, 이것은 완전한 통일적인 판단이 아니라 어디까지나 부분적인 통일성만을 지니고 있는 판단이다. 그러므로 헤겔은 이것을 "지성의 포섭"이라고 하는 것으로 보인다. 그렇다면 "사변적 사유나 개념의 전개"에 해당하는 것은 무엇이겠는가? 그것은 바로 자연법일 것이다. 이성이 지성이 이루어놓은 판단들(인식들)에 종합적인 통일성을 부여하듯이, 실정법도 자연법을 통해 통일성을 획득해야 한다. 실정법과 자연법은 모순되어서는 안 되며 조화를 이루어야 한다.

★ "γ) 현실에서 판결하기 위해 요구되는 최종적인 규정들로 인하여 그러한 실정적 요소를 지니기도 한다."

• 형벌의 종류나 양(量), 예컨대 구금(拘禁)이나 벌금(罰金), 그리고 구금의 기간이나 벌금의 액수, 혹은 1년 후 아니면 1일 후에 법원출두 명령을 내릴 것인가 하는 문제에 관한 상세한 규정을 말한다.[37] 예컨대

---

36 난외주(欄外註)는, 출간된 『법철학』 텍스트에 대한 헤겔 자신의 수정(修正)으로, 『법철학에 대한 헤겔 자신의 난외주』(Hegels Eigenhändige Randbemerkungen zu seiner Rechtsphilosophie, Leipzig, 1930)라는 제목으로 랏손(G. Lasson)에 의해 출간되었다. 위에 인용된 내용은 G. Lasson (hg.), Hegels Eigenhändige Randbemerkungen zu seiner Rechtsphilosophie, Leipzig, 1930, 3을 참조한 것임.

37 Lasson, ebd.

명예훼손죄에 대해 몇 개월의 징역형이나 벌금형에 처할 것인가에 관한 "최종적인 규정들"에 대해서는 자연법이 아무런 말도 해줄 수 없다. 이것은 각 국가 내에서의 실정법에 의해 구체적인 규정을 마련할 수밖에 없는 것이다. 이런 점 역시 실정법의 특성인 것이다.

TW 7, 35 / 『법철학』, 61

▶ "자연법이나 철학적 법이 실정법과 다르다는 사실을 곡해하여 이들이 서로 대립되고 모순된다고 생각하는 것은 큰 오해일 것이다. 전자와 후자의 관계는 오히려 법학제요(法學提要, Institutionen)와 법률요람(法律要覽, Pandekten)의 관계와도 같다."

(해설)
• 우선 자연법이나 철학적 법은 실정법과는 다르다. 전자는 보편적이고 후자는 특수하다는 점에서 다를 뿐 아니라, 전자는 옳은 것이지만, 후자는 항상 옳은 것은 아니라는 점에서도 그러하다.
• 그러나 이런 차이점으로 인하여, 이들이 서로 대립되고 모순된다고 생각하는 것은 잘못이라고 헤겔은 말한다. 이 양자의 관계는 마치 법학제요(法學提要)와 법률요람(法律要覽)의 관계처럼, 전자가 후자를 포괄하는 관계로 보아야 한다는 것이다. 즉, 전자는 일반적·포괄적인 법의 내용을 담고 있는데 반하여 후자는 표제들 아래에 조직된 초기 법 자료들의 긴 편집물로서 구체적인 법의 내용을 담고 있다는 점에서 차이가 있다는 것이다.
• 그런데 이것은 이상적(理想的)인 주장이다. 왜냐하면 실제로는 실정법이 자연법이나 철학적 법에 상응하지 못하고 대립되는 경우가 발생하기 때문이다. 그런 경우에는 실정법을 자연법에 맞도록 수정해야

할 것이다.

★ "법학제요와 법률요람의 관계"(Verhältnis von Institutionen zu Pandekten)

• 법학제요[Institutionen]와 법률요람[Pandekten, 라틴명 Digesta]은 동로마 황제 유스티니아누스의 명(命)에 의해 편찬되어 533년 12월 30일에 공포된 로마법전 ─ 나중에 시민법전[Corpus iuris civilis]이라는 이름이 주어짐 ─ 의 네 부분 중의 첫 번째 두 부분이었다. 시민법전은 다음과 같이 구성되어 있다:

1. 법학제요[Institutes][38]: 일반적이고 포괄적인 로마법의 교과서. 이 것은 안토니우스 피우스(Antonius Pius)와 마르쿠스 아우렐리우스(Marcus Aurelius)의 통치를 받은 법률가인 가이우스(Gaius, A.D. 110-180 경)의 법제도에 기초하고 있었다

2. 법률요람[The Pandects][39]: 표제들 아래에 조직된 초기 법 자료들

[38] 2세기의 로마의 법학자 가이우스가 로마사법의 개요를 풀이하여 지은 책. 4권으로 구성됨. 에스파냐 에스코리알 도서관 소장. 4~5세기의 필사본에 의하여 그 내용이 완전히 전한다. 간단한 서론에 이어, 인법(人法)·물법(物法)·소송법 순서로, 로마 사법의 개요를 설명하였다. 533년 말 비잔틴제국의 유스티니아누스(1세)가 이를 주요한 재료로 하여, 같은 이름의 법전을 공포·시행하였다. 입법사업의 하나로, 국립법학교 학생의 교과용으로 사용된 것으로, 똑같이 4권이고 설명 순서도 가이우스의 것과 비슷하다. 다만 말미에 간단한 형사소송법에 관한 설명을 추가하였을 뿐이다. 이와 같은 로마의 법학제요 체계는 그 뒤 중세를 통하여, 모범적 사법체계로 전승되었으나, 소송법 부분은 점차로 독립되었다. 1804년 프랑스 민법전은, 이와 같은 인법·물법 및 그 각부의 세별(細別)에 관한 로마의 법학제요 체계를 본떴다(네이버 지식백과, 두산백과 참조).

[39] Pandects는 Digest라고도 불리는데, 라틴명은 헬라스어로 '모든 것을 포함하고 있는'이라는 뜻을 지닌 πανδέκτης (pandektēs 〈 'pan dechesthai' = 'taking in all')를

의 긴 편집물

3. 코덱스(The Codex): 과거 황제들의 법령(法令, enactments) 모음
4. 노벨스(The Novels): 유스티니아누스 자신에 의해 제정된 새로운
법들

• 시민법전은 11세기의 부흥에 의해 (주로 볼로냐의 큰 법률학교에서) 받아들여졌기 때문에, 나중에 근대의 모든 유럽대륙의 법체계의 기초가 될 수 있었다. 시민법전의 표준판은 몸젠(Theodor Mommsen, 1817–1903)과 크뤼거(Paul Krueger, 1840–1926)에 의해 편집되었다 (1895).[40]

TW 7, 35 f. / 『법철학』, 62

▶ "(…) 즉, 역사적인 토대로부터 이룩된 발전 자체가 개념으로부터 비롯된 발전과 혼동되지 않으며, 역사적인 설명이나 정당화가 즉자대자적으로 타당한 정당화의 의미를 지니는 데까지 확대되지도 않는 한, 그것은 철학적 고찰과는 무관하다."

(해설)

• 우리는 어떤 것이 역사적으로, 즉 시간적으로 전개(발전)해나가는 것—즉, 이것은 사실 내지는 현실의 측면이다—과, 그것이 그 자체의 개념(의 필연성)에 의해 전개되는 것을 구별할 수 있고, 어떤 것의 발생을 역사적·시간적으로 설명하거나 정당화하는 것과, 그것을 개념에 따

번역한 Digesta 혹은 Pandectae이며, 50권으로 되어 있다(http://en.wikipedia.org/wiki/Digest_(Roman_law).

40 Nisbet, 393 참조.

라 설명하고 정당화하는 것을 구별할 수 있다. 예컨대 헤겔은 『법철학』의 구성을 추상법 → 도덕 → 인륜으로 전개하고, 다시 인륜을 '가정' → '시민사회' → '국가' 순으로 서술하고 있다. 그러나 여기서 주의할 점은, 역사적·시간적인 전개로 보자면 인륜의 전개순서는 '가정' → '국가' → '시민사회' 순으로 되어야 한다. 그럼에도 불구하고 헤겔이 이러한 순서를 따르지 않은 것은 인륜 개념의 전개과정을 서술하고자 했기 때문이다. 이것이 바로 어떤 것의 역사적 전개와 개념적 전개의 차이점이다.

이와 마찬가지로, 역사적인 설명이나 정당화는 어떤 것의 존재나 어떤 사건을 그것의 선행존재자나 선행사건 내지는 당시의 사회적·역사적 상황으로 설명하고 정당화하는 것인 데 반하여, 즉자대자적으로 타당한, 즉 개념에 의한 정당화는, 어떤 존재자나 사건이 발생할 수밖에 없는 어떤 '개념적 필연성' 내지는 '이성(理性)'에 따라 설명하거나 정당화하는 것을 말한다.

TW 7, 36 / 『법철학』, 62

▶ "(...) 어떤 법규정이 주변사정이나 현존하는 법제도들로부터 보면 완벽하게 근거지어지고 논리정연해 보이면서도 전적으로 부정(不正)하고 비이성적일 수 있다. 예컨대 로마시대의 부권(父權)이나 혼인법처럼 그러한 제도들로부터 전적으로 정합적(整合的)으로 도출된 로마 사법(私法)의 수많은 규정이 여기에 해당한다. 그러나 또한 아무리 몇 개의 법규정은 옳고[합법적이고, rechtlich] 이성적이라고 해도, 이것들이 옳고 이성적이라는 점을 그러한 몇 개의 법규정에 의해 밝히는 것은 전적으로 다른 것이며, 그것은 오직 개념에 의해서만 참으로 발생할 수 있으며, 그것은 그러한 법규정이 등장하게 된 역사적인 측면, 즉 그것을 확

립하는 데 기여한 여러 상황이나 이런저런 경우, 또는 필요들이나 사건들을 서술하는 것 등과는 다른 문제다. 그렇듯 역사적 근인(近因)이나 원인(遠因)으로부터 문제를 그렇게 밝히 드러내고 (실용주의적으로) 인식하는 것을 사람들은 흔히 설명하는 것[Erklären]이라느니, 아니, 그보다도 오히려 개념적으로 파악하는 것[Begreifen]이라고들 말한다. 그리하여 사람들은 역사적인 것을 이렇게 분명히 밝혀냄으로써 법률 또는 법제도를 개념적으로 파악하는 데 관건이 되는 모든 것, 혹은 오히려 본질적인 것이 발생한다고 생각한다. 그러면서 오히려 참으로 본질적인 것, 즉 사상(事象, Sache)의 개념은 전혀 언급되지 않았다"

(해설)

• 우리가 추론을 해나갈 때, 추론과정에 아무런 모순이 없다고 해서, 즉 추론이 정합적으로 진행된다고 해서 결론이 옳다는 것을 보장할 수는 없다. 왜냐하면 전제 자체가 그르다면, 형식이 잘 갖추어진 타당한 논증의 결론이 그르게 되기 때문이다. 그렇기 때문에 "법규정이 주변사정이나 현존하는 법제도들로부터 보면 완벽하게 근거지어지고 논리정연해 보이면서도 전적으로 부정(不正)하고 비이성적일 수" 있는 것이다. 따라서 "로마시대의 부권(父權)이나 혼인법"과 같은 "로마 사법(私法)의 수많은 규정들"은 그것들이 도출되어 나온 제도들 자체가 부정(不正)하고 비이성적이기 때문에 그것들도 마찬가지의 성격을 갖게 되는 것이다.

★ "예컨대 로마시대의 부권(父權)이나 혼인법처럼 그러한 제도들로부터 전적으로 정합적으로 도출된 로마 사법(私法)의 수많은 규정이 여기에 해당한다."

• 이에 관해서는 §180의 주해 및 보유에서 헤겔이 설명하고 있다:

그런데 바로 이와 같은 자의(恣意)를 가족 내부에서 상속의 주요원리로 삼는 것이 앞에서 지적된(§§§2·3·43의 주해 참조: 필자 첨가) 로마법의 잔혹성과 비윤리성으로 지적되어 왔는데, 로마법에 따르면 자식은 아버지에 의해서마저도 팔려나갈 수 있게 되어 있었기 때문이다. 이때 자식은 타인에게서 해방되더라도 또다시 부권의 지배 아래 되돌아오게 되어, 결국 세 번째로 노예상태에서 해방되고 나서야 비로소 사실상 자유로워질 수 있었다. ─ 또한 이 법률에 따르면 아들은 도대체 법률상[de iure] 성인 또는 법적 인격이 되는 일이 없고 그가 자기 것으로 점유할 수 있는 것이라곤 다만 전리품(戰利品), 즉 군사특별재산[peculium castrense] 밖에 없었다. 또한 그는 지금 이야기된 바와 같이 세 번 팔려나간 뒤에 방면되고 나서 부권에서 벗어나더라도 유언에 의한 지정 없이는 여전히 가족 내의 예속상태에 있는 자들과 마찬가지로 상속할 수는 없었다.

또한 마찬가지로 아내(남편의 노예가 되는 것과 같은 결혼을 하지는 않은 아내, 즉 '부권에 귀속되어' 남편에 의한 '노예 지위에 있는 것'이 아니라 '마트로나'로서 결혼한 한에서의 아내)의 경우조차도 그녀가 결혼을 통하여 가족의 성원으로서 자기 몫을 다하면서 이제야 사실상 바로 그녀 자신의 가족에 속해야 할 마당에 여전히 친정의 가족에 속하는 상태로 남아 있었다. 따라서 마치 배우자로서의 모친의 재산이 그녀의 가족 성원에 의해 상속되지 못했던 것과 마찬가지로 사실상 아내의 경우도 가족성원으로서 누려야 할 재산 상속권에서 제외되어 있었다"(TW 7, 334 / 『법철학』, 346 f.).

• 이 언급은, 창시자이자 그 주요한 대표자가 베를린 대학에 헤겔의 동료였던 사비니(Friedrich Karl von Savigny, 1779-1861)인 역사법학파(歷史法學派)에 반대하는 것이다. 이 학파가 형성된 것은 19세기 초

독일에서의 법전(法典)논쟁[Kodifikationsstreit]을 계기로 한다. 당시 하이델베르크(Heidelberg)대학 교수 티보가 「독일을 위한 일반 민법전의 필요성에 관하여」("Über die Notwendigkeit eines allgemeinen bürgerlichen Rechts für Deutschland", 1814)라는 논문을 발표하여 이를 추진하려고 하자, 베를린 대학 교수 사비니는 이를 논박하는 「입법 및 법학을 위한 우리 시대의 소명」("Vom Beruf unserer Zeit für Gesetzgebung und Rechtswissenschaft")이라는 논문을 발표했다. 이 논문이 역사법학파의 강령(綱領)이 되었는데, 사비니는 법은 언어와 같이 민족과 더불어 성장하고 민족과 더불어 형성되며 민족이 특질을 잃을 때는 멸망한다고 했다. 사비니는 법전편찬을 부정하지는 않지만 베이컨(Francis Bacon)의 이론을 원용(援用)하여, 그것은 긴급한 필요가 있는 경우에 한하고, 그것을 인정하는 경우에도 종래의 관습법을 중시해야 한다고 주장했다.[41]

• 역사법학파의 입장은, 법은 민족 고유의 문화로부터 내재적으로 발생한 역사적 소산이라고 하고, 입법기관에 의해 제정된 법률보다도 관습법을 중시하는 입장이다. 역사법학파는 무(無)역사적인[ahistorical] 이성의 관점에서 법을 해석하려는 계몽주의의 시도에 반대하여, 법조항들[legal provisions]이 발생한 사회적인 상황 속에서 가지고 있던 본래의 의미의 관점에서 법을 역사적으로 파악함으로써 법에 접근했다. 이러한 접근은 법의 경험적인 역사에 대한 순수한 존경심뿐만이 아니라, 사회·정치적 영역에서의 인간이성의 주장들에 대한 거부 및 전통과 민족의 유산(遺産)에 대한 낭만(주의)적 존경을 나타냈는데, 이는 계몽주의와 프랑스혁명의 이념들에 대한 낭만주의적인 거부와 함께 진행되었다. 헤겔의 비판을 받는 것은 바로 역사법학파가 지닌 이 후자의

41　최종고, 『법철학』, 박영사, 2007, 87 참조.

국면이다. 사비니는 프로이센의 보수주의의 지도적인 학문적 대표자였
다. 그와 헤겔은 철학적으로나 개인적으로도 잘 지내지 못했다. 헤겔은
『법철학』에서 사비니의 이름을 결코 언급하지 않지만,[42] 사비니는 분명
여기서와 『법철학』 §211 주해와 §212 주해에서의 공격대상이다.[43]

TW 7, 37 f. / 『법철학』, 64 f.

  ▶ "거기에서 후고 씨는, '키케로는 철학자들을 특별히 의식하여 12표
(表)에 찬사를 보내고 있다. 그런데 철학자 파보리누스(*Favorinus*)[44]도
이미 예로부터 많은 위대한 철학자들이 실정법을 다룬 것과 전적으로
동일하게 12표를 다루었다'고 인용하고 있다. 바로 거기에서 후고 씨는
12표 대한 그와 같은 취급방식에 근본적으로 대처하기 위해 전무후무하
게 완성된 반론을 제시하는데, 그 이유는 '파보리누스도 이들 철학자들
이 실정법을 이해하지 못한 것과 마찬가지로 12표를 이해하지 못했기 때
문이라는 것'이다."

  (해설)
  • 12표법 [十二表法, lex duodecim tabularum, The Twelve Tables]

---

42 그러나 다음과 비교해볼 것: *Philosophie des Rechts: Die Mitschriften Wannen-
mann (Heidelberg 1817–1818) und Homeyer (Berlin 1818–1819)*, edited by K.-H.
Ilting, Stuttgart, 1983, 54.

43 Nisbet, 394 참조.

44 80–160년경에 생존한 로마의 신 아카데메이아파의 소피스트이자, 회의주의 철학
자, 수사학자(修辭學者)로서, 골(Gaul) 지방의 아를(Arles, 현재의 동남 프랑스)에서
태어났으며 로마, 아테네, 고린도와 에베소에서 살았던 것으로 알려진다. 그는 선천적
인 고자(鼓子)였고, 헤로데스 아티쿠스(Herodes Atticus), 겔리우스(Aulus Gellius),
프론토(Fronto)의 스승이자, 플루타르크(Plutarch)의 친구였다(http://global.britan-
nica.com/EBchecked/topic/202901/Favorinus).

은 BC 450년경에 반포된 로마 최고(最古)의 성문법으로, 12동판법(銅板法)이라고도 한다. 법에 관한 지식과 공유지 사용을 독점하였던 귀족이 평민의 반항에 타협한 결과 제정되었으며 시장(市場)에 공시되었다. 로마의 철학자·변론가인 키케로(Marcus Tullius Cicero, 106-43 BC)는 어렸을 때 이것을 애창가요로 즐겨 불렀다고 하는데, 로마가 BC 4세기 갈리아의 공격을 받았을 때 12표법의 원본이 소실되었으므로 후세의 단편적인 사료(史料)로써 재구성하였다. 따라서 12표법이 동판에 새겨졌는지, 상아(象牙)나 목판(木板)에 새겨졌는지도 불확실하다. 그때까지 비밀로 되어왔던 관습법과 판례법의 일부라도 성문화되어 공시되었다는 점은 적극적인 의의가 있어 후에 전공사법(全公私法)의 원천으로서 중요시되었다. 그러나 소송법·가족법·공법·종교법이 있었고, 특히 불충분한 거래법, 수확물에 대한 저주의 금지, 탈리오[동해보복(同害報復)]의 승인, 엄격한 상린관계(相隣關係)의 법 등 좁은 고대적 농업사회의 법이었다.

또한 귀족층이 주도권을 잡고 제정하였으므로 여전히 가혹한 채무법(債務法)이나 귀족과 평민과의 통혼(通婚) 금지규정 등이 포함되어 있었으므로 평민의 불만이 충분히 해소되지 않아 귀족과 평민과의 항쟁이 다시 전개되는 결과가 되었다.[45]

• 인용문은 키케로로부터 나온 다음과 같은 구절이다: "12표법을 포함하고 있는 작은 책은 그것(12표법)의 중요성이나 그것의 풍부한 유용성면에서 모든 철학책들을 실로 능가하는 것 같다."[46]

---

45 네이버백과 참조.
46 "Truly it seems to me that all the collections of philosophical books are outweighed, both in their importance and in the wealth of their utility, by the one little book which contains the Twelve Tables of Law."(Cicero, *De oratore* I, 44). Nisbet, 395에서 재인용.

• 역사법학파의 대표자 중 한 사람인 후고(Gustav Ritter von Hugo, 1764-1844)는 1788년 이래로 괴팅엔(Göttingen) 대학의 법학교수였다. 헤겔은 1799년에 출간된 그의 『로마법사 교과서』[47]를 언급하고 있는데, 초판은 1790년에 간행되었다. 후고는 역사법학파의 입장에서 파보리누스를 비판하고 있다.

TW 7, 38 / 『법철학』, 65 f.

▶ "겔리우스[48]의 『아티카의 밤들』(Noctes Atticae) 제20권 제1절 [22 f.]에서 법학자 섹스투스 카에킬리우스[49]가 철학자 파보리누스에게 한 훈계에 관해서 말하자면, 그 훈계는 우선, 내용면에서 단지 실정적인 데 불과한 것을 정당화하는 영속적이며 참된 원리를 이야기하고 있다: 카에킬리우스는 파보리누스에게 다음과 같이 아주 잘 말하고 있다. 즉 '자

---

47 헤겔은 책제목을 줄여서 『로마법사 교과서』(Lehrbuch der Geschichte des römischen Rechts)라고 쓰고 있지만, 원제목은 『유스티니아누스 이래의 로마법사 교과서 혹은 법학사 및 대부분 가르쳐진 민간사(民間史)교과서』[Lehrbuch der Geschichte des römischen Rechts seit Justinian, oder der juristischen und meist civilistischen gelehrten Geschichte, 1790, 1815(제5판)]다.

48 겔리우스(Aulus Gellius)는 2세기[123(?)-165]에 생존했던 로마의 저술가이자 문법가다. 그의 『아티카의 밤들』(Noctes Atticae)은 아주 다양한 주제를 다룬 20권으로 된 에세이 책으로, 고전시대의 로마의 삶에 관한 일화들, 인용문들과 관찰들을 포함하고 있는 가치 있는 자료다(Nisbet, 395 참조).

49 카에킬리우스(Sextus Caecilius Africanus)는 아프리카 출신의 법학자다(출생연도는 미상. 169/175년경에 사망). 파보리누스와 카에킬리우스는 모두 하드리안(Hadrian)황제(AD 117-138)의 궁정(宮庭)에 속했다. 이 두 사람이 나눈 대화는 후고의 목적에 소용되고 있다. 왜냐하면 이 대화 속에서는, 법의 역사에 조예가 깊은 법학자가, 철학자들은 법이 만들어진 역사적 상황을 모르기 때문에 생긴 오해들에 근거하고 있다는 것을 보여줌으로써 전통적인 법들[statutes]에 대한 철학자들의 비판을 바로잡기 때문이다(Nisbet., ebd. 참조).

네가 모르지 않듯이, 법에 의해 제공된 이익들과 구제책들은 시대의 풍습과 헌법의 종류들과 일치하여, 그리고 현재의 이익(장점)과 수정되어야 할 맹렬한 결점(해악)들을 고려하면서 변화하고 바뀌며, 그래서 그것들은 영속적인 상태로 지속되지 않는다네. 이와는 반대로 그것들은 마치 폭풍이 하늘과 바다의 모습을 변화시키듯 우연과 주변상황이라는 폭풍에 의해 변화된다네. 무엇이 스톨로[50]의 법안[51]보다 더 건전한 것일 수 있는가? (...) 보코니우스[52]의 평민조례보다 더 유익한 것이 무엇인가? (...) 무엇이 리키니우스[53]의 법[54]만큼 필요한 것으로 생각되었는가? (...) 그럼에도 불구하고 그것들은 현(現) 국가의 풍요(豊饒)[부(富)]에 의해 모두 말살되고 가려졌다네.'"[55]

(해설)

★ 스톨로의 법안

---

50 Gaius Licinius Calvus Stolo: BC 376년에 로마의 호민관이 되고, 시민의 토지소유의 제한, 채무(債務)의 경감, 통령(統領)의 한 사람을 평민계급에서 선출하는 법안을 제출하고, BC 367년 통과시켰다고 전해진다(강문용·이동춘, 66 참조).

51 공유지의 제한, 책무의 경감 등에 관한 법안임(강문용·이동춘, ebd. 참조).

52 부인(婦人)의 상속권을 규제했다고 한다(강문용·이동춘, ebd. 참조). BC 169년에 호민관이 됨.

53 앞에서 말한 스톨로를 가리킨다.

54 시민의 사치(奢侈)를 금지하는 법임(岩崎武雄, 184 참조. 그리고 강문용·이동춘, ebd. 참조).

55 »Non ignoras« (...) »legum *opportunitates* et medelas pro *temporum* moribus et pro rerum publicarum *generibus*, ac pro utilitatum *praesentium* rationibus, proque *vitiorum*, quibus medendum est, *fervoribus*, mutari ac *flecti*, *neque uno statu consistere*, quin, ut facies coeli et maris, ita *rerum* atque *fortunae* tempestatibus *varientur*. Quid salubrius visum est rogatione illa Stolonis (...), quid utilius plebiscito Voconio (...), quid tam necessarium existimatum est..., quam lex Licinia...? Omnia *tamen* haec *obliterata* et *operta* sunt civitatis opulentia (...)« 여기에 언급된 법률들은 모두, 국가의 재정위기를 구하기 위한 것이었다(岩崎武雄, 185참조).

• BC 376년 로마 공화국 치하에서 호민관(護民官, tribunes)인 스톨로(Licinius Stolo)와 라테라누스(L. Sextius Lateranus)는 농지개혁을 목표로 한, 즉 귀족과 평민 사이의 정치적 불평등을 감소시킴으로써 가난한 자들의 고통을 해결하는 것을 목표로 한—통상 '리키니우스 법률 초안'[Licinian Rogations]으로 불리는—확실한 조처를 제안했다. 스톨로의 법은 각 시민의 토지 소유를 500유게라(jugera)로 제한했다. 귀족들의 반대를 이기고 그 조처는 BC 367년에 큰 성공을 거두고 채택되었다. 그러나 AD 100년에 이르러 그것은 낡은 것으로 간주되었다(Livy, *History of Rome* 2.6.35-38 참조)

• 보코니아(Voconia)의 법(BC 69년에 공포됨)은 여성들의 상속을 규제하였다[Cicero, *De re publica* (*Über das Gemeinwesen*) 3.10 참조].

• 겔리우스가 명백히 말하듯, 여기서 의도된 '리키니우스 법'은 사치규제법이었는데, 국가가 번영하자 그 이후엔 진부한 것으로 생각되었다(*Noctes Atticae* 20.I, 25).[56]

TW 7, 39 f. / 『법철학』, 66 f.

▶ "그런데 나는 파보리누스에 반대하여, 12표를 훨씬 더 정당화(변호)하고 있는 한 예를 들려고 한다. 왜냐하면 여기서 카에킬리우스는 지성 및 지성의 추리[Räsonierens]가 지닌 어처구니없는 기만, 즉 그 어떤 악한 일에 대해서도 선한 이유를 댐으로써 그 악한 일이 정당화될 수 있다는 듯이 여기는 그런 기만을 저지르고 있기 때문이다. 말하자면 변제기한(辨濟期限)이 지난 뒤에는 채무자를 살해하거나 노예로 매도(賣渡)할

---

56 Nisbet., ebd. 참조.

수 있는 권리마저도 채권자에게 부여되기도 하는 것이다. 이때 더욱이 채권자가 다수일 경우에는 채무자의 신체 일부분을 절단하여 그들이 서로 분배할 권리마저도 부여되는데, 이때 그들 중에 누가 더 많이 잘라냈거나 적게 잘라냈다 하더라도 이로 인하여 채권자가 어떤 권리의 손해를 보는 일은 전혀 생기지 않는다[57]는[이런 조관(條款) (약관, 約款, Klausel)이라면 쉐익스피어의 『베니스의 상인』에 나오는 샤일록에게는 유리할 것이므로 그는 이를 더없이 고마운 마음으로 수락했을 것이다[58]] 식의 가혹한 법

---

57 12표법의 제3표 제6조에는 다음과 같이 기록되어 있다: "제3의 개시일(開市日)에 (세 번째 장날에) (채권자들은) 부분으로 분할한다. 그들이 넘치거나 모자라게 분할하였더라도 탈법이 되지 않는다."([최병조, 「十二表法(對譯)」, 『서울대학교 법학』, 서울대학교 법학연구소, 제32권 1,2호. 1991 (157-176), 163). 원문은 다음과 같다: "6. TERTIIS NUNDINIS PARTIS SECANTO. SI PLUS MINUSVE SECUERUNT, SE FRAUDE ESTO." 참고로 독일어 번역과 영어 번역을 병기한다. (독역): "6. Am dritten Markttag (nundinae) sollen sie [mehrere Gläubiger] das Schuldnervermögen untereinander aufteilen (partes secanto). Wenn einer [dabei] etwas mehr oder weniger erlangt, als ihm zusteht, soll das nicht als unzulässige Bereicherung angesehen werden (se fraude esto)(http://agiw.fak1.tu-berlin.de/Auditorium/Rom-Recht/SO3/LXIITab.htm)./(영역): "6. On the third market day the creditors shall cut shares. If they have cut more or less than their shares it shall be without prejudice."(http://droitromain.upmf-grenoble.fr/Anglica/twelve_Johnson.html).

58 베니스의 상인 안토니오(Antonio)는 친구 밧사니오(Bassanio)로부터 벨몬트(Belmont)에 사는 포샤(Portia)에게 구혼하기 위한 여비를 마련해 달라는 부탁을 받아, 가지고 있는 배를 담보로 하여 유대인 고리대금업자 샤일록(Shylock)으로부터 돈을 빌린다. 샤일록은 밧사니오가 돈을 갚지 못할 경우 안토니오의 살 1파운드를 취할 수 있다는 조건으로 밧사니오에게 3,000듀캇(ducats)을 빌려준다(『베니스의 상인』(*Merchant of Venice*, I.iii). 그러나 안토니오는 배가 돌아오지 않아 생명을 잃을 위기에 처하게 되는데, 남장을 한 포샤가 베니스 법정의 재판관이 되어, 피를 흘리지 않고 살을 잘라가야 한다고 선언함으로써 샤일록은 패소하여 재산을 몰수당하고 기독교로 개종할 것을 명령받는다. 로마의 12표에는 채무자의 신체를 절단할 때에 피를 흘려서는 안 된다는 조항이 없기 때문에—사실은 『베니스의 상인』에서의 계약서에도 이런 조항은 없다—만일 샤일록과 같은 사람에게는 이런 행동을 함에 있어서 아무런 장애가 없을 것이며, 따라서 이를 고마운 마음으로 수락했을 것이라는 말이다.

률이 생기는 것이다.”

(해설)

• 법학자 카에킬리우스도 후고의 입장과 같은 입장을 가진 사람으로 서 파보리누스를 비판하고 있다.

• 헤겔은 『법철학』에서 사비니에 대한 직접 언급을 피하면서 이 학파 의 선구자인 후고를 비판함으로써 이 학파를 비판하고 있다(§3 주해, §211 주해). 그 비판의 요점은, 어떤 법규정이 주변의 사정에 적합하고 동시대의 법제도와 정합적이라는 것과 이 법규정이 개념을 토대로 자 체적으로 이성적이라는 것은 전혀 별개의 것임에도 불구하고 이 학파 는 이를 역사적으로 정당화하는 것에 만족하고, 이성적인 정당화를 배 제해 버렸다는 데 있다. 이것에 의하면 로마법은 채권자에게 변제기한 이 넘긴 채무자를 죽일 수 있는 권리를 부여했고 또한 가부장(家父長) 에게는 노예 및 자식을 재산으로 취급할 수 있는 권리를 인정하고 있는 데, 이런 참혹한 법률도 이 학파는 역사적으로 성립하게 된 사정을 설 명함으로써 정당화시켜 버린다는 것이다.

• 입법과 그 법의 제 규정이 국민과 시대의 성격으로부터 분리되지 않았다는 것은 헤겔도 인정하는 바다. 이것은 몽테스키외의 『법의 정 신』으로부터 헤겔이 배운 통찰이었다. 그리고 이런 범위에서 헤겔은 민 족정신이라는 개념을 역사법학과 공유하고 있다. 그러나 헤겔에 있어 민족정신이란, 이성적인 국가의지에 구체적인 내용을 부여하는 것으로 서 역사법학에 있어서처럼 그것 자체가 법의 궁극적인 원천은 아니다. 헤겔에 있어 법질서의 최고의 표현은 어디까지나 국가에 의해 제정된 법률이며, 관습법에 있지 않다(§211 및 보유 참조).[59]

---

59 上妻精, 59 참조.

• 여기서 헤겔이, "카에킬리우스는 지성 및 지성의 추리[Räsonierens]가 지닌 어처구니없는 기만, 즉 그 어떤 악한 일에 대해서도 선한 이유를 댐으로써 그 악한 일이 정당화될 수 있다는 듯이 여기는 그런 기만을 저지르고 있기 때문이다"라고 말하는 것은 과연 무슨 뜻일까? 'Räsonieren'이라는 용어는 앞에서도 설명했듯이 헤겔이 부정적인 의미로 사용하고 있다. 즉, 이것은 사실 여부와는 상관없이 논증의 타당성만을 확보하며 수행하는 '지성의 추리'를 가리킨다. 통상적으로 '추리(推理)'나 '추론(推論)'은 지성이 아니라 '이성'이 수행하는 작용이다. 그래서 추리를 영어로는 'reasoning'이라고 하고 독일어로는 'Räsonieren', 프랑스어로는 'Raisonnement'이라고 한다. 그런데 헤겔이 여기서 'Räsonieren' 앞에 '지성의'라는 수식어를 붙인 것은, 이러한 추리가 지닌 비진리성 때문이다. 앞에서도 설명했듯이, 우리는 사실과는 관계없지만 형식은 올바르기 때문에 '타당한' 추론을 얼마든지 만들어낼 수 있다. 그러나 만약 전제가 거짓이라면, 이때의 타당한 추론(논증)의 결론도 거짓이 된다. 헤겔은 여기서도 바로 이런 점을 지적하고 있는 것이다. 그러면 위의 본문 중에서 로마의 12표법에 관한 내용을 중심으로 카에킬리우스의 잘못을 밝혀보자. 그의 추론 내지 논증은 다음과 같이 구성될 수 있다:

1. 실정법은—비록 어떤 결함이 있다 할지라도—반드시 준수되어야 한다.
2. 실정법인 12표법에는, 변제기한이 지난 뒤에는 채무자를 살해하거나 노예로 매도할 수 있다고 규정되어 있다.

변제기한이 지난 뒤에는 채무자를 살해하거나 노예로 매도할 수 있다.

위의 추론 내지 논증에서 카에킬리우스가 자신의 주장인 결론을 정당화하는 방법은 바로 실정법인 12표법에 의존하는 것이다. 그런데 헤겔이 보기에 결론의 행위는 '악한' 것이다. 카에킬리우스는 여기서, "그 어떤 악한 일에 대해서도 선한 이유를 댐으로써 그 악한 일이 정당화될 수 있다는 듯이 여기는 그런 기만을 저지르고" 있는 것이다. 그러나 그가 제시하고 있는 이유 내지 근거, 즉 추론(논증)의 전제는 '선한' 것이 아니라 '악한' 것이다. 그러므로 이것은 "기만(欺瞞)"이다. 전제2는 사실판단이므로 사실확인만 하면 된다. 그런데 12표법에는 실제로 이렇게 규정되어 있다. 그러면 우리가 문제 삼을 것은 바로 전제1이다. 실정법은 인간이 제정한 법이므로 얼마든지 오류와 악이 개입될 수 있다. 그렇기 때문에 그런 법들은 폐기되거나 수정되어야 하는 것이다. 인간의 기본권 내지 자연권 그리고 자연법에 위배되는 실정법은 그것에 맞도록 수정되고 개선되어 이성적인 법이 되어야만 한다. 헤겔의 카에킬리우스 비판은 바로 여기에 초점이 맞추어져 있다.

★ "이때 더욱이 채권자가 다수일 경우에는 채무자의 신체 일부분을 절단하여 그들이 서로 분배할 권리마저도 부여되는데, 이때 그들 중에 누가 더 많이 잘라냈거나 적게 잘라냈다 하더라도 이로 인하여 채권자가 어떤 권리의 손해를 보는 일은 전혀 생기지 않는다는 (...)"

• 여기서 "권리의 손해를 보는 일은 전혀 생기지 않는다"로 번역한 부분을 헤겔은 "ihm kein Rechtsanteil daraus entstehen sollte"로 쓰고 있는데, 'Rechtsanteil'(권리의 몫)은 'Rechtsnachteil'(권리의 손해)의 오기(誤記)다. Ilting II에서는 Rechtsnachteil로 되어 있다. 그런데 왜, 어떤 채권자는 채무자의 신체의 좀 더 많은 부분을 가져가고 또 다른 어떤 채권자는 좀 더 적은 부분을 가져가도 권리의 손해 내지 권리의 불

이익이 발생하지 않는가? 예컨대 어떤 채권자는 4천만원을, 다른 채권자는 2천만원을 빌려주었다면, 전자가 후자의 2배가 되는 신체의 부분을 절단해 가야지 자기의 권리의 불이익을 당하지 않는다고 생각할 수 있다. 그럼에도 불구하고 전자가 후자가 채무자에게 빌려 준 돈에 비례하는 정도로 신체를 절단해서 가져가지 못한다면 권리의 손해가 발생하는 것이 아닌가?! 그런데 헤겔은 "이로 인하여 채권자가 어떤 권리의 손해를 보는 일은 전혀 생기지 않는다 (...)"고 말하고 있다. 왜 그런가? 그것은, 애당초 이들 채권자들은 채무자의 신체를 절단·훼손할 권리가 없기 때문이다. 인간의 몸은 잘라서 음식으로 사용할 수 있는 동물의 몸도 아니며, 해체하여 다시 조립해서 사용할 수 있는 기계도 아니다. 채권자들이 채무자의 신체를 절단해 간다면, 채무자는 심각한 부상을 입고 정상적인 생활을 할 수 없게 되든가 사망하게 될 것이다. 인간의 자연권에는 신체에 대한 권리 내지는 생명에 대한 권리가 으뜸이 되는 것으로 포함되어 있다. 타인의 생명을 좌지우지할 권리를 우리는 갖고 있지 않다.

▶ "카에킬리우스는 이 법률로 인하여 성실과 신의가 더욱더 확보되고, 바로 그 법률의 가혹함 때문에 그 법률의 적용은 결코 이루어지지 않았을 것이라는 그럴싸한 이유를 대고 있다. 이렇듯 생각 없는 그의 처지에서는[Seiner Gedankenlosigkeit] 성실(誠實)과 신의(信義)를 확보하려는 저 의도가 바로 이 규정으로 인해서 무화된다는 반성은 하지 않는다. 뿐만 아니라 그것에 바로 이어서 그 자신이 위증에 관한 법률이 그 과도한 형벌에 따라 의도한 대로의 효과를 내지 못했다는 일례를 들고 있다는 반성도 하지 않는다."

(해설)

★ "카에킬리우스는 이 법률로 인하여 성실과 신의가 더욱더 확보되고, 바로 그 법률의 가혹함 때문에 그 법률의 적용은 결코 이루어지지 않았을 것이라는 그럴싸한 이유를 대고 있다."

• "이것이 바로 겔리우스(Aulus Gellius)가 카에킬리우스(Sextus Caecilius)의 견해라고 보고하고 있는 내용이다(*Noctes Atticae* 20. I. 41-55)"[60]

• 헤겔이 카에킬리우스를 비난하는 이유는 다음과 같다. 즉 그는 앞에서 예를 든 12표의 잔혹함―예컨대 변제기한이 지난 뒤에는 채무자를 살해하거나 노예로 매도할 수 있는 권리, 채권자가 다수일 경우에는 채무자의 신체 일부분을 절단하여 그들이 서로 분배할 권리마저도 채권자에게 부여하는―으로 인하여 인간 간의 성실과 신의가 더욱더 확보된다고 믿을 뿐만 아니라, 그 법이 가혹하기 때문에 실제로는 적용되지 않았을 것이라고 생각한다. 그러나 그러한 법률규정은 법을 이성의 원리에 의해 정당화하지 않고, 특수하고 우연한 사정에 의해 정당화하려는 잘못을 범하고 있는 것으로 헤겔은 본다. 즉, 실정법은 시대와 지역에 따라 다를 수 있으나, 그 차이가 인정될 수 있는 것은 어디까지나 인간의 자연권을 침해하지 않는 범위 내로 한정되어야만 한다. 다시 말하면 실정법은 자연법의 테두리 내에서 유동성을 지닐 수 있는 것이다. 그러나 위와 같은 로마의 12표법의 조항들은 인권을 침해하는 악법인 것이다. 그러한 조항들은 오히려 인간의 성실과 신의에 위배되는 동시에 그것들을 파괴하는 규정들인 것이다. 인간을 인간으로 존중하지 않고 물건처럼 대하는 조항이다. 악법은 폐지되어야 한다. 그렇기 때문에 이러한 악법을 옹호하는 카에킬리우스의 생각을 헤겔은 "생각 없

---

60 Nisbet., ebd.

음"[Gedankenlosigkeit]⁶¹이라고 비난하는 것이다.

★ "뿐만 아니라 그것에 바로 이어서 그 자신이 위증에 관한 법률이
그 과도한 형벌에 따라 의도한 대로의 효과를 내지 못했다는 일례를 들
고 있다는 반성도 하지 않는다."

• "그것에 바로 이어서"라는 것은, 카에킬리우스가 『아티카의 밤들』
에서, 변제기간이 지난 후에도 돈을 갚지 못하는 채무자들의 신체를 채
권자들이 임의로 절단해가는 것을 허용한 12표법에 대한 이야기에 뒤
이어서 말하고 있다는 점을 가리키고 있다. "위증에 관한 법률이 그 과
도한 형벌에 따라 의도한 대로의 효과를 내지 못했다는 일례"라는 것
은, 12표법의 제8표에서, 위증죄를 저지를 경우, '타르페이우스의 바
위'⁶²에서 내던져진다는 규정⁶³을 예로 든 것을 가리킨다. 뿐만 아니라
카에킬리우스는 이 예에 바로 이어서 후훼티우스(Alban Mettius Fufe-
tius)의 이야기를 예로 들고 있는데, 후훼티우스는 로마의 세 번째 왕인

---

61 소크라테스도, 깊이 생각하지 않는 삶에 대해 말한 바 있다: "음미되지 않은 삶은
인간에게 삶으로 간주될 수 있는 것이 아니다."("Ὁ δ' ἀνεξέταστος βίος οὐ βιωτὸς
ἀνθρώπω", *Apology*, 38a). 아렌트(Hannah Arendt, 1906-1975)도 '악의 평범성[the
banality of evil, die Banalität des Bösen]의 원인을 '생각 없음'[thoughtlessness]으로
보고 있다(Hannah Arendt, *The Life of the Mind*, San Diego, etc., 1978, 3, 4. 그리
고 동저자의 *Eichmann in Jerusalem: A Report on the Banality of Evil*, NY., 1994,
287 f.도 참조).

62 타르페이아 바위[Tarpeian Rock]는 고대 로마의 로마광장을 내려다보는 카피톨리
노 언덕[Capitoline hill]의 남쪽 정상의 가파른 절벽이었다. 이 바위는 로마공화국 시
절에 사형집행 장소로 사용되었는데 절벽의 높이는 25미터 정도 되었다(https://
en.wikipedia.org/wiki/Tarpeian_Rock).

63 제8표 제23조: "12표법에 의하여 허위의 증언에 관하여 정해진 저 처벌을 또한 폐
지하지 않았더라면, 그래서 이제 또한 전과 같이 허위의 증언을 한 것으로 책임이 밝
혀진 자가 타르페이우스 절벽에서 밀어 떨어뜨려진다면..." [최병조, 「十二表法(對譯)」,
『서울대학교 법학』, 서울대학교 법학연구소, 제32권 1,2호. 1991 (157-176), 170].

호스틸리우스(Tulius Hostilius, 673-641 BC)가 통치할 때 알바 롱가
(Alba Longa)를 통치하던 독재자였다. 그는 신의를 저버리고 로마 왕
과의 조약과 협정을 파기했기 때문에 호스틸리우스의 명(命)에 의해 각
각 네 마리의 말이 두 편으로 나뉘어 반대방향으로 달려서 몸이 찢어지
는, 이른바 거열형(車裂刑)을 당했다. 즉, 후훼티우스는 로마인과 자신
이 알바 롱가의 공동의 적이었을 때에는 동맹을 맺었다가 정작 전투가
벌어졌을 때에는 휘데나이(Fidenae)의 주민들을 선동하여 로마를 공격
하게 하고 자신은 알반군(軍)을 데리고 언덕 위로 퇴각한 후 거기에서,
어느 편이 승리할 것인지를 보기 위해 기다렸다. 그는 이기는 편에 가
담할 계획이었던 것이다. 로마 왕 호스틸리우가 전투에서 이긴 후, 후
훼티우스의 마음이 두 도시로 찢겨졌으니, 그의 몸도 그렇게 될 것이라
고 말했다. 그리하여 그의 두 팔은 반대방향으로 달린 두 마차에 속하
게 된 것이다.[64] 그런데 카에킬리우스는 이런 형벌이 이례적이고 잔인
하다는 것을 인정하면서도, "그러나 오 알반(Alban)이여, 그대는 약속
을 지켰어야 했습니다"라는, 가장 품위 있는 시인인 베르길리우스(Pub-
lius Vergilius Maro, BC 70-19)[65]의 말[66]을 인용하는 동시에, 엄한 처
벌은 종종 바르고 신중한 삶을 살게 하는 원인이 되기에 그런 흉악한
처벌도 필요하다고 말하고 있다.[67] 헤겔은 바로 이런 점을 비판하고 있

---

64 https://en.wikipedia.org/wiki/Mettius_Fufetius 참조.

65 베르길리우스는 영어로는 버질(Vergil or Virgil), 독일어로는 베르길(Vergil)로 부
른다. 로마의 국가 서사시 『아이네이스』(The Aeneid)의 저자다. 로마의 시성(詩聖)이
라 불릴 만큼 뛰어난 시인으로, 이후 전유럽의 시성으로 추앙받게 되고 단테가 저승의
안내자로 그를 선정할 만큼 위대한 시인이었다(https://ko.wikipedia.org/wiki/%EB
%B2%A0%EB%A5%B4%EA%B8%B8%EB%A6%AC%EC%9A%B0%EC%8A
%A4 참조).

66 베르길리우스, 『아이네이스』(The Aeneid)=[Virg. Aen.] viii. 643.

67 Gellius, Noctes Atticae, 20.1.51-20.1.54.

다. 헤겔이 생각하는 형벌의 기능은 '법의 회복'이다. 범죄가 법을 부정하는 행위라면, 형벌은 법을 부정하는 행위인 범죄를 다시 부정함으로서 법을 회복하는 행위다. 그러나 이러한 목적은 어디까지나 자연법을 손상시키지 않는 범위 내에서 충족되어야 한다. 어떤 사람이 약속을 어기거나 거짓말을 할 경우, 그에 대한 처벌이 필요할 것이다. 그러나 사람의 목숨을 빼앗음으로써 거짓말의 대가를 요구하는 것은 잘못이다. 이것은 '빈대 잡으려고 초가삼간 다 태우는' 격이다. 헤겔이 생각하는 올바른 형벌은, 위증(僞證)한 자가 다시는 그런 행위를 하지 않고 정직한 자로 살아갈 수 있게 하는 데 요구되는 정도의 적절한 처벌이다.

▶ "더욱이 철학자라면 같은 곳에서 카에킬리우스에 의해 파보리누스에게 입증된 또 하나의 몰이해를 정말로(eben) 부끄러워하지 않고 분명히 고백할 수 있다.—즉, 법률에 따르면 병자를 증인으로 법정에 출두시킬 때는 '유개차(有蓋車, *arcera*)'가 아니라 오직 제공될 수 있는 *iumentum*[68]이, 단순한 말[馬]이 아니라 마차[eine Kutsche]나 수레[Wagen]를 의미하기도 했다는 점을 파보리누스는 이해하지 못했던 것이다. 카에킬리우스는 이러한 법률규정으로부터 고대의 법률이 탁월하고 정확했다는 데 대한 추가적인 증명을 이끌어낼 수 있었다. 말하자면 고대법률에서는 병자를 증인으로 법정에 소환할 경우, 단지 말과 수레의 구별만이 아니라 카에킬리우스가 설명하는 바와 같이 심지어 덮개가 있고 좌석에 속을 채워 천을 씌운[einem bedeckten und ausgefütterten] 수레와 그리 편하지 않은 수레의 구별까지 규정하기에 이르렀다는 것이다. 이렇게 되면 저 법(12표법: 필자 첨가)이 가혹한 것인지 아니

---

[68]　보통, '만마(輓馬)'[수레를 끄는 말]라는 의미로 사용된다.

면 그러한 규정들이 무의미한 것인지 선택해야 할 것이다. ─그러나 그
러한 사항이 무의미하다고, 그리고 그러한 사항에 대한 박식한 설명을
완전히 무의미하다고 언명한다는 것은 그와 같은 박식함에 대한 최고
의 무례함 가운데 하나일 것이다."

(해설)

★ "더욱이 철학자라면 같은 곳에서 카에킬리우스에 의해 파보리누스
에게 입증된 또 하나의 몰이해를 정말로(eben) 부끄러워하지 않고 분명
히 고백할 수 있다. ─즉, 법률에 따르면 병자를 증인으로 법정에 출두
시킬 때는 '유개차(有蓋車, *arcera*)' 가 아니라 오직 제공될 수 있는 *iu-
mentum*이, 단순한 말[馬]이 아니라 마차[eine Kutsche]나 수레[Wa-
gen]를 의미하기도 했다는 점을 파보리누스는 이해하지 못했던 것이
다."

• 법학자 카에킬리우스가 지적한 철학자 파보리누스의 몰이해란, 이
들이 살았던 A.D. 100년경에는 'iumentum' 이 '짐수레를 끄는 짐승'
을 가리켰지만, 12표법이 제정되었을 BC 450년경에는 '멍에를 쓴 동물
이 끄는 수레' 를 가리켰다(*Noctes Atticae* 20.1, 28-29)는 사실을 알지
못하고 있는 점을 가리킨다. 이런 오해 때문에 파보리누스는, 병자나
노인을 법정에 소환하는 경우 "iumentum을 사용하고, 오직 그것에 한
하여, 아르체라[arcera[69], 유개차(有蓋車)]가 아니다"라는 12표법의 제1
표의 규정을 가혹하다고 비난했다는 것이다. 왜냐하면 병자나 노인을

---

69 'arcera' 는 큰 옷장이나 상자[arca]처럼 모든 면이 막혀서 차단된 수레를 가리키는
이름이었다고 카에킬리우스는 말하며, 이 단어는 'area' [집 내부의 뜰, 화단, 영역 등의
뜻]에서 파생된 것으로 일반적으로 인정된다는 말도 덧붙인다(*Noctes Atticae* 20.1,
29-30 참조).

짐승 위에 태우고 간다면 그들은 마치 축 늘어진 시체처럼 보일 것이라고 파보리누스는 생각했기 때문이다. 그러나 이런 생각은 파보리누스가 12표법의 제정 당시의 iumentum은 "단순한 말[馬]이 아니라 마차[eine Kutsche]나 수레[Wagen]를 의미하기도 했다는 점을" 파보리누스가 이해하지 못했기 때문에 발생한 오류라는 것이다. 12표법은 이런 점을 감안하여 병자나 노인을 마차나 수레에 태워 법정에 출두시키라고 규정하고 있는 것이다. 더욱이 카에킬리우스에 의하면 12표법에서 말하는 병자의 병(病)은, 열을 동반한 심각한 병이 아니며 죽음에 이를 위험을 포함하고 있지 않은, 가벼운 병이나 허약함이라는 결함을 의미하는 것이었다고 한다(*Noctes Atticae* 20.1, 25–27).

• "덮개가 있고 좌석에 속을 채워 천을 씌운[einem bedeckten und ausgefütterten] 수레"라는 표현에서 "ausgefütterten"은 『아티카의 밤들』에 나오는 "vestimentis instrata"(*Noctes Atticae* 20.1.30)에 해당하는 용어다. 직역하면 "의복으로 덮인"이 되겠는데, 이것은 수레 안에 있는 의자가 딱딱하지 않도록 무엇을 채우고 천으로 씌운 것을 의미하는 것으로 보인다. 이런 안락(安樂)한 좌석이 있는 수레는 "그리 편하지 않은 수레"[Wagen (...), der nicht so bequem ist]와는 구별되는 것이다. 카에킬리스는 이런 수레에는 중병환자(重病患者)나 아주 나이 많은 노인을 눕혀서 운반했다는 점도 아울러 말하고 있다(*Noctes Atticae*, 20.1.30)

• §3에서 헤겔은, 12표법이라는 실정법의 제1표 제3조에 해당하는 내용[70] 중, 파보리누스가 iumentum이라는 용어가 '수레를 끄는 짐승'

---

70 제1표 제3조: "병(病)이나 노령(老齡)이 장애사유일 때에는 원고는 (피고에게) 무개마차(無蓋馬車)를 제공한다. 피고가 이것을 거절하는 때에는 (원고는) 유개마차(有蓋馬車)를 준비하지는 않는다." SI MORBUS AEVITASVE VITIUM ESCIT, QUI IN IUS VOCABIT] IUMENTUM DATO. SI NOLET, ARCERAM NE STERNITO. /

이라는 뜻 이외에도 '동물이 끄는 수레'(Kutsche oder Wagen / coach
or wagon)라는 뜻도 지니고 있음에도 불구하고, 그것을 전자의 의미로
만 이해하고 있다는 '무지(無知)'에 대한 카에킬리우스의 지적이 정당
하지만, 이러한 실정법의 일부의 내용에 대한 무지에 대해 철학자가
'부끄러워할 필요가 없다'[ohne eben schamrot zu werden]는 점을 강
조한다. 철학자가 부끄러워해야 할 것은 어떤 특정한 시대, 특정한 사회
에 인간에 의해 만들어진 특수한 '실정법'에 대한 무지가 아니라, 법 개
념 내지는 법 이념에 대한 무지다. 법 개념이나 법 이념은 시대와 지역
에 따라 변화할 수 있는 상대적인 것이 아니라, 이성에 의해 파악되어
야 할 객관적 내지 절대적인 것이다.

TW 7, 41 f. / 『법철학』, 68 ff.

▶ "(...) 그러나 그는 다시 이렇게 말한다(그러나 이제는 더 많은 사
람들이 여러 판을 거듭한 후 고 씨의 교과서를 통해서 이 점을 잘 알고
있는데도). '그 어떤 종류의 저술가도 바로 로마시대의 법학자들만큼
여러 원칙들로부터의 정합적인 추론에서 수학자들과 어깨를 나란히 하
고 또 개념 전개상 특히 눈에 띄는 특징 면에서 최근의 형이상학의 창시
자와 어깨를 나란히 할 만한 공헌을 한 경우는 없다. 특히 후자의 측면은
고전법학자들과 칸트에 있어서처럼 그토록 많은 삼분법[Trichotomien]
이 등장하는 경우는 그 어디에도 없다는 특이한 사정이 증명해준다.' 라
이프니쯔가 높이 평가한 저 정합성(整合性)은 분명히 수학이나 다른 모

Wenn Krankheit oder hohes Alter [den Beklagten am Kommen] hindern, soll der
Kläger [dem Beklagten] ein Lasttier zur Verfügung sellen (dato). Wenn der Beklag-
te das nicht will; einen Wagen mit Verdeck braucht er [der Kläger] nicht zu stel-
len. (http://agiw.fak1.tu-berlin.de/Auditorium/RomRecht/SO3/LXIITab.htm).

든 지성적인 학문에서와 마찬가지로 법학의 본질적인 특성 가운데 하나다. 그러나 이 지성적 정합성이란, 이성의 요구들을 충족시키는 일이나 철학적인 학문과는 아무 관계도 없다. 그러나 또 로마의 법학자와 집정관에게는 바로 이 비정합성(非整合性)이야말로 분명 그들의 최고의 덕들 가운데 하나로 존경받는다. 즉, 그들은 바로 이 비정합성을 통하여 부정(不正)하고 흉악한 제도를 회피했는가 하면 또한 예컨대 '딸'은 '아들'이라는 의제(擬制, fictio, ὑπόκρισις) ― 하이네키우스, *Antiquitatum Romanarum* ... 제1권 [Frankfurt, 1771], 제2장 제24절)[71] ― 를 통해서 12표의 문구를 살리기 위하여 교묘하고도 공허한 말투의 구별 ― 말하자면, 분명히 상속재산이던 것을 '유산점유'[*Bonorum possessio*]라고 부르는 식으로 ― 이나 그 자체가 어리석은 둔사(遁辭)[72](그런데 어리석음도 마찬가지로 하나의 비정합성이다)를 고안해낼 필요가 있는 것으로 보았다. 그러나 ― 전적으로 후고 씨의 저서에 실린 주해5에 인용된 예들에 따르면 ― 고전법학자들이 몇 개의 3분법적 구분을 했기 때문에 그들을 칸트와 함께 열거하고 또한 그런 것을 개념의 전개라고 부른 것을 보는 일은 우스꽝스러운 일이다."

(해설)

• 후고는 로마시대의 법학자들은 1) 여러 원칙들로부터의 정합적인 추론에서 수학자들과, 그리고 2) 개념 전개상 특히 눈에 띄는 특징 면에

---

71 이런 법적 고안은 로마법사(法史)에 대한 헤겔의 주요원천들 가운데 하나인 다음과 같은 책에 의해 언급된다: Johann Christian Gottlieb Heineccius (1681-1741), *Antiquitatum Romanarum iurisprudentiam illustrantium syntagma* (*Illustrated Treatise on Ancient Rome Jurisprudence*) (1st ed., Halae de Magdeburg, 1719)(Nisbet., 396 참조). 하이네키우스는 독일의 로마법학자이며 Heineccius는 Heineke의 라틴명이다.

72 관계나 책임을 회피하려고 꾸며서 하는 말. an excuse, pretext, evasion, evasive answer.

서 현대의 형이상학의 창시자와 가장 비견(比肩)할만하다는 점을 강조
한다. 수학은 대표적인 연역체계를 그 바탕으로 하고 있다. 그런데 로
마의 법학자들이 바로 이런 연역체계를 바탕으로 하여 정합적인 추론
을 전개하는 점에 있어서 모범적이라는 것이다. 그러나 문제는, 앞에서
도 지적했듯이 연역의 대전제 자체가 거짓이라면, 그것을 근거로 하여
이루어진 추론의 결과도 거짓이 되기 쉽다는 사실이다. 그리고 2)와 관
련해서 후고는, 로마의 법학자들에게서는 '삼분법'이 아주 많이 등장하
기 때문에, 후고가 활동하던 당시의 '최근의 형이상학의 창시자'인 칸
트에 비견할만한 공헌을 했다고 주장한다.

　그런데 후고의 이른바 고전법학자의 3분법이라 함은, 가이우스나 유
스티니아누스(Justinianus)의 『법학제요』에서의 '인법(人法)' [jus per-
sonarum], '물법(物法)' [jus rerum], '소송법(訴訟法)' [jus actionum]
이라는 분류나, '시민법(市民法)' [jus civile], '만국공법(萬國公法)' [jus
gentium], '법무관법(法務官法)' [jus praetorium[73], 또는 jus honorari-
um]의 정립(鼎立) 등을 가리킨다. 뿐만 아니라 후고는 '소송(訴訟)' [ac-
tio] · '청구(請求)' [petitio] · '소추(訴追)' [persecutio], '소유(所有)'
[habes] · '소지(所持)' [tenes] · '점유(占有)' [possides], [have, hold,

---

73　praetor: 고대 로마의 고급 정무관(政務官). BC 306년 콘술[집정관(執政官)]과 더
불어 명령권을 지닌 프라이토르 우르바누스[도시법무관(都市法務官)]가 설치되어 로마
에서의 재판을 관장하였다. 그 임기는 1년이고 정원은 2명이었다. 이들은 로마의 재판
권 외에 콘술을 보좌하고, 콘술의 부재 시에는 원로원과 병원회[병원회(兵員會: 코미티
아)]를 소집하였으며, 입법권도 행사하였다. BC 242년에는 다시 외국인 문제를 담당하
는 프라이토르 페레그리누스를 두어 로마시민과 외국인 간의 분쟁문제를 담당하였다.
또한, 사르데냐 · 에스파냐의 속주(屬州)에도 이 관직을 두어 그 지방을 통치하였다. 그
후 정원이 8명으로 늘고, 이들이 로마에 상주하며 법정을 개설하게 되어 부당취득 · 살
인 · 반역죄에 대한 재판권을 행사하였으며, 이들이 공포하는 재판규범은 이후 로마법
의 기초가 되었다. 제정기(帝政期)에 이르러 권한이 점차 축소되어 하나의 명예직이 되
었다[네이버 지식백과 참조].

possess] '금(金)'[auro]·'은(銀)'[argento]·'동(銅)'[aere], '증여(贈與)'[do]·'위탁(委託)'[lego]·'유산(遺産)'[testor] 등의 3분법을 언급하고 있다.[74]

• 그러나 고전법학자의 몇 가지 3분법에서는 각 3항 사이에 개념의 변증적 전개가 존재하지 않는다. 이에 반해, 칸트의 범주표에서는 이러한 점을 발견할 수 있다. 예컨대 양의 범주는 ① 단일성(單一性, Einheit), ② 수다성(數多性, Vielheit), ③ 전체성(全體性, Allheit)으로 구성되는데, ①-②-③ 사이에는 변증적 전개가 존재한다. 수다성은 단일성이 아니고, 전체성은 수다성도 단일성도 아니면서, 전체 속에는 '하나'와 '여럿'이 포함되어 있다. 좀 더 구체적으로 말하면, ② 수다성의 단계에서는 단일성의 단계가 부정되는 한편 보존되어 있다. 즉, 지양(止揚)되어 있다. '여럿'은 '하나'가 아니지만, 그 속에는 동시에 '하나'가 그 자신의 계기로 포함되어 있다. 마찬가지로, ③ 전체성의 단계는 앞의 ① 단일성의 단계와 ② 수다성의 단계 모두를 부정하는 단계이지만, 그럼에도 불구하고 그 속에 앞의 두 단계를 자신의 계기로 포함하고 있는 것이다. 그렇기 때문에 헤겔은 "그러나 — 전적으로 후고 씨의 저서에 실린 주해5에 인용된 예에 따르면 — 고전법학자들이 약간의 3분법적 구분을 했기 때문에 그들이 곧 칸트와 함께 열거되고 또한 그런 것을 개념의 전개라고 부른 것을 보는 일은 우스꽝스러운 일"이라고 말하고 있는 것이다. 다시 말하면 그들은 단지 세 개의 항목을 병렬시켜 놓기만 하였지, 그것들 사이에 개념적인 전개의 필연성은 존재하지 않는다.

뿐만 아니라 헤겔은 칸트의 삼중성(三重性, Triplizität)에 대해서도, 『정신현상학』에서, "본능에 의해서 비로소 재발견되었으나 여전히 죽어있고 여전히 개념적으로 파악되지 않은 칸트의 3중성"[(...) die Kan-

---

74　강문용·이동춘, 72 그리고 Knox, 309 참조.

tische, noch erst durch den Instinkt wiedergefundne, noch tote, noch unbegriffne *Triplizität* (...)](PG, 41)이라고 비판하고 있다. 이후의 『철학사 강의』에서 헤겔은 이 점에 대해 다음과 같이 말하고 있다: "삼중성, 피타고라스 학파, 신플라톤주의자, 그리고 기독교가 지닌 이 옛 형식은, 비록 전적으로 외면적이기는 하지만, 여기서 다시 등장한다. (...) 그(칸트: 필자 첨가)가 첫번째 범주는 긍정적이고, 두 번째 범주는 첫번째 범주의 부정태이고, 세 번째 범주는 이 둘의 종합이라고 말하고 있는 것은 개념의 위대한 본능이다"[75] 칸트는 이러한 범주들을 논리적으로 도출해낸 것이 아니라 판단표로부터 가져왔을 뿐이고, 불완전하게 단지 도식적으로만 파악했다. 그런데 칸트의 이러한 3중성은, 자신의 비판서를 『순수이성 비판』[지(知): 인식, 진(眞)], 『판단력 비판』[정(情): 미(美)], 『실천이성 비판』[의(意): 실천/윤리: 선(善)]의 3비판서로 구성하고, 인간의 이성능력을 '감성', '지성', '이성'으로 3분화한 데서도 발견된다.

• 그러나 진리의 파악과정을 이러한 3단계의 생명 없는 도식으로 고착화 시키는 것은 학문적인 태도나 방법이 아니며, 그로 인하여, 유기적으로 연결된 학적 조직을 [유기적이지 않은] 일람표로 전락시키게 된다. 헤겔은 결코 그 어디에서도 3항1조형식[Triade] 내지 '삼분법'[Trichotomie]을 법칙으로 제시하지 않았다. 물론 그의 저술 속의 많은 부분들이 3항1조로 되어있기는 하지만, 이들이 모두 정명제-반명제-합명제의 관계로 되어있지는 않다. 오히려 헤겔은 칸트가 "아무데에서나

---

[75] "Die Triplizität, diese alte Form der Pythagoreer, Neuplatoniker und der christlichen Religion, kommt hier, wiewohl ganz äußerlich, wieder hervor. (...) Es ist großer Instinkt des Begriffs, daß er (Kant) sagt: Die erste Kategorie ist positiv; die zweite ist das Negative der ersten; das Dritte ist das Synthetische aus beiden"(*Vorlesungen über die Geschichte der Philosophie*, TW 20, 344-5).

정립, 반정립, 종합을 제시했다"[76]고 비판하고 있는 곳에서만 이 용어를 함께 사용하고 있다. 굳이 말하자면, Thesis-Antithesis-Synthesis라는 3항1조형식은 피히테에게서 발견된다.[77]

• 후고는 법학자들은 원리들로부터 엄격한 연역추론을 함에 있어서 형이상학자들보다 일반적으로 우수하다고 주장하기 위해서 여기서 라이프니쯔의 권위를 인용하고 있다. 라이프니쯔는 이렇게 말한다: "법학 자체는 추론과 아주 많은 관계를 갖고 있는 학문이어서, 나는 고대문헌들 중에서 법률요람[Pandects]의 스타일만큼 기하학의 스타일에 접근하는 것을 발견할 수 없다."[78] 그러나 헤겔은 연역추론을 철학의 피상적인 측면에 불과한 것(Enz §§181, 231), 지성의 독단적 형이상학의 특징((Enz §§26-36 참조)으로 간주한다.[79] '정합성'이나 '논리적 무모순성'은 어떤 진술이 진리이기 위한 필요조건이기는 하나 충분조건은 아니다. 그로부터 어떤 진술이 연역된 최초의 진술이나 원칙이 그른 것이라면, 그로부터 정합적으로 연역된 진술은 마찬가지로 그른 것이 될 것이기 때문이다.

• 그뿐만 아니라, 이와는 정반대로, 로마의 법학자와 집정관들은 한 편으로는 정합성을 주장하면서, 필요한 경우에는 비정합성(非整合性)

---

76 TW 20, 385.

77 예컨대 그의 *Grundlage der gesamten Wissenschaftslehre*. in: *Gesamtausgabe der Bayerischen Akademie der Wissenschaften*. hg. v. R. Lauth und H. Jacob, Stuttgart-Bad Cannstatt, 1962 ff. I, 2. 참조(이상의 내용에 관해서는 W. Kaufmann, *Hegel. a reinterpretation*, Notre Dame, 1978, 153 ff. 그리고 G. E. Müller, "The Hegel Legend of 'Thesis-Anththesis-Synthesis'", in *Journal of the History of Ideas*, 1958, Vol. 19, 411-414 및 M. Inwood, *A Hegel Dictionary*, Cambridge, Massachusetts, 1992, 81 ff. 참조).

78 Philip Wiener (ed.), *Leibniz: Selections*, NY., 1951, 580(Nisbet., 396에서 재인용).

79 Nisbet., 396 참조.

을 칭송하면서 자신들의 목적을 이루려고 하는 비일관성을 보이고 있다는 점을 헤겔은 비판한다. 예컨대 "의제(擬制, fiction)[80]에 따라 '딸'은 '아들'이다"라고 주장하기에 이른다. 그런데 "'딸은 아들이다'라는 의제(die fictio, hypokrisis, eine filia sei ein filius)"(Heineccius, 1681–1741)는 하이네키우스의 책의 후기판본에서 오류로 인정되어 제외되었다. 하이네키우스가 말하는 바는, 의제에 의해 집정관(執政官, praetor)은, 엄격한 법에 의하면 딸이 배제된 상속권을 딸에게 부여하기 위하여 딸을 어떤 경우에는 아들로 취급했다는 것이다.[81] 뿐만 아니라 12표법은 자기 아버지의 권한[patria potestas]에서 해방된 아이들이 아버지의 재산을 상속하는 것을 허용하지 않았다. 그런데 집정관 칙령[praetorian edicts]은 이를 완전히 무효로 하기보다는, 해방된 아이들로 하여금 '유산점유[bonorum possessio][82]' (possession of goods)라는 이름의

---

80 (법적) 의제(擬制) [legal fiction, (L) fictio, (G) hypokrisis]: 법률: 본질은 같지 않지만 법률에서 다룰 때는 동일한 것으로 처리하여 동일한 효과를 주는 일. 민법에서 실종 선고를 받은 사람을 사망한 것으로 보는 따위(네이버 백과 참조). "비록 진실에는 반(反)하더라도 어떤 사실을 법이 이렇다고 정해버려서 반대증거가 있어도 이것을 움직이지 아니하는 것을 의제(擬制)) 擬: 비기다(=비교하다, compare), 견주다, 헤아리다, 본뜨다, 흉내내다, 모방하다(예: 擬人化)라고 한다. 종래의 법문(法文)에서는 이런 경우를 '간주(看做)한다'라는 말로 표현해왔으나 현재에는 '본다'는 말로 규정하고 있다. 실종선고(失踪宣告)를 받은 자는 비록 살아 있어도 사망한 것으로 보며, 태아(胎兒)는 손해배상(損害賠償)의 청구권에 관하여는 이미 출생한 것으로 본다는 것과 같은 것이다."(김종원 외 50인 공편저, 『최신 법률용어사전』, 법진출판사, 1989, 142).

81 Knox, 309 참조.

82 "'bonorum possessio'는 "어떤 사람이 사망한 때에 그에게 속한 물건이나 유산(遺産)을 얻기 위해 소송할 수 있는 권리 혹은 그것을 보유할 수 있는 권리"라고 울피아누스(Domitius Ulpianus, 170–228 경)는 정의한다. 상속(相續)에 관한 엄격한 12표법은 집정관 칙령에 의해 점차로 완화되었고, 새로운 종류의 상속이 도입되었는데, 이에 의하면 상속재산이나 법적 상속을 받을 수 없을 사람도 유산을 점유할 수 있다"(George Long, "BONO′RUM POSSE′SSIO," in: *A Dictionary of Greek and Roman Antiqui-*

의제에 의해 재산을 차지할 수 있도록 허용했다. 이런 고안(考案)은 Gaius, *Institutes* 3.25-28에 기록되어 있다.[83] 그러나 이러한 고안들은 모두 "그 자체가 어리석기 짝이 없는 둔사(遁辭)"이며 어리석은 것인데, 이렇게 어리석은 일을 저지른 것 자체가 비정합성을 나타내고 있는 것이다.

§4 법의 토대로서의 자유: 의지의 자유를 증명하기 위한 시도. 의지의 자유의 철학적 증명. §§5 ff.에서 진술되는 분석의 기초로서의 내성(內省)

TW 7, 46 / 『법철학』, 70

▶ "법의 토대는 일반적으로 정신적인 것[*das Geistige*]이며, 법의 더욱 상세한 위치(입장, Stelle)와 출발점은 자유로운 의지다. 그리하여 자유가 법의 실체 및 규정을 이루고 법의 체계는 실현된 자유의 왕국(영역, das Reich)이며, 정신 자체로부터 산출된 제2의 자연으로서의 정신의 세계다."("Der Boden des Rechts ist überhaupt das *Geistige* und seine nähere Stelle und Ausgangspunkt der *Wille*, welcher *frei* ist, so daß die Freiheit seine Substanz und Bestimmung ausmacht und das Rechtssystem das Reich der verwirklichten Freiheit, die Welt des Geistes aus ihm selbst hervorgebracht, als eine zweite Natur, ist.")

---

ties, ed. by William Smith, LL.D., London, 1875, 208).

83 Nisbet., 396 참조.

(해설)

• 법을 밑에서 떠받치고 있는 것, 즉 법의 토대는 물질적인 것이 아니라 정신적인 것[das Geistige]이다. 자연법이든 실정법이든 법은 우리에게 무엇을 하라고 혹은 하지 말라고 명령한다. 이러한 명령은 물질로부터 나오는 것이 아니다. 그러면 그것은 정신일 수밖에 없다. 그러면 좀 더 구체적으로 법은 정신의 어떤 곳으로부터 나오는 것일까? 그것은 바로 '의지'[der Wille]다. 즉 법은 감정(感情, das Gefühl)이나 이론적 사유로부터 나오는 것이 아니라 실천적 사유인 의지로부터 유래한다. 명령은 바로 의지와 관계되어 있다. 예컨대 법의 제정(制定)에 있어서는 법을 만들어 사람들로 하여금 그 법을 지키게 하려는 의지, 법을 지키지 않는 경우 법에 따라 처벌하겠다는 의지 등이 담겨 있다. 헤겔은 이러한 의지를 규정하여 "자유로운 의지"라고 한다. 뒤에 헤겔이 언급하는 것처럼, 물질의 본질이 '무게'이듯 정신의 본질은 '자유'다. 따라서 법에는 인간의 자유가 반영되어 있으며, 법의 체계는 자유가 실현된 왕국이자 제2의 자연으로서의 정신의 세계인 것이다.

• "(...) 법의 체계는 실현된 자유의 왕국(영역, das Reich)이며, 정신 자체로부터 산출된 제2의 자연으로서의 정신의 세계다." 헤겔 『논리학』의 끝 부분에서, 사유의 최고범주인 절대이념은 '자기를 자연으로 자유롭게 해방시킨다.' 즉, 자연은 자기를 유기체와 비유기체로 객관화하는 정신이다. 이것이 제1의 자연이다. 이와 유사하게, 법의 전(全)영역은 정신이 여러 제도들로 객관화되어 나타난 것으로서, 제2의 자연이다.[84]

(보유)

▶ "무게[die (oder das) Schwere]가 물체의 근본규정이듯이 자유는

---

84 Knox, 309 참조.

의지의 근본규정이다"

(해설)

• 헤겔은 『역사철학강의』에서도, "물질의 본질이 무게이듯이, 정신의 실체 혹은 본질은 자유라고 말해야 한다"[85]고 말하고 있다. 어떤 것이 물질이라고 하면서 아무런 무게를 갖지 않는다면 물질일 수 없듯이, 어떤 것이 정신이라고 하면서 자유를 갖고 있지 않다면 정신이라고 할 수 없다는 말이다. 그래서 헤겔은 "자유는 오직 의지로서만 존재하는 것처럼, 자유 없는 의지는 공허한 말"[86]이라고 한다. 그리고 헤겔은 인류의 역사도 이러한 자유에 대한 의식 속에서 발전하는 것으로 본다.[87]

TW 7, 46 ff. / 『법철학』, 71 ff.

(보유)

▶ "그러나 의지와 사유의 연관성에 관해서는 다음과 같은 점에 유의해야 한다. 정신은 사유 일반이며 인간은 사유를 통해 동물과 구별된다. 그러나 우리는 결코 인간이 한편으로는 사유하고 다른 한편으로는 의욕(意欲)한다고[wollend], 그리고 한쪽 주머니에는 사유를, 다른 한쪽 주머니에는 의욕[das Wollen]을 가지고 있다고 생각해서는 안 된다. 왜냐하면 이것은 공허한 생각일 것이기 때문이다.

사유와 의지의 구별은 단지 이론적 태도와 실천적 태도의 구별이다.

---

85 "Wie die Substanz der Materie die Schwere ist, so, müssen wir sagen, ist die Substanz, das Wesen des Geistes die Freiheit." (TW 12, 30).

86 "Wille ohne Freiheit ist ein leeres Wort, so wie die Freiheit nur als Wille, (...)" (TW 7, 46/『법철학』, 70).

87 "세계사는 자유의 의식 속에서의 진보다"("Die Weltgeschichte ist der Fortschritt im Bewusstsein der Freiheit." TW 12, 32).

그런데, 요컨대 두 개의 능력이 있는 것이 아니라, 의지는 사유의 특수한 한 가지 방식이다. 즉 의지란, 자신을 현존재로 옮기는 사유이며, 자신에게 현존재를 부여하고자 하는 충동으로서의 사유다. 사유와 의지의 이러한 구별은 다음과 같이 표현될 수도 있다. 나는 어떤 대상을 사유하는 가운데 그 대상을 사상(思想)으로 만들고, 대상으로부터 감각적인 것을 제거한다. 즉 나는 대상을 본질적으로 그리고 직접적으로 나의 것인 어떤 것으로 만든다. 왜냐하면 사유함 속에서 비로소 나는 나의 곁에 존재하기 때문이며, 개념적인 파악이 비로소 대상을 꿰뚫어보는 것이기 때문이다. 이렇게 되면 대상은 더 이상 나와 대립해 있지 않고 나에게 맞서서 대상이 독자적으로 갖고 있던 고유한 것을 내가 대상으로부터 취해버린 것이다. 아담이 이브에게 '너는 내 살 중의 살이요 내 뼈 중의 뼈'라고 말하듯, 정신은 이것은 내 정신 중의 정신이라고 함으로써, 그에게서 외타성(外他性, die Fremdheit)은 사라져버린 것이다. 모든 표상은 일반화된 것이며, 일반화는 사유에 속한다. 즉 어떤 것을 일반화한다는 것은 그것을 사유한다는 것이다. 자아는 곧 사유작용[das Denken]이며 또한 보편자이기도 하다. 내가 '나'라고 말할 때, 나는 그 속에서 성격, 자연적인 것[das Naturell], 지식, 나이와 같은 모든 특수성을 탈락시킨다(배제한다, fallenlassen). 자아는 전적으로 공허하고 점적(點的)이고 단순하지만, 이러한 단순성 속에서 활동한다. (...) 자아가 세계를 알 때에, 세계 속에서 편안함을 느끼며, 자아가 세계를 개념적으로 파악했을 때에는 훨씬 더 편안함을 느낀다. 지금까지는 이론적 태도에 대해 이야기했다. 그러나 ① 이와는 반대로, 실천적 사유는 사유할 때에 자아 자신에서 시작하여 우선은 ② 대립된 것으로 나타난다. 왜냐하면 실천적 사유는 곧바로 ② 분리를 드러내기 때문이다. 내가 실천적이고 활동함으로써, 즉 행위함으로써, 나는 나를 규정한다. 그리고 나를 규정한다 함은, 바로 하나의 구별을 정립함을 뜻한다. 그러나 내가 정립하는 이 구별들은 다시 나의 것이며 규정들은 나에게 귀속된다. 그리고 내가 거기로 추동되는 목적들은 나에게 속해 있다. 내가 또한 단지 ③ 이 규정들과 구별들을 내어놓는 경우, 즉 소위 외계 속으로 정립하는 경우에도 그것들은 나의 것으로 존속한다. 즉, 그것들은 내가 행한 것이요 만든 것이어서 나의 정신의 흔적을 지니고 있다. 그런데 이것이 이론적 태도와 실천적 태도의 차이라고 한다면, 이제부터 이 양자의 관계에 대해 진술해야 하겠다. 무엇보다도 이론적인 것은 본질적으로 실천적인 것 속에 포함되어 있으니, 이것은 곧 양자가 분리되어 있다는 생각과는 반대되는 것이다. 왜냐하면 그 누구도 지성이 없이 의지를 가질 수 없기 때문이다. 아니 그보다도 오히려 의지는 이미 자체 내에 이론적인 것을 간직하고 있다고 보는 편이 나을 것이다. 즉, 의지는 자기를 규정하는데, 이때의 규정은 무엇보다도 내면적인 것일 수밖에 없다. 또한 나는 이렇게 의지하는 바로 그것을 표상하는 바, 이것이 곧 나에게는 대상이 되는 것이다. 동물은 본능에 따라 행동하고 어떤 내적인 것에 따라 추동된다는 점에서 또한 실천적이기도 하다. 그러나 동물은 아무런 의지도 갖고 있지 않다. 왜냐하면 동물은 자기가 욕망하는 것을 자기 마음속에서 표상하지는 않기 때문이다. 그러나 이와 못지않게 인간은 의지 없이는 이론적인 태도를 갖거나 사유할 수 없다. 왜냐하면 우리가 사유하는 한, 바로 우리는 활동하고 있기 때문이다. 사유된 것의 내용은 존재자의 형태를 얻지만, 이 존재자는 매개된 것이요, 우리의 활동을 통해 정립된 것이다. 그러므로 지금 보아온 바와 같은 구별은 불가분의 것이다. 즉, 그것들은 단 하나의 동일한 것이며, 사유활동과 의욕활동이라는 이 모든 활동 속에 이 두 계기가 존재한다"(번호는 필자가 붙임).

(해설)

• 헤겔은 여기서 우선, 인간이 동물과 구별되는 것은 "사유를 통해서"라고 말한다. 그렇다면 동물은 사유를 하지 못한다는 말인데, 과연 그러한가? 헤겔은 『철학강요』〈서론〉§2에서 다음과 같이 말한다: "그런데 만약 인간이 사유를 통해 동물과 구별된다는 말이 옳다면(그리고 이 말은 분명히 옳을 것이다), 인간적인 모든 것은 그것이 사유를 통해서 실현된다는 사실을 통해서, 그리고 오로지 그러한 사실을 통해서만 인간적인 것이다."[88] 우리 집 고양이는 내가 아침에 일어나 인사를 하면 소파에 올라가서 자기에게 간식 주기를 기다린다. 그는 나를 인지하고, 먹을 것을 얻어먹기 위해 소파에 올라가기로 결심하고 소파에 올라가, 내가 간식을 줄 것이라고 생각하고 기다린다. 이 모든 일련의 과정이 고양이의 생각 속에서 이루어지는 것이 아닌가?! 물론 그럴 것이다. 그러나 헤겔이 동물은 사유를 하지 못한다고 말할 때의 '사유'[Denken]란, 개념화작용으로서의 사유를 말한다. 이런 의미에서 헤겔은 위의 '보유'에 이어지는 설명에서 "이러한 일반화는 사유[Denken]에 속한다"고 말하는 것이다. 즉, 자기 앞에 여러 종류의 '먹을 것들'이 있을 때 그것들 모두가 '먹을 것'이라는 집합에 속하며, 자기가 지금 먹고 있는 먹이는 그것들 가운에 속하는 일부라는 사실을 알지 못한다는 말이다. 뿐만 아니라 동물은 이런 개념화작용에 따르는 언어를 가지고 있지 못하다는 점에서도 그들의 '생각'은 인간의 '(개념적) 사유'와 본질적으로 다르다고 생각한다. 물론 헤겔도 넓은 의미에서는 '감정'[Gefühl], '직관'[Anschauung], '표상'[Vorstellung]이 사유에 속하는 것으로 본다. 그러나 그것들은 "형식으로서의 사유와"[von dem Denken als Form][89]

---

88 Enz §2. TW 9, 41–42.
89 Enz §2. TW 9, 42.

구별된다. 그런데 이런 구별은 데카르트에 있어서와 대동소이하다. 즉 데카르트에 있어서 '사유' 혹은 '생각한다' (cogito)라는 것은, 좁은 의미에서의 '생각[사유(思惟)]'이 아니라 '지(知)·정(情)·의(意)' 모두를 포함하는 넓은 의미의 사유다. 다시 말하면 "의심하고 이해하며 긍정하고 부정하며, 의욕하고 의욕하지 않으며, 상상하고 감각하는"[90] 모든 '의식활동'을 말한다: "나는 사유라는 용어를, 그것들에 대한 의식이 우리 안에 존재하는 한, 우리가 의식하는 동안에 우리 안에서 발생하는 모든 것이라고 이해한다. 그리하여 이해, 의욕, 그리하여 이해(理解), 의욕(意欲), 그리고 상상(想像)뿐만이 아니라 감각작용까지도 여기서는 사유작용과 같은 것이다"[91] 이 내용을 다음과 같이 정리해보자:

생각(生覺) / 사유(思惟)

1) 지(知)(지적 작용) [intellect, intelligence]: 개념화[conceptualization], 판단[judgment], 추론[추리, inference, reasoning], 상상(력) 및 기억, 학습능력 등

  → 이론적 사유

2) 정(情) [정서(情緖), emotion 〈 e + movere]: 지(知)·정(情)·의(意) 모두가 포함되어 있음

---

90 "그렇다면 이제 나는 무엇인가? 사유하는 것이다. 사유하는 것이란 무엇인가? 의심하고 이해하며 긍정하고 부정하며, 의욕하고 의욕하지 않으며, 상상하고 감각하는 것이다." ("8. Sed quid igitur sum? res cogitans; quid est hoc? nempe dubitans, intelligens, affirmans, negans, volens, nolens, imaginans quoque sentiens." *Meditationes de Prima Philosophia in Quibus Dei Existentia et Animae Humanae A Corpore Distinctio Demonstrantur*, in: René Descartes, *Philosophische Schriften in einem Band*. Mit einer Einführung v. Rainer Specht und "Descartes' Wahrheitsbegriff" von Ernst Cassirer, Hamburg, 1996, 50).

91 René Descartes, *Principles of Philosophy*, tr., with explanatory notes, by V.R. Miller and R.R. Miller, Dordrecht/Boston/London, 1991 (19831), 5. Part I, 9.

　　cf. 감정(感情, feeling)：예컨대, 한국철학의 〈사단칠정론(四端七
　　情論)〉에서의 칠정(七情)："희(喜), 로(怒), 애(哀), 구(懼), 애
　　(愛), 오(惡), 욕(欲)"(『禮記』)

　　→ 정서적 사유

3) 의(意)[의지(意志)]: 행위를 결정하는 능력 → 실천적 사유

※ 이때, 넓은 의미의 '사유'는 1)·2)·3) 모두를 가리키며, 좁은 의
　　미의 사유는 1)만을 가리킨다.

• 그런데 헤겔은 "정신은 사유 일반이다"(Der Geist ist das Denken
überhaupt)라고 말한다. 다시 말하면 정신작용은 바로 사유작용이라는
말이다. 그렇기 때문에 "인간이 한편으로는 사유하고 다른 한편으로는
의욕한다고[wollend], 그리고 한쪽 주머니에는 사유를, 다른 한쪽 주머
니에는 의욕[das Wollen]을 가지고 있다고 생각해서는 안 된다"는 것
이다. 왜냐하면 인간의 어떤 정신작용이든 그것은 모두 '사유(작용)'이
기 때문이다. 즉 '사유' 외에 '의욕'이 따로 있는 것이 아니다. 여기서
'의욕'이라고 번역한 용어는 헤겔이 Wollen이라고 표현한 것이다. 소
문자로 시작하는 'wollen'은 '의지(意志)'를 뜻하는 Wille의 부정형 동
사로서 '~을 의지하다', '~을 의욕하다', '~을 뜻하다', '~을 하고
자 하다'라는 의미를 지니며, 대문자로 시작하는 'Wollen'은 Wille의
동명사 형태로, '~을 의지함', '~을 의욕함(=의욕)' 등을 뜻한다. 그
런데 Wollen을 순수한 명사로 볼 때에는, 의지를 뜻하는 Wille와 구분
하여 '의욕(意欲)'으로 옮긴다. '의욕(意欲)'은 '의지(意志)'와 '욕망
(欲望)[욕구(欲求)]'이 합쳐져 이루어진 단어다. 그런데 의지든 의욕이
든 그것들은 모두 정신작용, 즉 사유작용이다. 사유가 따로 있고 의욕
이나 의지가 따로 있는 것이 아니다. 그러면 이들 양자는 과연 어떻게

구별되는가? 그것은 바로, 우리가 보통 '사유'라고 말할 때는 '이론적 사유'를 가리키고, '실천적 사유'를 가리킬 때에는 '의지'라고 부른다는 사실을 확인하면 쉽게 알 수 있다: "사유와 의지의 구별은 단지 이론적 태도와 실천적 태도의 구별이다. 그런데, 요컨대 두 개의 능력이 있는 것이 아니라, 의지는 사유의 특수한 한 가지 방식이다. 즉 의지란, 자신을 현존재로 옮기는 사유이며, 자신에게 현존재를 부여하고자 하는 충동으로서의 사유다."

• 헤겔이 이론적 사유와 실천적 사유의 구별에 대해 계속 해 나가고 있는 이야기를 분석해보자. 우선 이론적 사유인 인식작용에 있어서 우리가 어떤 대상을 사유함으로써 그것을 나의 사상[Gedanken]으로 만듦으로써 대상이 지니고 있던 '감각적인 것'[das Sinnliche]은 제거된다. 왜냐하면 그것은 이미 나의 외부에 있는 그런 감각적인 대상이 아니라 이제는 내 속에 들어 와 존재하는 하나의 정신적인 존재자로서의 '사상(思想)'이기 때문이다. 이제 이 대상은 '나의 것'인 것이다. 그리하여 나는 "나의 곁에" 존재한다. 외계의 대상은 나와의 거리를 두고 존재한다. 그러나 사유에 의해 포착되어 내 속에 들어 온 대상, 즉 나의 사상은 내 속에 혹은 나의 곁에 존재한다. 그 대상은 이제 대상의식 속에 들어와 있는 대상이다. 그리고 이 대상의식은 자기의식의 대상으로서 나의 곁에 있다. 그래서 이런 나의 사상[Gedanken]으로서의 나의 대상은 나에게 외타적인 것이 아니다. 이런 사태를 헤겔은 창세기의 이야기를 빌어 설명하고 있다. 이브는 아담의 몸의 일부인 갈비뼈로부터 만들어졌기 때문에 아담에게 외타적인 것, 이질적인 것이 아니라 동질성을 지니고 있는 것이다. 그래서 아담은 이브에게 '너는 내 살 중의 살이요 내 뼈 중의 뼈'라고 동질성의 기쁨을 표현하였던 것이다. 이와 마찬가지로 우리에 의해 인식된 대상은 이미 우리 정신과 동질성을 지닌 대상이므로 "이것은 내 정신 중의 정신"이라고 말할 수 있는 것이다.

• 창세기 2:23에는 다음과 같이 기록되어 있다: "이는 내 뼈 중의 뼈요 살 중의 살이라. 이는 여자로 불릴 것이다. 왜냐하면 남자에게서 이(여자)가 취해졌기 때문이다."

그런데 여기서 첫 문장은 전통적인 친족관계를 나타내는 시적 관용구다. 예컨대 라반은 그의 조카 야곱에게 "너는 나의 골육(骨肉)이로다"라고 말한다(창세기 19:14; 사사기 9:2, 사무엘하 5:1, 19:13-14 참조). 영국인들은 "혈통(血統)"이라고 말하는 데 반해 히브리인들은 친척들에 대해서 누구의 "골육"이라고 말한다.[92] 우리나라 사람들도 '혈육' 혹은 '골육'이라는 말을 사용한다. 위 인용문의 두 번째 문장, "이는 여자로 불릴 것이다. 왜냐하면 남자에게서 이(여자)가 취해졌기 때문이다"라는 것은 히브리인의 이름 짓기의 전형적인 예인데, 웬함은, 그것들의 유사성에도 불구하고 "여자(이샤)"와 "남자(이쉬)" 사이에 어떤 어원적인 연결이 있는지는 의심스럽다고 말하지만,[93] 우리말 '남자'와 '여자'나, 독일어의 'Mann'과 'Weib(Frau)' 등에서는 유사성을 발견하기 어렵지만 히브리어 '이쉬'와 '이샤' 간에 유사성이 있는 것은 분명하다.

• 위 구절은 『철학강요』 §246에서도 인용되고 있다: "자연은 즉자적인 이성이다. 그러나 정신에 의하여 비로소 이성 그 자체가 자연에 있어서 실존하게 된다. 정신은 아담이 이브를 본 때에 '이것은 나의 살 중의 살, 뼈 중의 뼈'라고 했던 저 아담의 확신을 가지고 있다. 그러므로 자연은 정신과 결혼한 신부다."

• 여기서 한마디 덧붙이자면, 아담과 이브의 관계는 남편과 아내의 관계인 동시에, 다른 한편으로는 둘이 남남관계에서 만나 결합한 것이

---

92   고든 웬함, 『창세기. 상』, 박영호 역, 솔로몬, 2006, 187 참조.

93   고든 웬함, ebd., 187-8 참조.

아니라, 본디 이브는 아담의 몸이었으므로 이 둘은 한 골육·혈육으로서 오누이관계다. 그러므로 아담은 이브에게 "나의 누이여, 나의 신부여!"라고 말할 수 있었지 않았을까? 이러한 외침은 바로 유대·기독교의 구약경전인 「아가서(雅歌書)」에 나온다. 위의 외침은 통상적으로 솔로몬 왕이 술람미 여인을 향한 것이며, 비유적으로는 예수 그리스도가 자신의 교회(敎會)를 향한 외침으로 해석되곤 하는데, 이브를 향한 아담의 외침으로 해석할 수도 있을 것이다.

• 여기서 헤겔이 말하는 "표상"[Vorstellung]은 '생각'이라는 뜻으로 사용되고 있다. '표상'은 대부분의 경우에는 어떤 개인의 마음속에 떠오르는 '관념'이나 '이미지'라는 의미로 사용된다. 이런 경우의 표상은 어떤 개인에게 속한 주관적·개인적인 이미지나 영상일 것이다. 그러나 여기 『법철학』에서 헤겔이 말하는 표상은 사유작용[das Denken]에 의한 보편화·일반화의 결과로서의 '생각'이다. 예컨대 우리가 외계의 많은 사과들에 대해 '사과'라는 생각을 하는 경우, 여기에는 이미 우리의 사유에 의한 일반화가 이루어져 있다. 그래서 '사과'라는 표상·생각은 어떤 특정한 사과만을 가리키는 것이 아니라 '사과 일반'을 가리키게 된다. 그러나 이제 막 설명한 것처럼, 사과의 이미지로서의 '사과표상'은 일반적이지 않고, 항상 그때그때마다 특수한 어떤 이미지만을 떠올리게 된다. 이 양자의 차이점에 유의해야 한다.

• ①-③을 피히테의 경우를 예로 들어 설명하면 다음과 같다

① 피히테에 있어서의 실천적 태도[das praktische Verhalten] → "자아는 비아를, 자아에 의해 제한된 것으로서 정립한다"("Das Ich setzt das Nicht-Ich, als beschränkt durch das Ich.")

② 여기서의 대립[Entgegensetzung]과 분리[Trennung], 구별(들)[Unterschied(e)]이란, 피히테 식으로 말하면,

ⓐ 가분적 자아(可分的 自我, teilbares Ich)와 가분적 비아(可分的 非我, teilbares Nicht-Ich) 사이의 대립·분리·구별, 혹은 절대자아와 경험적 자아(대상을 통해 매개된 자아) 사이의 구별이다.

ⓑ 헤겔식으로 말하면, "나=나"("Ich=Ich", 추상적 자기의식)와 대상의식 사이의 구별이라고 말할 수 있을 것이다.

③ "이 규정들과 구별들을 내어놓는 경우, 즉 소위 외계 속으로 정립하는 경우에도 그것들은 나의 것으로 존속한다. 즉, 그것들은 내가 행한 것이요 만든 것이어서 나의 정신의 흔적을 지니고 있다."

내가 내 속에 나와 다른 어떤 것으로 정립한 것, 즉 대상을 나의 외부에 정립한다는 것은, 내 속에 있는 대상의 외면화 내지는 객관화다. 예컨대 내가 내 속에 하나의 '책상'을 정립하고 그것을 외계 속으로 정립할 경우, 즉, 하나의 책상을 제작할 경우, 그것은 내가 만든 것이어서 그 속에 나의 정신의 흔적을 지니고 있다. 즉, 그것은 나의 '작품[Werk]'인 것이다. 나는 객관화된 나의 대상 속에서 나의 자기의식을 갖는다.

이런 의미에서 헤겔은 본문에서 "(...) 의지는 사유의 특수한 한 가지 방식이다. 즉, 의지란, 자신을 현존재로 옮기는 사유이며, 자신에게 현존재를 부여하고자 하는 충동으로서의 사유"라고 말하는 것이다.

• 헤겔은 또한, 실천적인 것, 즉 의지는 이론적인 것, 즉 지성을 포함하고 있다고 말한다["무엇보다도 이론적인 것은 본질적으로 실천적인 것 속에 포함되어 있으니"(Das Theoretische ist wesentlich im praktischen enthalten)]. 따라서 그 누군가가 '의지'를 가지고 있을 경우, 그는 지성을 가지고 있다. 헤겔은 『누가 추상적으로 사유하는가?』(Wer denkt abstrakt?)라는 글에서, "알지 못하고는 욕망할 수 없다"고 말하고 있다. 우리가 어떤 욕망을 가질 경우, 이 욕망은 '어떤 것'에 대한 욕

망이다. 아무런 대상 없는 공허한 욕망이란 존재하지 않는다. 의지란, 어떤 욕망을 실현하려는 실천적 정신 혹은, 어떤 행위들 가운데 하나 이상의 행위를 선택하는 기능을 가지므로, 의지에 앞서 어떤 행위들에 대한 인지(認知, 앎)가 존재해야 하는 것이 당연하다. 그러므로 "의지는 이미 자체 내에 이론적인 것을 간직하고 있다"고 해야 할 것이다.

• 여기서 헤겔은 "동물은 본능에 따라 행동하고 어떤 내적인 것에 따라 추동된다는 점에서 또한 실천적이기도 하다. 그러나 동물은 아무런 의지도 갖고 있지 않다. 왜냐하면 동물은 자기가 욕망하는 것을 자기 마음속에서 표상하지는 않기 때문이다"라고 한다. 여기서 헤겔이 말하는 '표상'은 앞서 말했듯이 '이미지'라는 의미가 아니라 '이미 개념적 사유에 토대를 둔 생각'이라는 의미로 사용되고 있다. 예컨대 파블로프(Pavlov)의 조건반사[der bedingte Reflex]의 실험에서, 종을 치면 개가 침을 흘리는데 이때, 개는 어떤 고기에 대한 특별한 이미지를 떠올린다는 점에서는 '어떤 특정한 고기조각의 표상'을 가지고 있다고 말할 수 있다. 그러나 개는 개념적 사유를 통해 얻은 일반화된 '생각'으로서의 '고기 표상'을 갖지 못한다는 말이다. 헤겔은 의지 역시 이러한 개념적 사유에 바탕을 둔 것으로 보기 때문에 동물에게는 의지가 없다고 주장하는 것이다.

(주해)

▶ "의지의 자유와 관련하여, 인식을 취급하는 이전의 방법을 상기할 수 있다. 즉, 거기서는 의지 표상을 전제하고, 의지 표상으로부터 의지의 정의(定義)를 이끌어내어 확정하려고 했다. 그리고는 이전의 경험심리학의 방식에 따라, 오직 자유의지로부터 설명되어야 한다는 후회, 죄책 등과 같은 일상적 의식(意識)의 여러 가지 감정들과 현상들로부터, 의지가 자유롭다는 이른바 증명이 수행되었다. 그러나 자유는 의식의

사실로서 주어져 있어서 그것을 믿어야만 한다는 주장을 단도직입적으로 고수하는 편이 더 편리하다. 의지는 자유롭다는 사실, 그리고 의지와 자유가 무엇인가 하는 것 —이에 관한 연역은 이미 언급한 것처럼 (§2) 전체와의 연관 속에서만 발생할 수 있다. 이 전제의 특징들[근본개요, Grundzüge]은—즉 정신은 우선 지성이며, 지성이 감정으로부터 표상을 거쳐 사유에 이르기까지 자기를 전개하면서 진행해나가는 여러 규정들은, 실천적 정신 일반이며 지성의 다음에 오는 진리인 의지로 자기를 산출하는 도정(道程)이라는 것—은 내가 나의 『철학강요』(하이델베르크, 1817) §363-399에서 서술하였는데, 언젠가 그에 대한 추가적인 상세한 설명을 할 수 있기를 바란다.[94]"

(해설)

• 헤겔은 '의지의 자유'라는 문제와 관련하여, 의지가 자유롭다는 데 대한 인식을 다루는 종래의 방법을 비판하고 있다. 그것은 '의지 표상', '의지 관념'을 미리 전제하고 그것으로부터 의지가 무엇인지를 도출하고 확정하려 하고, 그리고 나서는 우리가 예컨대 후회나 죄책감 등의 감정을 갖는다는 사실로부터 의지의 자유를 증명하는 방법이다. 그러나 헤겔은 의지와 자유가 무엇인지를, 그리고 의지가 자유롭다는 사실을 도출해내는 일은, 우선 의지가 그것의 하위개념으로 속해 있는 '정

---

94 이러한 소망은 이루어지지 않았다. 『철학강요』 제2판과 제3판에서 이 특수한 장(章)의 내용은 많이 늘어나지 않았다. 그러나 예컨대 전적으로 자유로운 의지를 '유한한' 것으로 기술하고 있는 제3판의 §482 —그런데 랏손(Lasson)이 지적하듯(*Hegels Grundlinien der Philosophie des Rechts*, neu hg.v. G. Lasson, 2. Aufl., Leipzig, 1921, xxv) 이것은 일견해서는 이 책의 §22와 모순된다—에서는 약간의 중요한 변화가 이루어졌다. 헤겔 사후 출간된 판(版)의 편집자들에 의해 『철학강요』 §§440-482에 추가된 보유(補遺)들은 헤겔이 확장하여 따로 출간하려고 했던 자료들을 통합하고 있다(Knox, 309 참조).

신'이 무엇인지를 해명하고, 정신이라는 전체 속에서 의지가 차지하고 있는 위치를 드러냄으로써 가능하다고 말하고 있다. 즉 정신은 이론적 정신인 지성과—지성은 감정, 표상을 거쳐 사유에 이른다—실천적 정신인 의지로 구별되며, 의지가 자유로운 까닭은 의지 역시 정신이기 때문인 것이다. 이 점을 이미 헤겔은 앞에서 다음과 같이 천명한 바 있다: "무게[die (oder das) Schwere]가 물체의 근본규정이듯이 자유는 의지의 근본규정이다." 후회나 죄책감이 인간의 의지의 자유의 존재를 정당화하지는 못한다. '그때 나는 달리 행동할 수 있었을 텐데 (...)'라는 후회나 '내가 왜 그랬을까?'라는 죄책감을 내가 가지고 있다고 해서, 실제로 그 당시에 내가 달리 행동할 수 있는 자유의지를 가지고 있다는 것을 입증할 수는 없는 것이다. 그럴 바에야 헤겔은 인간이 의지의 자유를 가지고 있다는 것을 하나의 의식의 사실로 받아들이는 것이 더 편(리)할 것이라고 말한다.

그런데 '의지의 자유'를 주장함에 있어서 헤겔 역시 '정신은 그 본질상 자유롭다'는 자신의 전제로부터 출발하기 때문에, 헤겔의 비판은 자기 자신에게도 해당되는 것으로 보아야 할 것이다.

★ "자유는 의식의 사실로서 주어져 있어서 그것을 믿어야만 한다는 주장"

● 이것은 의지의 자유에 관한 칸트의 입장, 그리고 특히 프리스의 입장에 대한 언급이다.[95] 칸트는 때로는 의지의 자유를, 신의 현존과 영혼의 불멸과 함께 도덕적 신앙 내지 신념의 대상으로 간주한다(KrV, Bxxx). 그러나 칸트는 우리가 자유에 대한 직접적인 의식을 가지고 있

---

95   *Vorlesungen über die Geschichte der Philosophie*. TW 20, 419 참조.

다는 견해를 거부했다. 칸트는 도덕법칙이 존재한다는 "이성의 사실"[das Faktum der Vernunft]로부터 의지의 자유의 존재를 주장한다. 즉, 그에게 있어서는 도덕법칙이 의지의 자유를 인식할 수 있는 근거 [ratio cognoscendi]가 되고, 자유는 도덕법칙의 존재근거[ratio essendi]가 된다.[96] 다른 한편 프리스는 '인간에게 있어서 근본적인 윤리적 진리는 직접적인, 반박할 수 없는 필연성을 지닌 채 타당하다. 그러므로 인간은 자기의 자유를 의식하고 있다'고 생각한다. 이런 생각으로부터 그는 때때로, 우리는 신과 불멸성을 믿을 필요가 있는 것처럼 인간의 자유를 믿을 필요는 없다고 추론한다. 그러나 다른 곳에서 그는 도덕적 의식을 토대로 우리가 우리의 자유에 대해서 갖고 있는 신념이나 믿음에 관해서 말한다(Fries, *Anthropologische Kritik der Vernunft I*, Heidelberg, 1838, xvii–xviii; II, 259; III, 251).[97]

2.2. 의지 개념: §§5-9

2.2.1. 의지 일반: §§ 5-7

§5 보편성: 사유와 의지는 대립하지 않는다. 소극적 자유. 소극적 자유의 역사적 현상들

TW 7, 49 f. / 『법철학』, 75 f.

---

96 *Kritik der praktischen Vernunft*, hg.v. Karl Vorländer. Unveränderter Nachdruck 1974 der 9. Auflage von 1929, Hamburg, 4 (Vorrded. Anm.).

97 Nisbet, 396 참조.

▸ "의지는 α) 자아의 순수한 무규정성 혹은 자아의 자신 속으로의 순수한 반성이라는 요소를 포함하고 있어서, 그 속에서는 모든 제한, 즉 본성[Natur], 욕구[Bedürfnisse], 욕망[Begierden] 및 충동[Triebe]에 의해 직접적으로 현존하거나 혹은 또 그 무엇에 의해서든 간에 이미 주어져있는 특정한(규정된) 모든 내용은 모두가 해소된다. 따라서 이것은 절대적 추상이나 보편성의 무제한적 무한성, 즉 자기 자신의 순수사유다."

▸ (주해)

"(...)―그리하여 여기서 의지의 특정한 한 측면―즉 내가 어떤 규정 속에 존재하건, 혹은 또 내가 어떤 규정을 나 자신 속에 정립했건 간에, 이 모든 규정을 도외시할 수 있는 절대적 가능성, 다시 말하면 하나의 제한으로서의 모든 내용으로부터 도피하는 일이, 의지가 그것에로[wozu] 자기를 규정하는 것이거나 혹은 표상에 의해 독자적으로 자유로서 고수되는 측면이라면, 이것은 부정적인 자유 혹은 지성의 자유다. ―그런데 공허한 자유는 현실적인 형태나 정열로 고양되고 더욱이, 이것이 단순히 이론적인 상태에만 머무른 채 종교적인 것 속에서는 인도(印度)의 순수명상과 같은 광신(狂信)이 되지만, 그것이 현실로 방향을 바꾸면 정치적인 것 내지 종교적인 것 속에서는 기존의 모든 사회질서를 파괴하는 열광주의(熱狂主義)로 되고, 어떤 질서에 유착하려는 혐의가 있는 개인은 제거되고, 다시 두각을 나타내고자 하는 조직은 말살된다.[98] 이 부정적 의지는 어떤 것을 파괴함으로써만 자기의 현존의 감정을 갖는다. (...) 그러나 특수화[Besonderung]와 객관적 규정[objektive Be-

---

98 헤겔은 프랑스 혁명주의자들의 생각과 행동을 염두에 두고 있다. 이 점에 관해선 『정신현상학』의 〈정신〉장(章)의 '절대적 자유와 죽음의 공포'[Die absolute Freiheit und der Schrecken]라는 절(PG, 414-422. 임석진 역은 제2권, 156-169)을 참조할 것.

stimmung]을 말살함으로써, 이 부정적인 자유에는 자기의 자기의식이 등장한다. 그러므로 부정적인 자유가 의욕한다고 생각하는 것은 이미 그 자체로서 한낱 추상적인 표상에 불과할뿐더러 또한 부정적인 자유의 실현은 파괴의 광포(狂暴)를 의미할 뿐이다."

(해설)

● 여기서는 의지의 첫째 단계, 즉 추상적인 자기의식의 단계(추상적 보편성의 단계)가 서술되고 있는데, 그것은 바로 "나=나"라고 하는 절대적 자기의식, 절대적 자유가 주장되는 단계다. 이것은 보편적인 자기의식이고, 아무런 내용이 없고 규정되지 않은 공허한 자기의식, 공허한 자유다. 그리고 §6에서는 의지의 '특수성'이, 그리고 §7에서는 의지의 '개별성'이 서술된다. 이러한 전개, 즉 '보편성' → '특수성' → '개별성'으로의 이행은 헤겔의 기본사상으로부터 이루어지는 것이다. 요컨대 헤겔은 개별자 속에는 보편성과 특수성이 내재해 있는 것으로 본다. 예컨대 소크라테스라는 한 개인(개별자)는 '인간임(인간성, Menschheit, humanity)'이라는 본질을 그 보편성의 측면으로 지니고 있다. 뿐만 아니라 소크라테스는 주먹코를 가지고 있다든지, 철학자라든지, 특정한 시간·공간에서 어떤 옷을 입고 어떤 특정한 행동을 하고 있다든지 하는 '특수성'을 지니고 있기도 하다. 전자의 보편적 측면을 본질이라고 한다면, 후자의 특수한 측면은 우유적 속성이라고 부를 수 있다. 그러면 이러한 헤겔의 생각을 따라서 그의 논의를 따라가보자.

★ 추상적 자기의식 / 추상적 자유

● 헤겔은 추상적·직접적인 자기의식인 "나=나"는, 자유라고 말한다. 왜냐하면 여기서 자아를 규정하는 것은 오직 자아 자신일 뿐이며,

자기는 자기 이외의 어떤 타자에 의해서도 규정되거나 제한되지 않기 때문이다.[99] 이때의 자아는 자기 자신을 모든 대상적인 것들로부터 분리하여 자기 자신만을 대상으로 삼는다.[100] 헤겔은 물체의 실체적 본성[substanzielle Natur]이 무게이듯이[101] "자기의식의 실체는, '나는 나'라는 자유"[102]라고 말한다. 그러나 여기에는 "아무런 규정성도 정립되어 있지" 않으므로 "이 실체는 아직은 전적으로 추상적이고, 이러한 자유 또한 아직은 추상적이다. 자아는 단지 자아라는 사실로 만족하지 않으며, 인간적인 현실이란, 이러한 실체를 넘어서는 것이며, 그러한 실체를 실현시키는 것이다. (…) 위에서 제시된 내용 속에는 "나=나"라고 하는 입장의 일면성(一面性)이 포함되어 있다. '나=나'라는 것은 추상적인 것이기 때문에, 하나의 형식[Form]이고 규정성이며 제한[Schranke]이며, 따라서 그것은 자유가 아니다. 자유는 제한된 것이 아니다. 그러므로 우리는 자기의식을 의식과의 관계 속에서 받아들여야만 한다."[103]

• 이러한 부정적이고 추상적인 자유는 헤겔의 『정신현상학』〈자기의식〉장(章)에 서술된 스토아주의[Stoizismus][104]의 자유의 단계에 해당한다. 즉,

---

99 Enz §424 참조.

100 Hegel, *Vorlesungen über die Philosophie des Geistes*, Berlin im Winter Semester 1827/28, Nachgeschrieben von Johann Eduard Erdmann und Ferdinand Walter, hg.v. Franz Hespe und Burkhard Tuschling, Hamburg, 1994, 161 참조.

101 Hegel, ebd., 160 참조. 또한 『법철학』 §4 참조.

102 "Die Substanz des Selbstbewußtseins ist die Freiheit, Ich=Ich"(Hegel, *Vorlesungen über die Philosophie des Geistes*, ebd., 161).

103 Ebd., 161 f.

104 스토아주의는 무정념(無情(念)) 무감각(無感覺), 평정심(平靜心), 냉정(冷情)함, 태연자약(泰然自若)[apatheia, ἀπάθεια]을 추구한다.

1) 스토아주의는 "무한성, 특히 의식의 순수운동을 본질로 하는 의식, 사유하는 의식, 자유로운 의식이다"(PG, 151). 그것은 자기 자신을 대상으로 사유하는 의식이기에 완전히 자유로운 의식이다. 헤겔은 이러한 스토아주의를 다음과 같이 설명하고 있다: "그러나 나에게 있어서 개념이란 직접적으로 나의 개념이다. 사유 안에서 나는 자유롭다. 왜냐하면 나는 타자 속에 있는 것이 아니라 오히려 전적으로 나 자신 속에 머물러 있기 때문이며, 또 나에게 본질로서 등장하는 대상이란 곧 불가분적 통일 속에 있는 나의 대아적(對我的) 존재이기 때문이다. 그러므로 개념 속에서의 나의 운동이란, 나 자신 속에서의 운동인 것이다."[105]

2) 스토아주의적 자유는 생동적인 자유가 아니라 추상적인 자유이며, 현실적인 자유가 아니라 사유에 있어서의 자유일 뿐이다. 이런 자기의식은 "권좌(權座)에 있거나 아니면 예속자의 입장에 있을지라도 오직 개별적인 현존재로서의 자기가 감수해야만 하는 일체의 의존성으로부터 해방되어 적극적인 작용의 행사나 소극적인 고통의 감수를 막론한 갖가지 현존재의 영향권을 벗어나서 부단하게 사상의 단순한 본질성으로 후퇴하는 무기력한 상태를 유지하는 데 있다."(PG, 153). 여기서 "권좌에 있거나"라는 것은 예컨대 아우렐리우스(Marcus Aurelius, 121-180) 황제를, "예속자의 입장에 있을지라도"라는 것은 에픽테토스[106]를 가리킨다. 그런데 이들이 누리는 자기의식의 자유에 있어서는

---

105 "(…) sondern der Begriff ist mir unmittelbar mein Begriff. Im Denken bin Ich frei, weil ich nicht in einem Andern bin, sondern schlechthin bei mir selbst bleibe und der Gegenstand, der mir das Wesen ist, in ungetrennter Einheit mein Fürmichsein ist; und meine Bewegung in Begriffen ist eine Bewegung in mir selbst."(PG, 152).

106 Epiktetos (Επίκτητος) ['곁다리로 얻은'(gained besides; in addition; newly acquired)]이라는 뜻. 로마제국의 동쪽 변경에 있는(지금의 터키 서남쪽에 위치한) 퓌리기아 지방의 히에라폴리스에서 50-60년경에 태어나 135년경에 죽은 것으로 알려졌

구별이 없다.

3) "사유 속에서의 자유는 순수한 사유만을 자기의 진리로 삼고 있지만, 이 진리는 생의 충만한 내용을 담고 있지 않다"(PG, 153). 이 단계에서의 자유는 "자유의 개념일 뿐이요, 생동하는 자유 자체가 아니다"(PG, 153). 자기의식이 이 사유 자체에만 안주(安住)하여 사유의 유희만을 일삼는 한, 현실과 동떨어진 사유일 수밖에 없다. "사유 일반만이 본질이며, 사물의 자립성과는 무관하게 자체 내로 복귀한 형식"(PG, 153)으로서의 스토아주의는, 사유하는 것만을 되풀이하는 추상성에 머물 수밖에 없다. 따라서 "추상적 자유로서의 사유하는 의식은 단지 타재의 불완전한 부정에 불과하다. (...) 현존재로부터 자신 속으로 후퇴한 사유하는 의식은 타자에 대한 절대적 부정으로서, 자신을 자신 속에서 완성한 것이 아니다"(PG, 154). 실재로부터의 구속을 떨쳐버리는 순수사유로의 후퇴야말로 스토아주의의 본질이다. 그러므로 스토아주의 단계의 사유는 권태(倦怠)(PG, 154)만을 더하게 된다. 이것이야말로 'apatheia' [태연자약]를 이상(理想)으로 하는 스토아 의식에 대한 헤겔의 설명이다.

4) 모든 내용을 초월한 순수형식에서의 사유의 전개야말로 스토아 사유의 완성된 형태이고 거기에서 어떠한 개별적인 것에도 구속되지 않는 완전히 자유로운 의식의 성립을 보는 것이다. 그러나 그러한 까닭에 또 이런 의식의 자유는 생생한 생활과 단절된 형식적인 자유다. 그

다. 네로 황제의 경호원 중의 하나인 에파프로디토스의 노예였고, 류머티즘으로 인하여 다리를 절었고, 에피로스의 니코폴리스에 정착해 마르쿠스 아우렐리우스 치세(治世)에 이르기까지 살았다. 우리가 그의 철학을 알 수 있는 현존문서는 『편람』(『엥케이리디온』, Ἐγχειρίδιον, Encheiridion)과 『어록』(『담화록』, Διατριβάι, Discourses) 두 가지다. 『편람』[『엥케이리디온』], 김재홍 역, 까치, 2007]과 『불확실한 세상을 사는 확실한 지혜』(샤론 르벨 편, 정영목 역, 까치, 1999) [이 역서는 『편람』(『엥케이리디온』)과 『어록』(『담화록』)에서 발췌한 것임]을 참조할 것.

것은 현실생활 속에서 발생하는 진(眞)이나 선(善)에의 질문에 대하여 구체적인 해답을 제시할 수 없다. 오히려 구체적인 해답을 제시하지 않는 것에 의해서 자기의 보편성을 확인하려고 하는 것이다. 그리고 바로 이러한 점에, 스토아 의식이 회의주의로 이행하는 계기가 잠재되어 있는 것이다. 헤겔은 그것을 다음과 같이 설명한다: "그러나 사유의 이러한 자기동일성은 다시금, 그 속에서 아무것도 규정되지 않는 순수한 형식일 뿐이다. 그러므로 스토아주의가 그 곁에 머물러 있을 수밖에 없는 진(眞)이나 선(善), 지혜와 덕 등에 관한 일반적인 용어들은 일반적으로 숭고한 느낌을 주기는 하지만, 그 용어들이 실제로는 내용을 확장할 수 없기 때문에 곧바로 권태감을 불러일으키기 시작한다"(PG, 154).

★ 헤겔은 이러한 의식을 『철학강요』에서 다음과 같이 규정하고 있다.

• "자아라고 하는 것은 그 자체로는 추상적이며, 자기 자신에 대한 순수한 관계여서, 이 관계 속에는 표상, 감각뿐만 아니라, 성질, 재능, 경험 등의 모든 특수성과 같은 상태가 추상[사상(捨象)]되어 있다. 그런 한에서 자아는 전적으로 추상적인 보편성의 실재자요 추상적으로 자유로운 자다."[107] 헤겔은 이러한 자기의식을 추상적으로 자유로운 자라고 규정한다.

• 헤겔은 사유작용으로서의 자아와 관련하여, "스스로 사유한다"["Selbstdenken"](Enz §23)는 표현은 "중복된 말"["ein Pleonasmus"](ebd.)이라고 말한다. 이 표현에는 아무런 깊은 뜻도 없으니, 이

---

[107] "Ich aber, abstrakt als solches, ist die reine Beziehung auf sich selbst, in der vom Vorstellen, Empfinden, von jedem Zustand wie von jeder Partikularität der Natur, des Talents, der Erfahrung usf. abstrahiert ist. Ich ist insofern die Existenz der ganz abstrakten Allgemeinheit, das abstrakt Freie"(Enz §20).

는, 그 누구도 다른 사람을 대신하여 먹거나 마실 수 없는 것처럼 아무
도 다른 사람을 대신하여 사유할 수 없기 때문이다(ebd. 참조). 따라서
이렇게 볼 때, "사유 속에는 직접적으로 자유가 존재한다."[108] 왜냐하면
"사유는 보편자의 활동이요, 따라서 자기에 대한 추상적인 관계이며,
주체성에 따른 무규정적인 자기안주성(自己安住性)"[109]이기 때문이다.
헤겔은 이러한 자기의식의 구조 및 성격을 §424에서 다시 서술하고 있
다. 즉, 자기의식의 표현은 "자아=자아"[110]인데, 이러한 "자기의식의 명
제는 아무런 내용이 없다."[111] 이것은 아무런 실재성도 갖고 있지 않은
"순수한 관념성"이요 "추상적인 자유"(Enz §424)이며 형식적이고 공허
한 자기의식이다. 왜냐하면, 이러한 자기의식의 대상은 사실은 대상이
아니라 자아 자신이어서 자아와 그 대상 사이에는 아무런 구별도 존재
하지 않기 때문이다(ebd. 참조).[112]

---

108 "In dem Denken liegt unmittelbar die Freiheit"(ebd.).
109 "weil es die Tätigkeit des Allgemeinen, ein hiermit abstraktes Sichaufsich-
beziehen, ein nach der Subjektivität bestimmungsloses Beisichsein ist, (...)"(ebd.).
110 Enz §424 그리고 "Bewußtseinslehre für die Mittelklasse (1809 ff.)," in:
Hegel, *Nürnberger und Heidelberger Schriften (1808-1817)*. TW 4 (111-123) §22
참조.
111 "Bewußtseinslehre für die Mittelklasse (1809 ff.,", ebd., §23 그리고 Enz §424
참조.
112 이러한 자기의식의 명제는 형식적인 동일성, 추상적인 동일성, 동어반복에 불과
하다. 그러므로 헤겔은 이것이 아무런 '내용'이 없다는 것이고, 실재성을 갖고 있지 않
은 순수한 관념성에 불과하다고 말하는 것이다. 헤겔에 있어서 '실재적인 것'은 반드시
타자에 매개되어 있다. 이 점과 관련하여 우리는 『신의 현존 증명에 관한 강의』(*Vor-
lesungen über die Beweise vom Dasein Gottes*)에 서술된 헤겔의 주장에 주목할 필요
가 있다. 여기서 그는 "하늘에서나 땅 위에서나 그리고 땅 아래에서도, 직접성이라는
규정뿐만이 아니라 매개라는 규정을 자신 속에 지니지 않은 그 어떤 자연의 대상이나
정신의 대상도 존재하지 않을 뿐만 아니라, 매개되지 않거나 매개하지 않는 지(知), 감
각, 표상, 의욕 등 정신에 귀속되는 그 어떤 활동도 존재하지 않는다"(*Vorlesungen über
die Beweise vom Dasein Gottes*, hg. v. Georg Laßon, Leipzig, 1930, 3. Vorlesung,

자유는, 헤겔의 규정에 의하면, "자기 곁에 머무름"인 바, 이때에 자기 외에 아무런 타자에 의해서도 매개되지 않은 채 단지 자기 자신에 머물러 있는 것은 추상적인 자유 또는 "부정적 내지는 지성의 자유"("die negative oder die Freiheit des Verstandes", TW 7. §5) 또는 "고정되어 있는, 이러한 추상 속에로만 자기의 존재를 정립하는, 공허한 자유"("Freiheit der Leere, die sich fixiert, in diese Abstraktion allein ihr Sein setzt", ebd. §5의 주해)라고 할 수 있으며 "자기의 타자 속에서 자기 자신 곁에 있음"("In seinem Anderen bei sich selbst zu sein" Enz §24 Zus. 2; TW 7. §7 보유 참조)이야 말로 구체적인 자유, 현실적인 자유, 진정한 자유라고 말할 수 있는 것이다. 따라서 '너'나 '그것' 없이 "나=나"로서 존재할 때의 자기의식은 단지 추상적인 자유다. '내'가 구체적으로 자유롭기 위해서는 '나'의 타자를 필요로 한다.

★ 사유, 자기객관화, 자유

S. 26)라고 말하고 있다(또한 이와 유사한 내용이 *Wissenschaft der Logik* (TW 5, 66)에도 서술되어 있다). 따라서 만약에 그 자체로서만 존재하는 것으로 생각되는 신은 헤겔에 의하면 신이 아니다. 신은 자기의 피조물이면서 타자인 세계(인간을 포함한 넓은 의미의)에 매개됨으로써만, 추상적이고 관념적인 신이 아닌 진정한 신일 수 있는 것이다. 이로써 헤겔은 '신에 의한 세계창조의 필연성'을 설명하고 있는 셈이다. 그에 의하면, 신 없는 세계는 세계가 아니듯이, 세계 없는 신도 신이 아니다. 위의 본문에서 헤겔은, "신은 활동, 즉 자기 자신에 관계하며 자기 자신에 머무르는 자유로운 활동"("Gott ist die Tätigkeit, freie, sich auf sich selbst beziehende, bei sich bleibende Tätigkeit; (...)", ebd. 27. 또한 27의 Nachschrift 참조)이라고 말하는데, 활동 역시 타자를 통해 매개된 것이며 "구별된 것에 대한 관계"(ebd., 27 Nachschrift)이므로, 신에게는 신의 타자가 필요한 것이다. "나=나"라고 하는 추상적인 자기의식이 "운동 없는 동어반복"(PhG, 134)인 것처럼, "신=신"이라고 하는 추상적인 신은 아무런 활동이 없는 것이고 죽은 것이요, 따라서 신이 아니다.

● 인간은 모든 것을 포기할 수 있다. 왜냐하면, 그는 자신에게 관계하기 때문이다. 인간은 자기 자신을 객관화할 수 있는 가능성을 갖고 있다. 이러한 (자기) 객관화를 헤겔은 '사유'[Denken]라고 부른다: "인간은 자기 자신의 순수사유이며, 인간은 단지 사유하면서 자기에게 보편성을 부여하는 이러한 힘, 즉 모든 특수성[Besonderheit]" 혹은 모든 특정한 의지내용들을 "소멸시키는"(『법철학』§5 보유) 이러한 힘이다. 자기 객관화(자기-사유, das Sich-Denken)는, 인간주체가 자유롭고자 하는 한, 수행할 수 있고 또 수행해야만 하는 일이다. 인간주체가 자기에게 대상(객체)으로 되지 않으면, 그는 부자유로운 채로 머문다. "자신을 사유하지 않은 사람은 자유롭지 않다. —자유롭지 않은 사람은 자신을 사유하지 않았다"{『법철학』§5에 대한 메모[Notizen]}. 자살 또는 추상화 능력은 그러므로 헤겔의 견해에 의하면 자기객관화 능력 속에 그 근거를 갖고 있다. 주체가 자기관계를 형성하고 또 형성할 수 있다는 사실은 그 특수한 이유들을 갖고 있다.[113]

● "인도(印度)의 순수명상과 같은 광신(狂信)"에 대해서 헤겔은 『종교철학강의』에서 좀 더 자세히 이야기하고 있다.[114]

● 『자연법 논문』(Naturrechtsaufsatz)에서 헤겔은, 이 "순수한 자유"[115]라고 부르는 이 자살능력을 『법철학』에서는 의지의 첫 번째 계기로 묘사한다. 자유로운 존재자는 모든 의지내용들을 부정할 수 있고, 아무 것도 의욕(의지, wollen)하지 않을 수 있다. "의지는 (...) 절대적

113 P. Schaber, *Recht als Sittlichkeit. Eine Untersuchung zu den Grundbegriffen der Hegelschen Rechtsphilosophie*, Würzburg, 1989, 22 참조.
114 *Vorlesungen über die Philosophie der Religion I*. TW 16, 345-350; *Vorlesungen über die Philosophie der Religion II*. TW 17, 31-40.
115 Hegel, *Über die Wissenschaftilchen Behandlungsarten des Naturrechts, seine Stelle in der praktischen Philosophie und sein Verhältnis zu den positiven Rechtswissenschaften* (약칭: *Naturrechtsaufsatz*), in: TW 2, 479.

추상의 제한 없는 무한성을 포함하고 있다"(『법철학』 §5). 모든 것을 추상하고 아무것도 의욕하지 않는 의지는 아무것도 산출하지 않는, 절대적으로 파괴하는 힘이다. 이러한 의지의 자유는 "공허의 자유"["eine Freiheit der Leere", 『법철학』 §5]다. 이 자유는 어떤 객체성도 정립하지 않는다.

• 이러한 보편적인 추상화능력은 의지를 구성하는 하나의 계기이며, 그런 한에서 자유의 한 계기다. 만약에 의지가 이러한 능력과 동일하다면, 의지는 존재하지 않을 것이며(또는 단지 자기파괴로서만 존재할 것이며) "내가 모든 것으로부터 나를 해방하고 모든 목적을 포기할 수 있는"(『법철학』 §5 보유) 가능성은, 그런 한에서 자유의 단순한 원천에 불과하다. 왜냐하면 나의 의지는 강제될 수 없으며, 나는 나의 모든 목적정립에 있어서, 그리고 나의 모든 의지규정들에 있어서 자유롭기 때문이다. 나는 자연을 통해서나 다른 의지들을 통해서 절대적으로 규정되지 않는다.[116]

▸ (보유)

"의지의 이러한 요소 속에는 내가 모든 것으로부터 나를 해방하고 모든 목적을 포기하며 모든 것으로부터 추상(抽象)할 수 있다는 사실이 존재한다. 인간만이 모든 것을, 자기의 목숨까지도 포기할 수 있다. 즉 인간은 자살(自殺)할 수 있다. 그러나 동물은 이런 일을 하지 못한다. 동물은 언제나 소극적으로만 머물러있다. 즉 동물은 자기가 단지 익숙한 외타적(外他的) 규정 속에만 늘 머물러 있다. 인간은 자기 자신에 대한 순수한 사유다. 그리고 인간은 오로지 사유하면서, 자기에게 보편성을 부여하는 이러한 힘, 즉 모든 특수성과 모든 규정성을 소멸시키는

---

116 Schaber, ebd. 참조.

힘이다. 물론 이런 부정적 자유, 즉 지성의 자유는 일면적이긴 하지만, 이 일면적인 것은 언제나 하나의 본질적인 규정을 자신 속에 포함하고 있다. 따라서 그러한 일면적인 것을 버려서는 안 된다. 그러나 지성의 결함은 지성이 일면적인 규정을 유일한 최고의 규정으로 고양한다는 점이다."

(해설)

• 인간은 자기 자신이 아닌 자기의 모든 타자로부터 자기를 추상해 낼 수 있다. 자신으로부터 모든 내용, 모든 목적, 모든 특수성과 모든 규정성을 내버릴 수 있다. 그리고 이것이 극단적으로 표출되면 자기 자신까지도 포기하는 자살로 이어진다. 자살할 수 있는 능력이 지성적 존재자의 자유를 입증한다. 이러한 자는 어떤 것에 의해서도 강요되지 않는다. 왜냐하면 그는 모든 것을 처분(處分)할 수 있고 의도적으로 죽을 수 있기 때문이다.[117] 죽을 수 있는 능력을 통해 주체는 자신을 자유로운 자로 입증하며 모든 강요를 단적으로 넘어선 것으로 입증한다.[118]

• 변증적 발전단계에서 ① 추상적·지성적인 면은 일면적인 것으로서 부정되어야 하지만, 전적으로 부정되는 것이 아니라 제한적(규정적)으로 부정된다. 즉, 지양(止揚)된다. 이것을 제한적(규정적) 부정[die bestimmte Negation]이라고 한다.

• 제1단계도 진리를 이루는 부분적인 측면이다. 그것은 진리(眞理, Wahrheit)는 아니지만, '옳은 것'[Richtigkeit], 즉 부분적인 '참'이다. 문제는 부분적인 것을 전체라고 주장할 때 발생한다.

---

117 Schaber, ebd., 21 참조.
118 Hegel, *Naturrechtsaufsatz*, ebd., 477.

§6 특수성: 부정성으로서의 규정. 첫 번째 계기로부터 두 번째 계기의
출현. 피히테에 있어서의 이 두 계기의 서술. 피히테를 넘어선 헤겔
의 진전

TW 7, 52 f. / 『법철학』, 78 f.

▶ "β) 마찬가지로 자아는 구별 없는 무규정성으로부터 구별이나 규정
함에로 그리고 어떤 내용과 대상으로서의 어떤 규정성의 정립(定立)에
로의 이행이다. ―이 내용은 이제 더 나아가, 본성을 통해 주어진 것 혹
은 정신의 개념으로부터 산출된 것으로서 존재한다. 자아는 자기 자신
을 어떤 특정한 것(규정된 것)으로서 이렇게 정립함으로써 현존재 일반
속으로 들어선다; ―이것은 곧 자아의 유한성 혹은 특수화라는 절대적
계기다."

(해설)
● 이 두 번째 단계는 의지가 특수화되는 단계다. 첫 번째 단계에서
의지는 "나는 나다"라는 "구별 없는 무규정성"을 지니고 있었다. 그러
나 두 번째 단계에서 의지는 어떤 특정한 것으로 향한다. 그리하여 자
신 속에 특정한 대상을 자기의 내용으로 정립한다. 어떤 음식을 먹고자
하는 의지를 예로 들어 설명하면, 제1단계에서의 의지는 '나는 먹을 수
있는 모든 것을 먹고자 한다' 라고 표현할 수 있다. 그러나 이런 의지는
사실은 '막연한' 의지다. 모든 것을 한 번에 다 먹을 수는 없는 것이다.
그래서 이런 의지는 한정되어야 한다. 즉 특정한 어떤 음식으로 향해야
한다. 그래서 우리의 의지는 '나는 특정한 ~을 먹고자 한다' 라는 의지
로 전환되어야 한다. 이것이 바로 제2단계의 의지, 즉 '특수화된 의지'
다. 나는 모든 음식 가운데 '어떤 것' 을 선택해야 한다. 제1단계의 보편

적 의지가 비현실적인 의지라고 한다면, 제2단계의 의지는 '현실적인' 의지다. 그래서 헤겔은 "자아는 자기 자신을 어떤 특정한 것(규정된 것)으로서 이렇게 정립함으로써 현존재 일반 속으로 들어선다"고 말하는 것이다.

▶ (주해)

"규정이라는 이 두 번째 계기는 첫 번째 계기와 마찬가지로 부정성이고 지양이다. ―즉, 이것은 첫 번째의 추상적 부정성의 지양이다. ―특수자 일반은 보편자 속에 존재하듯이, 바로 그 때문에 이 두 번째 계기도 첫 번째 계기 속에 이미 포함되어 있고, 첫 번째 계기가 이미 즉자적으로 존재하는 바를 정립한 것일 뿐이다; ―첫 번째 계기, 즉 그 자체로 고립되어 있는 첫 번째의 계기는 진무한이나 구체적 보편, 개념이 아니며 규정된 것, 일면적인 것에 불과하다. 즉, 그것은 모든 규정성으로부터 추상된 것이어서 그것 자체가 규정성이 없는 것이 아니다. 그리고 추상적인 것, 일면적인 것으로 존재한다는 것이 그것의 규정성, 결함, 그리고 유한성을 이룬다. ―언급한 두 계기의 구별 및 규정은 칸트철학 등에서와 마찬가지로 피히테철학에서도 발견된다. 단지 피히테의 서술에만 국한해 볼 때, (피히테의『학문론』의 제1명제[119]에서의) 무제한자로서의 자아는 전적으로 긍정적인 것으로만 간주되어서(따라서 그것은 지성의 보편성이며 동일성이다) 이 추상적인 자아는 독자적(대자적)으로 참된 것이므로

---

119 "자아는 근원적이고 전적으로 자기 자신의 존재를 정립한다."("Das Ich setzt ursprünglich schlechthin sein eingenes Seyn.")[J. G. Fichte, *Grundlage der gesamten Wissenschaftslehre*. in: *Gesamtausgabe der Bayerischen Akademie der Wissenschaften*. hg. v. R. Lauth und H. Jacob, I, 2 (GdgWL, in: GA I/2로 줄임), Stuttgart-Bad Cannstatt, 1962 ff., 261. 그리고 Johann Gottlieb Fichte, *Grundlage der gesamten Wissenschaftslehre*, in: *Fichtes Werke*. hg. v. I. H. Fichte, 11 Bde., Berlin, 1971. Nachdruck der Nachgelaasenen Werke, Bonn 1834/35 (SW I로 줄임), 98].

더 나아가 제한이 ─즉, 부정적인 것 일반이 어떤 주어진 외적 제한으로서이건 아니면 자아의 독자적인 활동으로서이건 간에─(두 번째 명제[120]에서) 부가된다. ─자아에 있어서와 같이 보편적인 것이나 동일한 것에 내재하는 부정성을 파악하는 것이 사변철학이 내딛어야 했던 추가적인 발걸음이었는데, ─이것은 피히테처럼 내재와 추상[Immanenz und Abstaktion] 속에서 무한과 유한의 2원론을 결코 파악하지 못하는 사람들은 그것에 관해 아무것도 예감하지[ahnen] 못하는 욕구다."

(해설)

• 의지가 제2단계에서 갖게 되는 '규정'이라는 계기는 '부정성' 내지 '지양'이다. 그것은 제1단계의 부정이기 때문이다. 그런데 헤겔은 왜 첫 번째 계기, 즉 제1단계의 의지도 '부정성'이고 '지양'이라고 말하는가? 제1단계의 의지는 자아가 자기 자신 이외의 모든 것으로부터 추상되어 자기 자신만을 대상으로 삼고 있다. '나는 모든 것을 의지한다'고 하는 의지의 보편성 속에는 실은 그 어떤 구체적인 내용도 정립되어 있지 않으므로 그것은 '추상적'인 것이다. 그리고 그것은 구체적인 내용의 부정이므로 결국 제1단계의 의지는 "추상적 부정성"을 지니고 있는 것이다. 그러므로 헤겔은 "첫 번째 계기, 즉 그 자체로 고립되어 있는 첫 번째의 계기는 진무한이나 구체적 보편, 개념이 아니며 규정된 것, 일면적인 것에 불과하다"고 말하는 것이다. 그리고 이러한 의지는 진무한의 성격을 지니고 있지 않기 때문에 "유한성"을 지닌다.

• 이러한 두 계기의 구별, 즉 추상적 보편·추상적 무한이라는 첫 번째 계기와 그에 맞서는 특수성이라는 두 번째 계기의 구별은 피히테철

---

120 "(…) 자아에게 비아가 전적으로 반정립된다."["(…) wird dem Ich schlechthin entgegengesetzt ein Nicht-Ich." GdgWL, in: GA I/2, 266, SW I, 104].

학에서 발견된다고 헤겔은 말한다. 즉 "자아는 근원적이고 전적으로 자기 자신의 존재를 정립한다"는 피히테 『학문론』의 제1명제에서의 '자아'는 '무제한자'로 등장한다. 이때의 자아는 자기 외에는 아무것도 가지고 있지 않은 '절대적 자아', '추상적 자아', 그리고 아무런 내용이 없는 '형식적 자아'로서, 자신 속에 아무런 부정성도 지니고 있지 않은, 전적으로 긍정적인 자아다. 이러한 '추상적 동일성·추상적 보편성'에 대해 헤겔은 "지성의 보편성이며 동일성"이라고 말한다. 이런 추상적인 자아는 타자에 대해서, 즉 '대타적으로' 참된 것이 아니라 단지 그 자체로만, 혹은 자기 자신에 대해서만 참된 것이다. 그래서 이러한 제1명제의 자아가 자신의 추상성으로부터 벗어나려면 자신의 타자가 자기의 제한으로 부가되어야 한다. 이것이 바로 피히테의 제2명제로 등장한다: "(...) 자아에게 비아가 전적으로 반정립된다."

★ "—자아에 있어서와 같이 보편적인 것이나 동일한 것에 내재하는 부정성을 파악하는 것이 사변철학이 내딛어야 했던 추가적인 발걸음이 있었는데, — 이것은 피히테처럼 내재와 추상[Immanenz und Abstaktion] 속에서 무한과 유한의 2원론을 결코 파악하지 못하는 사람들은 그것에 관해 아무것도 예감하지[ahnen] 못하는 욕구다."

• 헤겔 당대에 야코비는 무한자와 유한자가 서로 분리되어 있다고 주장했다. 즉 무한자는 유한자를 초월해 있어서 유한자로부터 전적으로 분리된 것으로 생각되었다. 피히테는 이러한 2원론을 극복하려고 하였다. 왜냐하면 그는 적어도, 야코비가 느끼지 못했던 종합의 필요를 느꼈기 때문이다. 어떤 의미에서는 피히테에 있어서 자아는 모든 실재이고 비아는 자아에 내재해 있는 것이다. 그러나 피히테는 자아를 추상적으로 파악하고 있기 때문에, 즉 대립자들의 종합으로서가 아니라 대

266 II. 해설: 〈서문〉과 〈서론〉

립의 단순한 부재(不在)로 파악하고 있기 때문에, 유한자는 추상적 무한자 속으로 빨려 들어가고, 그의 내재론은 야코비의 초월론과 마찬가지로 추상적이다. 헤겔은 부정성은 무한자 속에 있는 하나의 계기여서 무한자는 자기를 유한자로 정립함으로써만 자기를 실현한다는 자기의 이론으로 이러한 두 추상적인 관점들을 넘어섰다고 선언한다. 이 이론을 '구체적 초월'이라고도 '구체적 내재'라고도 기술할 수 있을 것이다. 왜냐하면 무한자는 유한자를 창조함에 있어서 유한자를 초월하지만, 그렇게 창조된 것은 여전히, 무한자 속에 함축되어 있는 것을 실현한 것이며, 따라서 그것은 어떤 의미에서는 무한자에 내재하는 것이기 때문이다.[121]

• 의지가 창조적인 힘이기 위해서는 어떤 내용을 정립해야 한다: 나는 어떤 것[etwas]을 의지(의욕)해야만 한다. 내가 어떤 것을 의지함으로써, 나는 다른 의지내용들을 부정한다; 나는 어떤 내용을 규정하는 자다. 그리하여 나는 나의 힘을 제한한다. 만약에 내가 나의 힘을 제한하고자 하지 않는다면, 나는 모든 것을 의욕해야만 할 것이다. 그러나 헤겔에 의하면, 생산적인 의지, 어떤 것을 의욕하는 의지는 필연적으로 제한된다: "의지가 의지이기 위해서는 자신을 일반적으로 제한해야 한다"(『법철학』 §6 보유).[122]

• 헤겔에 의하면, 생산적인 의지는 '현존재[Dasein]' 속으로 들어간다. 현존재 일반은 '대타존재'[Sein für Anderes]다. 그리고 의지의 세계에서 대타존재는 '다른 의지에 대한 존재'[Sein für andere Willen] 외에 다름이 아니다. 대타적인 나의 의지는 그 한계(경계)를 다른 의지들에게서 갖는다. 이런 의미에서 쉘링은 다음과 같이 말한다: "내가 어

---

121 Knox, 310 참조. 녹스는 이 해설이 크로너(Richard Kroner)에 힘입고 있다고 쓰고 있다.

122 Schaber, 22 참조.

쨌든 의욕하기 위해서는 나는 특정한 어떤 것을 의욕해야만 한다. 그리고 내가 만약 모든 것을 의욕할 수 있다면, 나는 결코 특정한 어떤 것을 의욕할 수 없을 것이다. (...)"[123]

• 내가 모든 것을 의욕하는 한에서는, 나는 다른 의지들의 의지내용들을, 따라서 다른 의지들 자체를 부정하게 될 것이다. 그리하여 헤겔은 다음과 같이 말한다: "단지 이론적으로 머무른 채 종교적인 모습마저 띨 경우에는 인도(印度)적인 순수한 명상과 같은 광신(狂信)을 초래하는가 하면, 반대로 그것이 현실계로 고개를 돌려서 정치적 내지 종교적 양상을 띨 경우에는 모든 기존의 사회질서를 파괴하는 열광(熱狂)(주의)으로 바뀌어버린다. 따라서 여기서는 그 누구든 어떤 체제나 질서에 유착하려는 혐의가 있는 개인은 무참히 도태되면서, 다시 고개를 들려고 하는 그 어떤 조직도 말살당하고 말 것이다. 이렇듯 부정적 의지는 무엇인가를 파괴하는 가운데 비로소 자기의 현존재의 감정을 갖는다."(『법철학』 §5).

• 이러한 의지가 갖는 힘의 요구는 절대적이며, 그의 목표는, 지배될 수 있는 모든 것을 지배하는 것이다. 즉 세계는 자기 것이어야 한다. 그러므로 이러한 의지는 타자를 절멸하는 자, 즉 자기를 제한하는 자를 절멸하는 자이며, 자기를 실현하는 것은 "파괴의 광포[Furie des Zer-störens]일 뿐"(『법철학』 §5)이다. 어떤 것을 의욕한다 함은, 가능한 내용들로부터 어떤 특정한 내용을 선택하거나 정립하는 것을 뜻한다.[124] 이러한 정립은 "자아가 어떤(하나의) 규정성을 자기의 본질로 정립한다고 하는 의미에서의 자아의 결단[Beschließen] (...) 혹은 결심[Ent-

123 F.W.J. Schelling, *System des transzendentalen Idealismus*, Hamburg, 1957, 215.
124 Schaber, ebd., 23 참조.

schließen]이다."[125]

• 내가 결심하는[entschließe] 내용은 나를 통해 정립된다. — 이로 인해 이 내용이 이미 객관적인, 수행된 목적은 아니지만 — 그리고 이런 한에서 이 내용은 나의 것[der Meinige]이다. 이러한 나의 것은 다른 사람들의 의지내용들(너의 것, 그의 것)과는 본질적으로 구별된다. 나의 의지는 하나의 특수한, 규정된 의지다. 그러므로 결심[das Entschlie-ßen] [어떤 내용의 정립]은 "유한성이나 특수화를 이루는 절대적인 계기[das absolute Moment der Endlichkeit oder Besonderung, 『법철학』§6]다. 결정되지 않은 의지는 의지가 아니다. 그리고 모든 것을 의욕하는 의지, 아무런 한계도 인정하지 않는 의지는 아무것도 의지하지 않거나, 혹은 기껏해야, 의지를 통해 정립된 세계의 파괴를 의지한다.[126]

• 어떤 내용을 선택하는 것은 헤겔에 의하면 부정적인 자기관계다. 내가 어떤 내용을 정립하면, 나는 어떤 것[etwas]을 선택하는 것이고, 그리하여 동시에 다른 어떤 것[etwas anderes]을 부정하는 것이다. 즉, 나는 특정한 내용의 불선택[Nichtwahl]을 부정하고, 그럼으로써 모든 의지내용의 부정을 부정하는 것이다. 그러므로 어떤 것을 의욕한다는 것은, 의욕하지 않는 것이 아니며, 동시에 그 어떤 것도 의욕하지 않는 것이 아니라는 것을 뜻한다.[127]

---

125 "das Beschließen des Ich, daß es eine Bestimmtheit als sein Wesen setzt (…) oder das Entschließen" [Hegel, *Vorlesungen über Naturrecht und StaatsWissenschaft*, Heidelberg, 1817/18 (mit Nachträgen aus der Vorlesungen 1818/19, nachgeschrieben von P. Wannemann), hg. v. C. Becker u. a., Hamburg, 1983, §4]. 또한 『법철학』§12 참조.

126 Schaber, ebd., 24 참조.

127 Schaber, ebd., 25 참조.

▶ (보유)

"이 두 번째 계기는 대립된 것으로 나타난다. (...) 이것은 자유에 속하지만, 전적인 자유를 이루지는 않는다. 여기서 자아는 구별 없는 무규정성으로부터 구별로, 내용과 대상인 어떤 규정성의 정립으로 이행한다. 나는 그냥 의욕하는 것이 아니라 어떤 것을 의욕한다. 앞 문단에서 분석된 의지, 즉 단지 추상적 보편자를 의욕하는 의지는 아무 것도 의욕하지 않으며, 따라서 의지가 아니다. 의지가 의욕하는 특수자는 하나의 제한이다. 왜냐하면, 의지가 의지일 수 있으려면 어쨌든 제한되어야 하기 때문이다. 의지가 어떤 것을 의욕한다는 것은 제한이요 부정이다. 그러므로 특수화란 흔히 유한성이라 불리는 것이다. 통상적으로 반성은 첫 번째 계기 즉 무규정적인 것을 절대자이며 고차적인 것으로 간주하며, 그에 반해 제한된 것을 이러한 무규정성의 단순한 부정으로 간주한다. 그러나 이러한 무규정성 자체도 규정된 것, 유한성에 대립한 부정일뿐이다. 자아는 이러한 고독[홀로 있음, Einsamkeit]이며 절대적인 부정이다. 그런 한에서 무규정적인 의지는 단순히 규정성 속에 존재하는 의지와 마찬가지로 일면적인 것이다."

(해설)

• 두 번째 계기가 대립된 것으로 나타난다는 것은, 두 번째 계기인 '특수성'의 계기가 의지의 첫 번째 계기인 보편성의 계기에 대립된다는 말이다. 나는 막연히 모든 것을 의욕(의지)하는 것이 아니라, 특정한 어떤 것을 의욕(의지)한다. 제1단계의 의지인 추상적인 의지·보편적인 의지는 현실적인 의지가 아니다. 의지가 제한되어 어떤 구체적이고 특정한 것을 의지할 때에만 의지는 현실적인 의지일 수 있다. 지성의 반성[Reflexion]은 제1단계의 추상적인 의지·무규정자를 "절대자이며 고차적인 것으로" 생각하지만, 제1단계의 추상적인 무규정자 역시 "유한

성에 대립한 부정일뿐"이다. 이런 의미에서, 제1단계의 무한은 이른바 '악무한'이고, 제2단계는 '유한'에 해당된다. 이렇듯 자신 속에 유한을 포함하지 못하고 그것에 대립해 있는 무한은 악무한에 불과하다. 진무한은 자신 속에 유한을 포섭하고 있는 '구체적 보편'인 것이다. 따라서 제1단계의 의지나 제2단계의 의지나 모두 추상적이고 일면적인 의지인 것이다.

§7 개별성: 보편성과 특수성의 통일. 사변적인 것으로서의 제3의 계기. 자신을 자신 속으로 매개하는 활동으로서의 의지

TW 7, 54 f. / 『법철학』, 81 f.

▶ "γ) 의지는 이 두 계기의 통일이다. —즉, 자신 속으로 복귀하고 또 그럼으로써 보편성으로 환원된 특수성이다 — 이것이 개별성이다. 말하자면 이것은 자아가 자기를 자기 자신의 부정태로, 즉 규정되고 제한된 것으로 정립하면서도 동시에 자기 곁에 머무르는, 즉 자신과의 동일성과 보편성 속에 머물러있는 가운데 오직 자기 자신과 결합한다는 규정을 안고 있는 자아의 자기규정, 자결(自決)이다. —자아는 그것이 자기 자신에 대한 부정의 관계인 한에서 자기를 규정한다. 그런데 자아는 자신에 대한 이런 관계로서, 이러한 규정성에 대해서도 무관심할[gleich-gültig] 뿐 아니라 이 규정성을 자기의 것인 동시에 관념적인 것[die ideelle]으로, 하나의 단순한 가능성으로 안다. 자아는 이러한 단순한 가능성에 의해 구속되지 않고 단지 그 속에서 존재할 뿐이다. 왜냐하면 자아는 바로 이러한 단순한 가능성 속에서 자기를 정립하기 때문이다. — 이것이 바로 의지의 자유이며, 이 자유가 곧 의지의 개념 혹은 실체성[Substantialität] 그리고 또 그의 무게[중요성, 의의, Schwere]를 이루기

도 하는 바, 이것은 마치 무게가 물체의 실체성을 이루는 것과도 같다."

(해설)

● 제3단계는 제1단계와 제2단계의 통일이다. 의지의 첫 번째 계기는 '보편성'의 계기이고, 두 번째 계기는 '특수성'의 계기다. 이 두 계기가 통일된 제3의 단계는 의지가 특수한 대상에로 향하면서도 자기 자신을 고수하는 단계, 즉 자신 속에 특수성을 내포한 보편성으로서, 이것이 바로 '개별성'이다. 이 단계는 자아가 자신의 타자와 관계없이 오로지 자신만을 대상으로 삼는 추상적인 의지가 아니라 자기 자신에 대해 부정적인 관계를 갖는 한에서 자기를 규정하는 의지다. 왜 "자신에 대한 부정의 관계"냐 하면, 의지로서의 자아는 자기 자신 외에도 특수한 대상들을 자신의 타자로 가지고 있기 때문이다. 즉 의지는 타자를 부정하고 다시 자기 자신 속으로 복귀하므로 자기 자신에 대해서 단지 긍정적인 관계를 갖는 것이 아니라 타자를 매개로 한 '부정의 관계'를 갖는 것이다.

(주해)

▶ "모든 자기의식은 자기를 보편자로—즉, 모든 규정된 것으로부터 추상할 수 있는 가능성으로 알고 있으며 동시에 어떤 특정한 대상, 내용, 목적을 지닌 특수자로 알고 있다. 그러나 이들 두 계기는 추상태들일 뿐이다; 이와 반대로 구체적이며 참된 것(그리고 참된 것은 모두 구체적이다)은 특수자를 대립물로 지니고 있는 보편성인데, 이 특수자는 자기 내 복귀를 통하여 보편자와 동등해진다.—이러한 통일이 개별성[Einzelheit][128]이긴 하지만, 그러나 이때의 개별성은 표상 속에서의 개

---

128 "더 잘 말하면 주체성"[besser Subjektivität]: 헤겔 자신의 주(注).

별성과 같이 자기의 직접성 속에서 일자로 존재하지 않고 자기의 개념
에 따라서 존재한다[『철학강요』§112-114 (제3판은 §163-165)] — 혹
은 이 개별성이란, 본래 개념 자체 외에 다른 것이 아니다. 이상 논의된
처음의 저 두 계기, 즉 의지는 모든 것으로부터 추상(抽象)할 수 있는
동시에 그것이 또한 — 자기 혹은 타자에 의해 — 규정되어 있기도 하다
는 점이 쉽사리 인정되고 파악된다. 왜냐하면 그러한 두 계기는 그것들
독자적으로는 참되지 않은, 지성의 계기들이기 때문이다. 그러나 세 번
째 계기, 즉 참되고 사변적인 것(그리고 참된 모든 것은 개념적으로 파
악되는 한 오직 사변적으로만 사유될 수 있다)은, 바로 개념을 개념적
으로 파악할 수 없는 것이라고(불가해한 것이라고) 늘 부르는 지성이
그 속으로 들어가기를(그것에 관여하기를) 거부하는 그런 것이다. 사변
의 이 가장 내면적인 것과 자기에 관계하는 부정성으로서의 무한성, 그
리고 모든 활동·생명 및 의식의 이러한 궁극적 원천점에 대한 증명이
나 상세한 논구는 순수한 사변철학으로서의 논리학에 속한다. — 다만
여기서 또 지적될 수 있는 것은, 우리가 의지는 보편적으로 존재한다, 의
지는 자기를 규정한다고 말할 때, 우리는 이미 의지를 전제된 주관[Sub-
jekt]이나 기체(基體)[Substrat]로서 표현한다는 사실이다. 그러나 의지
는 자기의 규정작용에 앞서 있거나 이 규정작용의 지양 및 그의 관념성
에 앞서 있는 어떤 완성물이거나 보편자가 아니라, 자신을 자신 속으로
매개하는 이러한 활동이며 자기 내 복귀로서만 비로소 의지인 것이다."

(해설)
• 자기의식이 자기를 보편자로 알고 있는 것은 제1단계의 의지형태
이고, 어떤 특정한 대상, 내용, 목적을 지닌 특수자로 알고 있는 것은
제2단계의 의지형태다. 그러나 제1단계의 보편성만으로도, 제2단계의
특수성만으로도 온전한 의지형태가 되지 못한다. 그것들은 모두 "추상

태들"에 불과하다. 구체적인 것은 이들 양자(兩者)의 통일체다. 헤겔에 있어서 '참된 것', '진정한 것'은 구체적인 것이다. 의지의 경우에서 구체적인 것·참된 것은 특수자를 자신의 계기로 지니고 있는 보편자로서의 '개별적인 의지'다.

• 이러한 구체적인 의지로서의 개별적인 의지가 지닌 "개별성"[Einzelheit]에 헤겔은 "더 잘 말하면 주체성"[besser Subjektivität]이라고 직접 주(注)를 달았는데, 이것은 바로 주해에서도 언급하듯 '개념'[Begriff]이 지니는 성격 외에 다른 것이 아니다. 헤겔은 구체적인 '주체'나 '자아', '자기의식'에 대해 '개념'이라는 표현을 사용한다. 그것은 바로 보편성과 특수성을 동시에 지니고 있는 것이다. 이러한 양자의 통일을 지성은 파악할 수 없고 오직 사변적 사유, 이성적 사유만이 파악할 수 있다고 헤겔은 주장한다.

★ "우리가 의지는 보편적으로 존재한다, 의지는 자기를 규정한다고 말할 때, 우리는 이미 의지를 전제된 주관[Subjekt]이나 기체(基體)[Substrat]로서 표현한다는 사실이다. 그러나 의지는 자기의 규정작용에 앞서 있거나 이 규정작용의 지양 및 그의 관념성에 앞서 있는 어떤 완성물이거나 보편자가 아니라, 자신을 자신 속으로 매개하는 이러한 활동이며 자기 내 복귀로서만 비로소 의지인 것이다."

• 우리는 의지를, 그것의 활동들이나 속성들을 우리가 각각 열거할 수 있는 어떤 자아[ego]나 실체[substance]로 간주하고 있다. 그러나 우리는 의지가 잠재성(가능성)으로부터 현실성으로 발전하는 과정을 간과하였다. 일단 현실태로서의 의지가 우리 앞에 존재하면 우리는 의지의 발전과정을 되돌아보고 그 과정을 통해 명백하게 드러난 보편적 계기와 특수한 계기를 기술할 수 있다. 그러나 그런 관점에서 볼 때 이 계

기들을 서로로부터 추상하게 되면 오류에 빠질 수밖에 없다. 이 계기들은 서로에게 무관심한, 어떤 수(數)의 인수(因數)들과 같지 않고, 유기적으로 연관되어 있다. 하나의 과정은 그것의 결과의 견지에서만 파악될 수 있다. 그리고 그 과정에 존재하는 각 계기들은 이 결과에 기여하는 것이다. 왜냐하면 각 계기들은 최초의 출발점에서 맹아(萌芽)로 존재했던 것을 명백히 드러내는 것이기 때문이다. 그러므로 우리가 의지를 유기적으로 들여다보면, 의지의 진리는 자기를 규정하는 개별성이라는 사실, 그리하여 의지는 자기 자신을 규정함으로써만 자기의 보편성을 아는 한편, 의지는 자기를 규정하여 단지 자기의 보편성을 실현하려고 한다는 사실을 알 수 있다. 의지는 자신의 특수한 규정에 의해 자기의 보편성을 알게 된다. 그리고 이러한 규정은 자기 자신의 작품이므로, 의지는 '자기를 매개하는' 활동, 혹은 구체적 개별성이라고 불릴 수 있을 것이다.[129]

• 헤겔이 여기서 말하고 있는 바는, 의지는 무엇을 규정하거나 그러한 규정작용을 지양하기 이전에 이미 완성된 고정된 실체(實體)나 보편자로 존재하는 것이 아니라 타자의 매개를 통하여 자신 속으로 복귀하고, 자기를 만들어가는 과정 속에 존재한다는 점이다. 여기서 헤겔이 말하는 "주관[Subjekt]이나 기체(基體)[Substrat]"가 바로 의지에 대해 사람들이 가지고 있는 오해를 보여주는 표현들이다. 사실, 오해를 피하기 위해서는 헤겔이 위의 표현보다는 "실체[Substanz]나 기체[Substrat]"이라고 했으면 더 좋았을 것이다. 왜냐하면, 'Subjekt'라는 용어는 '주관'—이 용어는 주로, 정태적(情態的)인 인식활동에 대해 사용한다—이라는 의미 외에도 '주체(主體)'—이 용어는 어떤 존재자의 '활동'을 가리키고 있다—라는 의미로도 사용되기 때문이다. 이렇게 활동하는

---

129 Knox, 311 참조.

주체를 가리키는 용어로 ‘Subjektivität’ 라는 표현이 있다. 그래서 헤겔
은 ‘Einzelheit’ 라는 표현에 주를 달아 “더 잘 말하면 Subjektivität”이라
고 설명하고 있는 것으로 보인다.

• 이런 의미에서 우리는 헤겔이 1807년의 『정신현상학』에서 말하고
있는 바를 다시 한 번 음미해볼 필요가 있다. 여기서 헤겔은 참된 것은
완전한 것, 전체요, 그것은 과정과 운동을 통해서만 이루어진다는 점을
강조하고 있다. 그의 말을 들어보자.

왜냐하면 사상(事象)은 그 목적에서 남김없이 드러나는 것이 아니라, 그것
의 실행(과정)에서 남김없이 드러나는 것이며, 또한 성과(결과)가 아니라 그
것의 됨[Werden]과 합쳐진 성과가 현실적인(진정한, das wirkliche) 전체이
기 때문이다. 목적은 그것 만으로서는 생명 없는 보편자에 불과한 것이니,
그것은 마치 (목적에 대한: 필자 첨가) 경향(傾向)이 아직 현실성을 가지지
못한 단순한 충동인 것과 마찬가지다. 그리고 성과만이 드러나 있다면, 그런
성과는 이러한 경향을 자기 뒤에 버려둔 시체다. (...) 체계 자체의 서술을
통해서만 정당화되어야 한다는 나의 견해에 따라 볼 때, 모든 것은, 진정한
것을 실체로서가 아니라(실체로서만이 아니라) 마찬가지로 주체로서 파악
하고 표명하는 것에 달려 있다. (...) 생동하는 실체는 더 나아가서, 오로지
실체가 자기 자신을 정립하는 운동인 한에서만, 또는 자기가 자기 자신과 더
불어 타자로 되는 매개인 한에서만 참으로 주체인 존재요, 또는 같은 말이지
만 참으로 현실적인 존재다. 생동하는 실체는 주체로서 순수하고 단순한 부
정성을 지니고 있고, 바로 그것 때문에 단순한 것을 이분(二分, Entzweiung)
한다. 혹은 다시 이 무관심한 상이성과 상이성의 대립의 부정인, 대립하는
이중화 작용을 한다. 자기를 회복하는 이 동등성 혹은 타재 속에서 자기 자
신으로의 반성(복귀)만이 — 근원적인 통일 자체나 직접적인 통일 자체가 아
니라 — 참된 것이다. 참된 것은 자기 자신이 됨이요, 자신의 종말을 자신의

목적으로서 전제하고 시작(단초)으로 삼고 그리고 [목적의: 필자 첨가] 실현
과 자신의 종말을 통해서만 현실적인(현실성을 갖게 되는) 원환(圓環)이다.
(...) 참된 것은 완전한 것이다. 그러나 완전한 것이란, 자기를 전개함으로써
자기를 완성하는 실재자일 뿐이다. 절대자에 관해서 우리는 '절대자는 본질
적으로 결과(성과)다' 라고, 즉 '절대자는 종국에 가서야 비로소 자기의 참된
모습이 드러난다' 라고 말해야 하며, 바로 이 점에 현실적인 것(참된 것), 주
체, 자기 자신으로 됨이라고 하는 절대자의 본성이 존재한다.[130]

• 헤겔은 시작과 과정과 결과 모두가 중요하며, 이 셋이 합쳐진 합친
전체가 '참된 것', '완전한 것' 이라고 말한다. 그도 그럴 것이, 모든 일
에는 시작과 진행과정과 결과가 있기 때문이다. 여기서 말하는 '목적'
은 시작이요 출발점이 되며, —물론 그것이 실현되면 종착점이 되기도
한다—이로부터 결과에 이르는 과정이 바로 '됨'[Werden]이며, 이 모
두를 합한 것이 "현실적인(진정한, das *wirkliche*) 전체"다. 단지 마음속
에 어떤 목적만을 품고 있는 것으로는 어떤 일도 성취되지 않는다. 그
것을 성취하기 위해서는 철저한 계획과 준비와 더불어, 그것을 이루기
위한 노력의 과정이 중요하며, 과정의 충실성 여부가 결과에 큰 영향을
미친다. 그러나 결과는 항상 뜻하는 대로, 그리고 노력한 만큼 뒤따라
오는 것은 아니다. 결과는 우리가 알 수 없을 때가 많다. 확실한 결과는
시간이 지나야 확인할 수 있다. 미래는 우리의 것이 아니기 때문이다.
그러나 이와는 반대로, 출발과 과정을 무시하고 성과나 결과만을 이야
기하는 것은, 그것에 이르기까지의 과정이라는 핵심을 빼버린 시체와
도 같은 것이다. 그리고 이와 같은 경향은 결국 '목적지상주의' 를 낳게
된다.

---

130 PG, 11–21.

• 헤겔은 진정한 존재자는 실체[Substanz]인 동시에 주체[Subjekt]로서 파악하고 표명되어야 한다고 주장한다. '실체'는 불변의 자기동일자라는 의미를 지니고 있고, '주체'는 활동하는 자라는 의미를 지니고 있다. 만약 어떤 존재자가 부동(不動)의 점(點), 자기동일적인 실체로만 존재한다면, 그것은 진정한 존재자라고 할 수 없다. 그것은 죽은 것에 불과할 것이다. 진정한 존재자는 자기동일성을 지닌 동시에, 자기와 타자를 부정하면서 자기를 만들어가고 운동하는 '주체'로서 존재해야 한다. "생동하는 실체"라는 표현 자체가 이미 "주체로서의 실체"를 가리키고 있다. 한 사람의 인간을 생각해보라. 그는 시간과 공간의 변화 속에서도 자기동일성을 지니고 있다. 외모와 체격, 관심과 가치관이 바뀌어도 그에게 변치 않고 유지되는 어떤 것이 있다. 그것이 바로 그 사람이 지닌 '실체의 측면'이다. 그런가 하면, 한 인간은 끊임없이 운동하고 변화하고 하루하루를 살아간다. 이것이 그의 '주체의 측면'이다.

• 이러한 생동하는 실체는 어떤 목적이나 대상으로서의 타자를 정립하고 그것을 부정하고 다시 자기 자신에게로 돌아온다. 예컨대 나는 나아닌 것을 정립하고 그것을 부정하고 다시 나 자신으로 되돌아옴으로써 나 자신을 회복한다. 이것은 대립(분열)의 정립과 그것의 해소과정이다. 이런 과정을 거쳐 회복된 나의 동일성은 나의 원초적(근원적)인 동일성과는 다르다. 내가 나로서 본래 존재할 때 내가 지니고 있는 통일은 근원적·직접적 동일성(통일)이지만, 내가 타자를 정립함으로써 분열의 상태가 발생하고, 이 분열의 상태를 부정·극복·지양하고 나 자신을 회복함으로써 성취되는 동일성은 매개된 동일성, 회복된 동일성이다. 다시 말하면 이 과정은, Vereinigung (통일, Union) → Entzweiung (분열, 소외, Entfremdung, Estrangement) → Wiedervereinigung [재통일, 귀일(歸一), Reunion]의 과정이다.

• 참된 것은 점(點)으로 고정되어 있는 것이 아니라 부단(不斷)한 자

기부정과 자기회복의 과정을 통해 자기 자신을 만들어가는 그런 존재
자다. 즉, 그렇게 "자기 자신이 되는 것"[das Werden]이다. 또한 이러
한 과정은 계속 타자에로 향해 나아가기만 하는 악무한적 직선운동이
아니라, 종말에 실현할 자신의 목적을 앞에 두고 그것을 성취함으로써
자기를 완성해 나가는 원환의 교양(도야)과정이다. 헤겔에게 있어 참된
것의 표상(이미지)은 언제나 '원환'[Kreis]으로 나타난다.

　• 헤겔은 실체와 주체의 두 측면을 지닌 존재자를 한마디로 '자
기'(自己, Selbst)라고 한다. 즉, '자기'는 자신 속에 스스로 운동할 수
있는 힘을 지니고 있어서 스스로의 운동[Selbstbewegung]을 통해 변화
해나가고 완성되는 존재자다. 그렇기 때문에 '자기'는, 부동(不動)의
점(點)이 아니며, 정지(停止)하지 않은 동요(動搖) 속에서 불안해 한다.
이러한 상태를 헤겔은 자신의 저서 여러 곳에서 "불안"(동요, Unruhe)
이라고 표현한다: "결과가 시작과 동일한 것은, 다만 시작이 목적이기
때문이다. 혹은, 현실태가 현실태의 개념인 것은, 다만 목적인 직접적
인 것이 자기(自己) 혹은 순수한 현실성을 자기 자신 안에 가지고 있기
때문이다. 실현된 목적 혹은 현존하는 현실적인 것은 운동이고 전개된
'됨'이다. 그런데 바로 이러한 불안이 자기(自己)다"(PG, 22).

　또한 헤겔은 생을 다음과 같이 규정하고 있다: "(생의: 필자 첨가) 본
질은, 모든 구별의 지양태로서의 무한성이며 축을 감싸고 도는 순수한
운동이며, 절대적으로 불안한 무한성으로서의 그 자신의 평온이다. 그
뿐만 아니라 본질은 또한 그 속에서 운동의 모든 구별들이 해소된 자립
성 자체이며, 이러한 자기동일성 속에서 견고한 공간형태를 지니고 있
는, 시간의 단순한 본질이다"(PhG, 136). 여기서 헤겔이 말하고 있는
'생'은 '생명과정으로서의 생'이다. 이 인용문에서, "절대적으로 불안
한 무한성으로서의 그 자신의 평온", "모든 구별이 해소되는 자립성 자
체", "자기동일성 속에서 견고한 공간형태를 지니고 있는, 시간의 단순

한 본질", "자기전개를 이루면서도 그 자신의 전개상을 해소시키는", "이와 같은 운동 속에서 자신을 단적으로 보존하는" 등의 표현은, 생명체의 생명과정에 포함되어 있는, 실체로서의 생명체의 측면과 주체로서의 생명체의 측면을 가리킨다. 그러므로 예컨대, "절대적으로 불안한 (...) 평온"이라는 표현은 모순된 표현이 아니다. 왜냐하면 여기서 "불안"은 생명체의 끊임없는 운동과정, 즉 생명체의 주체적 측면을 가리키는 표현이고, "평온"은 자기의 모든 변화에도 불구하고 자기동일성을 유지하고 있는 생명체의 실체적 측면을 가리키는 표현이기 때문이다.[131]

(보유)

▶ "우리가 본래 의지라고 부르는 것은 이전의 두 계기를 자신 속에 포함하고 있다. 이때 자아는 ① 무엇보다도 먼저 그 자체로 순수한 활동이며 자기 곁에 존재하는 보편자다. 그러나 ② 이 보편자는 자기를 규정한다. 그리고 그런 한에서 자아는 더 이상 자기 곁에 존재하지 않고 자기를 하나의 타자로 정립하고 그럼으로써 보편자이기를 멈춘다. 이제 세 번째는, ③ 자아가 자기의 제한 속에서, 즉 이 타자 속에서 자기 자신 곁에 존재하는 것이다. 즉 자아가 자기를 규정하면서도 자아는 자기 곁에 머무르면서 보편자를 고수하기를 멈추지 않는다는 것이다. 그렇다면 이것이 구체적인 의지 개념인 반면, 이전의 두 계기들은 전적으로 추상적이고 일면적인 것으로 판명되었다. 그런데 이러한 자유를 우리는 예컨대 우정이나 사랑 같은 감정형태 속에서 이미 가지고 있다. 여기서 우리는 우리 자신 속에서 일면적으로 존재하지 않고 타자와의 관계 속에서 기꺼이 자기를 제한한다. 그러나 우리는 이러한 제한 속에서

131　이 점에 관해서는 백훈승, 「헤겔 『정신현상학』의 생 개념」, 『헤겔연구』 제12권, 2002.12, 53-77. 특히 63-69를 참조할 것.

우리를 우리 자신으로 안다. 인간은 규정성 속에서 자기가 규정된다고 (제한된다고) 느껴서는 안 된다. 오히려 우리는 타자를 타자로 간주함으로써 그 속에서 비로소 자신의 자기감정[Selbstgefühl]을 갖는다. 그러므로 자유는 무규정성 속에서도 규정성 속에도 존재하지 않고, 이 양자가 합해진 것이다. 아집(我執)에 사로잡힌 사람은, 오로지 한편의 이것에만 제한된 의지를 갖고 있지 않을 때, 자기가 자유롭지 않다고 생각한다. ④ 그러나 의지는 제한된 것에 얽매이지 않고 계속해서 뻗어나가야 한다. 왜냐하면 의지의 본성은 이러한 일면성과 구속성(拘束性)이 아니며, 자유란 어떤 특정한 것을 의지하는 것이지만 이러한 규정성 속에서 자기 곁에 존재하면서 다시 보편자로 복귀하는 것이기 때문이다."(①-④까지의 번호는 필자에 의함).

(해설)

• ①-③은 의지의 변증적 전개를 나타내고 있다. 제3단계의 "구체적인 의지" 속에 표명되는 자유를 헤겔은 "우정이나 사랑 같은 감정형태 속에서 이미 가지고 있다"고 말한다. 왜냐하면 우정이나 사랑 속에서 우리는 '나는 나다'만을 고수하지 않고 우정의 대상이나 사랑의 대상을 배려하므로, "우리는 우리 자신 속에서 일면적으로 존재하지 않고 타자와의 관계 속에서 기꺼이 자기를 제한"하기 때문이다. 이때 우리는 우리를 이렇게 제한하지만, "이러한 제한 속에서 우리를 우리 자신으로" 아는 것이다.

우리가 어떤 사람을 사랑한다고 할 때에 자기 자신만을 고집하고 상대방을 인정하지 않는다면, 상대방을 사랑한다고 할 수 없는 것이다. 상대방을 사랑한다면 우리는 우리 자신을 상대방과의 관계 속에서 제한해야 한다. 무제한적 자기주장은 결코 사랑이 될 수 없다. 그런데 중요한 것은, 우리가 이러한 '자기제한' 속에서도 그것을 부자유나 제한으로 느끼지 않고 상대방을 위한 배려나 사랑으로 느낀다는 사실이다. 이렇게 상대방을 나의 사랑과 존중의 대상인 타자로 간주하는 가운데 우리는 '사랑의 감정'을 갖게 된다. 아니 이것이 바로 사랑의 감정이다. 이때의 타인은 '나의 것'으로 포섭되거나 용해되는 것이 아니라 독립된 하나의 인격체인 '타인'으로 존재한다. 이것이 바로 "타자를 타자로 간주한다"(§7 보유)는 말이 뜻하는 내용이다. 이점을 헤겔은 이미 그의 『청년기 신학논집』에서 다음과 같이 말하고 있다: "사랑받는 사람은 우리와 대립되어 있는 것이 아니라 우리의 본체와 하나다. 우리는 그의 안에서 우리만을 본다. 그럼에도 불구하고 그는 우리가 아니다. 이것은 우리가 이해할 수 없는 기적이다."[132] 서로 사랑하는 사람들의 결합이 그들 사이의 구별을 제거하는 것이 아니다. 로미오와 줄리엣이 서로 사랑한다고 해서, 로미오와 줄리엣이 사라지는 것은 아니다. 로미오는 로미오대로 존재하고 줄리엣은 줄리엣대로 존재하면서 그들이 사랑 가운데 '하나'가 되는 것이다. 자기제한 속에서 누리는 이러한 자유 개념은 비단 헤겔에게서만 발견되는 것이 아니라, 헤겔의 『법철학』보다 무려 25년 앞서, 그리고 심지어 칸트의 법철학보다 앞서 출간된 피히테의 법철학에서도 강조되고 있다. 피히테에 의하면 그것은 "네가 관계를 갖게 되는 그 밖의 모든 인격체들의 자유라는 개념을 통해 너의 자유를 제한하라"[133]고 하는 권리규칙 내지는 "모든 사람의 자유를 통해 너의 자유를 제한하라"[134]라는 법칙으로 제시된다.[135]

---

132 *Hegels Theologische Jugendschriften*, hg. v. Herman Nohl, Tübingen, 1991, 244.

133 Johann Gottlieb Fichte, *Grundlage des Naturrechts nach Prinzipien der Wissenschaftslehre* (1796/97) (SW III, 1–386), 10.

134 Johann Gottlieb Fichte, ebd., 15.

135 이 규칙 내지 법칙을 피히테는 다음과 같이 서술하고 있다: "나는 내가 정립한 모든 자유를 내 자신에게 귀속시키지 않는다. 왜냐하면 나는 다른 자유로운 존재자들도

④에서 다시 한 번 구체적인 자유·진정한 자유의 형태가 강조되고
있다.

2.2.2. 의지의 규정성: 활동으로서의 의지: §§ 8-9

§8 주관적인 것과 객관적인 것의 매개로서의 활동

TW 7, 57 f. / 『법철학』, 84 f.

▶ "특수화에 대해 추가적으로 규정된 것(β. §6)은 의지의 형식들의
구별을 이룬다: a) 의지의 규정성이 주관적인 것과 외면적인 직접적 실
존으로서의 객관적인 것과의 형식적 대립인 한, 이것은 외계를 눈앞에
바라보는 자기의식으로서의 형식적 의지이면서도, 이 의지는 규정성을
지니고 자신 속으로 복귀하는 개별성으로서, 이것은 곧 활동과 수단을
매개로 하여 주관적인 목적을 객관성으로 전이하는 과정이다. 즉자대자적
으로 존재하는 정신 속에서는 ─ 이러한 정신 속에서는 그의 규정성이
단적으로 자기의 것이며 참된 것인데(『철학강요』 §363) ─ 의식의 관계
는 단지 의지의 현상의 측면만을 이루는 가운데, 여기서는 더 이상 그
자체로 고찰되지 않는다."

정립해야 하고 그들에게도 자유의 일부를 귀속시켜야 하기 때문이다. 내가 타인을 위해
서도 자유를 남겨놓음으로써, 내가 자유를 소유함에 있어서 내 자신을 제한한다. 그러
므로 권리 개념은 자유로운 자들 상호 간에 이루어지는 필연적인 관계 개념이다. (…)
모든 사람은 자유 자체를 통해 자기에게 이러한 한계를 정립해야 할 것이다. 즉, 모든
사람은 그들과 상호작용을 하면서 존재하는 자들의 자유를 방해하지 않는 것을 법칙으
로 만들어야 할 것이다."(ebd., 8~9). 백훈승, 「헤겔의 의지개념」, 『범한철학』 제56집,
범한철학회, 2010.03 (135-163), 149-150 참조.

(해설)

● 이 문단을 §25, §28, §108, 그리고 §109에서의 의지에 대한 언급
들과 비교해보라. 또한 『철학강요』 §§424-5도 참조할 것. 의지는 두 가
지 다른 수준에서 규정된 것으로 간주될 수 있다: 1) 의지는 객관적인
것이 아니라 오로지 주관적인 것으로만 규정될 수 있다. 즉 의지는 자
기를 외계와 구별하는 자기의식일 수 있다. 의지로서의 자기의식은 자
기의 주관성을 극복하고 자기에게 객관성을 부여하려고 한다. 왜냐하
면 단지 주관적이기만 하다는 것은 제한되어 있다는 것이며, 의지가 함
축하고 있는 무한한 본성은 이러한 제한을 극복하려고 투쟁하기 때문
이다. 객관에 대해서 의식이 갖는 이러한 관계는—이 관계 속에서 의
식은 자기가 아니라 단지 자기와는 다른 어떤 것을 발견하는데—의지
가 나타나는 하나의 양상인데, 그것은 단지 하나의 현상일 뿐이며 진정
한 것은 아니다(진정한 것은 주관적인 것과 객관적인 것의 종합이다.
주관적인 것과 객관적인 것의 균열은 하나의 현상일 뿐이다). 이 점에
관해서는 §108을 볼 것. 헤겔이 여기서 구별하는 의지의 최초의 형태는
주관적인 것이라는 형태로 규정된 의지다. 2) 의지의 두 번째 형태는 내
용적으로도 규정된 의지다. 즉 어떤 특수한 욕망을 충족시키려고 노력
하는 의지 혹은 어떤 특수한 목적을 수행하려고 노력하는 의지다. 이런
형태의 의지는—단순한 자기의식이 갖는 추상적·형식적 의지를 지양
하는 진정으로 규정된 의지다—헤겔이 다음 파라그랖에서 계속해서
다룬다.[136]

▶ (보유)

"의지의 규정성을 고찰하는 일은 지성에 속하기 때문에 우선은 그것

---

[136] Knox, 311-2 참조.

은 사변적인 것이 아니다. 의지는 어쨌든 내용이라는 의미에서만이 아
니라 형식이라는 의미로도 규정된다. 그런데 형식의 규정성은 목적이
며 목적의 수행[실행, 성취]이다. 즉, 목적이란, 우선은 단지 나에게 내
면적인 것, 주관적인 것일 뿐이지만 그것은 객관적인 것으로도 되어서,
단순한 주관성이 지니는 결함을 떨쳐버려야 한다. 우리는 여기서 다음
과 같이 물을 수 있다: 목적은 왜 이러한 결함인가? 결함을 지니고 있
는 것이 동시에 자기의 결함을 곁에서 지켜보지 못한다면[nicht zugle-
ich über seinem Mangel steht], 그에게 결함은 아무런 결함이 아닐 것
이다. 우리에게 있어서 동물은 결함을 가진 자이지만 동물 자신에게는
그렇지 않다. 목적이 우선, 단지 우리의 목적인 한에서는 우리에게 하
나의 결함이다. 왜냐하면 자유와 의지는 우리에게 있어서 주관적인 것
과 객관적인 것의 통일이기 때문이다. 그러므로 목적은 객관적으로 정
립되어야 하고, 그럼으로써 새로운 일면적인 규정을 얻게 되는 것이 아
니라 단지 실현될 뿐이다."

(해설)

• 여기서 헤겔은 "의지의 규정성을 고찰하는 일"이 지성에 속한 것이
어서 우선은 사변적인 것이 아니라고 말한다. 즉, 의지는 내용의 의미
속에서만 규정되는 것이 아니라 형식의 의미 속에서도 규정된다. 그러
므로 이 두 측면 가운데 어느 하나의 측면만을 고찰하는 것은 사변적
사유의 입장이 아닌 지성의 입장이다. 사변적 사유는 형식(주관적인 측
면)과 내용(객관적인 측면) 모두를 고찰한다.

• 우리가 어떤 목적이나 목표를 가지고 있다는 것은 우리에게 결함·
결핍이 있다는 것을 뜻한다. 왜냐하면 내가 목적으로 하는 그것은 '나
에게 결여되어 있어서 그것이 이루어지기를 내가 원하는 것'이기 때문
이다. 어떤 목적을 이루고자 하는 욕망은 항상 결핍을 동반하고 있다.

욕망은 우리에게 결여되어 있는 것을 소유하려고 하는 의식의 운동이
며, 따라서 모든 욕망은 '소유욕'이라고 말할 수 있다. 욕망의 성격은
우리가 욕망하는 대상의 성격에 의해 규정된다. 욕망하는 것이 정신적
인 것이라면 정신적인 욕망이 되고, 물질적인 것이라면 물질적인 욕망
이 된다. 목적의 정립은 주관적인 것이며, 헤겔이 말하는 '목적의 객관
화'는 주체가 가진 목적을 현실세계에 실현하는 것을 말한다. 목적의
실현을 통하여 주체의 결함·결핍은 제거되는 것이다. 그런데 어떤 존
재자가 자신에게 결함이 존재한다는 것을 알려면, 그 존재자는 자각적
(自覺的)인 존재자, 대자적(對自的) 존재자, 즉 자기의식을 가진 존재자
이어야 할 것이다. 무생물, 그리고 자기의식을 갖고 있지 않은 존재자
는 자신에게 어떤 결함이 있는지 알지 못한다. 이러한 사태를 헤겔은,
"자기의 결함을 곁에서 지켜보지 못한다면[nicht zugleich über seinem
Mangel steht], 그에게 결함은 아무런 결함이 아닐 것"이라고 말하는 것
이다. 헤겔 역시 다른 많은 사상가들처럼 동물에게는 자기의식이 없다
고 생각한다. 그렇기 때문에 "우리에게 있어서 동물은 결함을 가진 자
이지만 동물 자신에게는 그렇지 않다"고 말한다. 그러나 현대의 동물학
자들의 연구는 침판지와 같은 영장류가 ― 물론 인간과 같은 고차적인
사유와 반성능력은 갖고 있지 않지만 ― 자기의식을 가지고 있다는 사
실을 보여주고 있다. 낮은 수준의 자기의식은 비단 영장류만이 아니라
다른 동물들에게서도 발견된다.

• 결함 내지 결핍과 관련하여 덧붙여 생각해볼 문제는, 결핍과 문화
의 연관성이다. 헤르더(Johann Gottfried von Herder, 1744-1803)는
인간을 '결핍존재자[Mängelwesen]'로 규정한 바 있는데, ―물론 이 규
정은 인간을 다른 동물과 비교하여 얻은 개념이지만, 동물과의 비교 없
이도 이 규정은 타당하다 ― 인간은 다른 동물과 비교해볼 때, 추위를
이길 수 있는 털도 없고, 도주하기에 적합한 빠른 발도, 사자와 같은 날

카로운 이빨이나 발톱도 없다. 그렇기 때문에 이러한 결함을 극복하기 위해 옷을 만들고 교통수단을 개발하고 여러 가지 생활수단과 도구를 발명하게 된 것이다. 인간이 가지고 있는 결함은 하나의 '짐[Bela-stung]'이지만, 바로 이런 짐이 있기에 그러한 '짐을 벗어버리려고[Ent-lastung]' 하는 활동, 즉 노동을 하게 되고, 이러한 노동의 결과, 인간에게는 제2의 자연인 '문화(세계)'가 열리게 되었다고 할 수 있다.[137]

§9 표상된 목적과 실현된 목적

TW 7, 59 f. / 『법철학』, 85

▶ "b) 의지의 규정들이 의지 자신의 규정들, 자신 속으로 복귀한 특수화 일반인 한에서, 그것들은 내용이다. 의지의 내용으로서의 이 내용은 a)에 진술된 형식(§8 참조: 필자 첨가)에 의하면, 의지에게는 목적[Zweck]이다. 그런데 이 목적은 한편으로는, 표상하는 의욕 속에 있는 내면적 혹은 주관적인 목적이고, 다른 한편으로는 주관적인 것을 객관성으로 전이시키는 활동을 매개로 하여 실현된 목적, 완수된 목적이다."

(해설)

• 자아가 자신의 의지로 무엇을 하기로 결심할 때, 이 의지의 내용이 바로 의지가 목적으로 하는 바다. 그런데 이러한 목적은 주관적 목적과 객관적(객관화된) 목적이라는 두 가지로 구분된다. 예컨대 저녁식사로

---

137 이 점에 관해서는 Arnold Gehlen, *Der Mensch, Der Mensch. Seine Natur und seine Stellung in der Welt*, Wiesbaden, 1978, 특히 Einführung (9–85)을 참조할 것.

한식, 일식, 중식, 양식 중 어떤 분야의 음식을 택할 것인지, 혹은 김치찌개, 생선회, 자장면, 돈가스 중 어떤 것을 먹을 것인지를 생각하고 난후, 생선회를 먹고자 의욕할 경우, 혹은 여러 가지 경우를 생각하지 않아도 어떤 특별한 음식을 의욕할 경우, 단지 나의 의욕 속에 있는 목적은 주관적인 목적이고, 의욕한 음식을 실제로 먹을 경우(＝주관적인 것을 객관성에로 전이시키는 활동), 그것은 "실현된 목적, 완수된 목적"[verwirklichter, ausgeführter Zweck]이다.

즉자대자적으로 자유로운 의지의 추상적 개념:
§§10-24

§10 즉자존재 혹은 우리에 대한 존재, 그리고 즉자대자적 존재: 설명

TW 7, 60 f. / 『법철학』, 85 f.

▶ "이 내용 혹은 구별된 의지규정은 우선 직접적이다. 그리하여 의지
는 단지 즉자적으로 자유롭거나 우리에 대해서 자유롭다. 혹은 의지는 어
쨌든 자기의 개념 속에 있는 의지다. 의지는 자기 자신을 대상으로 가짐
으로써[1] 비로소 자기가 즉자적으로 존재하는 바를 자각하게 된다."

(해설)

• 우리의 의지로 이것 혹은 저것을 하기로 선택하고(내면적 목적) 그
것을 실행한다고 해서(실현된 목적) 그것이 진정한 (의지의) 자유는 아

---

1 랏손이 편집한 난외주(欄外註)에는, "즉 내용과 목적으로 가짐으로써"[d.i. zum
Inhalt und Zwecke hat]라고 쓰여 있다(Lasson, ebd., 12).

니다. 자기가 하고 싶은 대로 하는 자유는 '자의(恣意, Willkür, arbi-
trariness)에 불과하다. 혹은 위의 헤겔의 말을 빌려 표현하면 그것은
"단지 즉자적으로 자유롭거나 우리에 대해서 자유롭다. 혹은 의지는 어쨌
든 자기의 개념 속에 있는 의지다." 여기서 "즉자적으로"와 "자기의 개
념 속에 있는"은 동일한 사태를 가리키는 표현이다. 그것은 단지 제3자
인 "우리에 대해서"는 자유롭게 보일 수 있다. 그러나 그것은 '즉자대
자적인 자유', '온전한 자유', '진정한 자유'는 아니다. 그것은 아직은
'개념적으로만' 자유롭기 때문에, 즉 진정한 자유의 맹아(萌芽)를 지니
고 있기 때문에 온전한 자유로 발전할 가능성을 지니고 있다. 의지는
자기의 타자나 외계의 대상에 매몰(埋沒)되지 않고, "자기 자신을 대상
으로 가짐으로써", 즉 자기 자신을 "내용과 목적으로 가짐으로써", 즉
'주체성'을 가짐으로써 비로소 자신의 즉자성을 벗어나 자기의 '대자
성(對自性)'을 갖게 된다.

(주해)

▶ "이에 대해서는 다음과 같은 이중적인 내용에 주목해야 한다. 첫째
로, 참된 것은 오로지 이념이며, 만약 우리가 어떤 대상이나 규정을 그
것이 즉자적으로나 개념 속에 존재하는 상태에서만 파악한다면, 우리
는 그 대상을 아직 그것의 진리 속에서 갖고 있지 못하다는 사실이다.
그리고 두 번째로, 개념[Begriff]으로 혹은 즉자적으로[an sich] 존재하는
어떤 것도 마찬가지로 실존하며 이러한 실존은 (앞서 공간이 그러했듯
이) 대상 자신의 하나의 모습이라는 사실이다. 그리하여 이와 동시에,
유한자 속에 현존하는 즉자존재와 대자존재의 분리는 유한자의 단순한
현존[Dasein]이나 현상[Erscheinung]을 이룬다(이러한 예는 직접적으로
자연적 의지에서, 그리고 나서 형식적인 법 등에서 등장할 것이다).

(해설)

• 헤겔에 있어서 '즉자적인 것', 단지 '개념으로 존재하는 것'은 아직 참된 것, 완전한 것이 아니다. 그것은 전개·발전하여 완전한 것, '즉자대자적인' 것으로 되어야 한다. 그래서 대상을 "즉자적으로나 개념 속에 존재하는 상태에서만 파악한다면, 우리는 그 대상을 아직 그것의 진리 속에서 갖고 있지" 못하는 것이다. 그러나 대상이 온전히 전개되지 않은 즉자적인 상태에 있다 하더라도, 그것이 존재하는 이상, 그것은 유한자의 "현존[Dasein]이나 현상[Erscheinung]을" 이루는 것은 분명하다. 그러나 그것은 '참된 것', '이념'은 아니다. 헤겔은 '개념'[Begriff]이라는 용어를 맥락에 따라 상이한 의미로 사용하는데, 여기서 그가 '개념'으로 뜻하는 바는, '발전의 초기단계', 즉 '맹아(萌芽)'다. 개념에 대응하는 영어는 'concept'이며, 'concept'의 동사 'conceive'는 '수태(受胎)하다', '임신(姙娠)하다'라는 뜻을 지니고 있고, '수태', '임신'은 conception이라고 하는데, 이것은 concept와 거의 같은 의미를 지닌다. 예컨대 헤겔은 발전의 초기단계와 완성단계를 떡갈나무와 도토리를 예로 들어 설명하고 있다. 도토리는 아직 떡갈나무가 아니라 완성태(완전태)인 떡갈나무가 될 수 있는 가능태일 뿐이다. 헤겔의 표현을 빌면, 아직 그것은 떡갈나무의 '개념'에 불과하다.[2]

• 자연적 의지 혹은 잠재적 의지는 §§11-18에서 다루어지고 있다. 명백하게 자유로운 의지, 형식적인 법(권리)의 토대가 되는 의지는 §21 이하에서 다루어지고 있다. 의지의 개념은 자유다. 자연적 의지는 비이성적이고, 욕망과 변덕에 구속되어 있다. 그런데 이런 비이성성은 하나의 현상에 불과하다(§11과 §19 참조). 의지가 비이성적인 형태로 나타나는 이유는, 의지의 직접적인 수준에서는 의지에 내재하는 본성에

---

2 PG. 16. §12 참조.

존재하는 것과 명백하게 드러난 것과의 사이에 간격이 존재하기 때문이다.[3]

(보유)

▶ "단순히 개념상으로만 의지인 의지는 즉자적으로는 자유롭지만, 동시에 자유롭지 못하기도 하다. 왜냐하면 의지란 오직 진정으로 규정된 내용으로서만 비로소 진정으로 자유로울 것이기 때문이다. 이렇게 될 때 의지는 대자적으로 자유로우며 자유를 대상으로 갖게 되고 의지는 곧 자유를 뜻하게 된다. 단지 자기의 개념에 따라서만 겨우 존재하거나 단지 즉자적으로만 존재하는 것은 단지 직접적이고 자연적일 뿐이다. 이러한 사실은 표상 속에서도 우리에게 알려진다. 아이는 즉자적으로는 인간이며 또한 즉자적으로만 이성을 소유함으로써, 일단 아이는 이성과 자유의 가능성이다. 따라서 아이는 개념상으로만 자유롭다. 그리하여 이렇듯 겨우 즉자적으로 존재하는 것은 자기의 진정성[Wirklichkeit] 속에 존재하지 않는다. 즉자적으로 이성적인 인간은 자기를 초탈(超脫)함으로써, 그러나 또한 자신의 내면에서의 형성작용을 통하여 자기 자신의 산출을 완수함으로써 또한 대자적인 존재자가 되어야 한다."

(해설)

★ '즉자적', '대자적', '즉자대자적'

1) 즉자적(卽自的, an sich, in itself)

---

3 Knox, 313 참조.

• 자체적, 무매개적, 직접적, 무자각적, 함축적(含蓄的), 잠재적(潛在的), 내속적(內屬的), 본래적(本來的) 등으로 옮길 수 있다. 즉자적 상태는 미발전적(未發展的), 무차별적(無差別的), 보편성(자기동일)의 상태다.

2) 대자적(對自的, für sich, for itself)

• 현재적(顯在的), 자주적(自主的), 독자적(獨自的), 향자적(向自的), 자각적(自覺的), 특수적(特殊的), 고립적(孤立的)이라는 뜻. 자기를 자기로서 의식하는 것은 타자와의 대립을 전제한다. 이때 자기의식의 초점을 타자에 두는 면과 자기에 두는 면이 있다. 그러나 어느 면도 의식의 바깥에 버려지는 것은 아니다. 자기를 의식함이 강하기에, 자기에게 대립하는 것으로서의 타자에게 의식이 집중하고, 반대로 타자를 의식함이 강하기에 타자에 대항하는 것으로서의 자기에게 집착하는 의식이 지나치기도 한다. 이러한 역설적인 상태가 für sich의 특징이다. 타자 중심일 경우에 자기소외가, 혹은 타재[Anderssein]가 즉 자기상실의 상태가 나타나고, 자기중심일 경우에 고립적·실존적·독단적·독선적인 상태가 나타난다. für sich는 자기분열적인 상태이나, 이런 상태에서도, 자세히 말하면. 타자 중심적 자기분열과 자기중심적 자기분열이 구별된다. 어쨌든, 통일에는 아직 도달하지 못한 대립·동요의 상태다. 자기에 대하는(대자적), 자기에게 향하는(향자적) 단계다

3) 즉자대자적(卽自對自的, an und für sich, in and for itself)

• 즉자적과 대자적의 통일 = 완성적·궁극적의 뜻. an und für sich의 상태가 bei sich[거자적(據自的), 자족적(自足的), with itself]의 상태다.[4]

• 어린이는 즉자적으로 혹은 그 본질에 있어서 인간이요 이성적 존재자다. 어린이는 인간성[인간임, manhood]의 유적 본질(類的 本質)의 예를 제시한다. 그리고 우리가 이런 사실을 알 때에만 우리는 어린이가 도대체 무엇인지를 이해할 수 있다. 그러나 이런 유적 본질은 어린이 속에 잠재해 있을 뿐이다. 어린이는 즉자적인 성인(成人)이다. 그러나 어린이는 대자적으로 혹은 그 자신의 눈으로 보면 어린이요 오직 어린이일 뿐이다. 어린이임[childhood]은 인간임[manhood]이라는 개념에 상응하는 실존양상인 반면에 개념은 여전히 잠재적(함축적)으로만 존재한다. 혹은 헤겔의 전문용어를 사용하면, 인간임은 어린이 속에 '그것의 개념으로' 혹은 '개념으로만', 혹은 '그것의 개념에 일치해서' 존재한다. 인간임의 잠재성들은 아이가 성장할 때에만, 그리고 그때에 인간으로서, 즉자적인 것이 대자적으로 존재하는 경우에만 실현된다. 어른으로서 명백한(밖으로 드러난) 혹은 대자적인 '인간임'은, 그들의 개념의 관점에서 볼 때 어린이와 어른 사이의 내적 동일성에도 불구하고, 어린이와는 다른 것, 다른 유형의 존재자다. 그러나 인간은 유한해서 인간 개념을 충전적으로[참되게, adequately] 구현하지 못할 수 있다. 즉, 그는 불구자나 정신병자일 수 있다. 그렇다면 여기서 다시, 인간의 내재적 본성과 인간이 명백하게 드러난 것 사이의 불일치가 존재할 수 있다. 그리고 그러한 불일치의 발생이 유한성을 구성한다. 정신병자는 실존하며 그것은 하나의 현상이다. 그러나 이러한 불일치 때문에 그는 활동성[actuality]을 결여하고 있고 '단순한' 존재자 혹은 '오직' 하나의 현상에 불과하다.[5]

---

4 최재희, 『헤겔의 철학사상』, 五音社, 1983, 25 f. 참조.
5 Knox, 312 참조.

★ 사르트르, 『존재와 무』의 사상: 인간은 즉자(보름달과 같은 상태)로 존재하고자 하나, 늘 다시금 대자(보름달이 아닌, 무엇이 결여된 상태)로 미끄러져 갈 수밖에 없는 자다.

• 사르트르는 존재자를 두 종류로 나누는데, 그 하나는, 자기 속에 안주(安住)하여 응고해 있어 조금도 부정성이나 무(無)를 갖지 않은 '즉자존재자' 또는 '자기 내 존재자'로서, 이것은 대상으로서의 모든 사물을 가리킨다. 사람도 대상화되면 즉자존재자다. 사르트르는 이 즉자존재자를, "그것이 있는 바의 것인 존재자"라고 규정한다. 두 번째의 존재자는 대자존재자로서, 이것은 무엇인가를 욕구하는 것, 공허를 갖고 있는 것, 불안정한 상태에 있는 것, 곧 의식을 가진 인간을 가리킨다. 이러한 대자존재자를 사르트르는, "그것이 있지 않은 바의 것이며, 그것이 있는 바의 것이 아닌 존재자"라고 규정한다. 그런데 이러한 대자존재자인 인간의 의식에는, 마치 과일의 심(深) 속에 벌레가 들어있는 것처럼 본시 무(無)가 들어있다. 사르트르는 대자로서의 인간현실을 '결핍'[manque]이라고 표현하면서, 이를 달에 비유하여 설명하고 있다. 즉, 초승달이 지금 하늘에 떠 있다고 하자. 이때 초승달의 일그러진 검은 부분은 보름달이 되기에 필요한 것을 결여하고 있는 결여분(缺如分)이며, 보름달은 (현재의) 초승달의 (미래의) 완성태다. 여기서 현재의 초승달은 현실존재자로서의 인간이며 미래의 보름달은 이 현실존재자로서의 인간의 욕구, 목표, 이상(理想)이 실현될 때의 상태다. 즉, 대자존재자로서의 인간은 자신 속에 늘 무(無), 결핍을 지니고 있으며, 이를 메우고 싶다는 마음을 갖는데 바로 이것이 욕망(욕구)이다. 이때, 대자의 결여 분은 바로 대자의 가능성이다. 인간에겐 바로 이 결여가 있기에 무엇을 창조할 수 있는 가능성이 생기는 것이다. 대자는 결여를 메우는 가능성 속에서 살고 있다. 이것이 바로 사르트르가 "있지 않은

바의 것이며, 있는 바의 것이 아닌 존재자"라고 한 말의 의미다.[6]

• 사르트르는 이런 사태와 관련하여, 인간은 늘 보름달처럼 만족한 즉자의 상태로 존재하고자 하나, 자신 속에 결핍과 불만족·불안을 지닌 대타로 머물 수밖에 없는 존재방식을 지니고 있다고 말하면서, 끊임없이 대타로부터 즉자로 이행하고자 하는 인간의 운동을 "무익한 정열"[7]이라고 말한다.

3.1. 자연적 의지: §§11-13

§11 충동, 욕망, 경향: 경험적 심리학과 철학적 심리학

TW 7, 62 f. / 『법철학』, 87 f.
_____

▶ "겨우 즉자적으로만 자유로운 의지는 직접적인 의지 혹은 자연적인 의지다. 자기 자신을 규정하는 개념이 의지 속에서 정립하는 구별의 규정들은 직접적인 의지 속에서는 직접적으로 현존하는 내용으로 나타나는데, 그것들은 충동, 욕망, 경향이다. 의지는 이러한 충동, 욕망, 경향을 통해 자신이 본래[천성적으로, von Natur] 규정됨을 발견한다. 이 내용은, 이 내용이 전개된 규정들과 더불어, 의지의 이성성(理性性, Ver-nünftigkeit)에서 유래하기 때문에 즉자적으로는 이성적이기는 하지만,

6 Paek, Hun-Seung, *Selbstbewußtsein und Begierde. Eine Untersuchung zur Struktur, Entstehung und Entwicklung der Begierde bei Hegel*, Peter Lang, 2002, 41 f. 참조.

7 J.-P. Sartre, *Being and Nothingness. An Essay on Phenomenological Ontology*, tr. by Hanzel E. Barnes, London and NY., 1989, 615.

그러한 직접성의 형식(형태, Form)에 내맡겨져 있어서, 아직은 이성성의 형식을 갖추고 있지 않다. 이 내용은 나에 대해서는 모두 나의 것이기는 하지만, 이 형식과 저 내용은 아직까지는 상이한 것이다. 그래서 이러한 의지는 자신 속에서 유한한 의지다."

(해설)

• 이러한 의지는 어린이에게 있는 것과 같은 의지이며, "단지 이성과 자유의 가능성"(§10 보유)에 지나지 않는다.

• 이 의지가 자연적인 것은, 여기서는 내용이 동물에 있어서와 같이 "직접적으로 존재하고 있는 내용"으로서, 즉 갖가지 "충동, 욕망, 경향"으로 나타나기 때문이다. 헤겔은 1824/25의 『법철학』 강의에서 다음과 같이 말하고 있다: "모든 충동이 이성적인 것은 아니다. 그러나 모든 이성적인 의지규정은 충동으로도 존재한다. 자연적인 의지는 이성적일 수도 있다. 즉 자연적인 의지는 부분적으로는 이성에 반(反)하는 것이고 부분적으로는 우연한 것이다. (...) 비이성적인 충동, 예컨대 시기하는 충동, 악한 충동은 실체적인 내용을, 즉 개념을 통해 규정된 내용을 갖고 있지 않다. 그러한 충동들은 우연한 것, 비이성적인 것이며, 그것들 자체로서의 충동에 대해서는 여기서 관계하지 않는다. 우리는 충동들에 있어서 이성적인 것을 고찰해야만 할 것이다. 인간이 자기를 돌보는 일, 그리고 자기를 목적으로 삼는 일, 이런 일들은 본질적으로 필요한 일일 뿐만 아니라 자연적이기도 하다"(Ilting IV, 128).

(주해)

▶ "이러한 충동들이 지니는 객관적인 요소는 무엇이며 또한 이 객관적인 것은 충동이 존재하는 비이성성의 형태(형식)를 지니지 않고 자기의 진리 속에서 어떻게 존재하는가, 그리고 그것은 이와 동시에 자기의

실존 속에서 어떤 모습을 지니고 있는가 하는 점은 다음에서 언급할 것이다."

(해설)
• "다음에서"라고 한 것은 §19와 §150 및 §150의 주해를 가리킨다.

(보유)
▶ "충동, 욕망 또는 경향은 동물도 가지고 있지만 동물은 의지를 갖고 있지 않으므로, 어떤 외적인 것이 충동을 저지하지 않으면 충동을 따르는 것이 분명하다. 그러나 인간은 전적으로 무규정적인 자로서 충동 위에 군림하며 충동을 자기의 것으로 규정하고 정립할 수 있다. 충동은 본성[Natur] 속에 존재한다. 그러나 내가 충동을 이러한 나의 속으로 정립하는 것은 나의 의지에 달려있다. 그러므로 나의 의지는, 충동이 본성 속에 존재한다는 사실에 의존할 수 없다."

(해설)
• 동물은 의지를 갖고 있지 않다고 헤겔이 주장하는 이유는 앞에서 살펴보았다. 의지는 어디까지나 사유의 일종이고, 사유는 추상화와 보편화에 관계되어 있기 때문이다. 인간은 본성적으로 여러 가지 충동·욕망·경향을 가지고 있지만 거기에 전적으로 지배되지는 않는다. 오히려 그것들 위에서 그것들을 지배할 수 있는 능력을 소유하고 있다. 인간이 자신의 충동을 닥치는 대로 실현한다면 이 세상은 난장판이 될 것이다. 인간은 자신의 의지를 가지고 여러 충동들 가운데 특정한 충동을 자신 속에 정립하고(내재적 목적), 또 그것을 실현하려고 한다(성취된 목적).

§12 결단[Beschließen]: 결단과 결심[Beschließen und Sich-ent-
   schließen]

TW 7, 63 f. / 『법철학』, 88 f.

▶ "의지는 이러한 이중적인 무규정성 속에서 개별성의 형식(형태)을
지닌다는 점에서(§7), 의지는 결정을 내리는 것이며, 그리고 의지는 어
쨌든 결정을 내리는 의지로서만 현실적인 의지다"(Darin daß der
Wille sich in dieser gedoppelten Unbestimmtheit die Form der
Einzelheit gibt (§7), ist er beschließend, und nur als beschließender
Wille überhaupt ist er wirklicher Wille.")

(해설)
★ "의지는 이러한 이중적인 무규정성 속에서 개별성의 형식(형태)을
지닌다는 점에서(§7), 의지는 결정을 내리는 것이며 (...)"

● 왜 "이중적인 무규정성"인가? 어떤 행위를 하기로 결정하기 전의
의지의 상태는 단지 "나는 ~을 하고자 한다"라는 보편적이고 공허한
규정, 즉 무규정성을 지니고 있다. 이것은 주체의 측면이 지니고 있는
무규정성인데, 의지가 규정성 내지 어떤 '내용'을 지니고 나타날 때, 예
컨대 "나는 ~을 먹고자 한다" 혹은 "나는 나의 허기(虛飢)를 채우고자
한다"라는 규정성을 지닐 때에도, 의지의 대상은 또다시 규정될 필요가
있다. 즉, 의지의 대상, 행위의 대상이 아직 무규정성의 상태로 남아있
는 측면이 있다. 즉, 내가 나의 허기를 채우는 대상(내용)은 하나로 정
해져 있는 것이 아니라, 김밥, 샌드위치, 초밥, 돈가스 등 실로 여러 가
지가 있는 것이다. 이런 의미에서 헤겔은 의지가 "이중적인 무규정성"

을 지니고 있다고 말하며, 또 의지가 어떤 특수한[besondere, special] 대상을 택할 경우(결정을 내릴 경우, 예: "나는 김밥을 먹고자 한다"), 의지가 "개별성의 형태"를 지닌다고 말하는 것이다.

(주해)

▸ "우리 독일어에는 이런저런 내용이 우선은 단지 가능한 내용으로 존재하는 무규정성·불확정성을 지양한다는 의미를 지닌 'beschließen' 이라는 표현 대신, 'sich entschließen'이라는 표현도 있다. 그런데 여기 서 의지 자체의 무규정성은 중립적인 것, 무한히 풍요로운 것, 즉 모든 현존재의 원맹아(原胚芽)로서 자신 속에 여러 규정과 목적을 간직하고 그것들을 오로지 자신으로부터 산출한다."

(해설)

• 'beschließen'과 'entschließen'은 의미[Sinn, sense, meaning]는 다르나, 지시대상[Bedeutung, reference, denotation]은 같은 단어다. 둘 다 '결정하다', '결심하다'로 옮길 수 있다. 그런데 의미의 차이를 어원적으로 고찰하면 다음과 같다. 즉 'beschließen'은 의지가 향하는 대상이나 객체 쪽에 관련된 용어다. 이것은, 의지가 어떤 대상 곁에 '다 가가서[be=bei]', '다른 대상들의 접근을 차단한다[schließen=close]' 는 뜻이다. 예컨대 내가 김밥을 먹기로 결정한 경우, 샌드위치나 다른 음식의 선택은 차단된다. 이와는 달리 'sich entschließen'은, 주체의 의 지 쪽에 관련된 용어다. 그렇기 때문에 이 경우에는 'sich'라는 재귀대 명사가 사용되고 있다. 그래서 이것은, 어떤 행위를 하려고 결정하지 않고(못하고) 닫혀있는 마음(의지)을, 어떤 행위(대상)를 향해 '연 다'[entschließen: 'ent'는 부정(否定)접두어다. 즉, '닫힌 것을 연다'는 뜻이다]는 의미를 지니고 있다.

• 그런데 의지가 '무엇을 하기로 결심하기' 전의 상태는 여러 결정들이 가능한 "중립적인" 상태여서, 그것으로부터 다양한 결정과 그에 따른 행위 및 결과가 발생할 수 있는 "원맹아(原胚芽)" 혹은 '근원적인 싹'이라고 할 수 있다. 의지는 이러한 풍요로운 가능성으로부터 여러 규정과 목적을 현실계에 실현하는 것이다.

§13 결단하는 의지의[des beschließenden Willens] 유한성 : 사유의 보편성과 의지의 개별성

TW 7, 64 f. / 『법철학』, 89 f.

(보유)

▶ "큰일을 이루고자 하는 자는 스스로를 제한할 수 있어야 한다고 괴테는 말한다. 아무리 그것이 자기에게 달갑지 않은 것일지라도 인간은 오직 결단을 통해서만 현실에 발을 들여놓을 수 있다. 왜냐하면 나태함이란, 결코 내면에서 꾸물거리는 생각으로부터 벗어나려고 하지 않은 채 다만 그 안에서 어떤 보편적인 가능성을 고수하기 때문이다. 그러나 가능성이란 아직 현실성이 아니다. 자기를 확신하는 의지는 규정된 것 속에서도 결코 자기를 상실하지 않는다."

(해설)

• 헤겔은 마음속에 품고 있는 무한성을 더럽힐까 두려워 현실로 걸어 들어가는 것을 기피하는 낭만주의의 입장을 비판하며 "큰일을 이루고자 하는 자는 스스로를 제한할 수 있어야 한다"는 괴테의 말을 인용한다. 머릿속에서 '이렇게 할까 저렇게 할까'만을 생각하는 것으로는 아무것도 성취할 수 없다. 이렇게 망설이고 꾸물거리는 것을 헤겔은 여

기서 "Brüten"이라는 단어로 나타내고 있는데, 이 단어는 '알을 품고 있음'이라는 뜻이다. '알'은 아직은 가능태일 뿐이다. 예컨대 한 마리의 닭이 되기 위해서는 알로 멈춰있으면 안 된다. 알로만 멈춰있다면, 그것은 썩어버릴 것이고, 거기에서 닭으로의 발전은 결코 이루어질 수 없다. 가능성은 가능성일 뿐이다. 그것은 현실성으로 전개되어야 한다. 인간의 경우에도, 어떤 것을 선택할 것인지 생각만 해서는 안 된다. 우리는 모든 것을 선택할 수는 없다. 그 가운데 하나 혹은 몇 개를 선택해야 한다. "큰일을 이루고자 하는 자는 <u>스스로를 제한</u>할 수 있어야" 하는 것이다. 의지가 특수한 행위를 이렇게 결정한다고 해서 이러한 결정에 의해 자기를 잃어버리는 것이 아니다. 여기서 우리는 '부리단의 당나귀'를 생각해 보면 좋을 것이다. 이 예는 중세 프랑스의 철학자였던 부리단(Jean Buridan, 1295-1356경)이 제시한 당나귀에 관한 이야기다. 당나귀 한 마리가 사막 한가운데를 걷고 있었는데, 오랜 여행에 지쳐 매우 배가 고프고 목이 말랐다. 그때 당나귀는 누군가 흘리고 간 두 더미의 건초를 발견했다. 당나귀는 어느 건초더미를 먼저 먹을까 고민하기 시작했다. 한쪽을 먹자니 다른 건초더미가 더 맛이 있어 보였다. 그것들 가운데 어떤 하나를 선택할 합리적인 이유를 발견하지 못한 것이다. 결국 당나귀는 고민을 거듭하다가 굶어죽고 말았다.[8]

• 헤겔은 괴테의 말을 부정확하게 인용하고 있다. 이 인용은 괴테의 소넷(sonnet)[9] 'Natur und Kunst'의 마지막 3행으로부터 이루어졌다:

---

8 http://en.wikipedia.org/wiki/Buridan's_ass.
9 소네트(Sonnet)는 유럽의 정형시의 한 가지이다. 단어 자체의 의미는 '작은 노래'라는 뜻으로, Occitan(남부 프랑스어 방언)의 단어 sonet와 이탈리아어 sonetto에서 유래했다. 13세기경까지 엄격한 형태와 특정 구조를 갖춘 14줄로 구성된 시를 의미하는 말이었다. 소네트와 관련된 형식적 규율들은 시대에 따라 진화했다. 소네트는 엄격히 각운이 맞추어지는 형식이며, 르네상스 시기에 이탈리아에서 만들어졌으나, 잉글랜드로 전해져, 영국 시를 대표하는 시 형식의 한 가지가 되었다. 가장 잘 알려진 소네트 작

"위대한 일을 이루고자 하는 사람은 전력(全力)을 기울여야 한다:

제한 속에서 대가(大家)는 비로소 자기를 드러내며,

법만이 우리에게 자유를 줄 수 있다.

(Wer Großes will, muß sich zusammenraffen :

In der Beschränkung zeigt sich erst der Meister,

Und das Gesetz nur kann uns Freiheit geben.)"

3.2. 반성하는 의지: §§14-20

§14 선택하는 의지

TW 7, 65 / 『법철학』, 91

▶ "유한한 의지는 다만 형식면에서만 자신 속으로 복귀하여 자기 자신 곁에 존재하는 무한한 자아로서(§5), 그 내용, 즉 상이한 충동들이나 이들 충동의 실현과 충족을 위한 더욱 상세한 개별적인 양식들을 넘어

가는 쉐익스피어로, 154개의 소네트를 남겼다.

소네트의 운율을 매기는 법은, 8개의 줄을 한 묶음으로 놓는 방식과, 네 줄씩 세번이 나온 후 두 줄이 추가되는 방식이 있다. 소네트의 형식은 크게 이탈리안 소네트(Italian Sonnet), 스펜서리안 소네트(Spenserian Sonnet), 쉐익스피어 소네트(Shakespearian Sonnet)의 세 가지가 있다. 쉐익스피어 소네트는 쉐익스피어가 주로 사용한 방식으로, 10음절로 이루어진 14개의 줄이 약강의 5음보 율격으로 쓰이는 방식이며, 각운의 매기는 방식은 ABAB CDCD EFEF GG 형태이다. (예: Shall I compare thee to a summer's day?). 소네트의 대표적인 작가로는 페트라르카, 쉐익스피어, 존 밀턴, 워즈워스 등이 있다(http ://ko.wikipedia.org/wiki/%EC%86%8C%EB%84%A4%ED%8A%B8).

서 있다. 그리하여 이러한 자아는 이와 동시에, 형식적으로만 무한한 자아로서, 자기의 본성과 자기의 외적 현실의 규정들인 이 내용에 구속되면서도 자아는 무규정적인 것으로서 이런 저런 내용에 구속되지 않는다(§6, §11). 그런 한에서 자아의 자신 속으로의 반성에 있어서[für] 이 내용은 나의 것일 수도 있고 그렇지 않을 수도 있는 가능한 내용일 뿐이어서, 결국 자아는 나를 이런 저런 내용으로 규정할 수 있는 가능성이다. 다시 말하면 그것은 이런 측면에 따라 자아에 대해 외면적인 규정들 가운데서 선택할 수 있는 가능성이다."

(해설)

• 여기에서도 헤겔은 '무엇을 하기로 아직 선택하지 않은 의지'에 대해 말하고 있다. 이러한 의지는 자기를 고수하고 있다는 점에서는 "무한한 자아"라고 할 수 있다. 그러나 이 의지는 아직은 아무것도 선택하고 결정하지 않았기 때문에 "형식적으로만 무한한 자아"다. 자아는 자기의 욕망·충동의 대상들, 즉 현실의 규정들인 내용들을 지닐 수밖에 없다는 점에서는 그것들에 구속되어 있다고 할 수 있지만, 다른 한편으로 보면 그런 가운데서도 자아는 '나는 나다'를 고수하는 자아이므로, 그것들에 구속되지 않는다고 말할 수도 있다. 아직 무엇을 하기로 결단하지 않은 의지는 그러므로 "여러 외면적인 규정들 가운데서 선택할 수 있는 가능성"으로 존재한다.

• "나는 의지한다"라고 말하는 것은 실은 아무것도 의지하지 않는 것이나 마찬가지다. 이러한 의지는 진정한 무한성이 아니라 거짓된 무한성을 지니고 있다. 즉 이러한 의지는 무한한 의지가 아니라 유한한 의지다. 헤겔에 있어서의 진무한[die wahrhafte Unendlichkeit]과 〈위무한〉[die schlechte Unendlichkeit]의 구별을 생각해볼 것.

§15 자의(恣意)로서의 자유: 자연적 의지와 즉자대자적으로 자유로운
의지의 매개로서의 반성하는 의지. 반성철학에 있어서의 자유문제

TW 7, 65 f. / 『법철학』, 91 f.

▶ "의지의 자유란 이런 규정에 따라 볼 때 자의(恣意)다. ─자의에는
모든 것을 도외시하는 자유로운 반성이라는 측면과, 내적으로나 외적
으로 주어진 내용 및 소재에 대한 의존성이라고 하는 두 측면이 포함되
어 있다. 즉자적으로 목적으로서 필수적인 이 내용은 동시에 저 반성에
맞서서 가능한 내용으로 규정되기 때문에, 자의는 우연이 곧 의지로서
존재하는 그런 우연이다."

(해설)

• 자아가 자신의 뜻대로 그 어떤 것이든 할 수 있다는 자의는, 자기
이외의 모든 것을 도외시하고 오로지 자기 자신만을 주장하는 "자유로
운 반성"이라는 측면을 갖고 있는 반면에, 정말로 그 어떤 것도 할 수
있다면, 수많은 행위 가운데 어떤 것을 선택하여 행위해야 하므로, "내
적으로나 외적으로 주어진 내용 및 소재에 대한 의존성이라고 하는 두
측면이 포함되어" 있다고 하겠다. 자아가 자신의 목적을 이루기 위해서
는 반드시 내용의 측면이 필요하다. 그러나 자의가 선택하는 내용은 말
그대로 자의적인 내용이므로, 그의 목적 또한 자의적인 목적, 즉자적인
목적이다. 자의는 어떤 것을 반드시 선택해야만 하는 의지가 아니라 우
연한 의지다.

• 충동과 목적의 차이점은, 후자는 사유에 의해 만들어지는 것이어
서 이성적이고 필연적인 것이라는 사실이다. 충동은 비이성적이고 우
연한 것이다. 예컨대 해파리는 여러 충동을 가질 수 있다. 그러나 해파

리에게는 자기의식이 결여되어 있기 때문에, 인간이 마음속에 지니고 있고 얻으려고 노력하는 목적들을 가지고 있다고 말할 수는 없다. 충동은 사실은 위장된 목적이기 때문에 현상에 불과하다. 이 점에 관해서는 §19, 그리고 §19의 주해를 참조할 것.

• 우연한 것은 가능한 것이라고 정의되는 것이기 때문에, 다시 말하면 우연한 것은 존재하기는 하지만 반드시 존재할 필요는 없는 그런 것이다(Lasson, ebd., 14 참조). 자아는 그 어떤 내용으로부터도 자기를 추상할 수 있기 때문에(§5 참조), 이러한 추상능력에 직면해 있는 내용은, 진정으로 자유로운 의지와는 구별되는, 자의적인 의지의 수준에 있는 단지 가능한 하나의 내용이다.[10]

(주해)

▶ "우리가 '자유'라고 할 때 갖는 보통의 표상은, 자의라는 표상이다. ―즉 우리는 그것을 단지 자연적인 충동에 의해서 규정된 의지와 즉자대자적으로 자유로운 의지의 사이에서 행해지는 반성의 중심으로 생각한다. 자유란 어쨌든 우리가 원하는 것을 행할 수 있는 것이라고 말하는 것을 우리가 듣는다면, 그런 생각은 사상(思想)의 도야(陶冶)가 전적으로 결여된 것으로 간주할 수 있으며, 이러한 생각에는 즉자대자적으로 자유로운 의지, 법, 인륜 등이 무엇인가 하는 데 대한 아무런 예감도 존재하지 않는다. 자기의식의 형식적 보편성 및 통일인 반성은 의지의 자유에 대한 의지의 추상적인 확신이지만, 이것은 아직도 자유의 진리는 아니다. 왜냐하면 의지의 추상적인 확신은, 아직은 자기를 내용과 목적으로 갖고 있지 않아서 주관적인 측면이 대상적인 측면과 다르기 때문이다. 그러므로 이러한 자기규정의 내용은 단적으로 유한한 것일 뿐이

---

10 Knox, 312 그리고 314 참조.

다. 자의란 의지의 진리 속에 존재하는 의지가 아니라 오히려 모순 [*Widerspruch*]으로서의 의지다.—특히 볼프의 형이상학의 시대에 이루어졌던 논쟁, 즉 의지는 진정으로 자유로운가 아니면 의지가 자유롭다고 아는 것은 착각에 불과한 것인가 하는 데 대한 논쟁에서 사람들이 염두에 둔 것은 자의였다. 저 추상적 자기규정의 확신에 정당하게 맞서서 결정론은, 눈앞에서 발견되는 내용으로서, 저 확신 속에 포함되어 있지 않아서 외부로부터 그 확신에 부가되는 그런 내용을 제시하였다. 그러면서도 이때 이 외적인 것은 충동, 표상이다. 다시 말하면 그것은 일반적으로 그 어떤 방식에 의해서든 간에 그렇게 충족된 의식인 까닭에, 여기서 내용은 자기를 규정하는 활동 자체에 고유한 것이 아니다. 이로써 자의에는, 자유로운 자기규정의 형식적 요소만이 내재하고 이와 또 다른 요소는 다만 자의에게 주어진 것일 뿐이므로 만약 자의를 자유라고 한다면 그러한 자의는 물론 착각(기만, Täuschung)이라고 불릴 수 있다. 칸트의 반성철학이나 그 뒤로 프리스의 반성철학에서 완성된 칸트의 반성철학의 천박화(淺薄化) 속에서 발견되는 모든 반성철학에서 말하는 자유는 바로 저 형식적인 자기활동(스스로의 활동, Selbsttätig-keit) 이외의 다른 것이 아니다."

(해설)

• '우리가 하고 싶은 일을 마음대로 할 수 있다'는 의미의 자유는, 단순한 자의(恣意)일 뿐이다. 이렇게 단순하게 생각하는 것은 "사상(思想)의 도야(陶冶)"가 이루어지지 않았기 때문이다. 이렇게 생각하는 사람들은 진정으로 자유로운 의지, 법, 인륜 등이 무엇인지 전혀 알아차리지 못한다. 자의로서의 자유는 진정한 자유가 아니다. 그것은 자아의 자기주장만을 고수하는 독아적(獨我的)·안하무인(眼下無人)적인 방종(放縱)일 뿐이다. 이에 대해 헤겔은 그것이 "자유에 대한 의지의 추상적

308 II. 해설: 〈서문〉과 〈서론〉

인 확신이지만, 이것은 아직도 자유의 진리는 아니다"라고 말한다. 헤겔이 "자의란 의지의 진리 속에 존재하는 의지가 아니라 오히려 모순 [*Widerspruch*]으로서의 의지"라고 말하는 의미는 무엇인가? 헤겔에 있어서 '진리' 혹은 '참된 것'이란 '온전한 것'을 가리킨다. 자의로서의 자유에는 주관적인 것과 객관적인 것, 내면적인 것과 외면적인 것이 아직 통일되지 않은 상태로 있기 때문에 '진리'의 상태가 아닌 것이다. 이런 상태를 헤겔은 여기서 "모순[*Widerspruch*]"이라고 부른다. 헤겔이 사용하는 '모순'이라는 용어의 이해를 위해서는 상세한 설명이 필요한데, 여기서는 이것이 '대립(對立)'을 뜻한다는 점만 지적하고 넘어가겠다.[11] 즉 내가 하고 싶은 대로 행위하는 것(주관적인 것)이 객관적인 것, 즉 자유의지가 외부로 표현된 법과 합치하지 않을 경우, 양자 가운데는 대립이 발생한다. 이것을 헤겔은 '모순'이라고 표현하는 것이다. 그래서 자의란, 반쪽짜리 자유요, 진정한 자유가 아니다.

헤겔은 칸트나 프리스의 반성철학도 이런 관점에서 비판한다. 내면적·주관적인 도덕률에만 집착하여 객관적·외면적인 실제의 현실을 도외시하는 철학은 반쪽짜리 철학 밖에 되지 못한다는 것이다. 예컨대 칸트가 무조건적으로 지켜야 하는 것으로 제시하는 도덕명령 중 하나인 "거짓말하지 말라"를 생각해보라. 칸트의 주장에 따르자면, 그 어떤 경우에도 우리는 거짓말해서는 안 된다. 이런 명령은 현실의 객관적 상황을 무시하는 공허한 명령이요, 이러한 자유는 "형식적인 자기활동" 이외의 다른 것이 아니다.

• 볼프는 라이프니쯔의 추종자로, 이성주의 형이상학의 옹호자이며 18세기 전반의 가장 중요한 독일철학자다. 그는 경건주의자들을 선동

---

11 헤겔의 모순 개념에 대한 이해를 위해서는 필자의 논문, 「헤겔 변증법과 모순」[『동서철학연구』제75호, 한국동서철학회, 2015 (377–395)]을 참조할 것.

했다는 이유로 1723년에 할레(Halle)대학의 교수직에서 해임되었다가 프리드리히 대제의 동의를 받아 1740년에 교수직에 복귀하였다. 논쟁의 쟁점들 가운데 하나는, 볼프가 모든 의욕[volition]은 충분한 이유에 의해 결정된다고 주장했기 때문에 의지의 자유를 부정했다는 주장이었다.[12] 그에 대한 헤겔의 견해는『철학사 강의』(TW 20, 348 ff.)를 참조할 것. 의지의 자유를 입증하기 위하여 그 당시에 사용된 논증들에 대해서는『법철학』§4의 주해를 참조할 것.[13]

• 나는 이러저러한 일을 하기로 결정할 수 있으므로, 혹은 나는 여러 행위들 가운데서 선택할 수 있으므로, 나는 자의를 가지고 있는 것이다. 그리고 이러한 자의를 가지고 있다는 것이 보통 자유로 불린다. 내가 하는 선택은 의지의 보편성 속에, 즉 내가 이것 혹은 저것을 내 것으로 만들 수 있다는 사실 속에 근거를 가지고 있다.[14]

• 자의에 대한 헤겔의 비판은, 자의적으로 행위하는 인간은 타율적이라는 사실을 분명히 주장하고 있다.『철학사 강의』(TW 20, 366-7)에서의 그의 주장을 들어보자.

a) 칸트는 의지를 저차적인 욕구능력과 고차적인 욕구능력으로 나눈다. 이 표현은 서투른 표현이 아니다. 저차적인 욕구능력은 욕망, 경향(傾向) 등이다. 고차적인 욕구능력은, 외적·개별적인 목적들이 아니라 보편적인 목적들을 가지고 있는, 의지 자체다.[15] 그렇다면 문제는, 의지의 원리가 무엇인가 하는 것이다. 인간이 행위할 때 무엇이 인간을 규정해야 하는가? 이 경우에 사람들은 호의(好意), 행복 등 모든 종류의 원리들을 이야기했다. 행위의 질

12 TW 20, 256-7. 그리고 Enz §35 Anmerkung 참조.
13 Nisbet, 399 그리고 Knox, 314-5 참조.
14 Knox, 230 참조.
15 KpV. 4. Aufl., Riga, 1797, A 41.

료적 원리들은 모두 충동, 행복으로 환원된다. 그러나 이성적인 것은 그 자체로 순전히 형식적이다. 그리하여 이성적인 것은, 법칙으로서 타당해야 하는 것은 보편타당한 입법으로서 사유될 수 있어야만 한다는 사실 속에 존립한다. 그리하여 이성적인 것이 그 자체로서 사유될 경우, 지양되지 않는다. 행위의 모든 도덕은, 도덕은 법칙의 의식을 가지고, 행복하게 만드는 것을 지키면서, 법칙 때문에 법칙에 대한 존경심으로부터 발생한다는 마음에 기초하고 있다.[16] 그리고 도덕적 존재자로서의 인간은 자기 자신 속에 도덕법칙을 가지고 있는데, 이 도덕법칙의 원리는 자유, 그리고 의지의 자율이다. 칸트는 다음과 같이 말한다. 경향들로부터 취해진 그런 규정들은 의지에 대한 타율적인 원리들이다. 혹은 의지가 그런 규정들을 목적으로 삼을 때 의지는 타율이다. 즉, 의지는 자기의 규정들을 다른 어떤 것으로부터 취한다. 그러나 의지는 자유로운 것, 즉 자신으로부터 자신을 규정하는 것이다. 다시 말하면 의지는 자율적이며 절대적인 자발성이고 자유의 원리다. 의지의 본질은 자기 자신을 규정하는 것이다. 즉, 의지는 자기의 자유를 자기의 목적으로만 삼을 수 있다. 그런 한에서 칸트는 실천이성을 자율적이라고 한다. 실천이성은 자기 자신에게 법칙들을 부여한다. 경험적인 의지는 타율적이다. 경험적인 의지는 욕망·충동을 통해 규정된다. 이것은 자유의 영역에 속하지 않고 우리의 본성[Natur]에 속한다.[17]

• 그런데 이러한 이성적 자유는 어떻게 성립하는가? 이성적 자유는 어떤 구체적인 조건들을 통해 매개되는가? 헤겔에 있어서 이 물음은 『법철학』 서론에서 거의 다루어지지 않는다. 우리는 헤겔의 형벌이론과의 연관 속에서 물론 이성적 자유로 되돌아가야만 할 것이다.

---

16 KpV. 4. Aufl., Riga, 1797, A 40, 56, 126-135.
17 KpV. 4. Aufl., Riga, 1797, A 58, 38, 77.

자기 자신을 내용으로 가지고 있는, 자유의지의 보편성의 현존재가
법이다(§29). 이러한 개념전개로부터 곧바로 뒤따르는 것은, 법은 자
유의 제한이 아니라 오히려 완성이라는 사실이다. 법을 통한 자의의 부
정은 진실로 하나의 해방이다. 그리고 헤겔은 루소와 칸트의 원자주의
적·개인주의적 단초를 통렬하게 논박한다. 이러한 단초는 예컨대 다
음과 같은 칸트의 정의(定義) 속에 표현되고 있다: 즉, 법은 "일자(一
者)의 자의가 자유의 보편적인 법칙에 따라 타자의 자의와 함께 통일될
수 있는 조건들의 총체.[18] 이러한 개념의 기초 위에서는 이성적인 법
은 단지 2차적인 것에 불과한 것으로, 즉 단순한 지성적 보편자로 해석
될 수 있을 것이다. 그리고 이러한 이론적 천박성은 프랑스혁명의 공포
속에서만 적절한 실천적 대응물을 발견했다고 말할 수 있다(§29 주해;
§258 주해 참조).[19]

자유는 자신의 구체적인 실재성을 개별적인 법의 형태들 속에서 발
견한다. 자유의 현존재로서의 법은 정돈되어 잇따르는 다양한 형태로
펼쳐져야 한다. 그리하여 단계들의 체계가 발생한다(§30). 각각의 개념
에는 실재하는 제도가 대응하는데, 이때 헤겔이 분명히 강조하는 것은,
개념의 논리적인 전개가 제도들의 시간적인 발생과 일치하지 않는다는
점이다(§32). 오히려 헤겔은 심지어, 실제의 전개에 있어서는 논리적으

---

18 "(…) der Inbegriff der Bedingungen, unter denen die Willkür des einen mit
der Willkür des andern nach einem allgmeinen Gesetze der Freiheit zusammen
vereinigt werden kann"(MdS I, §B, B/A 33).
19 더욱이, 헤겔의 칸트비판에 관해서 어느 정도 들어맞는『자연법의 기초』에 대해서
(비해서, gegenüber) 1812년의 피히테의『법론』(Rechtslehre)에서는 개인주의적 단초
의 확실한 극복이 발견된다. 이 점에 관해서 피히테의 아들은 정당하게 언급했다(1845,
XXXV ff.). 1813년의『국가론』에서 피히테는, 개인주의적인 국가관은 전시(戰時)에
자신의 목숨을 내거는 일을 결코 정당화할 수 없을 것이라고 분명하게 보았다(Fichte
SW 4, 401 ff. 참조).

로 가장 구체적인 것이 가장 먼저 존재했다고 하는 견해를 갖고 있는 것 같다(『철학강요』 §408 보유 참조. TW 10, 171). 다양한 단계들로부터 이제 뒤따르는 것은 한편으로는, 개별적인 영역들 간의 갈등의 가능성이지만, 다른 한편으로는 단계들의 정돈된 계열은 분명한 결정의 가능성을 제공한다(§30 주해).[20]

(보유)

▶ "만약 내가 이성적인 것을 의지한다면 결코 나는 특수한 개인으로서가 아니라 인류 일반의 개념들에 따라 행위할 것이다. 즉 인륜적인 행위 속에서 나는 나 자신이 아니라 사상(事象)을 타당한 것으로 만든다. 그러나 인간은 불합리한 행동을 할[etwas Verkehrtes tut] 때, 자기의 특수성을 가장 많이 드러낸다. 이성적인 것이란, 모두가 걸어 다니고, 거기서 아무도 두드러지게 드러나지 않는 공도(公道, die Landstraße)다. 위대한 예술가가 어떤 작품을 완성했을 경우에 우리는 '정말 훌륭하다'[그렇게 되어야만 한다, so muß es sein]고 말할 수 있다. 이 말의 뜻은, 그 작품 속에서는 예술가의 특수성이 완전히 사라져서 그의 손재간[기교, Manier]이 거기에 나타나지 않는다는 것이다. 피디아스는 아무런 기교를 갖고 있지 않다. 그러나 형상(形像) 자체가 살아서 나타난다. 그러나 예술가가 훌륭하지 않을수록, 우리는 예술가 자신과 그의 특수성 및 자의를 더 많이 보게 된다. 우리가 숙고할 때에, 인간이란 이런저런 것을 의지할 수 있다는 자의에 머물러 있다면, 이것도 물론 인간의 자유다. 그러나 자의의 내용은 주어진 것이라는 견해를 우리가 고수한다면, 인간은 주어진 내용으로 인해 규정되고, 바로 이 측면에 의

---

20 Vittorio Hösle, *Hegels System Bd. 2: Philosophie der Natur und des Geistes*, Hamburg, 1988, 490 참조.

해 인간은 더 이상 자유롭지 않은 것이다."

(해설)

• 피디아스(Phidias, ca. 500-430 BC)는 페리클레스(Pericles)의 친구였고 아테네의 가장 위대한 예술가들 중 한 사람이었다. 그는 아크로폴리스에 있는 아테네 여신(Athene)의 세 상(像, statues)을 만들었고, 파르테논 소벽(小壁, frieze)을 조각했거나 아니면 적어도 감독했다. 여기서의 헤겔의 설명은, 근대인들의 작품은 예술가의 개인적 특수성과 자의성을 표현한다는 점에서 근대의 시작(詩作, Poesie)이 고대의 시작보다 우월하다고 보는 낭만주의 예술이론에 대한 비판적인 언급이다. 특히 이 설명은 프리드리히 슐레겔(1767-1829)이 진술한, '낭만주의적' 시작과 '고전적' 시작의 대조에 대한 응답인 것으로 보인다.[21]

• 인간의 법, 도덕, 인륜을 다루고 있는 헤겔의 『법철학』에서 특히 생각해야 할 점은 '사적(私的)인 것'과 '공적(公的)인 것'의 관계문제다. 올바른 행위란, 법, 도덕, 인륜에 따르는 행위인데, 그것은 사적·개인적이고 특수한 것이 아니라, 공적이고 일반적인 것이다. 만약 우리가 공적이고 객관적인 법을 준수하지 않고, 각자의 마음대로 개인적으로 행위한다면 사회의 질서는 무너지고 말 것이다. 그러므로 헤겔은, "만약 내가 이성적인 것을 의지한다면 결코 나는 특수한 개인으로서가 아니라 인륜 일반의 개념들에 따라 행위할 것이다. 즉 인륜적인 행위 속에서 나는 나 자신이 아니라 사상(事象)을 타당한 것으로 만든다"고 말하는 것이다. 이러한 사상은 동양철학에서 말하는 '극기복례(克己復禮)', '멸사봉공(滅私奉公)', '선공후사(先公後私)', '존천리 거인욕(尊天理 去人慾)' 등의 사상과 일맥상통한다. '물 흐르듯 가는 것'이 '법(法)'

---

21 Nisbet, 399-400 참조.

이라는 단어의 어원적 의미다. 헤겔은 이성적인 것도 이와 마찬가지라고 한다. 순리(順理)대로 함께 가는 것이다. 그렇기 때문에 거기서는 어떤 특수성이 삐져나오지 않는다. 이러한 사태를 헤겔은, "이성적인 것이란, 모두가 걸어 다니고, 거기서 아무도 두드러지게 드러나지 않는 공도(公道, die Landstraße)다"고 표현하고 있다. "군자대로행(君子大路行)"이라는 말도 이런 의미로 해석될 수 있다. 다만, 헤겔은 예술의 영역에서도 예술가의 특수성이나 자의가 배제된 작품을 훌륭한 것으로 평가하는데, 이 점에 대해서는 다른 의견을 가질 수 있을 것이다. 즉 어떤 예술가의 독창적인 특수성이 잘 표출되는 동시에 인간에게 공감을 줄 수 있는 예술작품이 위대한 것으로 평가될 수도 있다는 말이다. 여기에 대해서는 각자 의견을 달리 할 수도 있을 것이라 생각한다.

§16 반성하는 의지의 유한성

TW 7, 68/ 『법철학』, 95

▶ "결단하여 선택한 것(§14)을 의지는 마찬가지로 다시 포기할 수 있다(§5). 그러나 그렇게 포기한 것 대신 자기가 정립하는 다른 모든 내용을 마찬가지로 뛰어넘어 무한히 계속해서 벗어날 수 있는 가능성이 있다고 해서 의지가 유한성을 벗어나는 것은 아니다. 왜냐하면 그러한 모든 내용은 형식과는 상이한 것, 따라서 유한한 것이며, 더 나아가 내용의 규정성에 대립되는 것, 무규정성, 우유부단(優柔不斷)함, 혹은 추상(抽象) 역시 마찬가지로 또 다른 일면적인 계기일 뿐이기 때문이다."

(해설)
• 우리는 어떤 것을 선택했다가도, 선택한 그것을 포기하고 다른 것

을 선택할 수도 있고, 또 아무것도 하지 않기를 선택할 수도 있다. 그러나 어찌됐든 어떤 선택이든 해야만 한다. 우리는 모든 것을 선택할 수도 없지만, 이와 동시에, 아무것도 선택하지 않을 수도 없다. 의지의 내용면에서 볼 때, 의지는 모든 특수한 것들을 모두 선택할 수는 없다. 그리고 또한 그 어떤 특수한 것도 선택하지 않고, 계속해서 무한히 다른 어떤 특수한 것들로 뻗어나갈 수도 없는 것이다. 의지는 특수성을 포기할 수도 없고—이것은 의지의 내용적인 측면이다—보편성을 포기할 수도 없다—이것은 의지의 형식적인 측면이다. 의지는 양자의 통일로 존재하는 것이며, 한편만을 고수하는 것은 모두 추상적인 의지에 불과하다.

§17 충동의 변증법

TW 7, 68 f. / 『법철학』, 95 f.

▶ "자의(恣意)인 대립은(§150) 충동과 경향의 변증법으로서, 이들 충동들과 경향들이 서로 방해하고, 한편의 만족이 다른 쪽의 만족의 종속이나 희생을 요구하는 등의 현상을 보인다. 그리고 충동은 오직 자기규정성을 좇아가는 단순한 방향을 지닐 뿐, 자기 자신 속에 아무런 척도(尺度)도 갖고 있지 않음으로써, 종속시키는 혹은 희생시키는 이런 규정은 자의의 우연한 결단이다. 그리하여 이러한 결단을 내릴 때 자의는 그것이 어떤 충동에서 더 큰 만족을 얻을 수 있을지 혹은 다른 어떤 임의의 고려를 한 뒤에 더 큰 만족을 얻을 수 있을지를 계산하는 지성과 함께 진행한다."

(해설)
• 예컨대 내가 같은 시간에 대학의 강의를 들으러 갈 것인지 아니면

최근에 유행하는 영화를 보러 갈 것인지를 결정하는 것은 나의 자의에 의한 선택에 달려있다. 이 경우 두 개의 충동은 대립된다. 동시에 두 가지 충동을 모두 만족시킬 수는 없다. 내가 강의를 들으러 가면 영화를 볼 수 없고, 영화를 보러 가면 강의를 들을 수 없다. 그래서 한편의 충동의 "만족이 다른 쪽의 만족의 종속이나 희생을 요구하는" 현상을 보이게 된다. 그런데 충동 자체에는 여러 충동들 가운데 어떤 것을 선택해야 할지를 결정할 수 있는 기준이나 척도가 없다. 다만, "어떤 충동을 따를 때 더 큰 만족을 얻을 수 있을지 혹은 또 다른 어떤 임의의 고려를 한 뒤에 더 큰 만족을 얻을 수 있을지를 계산하는" 것은 우리의 지성(知性)이다. 여러 충동들 가운데서 하나의 충동을 선택하는 것은, 이런 계산에 의해 내리는 자의의 우연한 결단이다.

(보유)

▶ "충동과 경향은 우선, 의지의 내용이며, 반성만이 의지의 내용의 상위에 있다. 그런데 이러한 충동들은 스스로 추동되면서 서로 밀치고 저해하는 가운데 그 모두가 만족을 얻으려고 한다. 그런데 만약 내가 다른 모든 충동은 제쳐놓고 그것들 가운데 어떤 한 충동에만 몰두한다면 나는 파괴적인 제약을 받게 될 것이다. 왜냐하면 나는 바로 이로 말미암아, 모든 충동들의 체계인 나의 보편성을 포기한 것이 되기 때문이다. 그러나 어떤 충동들을 다른 충동들에 단순히 종속시키는 일 —지성은 보통 이런 일에 의존한다— 만으로는 별 도움이 되지 못한다. 왜냐하면 여기에는 충동들을 배열할 척도가 주어질 수 없어서, 충동들의 위계를 만들라는 요구는 보통, 일반적인 말투의 지루함으로 끝나게 된다."

(해설)

● 인간은 실로 다양한 충동과 욕망, 경향을 지니고 있고 또 그것들을

충족시키거나 불충족으로 인하여 좌절하며 살고 있다. 이 모든 충동, 욕망, 경향을 모두 만족시킬 수는 없을 것이다. 뿐만 아니라, 어떤 충동을 만족시키려고 하면, 그에 따라 다른 충동은 포기할 수밖에 없다. 우리의 마음속에서는 이 충동, 저 충동이 서로 대립하면서 고개를 들고 나선다. 하지만 그렇다고 해서 내가 만약 어떤 하나의 충동에만 빠져들게 된다면, 그것은 나를 파괴적인 상태로 몰고갈 것이다. 충동이 한 가지에 집중될 때 그것을 '성벽(性癖, Sucht)'이라고 한다. 우리는 다양한 욕구를 가지고 있고 충족시키며 살고 있고, 이것이 정상적인 삶이다. 그러나 예컨대 도박(賭博)하려는 충동에만 사로잡혀 있다면 그것은 비정상적인 것이고, 그것은 하나의 성벽(性癖)이다. 지성은 충동들의 순위를 매기려고 하지만, 지성은 충동들의 위계질서를 확립할 객관적인 기준·척도를 갖고 있지 않기 때문에 이런 일은 허사(虛事)로 끝나게 된다. 이것은 이미 벤담이 시도했던 일이다. 그의 이론을 잠시 살펴보자.

★ 벤담(Jeremy Bentham, 1748–1832)의 공리주의(公利主義, Utilitarianism)

• 벤담은 "자연은 인류를 고통과 쾌락이라는 두 군주(君主)의 지배 아래 두었다. 우리가 무엇을 하게 될 것인지를 결정하는 것은 물론, 우리가 무엇을 해야 할 것인지를 지적하는 것도 오로지 이 두 군주에 달려있다"[22]고 말한다. 그는 인생의 목적이 '최대 다수의 최대 행복'[이태

---

22 J. Benthan, *An Introduction to the Principles of Morals and Legislation*, Ch.1, Paragraph ii. 그러나 벤담의 이러한 주장에는 소위 '자연주의적 오류'[naturalistic fallacy]가 내포되어 있다. 즉 실제로 우리가 '바라는 것'[desire: 사실]이 그대로 '바람직한 것'[desirable: 가치]은 아니다.

리의 법학자 베카리아(Cesare Bonesana Marchese di Beccaria, 1716–1781)의 말임]의 실현에 있으며 쾌락을 조장하고 고통을 방지하는 능력이야말로 모든 도덕과 입법의 기초원리라고 하는 공리주의를 주장하였다. 그러한 관점에서 쾌락의 계산법을 안출(案出)하였으며, 쾌락(플러스)과 고통(마이너스)을 강도·지속성·확실성·원근성(遠近性)·생산성·순수성·연장성(延長性)이라는 7개의 척도를 써서 수량적으로 산출하려고 하였다.

• 헤겔은 직접 이름을 지적하지는 않지만 공리주의 윤리가 자의(恣意)의 자유에 그치는 것으로 비판하고 있다. 확실히 공리주의는 이것저것 특수한 충동의 일시적인 만족을 목적으로 하는 것이 아니라 충동 전체의 포괄적인 만족으로서의 행복을 목적으로 한다(§20). 그러나 서로 충돌하는 충동 전체를 한편에 치우침이 없이 만족시키는 것은 현실적으로는 불가능하다. 하나의 충동만을 선택하고 다른 모든 것을 무시해 버리는 것은 "모든 충동의 체계인 나의 보편성을 포기하는 것이다"(§17 보유). 여기서 공리주의는 어떤 충동은 상위(上位)로, 다른 충동은 하위(下位)로 질서 지워 충동전체의 만족을 꾀하려 한다(§17). 이를 위해서는 갖가지 "충동을 서로 비교"하고 "이들 충동을 그 충족을 위한 여러 가지 수단 및 결과 등과 비교"해야 한다고 설명한다(§20). 이것은 벤담의 쾌락계산을 가리키고 있다. 그러나 이러한 지성의 시도가 객관적으로는 "쓸데없는 것"임은 말할 필요도 없다(§17 보유). 만족에는 질적인 차이가 있어서, "여기서는 이러한 순위 매김의 척도가 주어질 수 없기"(weil hier kein Maß der Anordnung zu geben ist, §17 보유) 때문이다. 결국 무엇을 행복이라 할 것인가는, 주관적인 감정의 결정에 맡기지 않으면 안 된다. 헤겔에 의하면 공리주의에는 "또한 내용과 형식의 어떠한 참된 통일도 존재하지 않으며"(§20 보유), 자의(恣意)의 자유에 그치게 된다.[23]

• "일반적인 말투의 지루함"[die Langweiligkeit allgemeiner Redens-arten]이라는 것은 아마 칸트가 예컨대 '안녕(安寧)'을 평균적으로 증진하는 것으로 경험이 가르치는 섭생·절약·정중함·자제(自制)의 조언(助言)과 같은 영리함의 조언이라고 부르는 것일 것이다.[24] 칸트처럼 헤겔도 인간의 욕망과 상황은 아주 다양해서, 예외 없이 항상 인간의 행복으로 인도하는 보편적인 원리들은 존재하지 않는다고 생각한다.[25]

§18 반성에서의 충동에 대한 긍정적 및 부정적 평가

TW 7, 69 / 『법철학』, 96 f.

(보유)

▶ "인간은 본래 악하다고 하는 기독교의 교리는 인간을 선하다고 보는 다른 교리보다 우월하다. 그런데 이 기독교 교리는 철학적 해석에 따라 이해되어야 한다. 정신으로서의 인간은 자연충동에 의해 규정되지 않는 위치에 있는 자유로운 자다. 그러므로 직접적이고 도야되지 않은 상태에 있는 인간은 바로 그가 그렇게 있어서는 안 되고 그로부터 해방되어야 할 처지에 있다. 그것 없이는 기독교가 자유의 종교일 수가 없는 원죄설(原罪說)은 이런 의미를 지니고 있다."

(해설)

• 왜 헤겔은 "인간은 본래 악하다고 하는 기독교의 교리는 인간은 선

23 上妻精, 70 f. 참조.

24 Immanuel Kant, *Grundlegung zur Metaphysik der Sitten*, hg. u. eingeführt von Thoedor Valentiner, Stuttgart, 1967, 64 (GS IV, 418).

25 Nisbet, 400 참조.

하다고 보는 다른 교리에 비하면 더 높은 위치에 있다"고 말하는가? 그
것은 아마도 다음과 같은 이유에서일 것이다. "인간은 본래 악하다"고
헤겔이 말할 때 '본래'라는 것의 시점(時點)은 인간이 선악과를 따먹었
을 때를 가리킨 것으로 보아야 할 것이다. 그 시점 이전에 인간은 범죄
하지 않았고, 단지 '범죄할 수 있는 가능성'만을 지니고 있었기 때문이
다. 인간은 신의 명령을 지킬 수도 있었고 어길 수도 있었다. 기독교에
서는 인간이 자유로운 의지를 지닌 자라고 말하기 때문이다. 그런데 인
간은 자신의 자유를 사용하여 신의 명령을 어겼다. 기독교는 인간을 이
렇게 자신의 행위를 스스로 선택할 수 있는 자로 보고 있다는 점에서
헤겔은 이러한 기독교의 교리가 인간을 선하다고 보는 다른 교리에 비
해 더 높은 위치에 있다고 주장하는 것으로 보인다.

• 그러나 우리는 자유와 관련된 기독교의 원죄설의 문제점에 대해
생각해 볼 필요가 있다. 원죄설은 바울이 로마서에서 말한 내용을 기반
으로 하고 있는 교리다. 몇 구절을 살펴보자: "(...) 한 사람의 범죄로
많은 사람이 죽었으나 (...)"(로마서 5:15), "아담 한 사람이 범죄함으
로 그 한 사람으로 말미암아 죽음이 지배하게 되었다면, (...)"(로마서
5:17), "그러니 한 사람의 범죄행위 때문에 모든 사람이 유죄판결을 받
았는데, 이제는 한 사람의 의로운 행위 때문에 모든 사람이 의롭게 하
여 주심을 받아서 생명을 얻었습니다. 한 사람이 순종하지 않음으로 말
미암아 많은 사람이 죄인으로 판정을 받았는데, 이제는 한 사람이 순종
함으로 말미암아 많은 사람이 의인으로 판정을 받을 것입니다."(로마서
5:18-19)

바울에 이어, 터툴리아누스(Quintus Septimius Florens Tertullia-
nus, 155-240경), 아우구스티누스(Aurelius Augustinus, 354-430), 루
터(Martin Luther, 1483-1546), 칼뱅(Jean Calvin, 1509-1564) 등도
원죄설을 주장했다.

• 그러나 조상의 죄책(罪責)이 후손에게까지 이른다는 주장을 부정하는 유대·기독교의 구약의 예는 다음과 같다.

"여호와의 말씀이 또 내게 임하여 가라사대, 너희가 이스라엘 땅에 대한 속담에 이르기를, 아비가 신 포도를 먹었으므로 아들의 이가 시다고 함은 어찜이뇨? 나 주 여호와가 말하노라. 내가 나의 삶을 두고 맹세하노니 너희가 이스라엘 가운데서 다시는 이 속담을 쓰지 못하게 되리라. (...) 손을 금(禁)하여 가난한 자를 압제하지 아니하며 폭리(暴利)나 이식(利息)을 취하지 아니하여 내 규례(規例)를 지키며 내 율례(律例)를 행할진대 이 사람은 그 아비의 죄악으로 인하여 죽지 아니하고 정녕 살겠고, 그 아비는 심히 포학(暴虐)하여 그 동족을 억탈(抑奪)하고 민간에 불선(不善)을 행하였으므로 그는 그 죄악으로 인하여 죽으리라. 그런데 너희는 이르기를 아들이 어찌 아비의 죄를 담당치 않겠느뇨 하는도다. 아들이 법과 의를 행하며 내 모든 율례를 지켜 행하였으면 그는 정녕 살려니와, 범죄하는 그 영혼은 죽을지라. 아들은 아비의 죄악을 담당치 아니할 것이요 아비는 아들의 죄악을 담당치 아니하리니 의인의 의도 자기에게로 돌아가고 악인의 악도 자기에게로 돌아가리라."(에스겔 18:1-20).

"그때에 그들이 다시 이르기를, 아비가 신 포도를 먹었으므로 아들들의 이가 시다 하지 아니하겠고, 신 포도를 먹는 자마다 그 이가 심 같이 각기 자기 죄악으로만 죽으리라."(예레미야 32:29-30).[26]

• 또한 십계명 중 제2계명에 의하면 아비의 죄는 아들 3, 4대까지만 이른다고 한다. 또 원죄가 있다고 가정하자. 그러나 그 원죄는 노아 때 홍수로 인하여 없어지고 말았다고 주장할 수 있다. 창세기 제6장에 의

---

26 신약성서는 『표준새번역성서』(대한성서공회, 1994)에서, 구약성서는 『그랜드성경』(제자원 성서교재간행사, 1991)에서 인용함.

하면 신은 인간의 죄악이 크고 악함을 보고 사람 만든 것을 한탄했다. 그리고 노아의 식구 8명의 의인들만 남겨놓고 전 인류를 홍수로 멸망시키고 그 후에 노아의 자손들을 통해 인간 재창조를 단행했다. 노아 홍수 전에 원죄가 있었다고 가정하더라도 홍수 이후에는 원죄가 말소되어 버린 것이 아닌가? 하고 물을 수 있다.

• 기독교 원죄설에 대한 헤겔의 해석에 대해서는 『철학강요』 §139의 보유와 §24의 보유3을 참조할 수 있는데, 특히 §24의 보유3에서 헤겔은 인간의 타락신화를 통하여 인간정신의 '즉자'로부터 '대자'로의 이행을 설명하고 있다. 즉, 선악을 알게 하는 지식의 나무의 열매를 먹기 전(신의 명령을 어기기 전)의 상태는 어린아이와 같이 순진무구한 즉자의 상태이었으나(선악을 구별하지 못하는 무자각적·즉자적 상태. 신과 분리되지 않고 하나인 상태), 열매를 먹은 후의 상태는 선악을 구별하고 죄를 자각하는 단계(신에게 범죄한 것을 알고 아담이 숨음. 신과 분리가 일어난 상태)이며, 이 단계에서는 신과 같이 인간도 선악을 알게 되었다.

• 여기서 창세기에 서술되어 있는 인간의 범죄(타락)와 선악의 문제를 좀 더 자세히 고찰해보자. 유대·기독교의 주장에 의하면 인간이 선악을 알게 된 것은 바로 아담과 하와가 신의 명령을 어기고 선악과를 따먹은 이후다. 즉, 그들은 선악과를 먹기 전에는 선악이 무엇인지 알지 못했다. 그러나 이것은 순서가 뒤바뀐 것이 아닌가?! 상식적으로 생각하면, 우리가 선이 무엇이고 악이 무엇인지 알고 난 후에 행한 악한 행위에 대해 처벌할 수 있는 것이 아닌가? 그러나 유대·기독교에서는 신의 명령을 어기는 것 자체가, 그리고 전적으로 선한 분인 신과 분리되는 것 자체가 죄라고 주장할 것이다. 그러나 논리적으로 보면, 아담과 하와는 선악과를 먹기 전에 이미, "선악과를 먹는 것은 악한 행위다"라는, 선악에 대한 지식을 가지고 있었어야만 한다. 그러나 그들은 선

악과를 먹은 후에야 비로소 눈이 밝아져 선악을 구별하게 되었다(이 점에서 뱀의 말은 옳았다!!!). 그러나 선악이 무엇인지 알지 못하고 한 행위에 대해서 죽음이라는 형벌을 내리고, 자기 자신이 나중에 인간의 모습으로 이 세상에 와서 십자가에 달려 죽는 고통을 감수하고, 자기를 믿지 않는 많은 사람들을 처벌하는 엘로힘을 우리는 과연 어떻게 이해해야 할 것인가!

또한, 만약에 인간이 선악과를 따먹지 않고 계속하여 신의 명령을 지켰다면, 그들은 선이 무엇이고 악이 무엇인지 알지 못하는 무지한 상태로 남아있게 될 것이다. 그런데 선악에 무지한 상태가 좋은 것인가, 아니면 선악을 구별할 줄 아는 인간이 더 나은 상태에 있는 것인가? 창세기의 신은 정녕 인간이 미련한 상태로 있기를 원하는 신이란 말인가!

창세기의 이야기는 인간사회에 선악에 대한 의식이 어떻게 해서 발생했는가를 설명하는 이야기로 이해해야 할 것이다. 선악과 및 삶의 나무의 설정(設定)도, 인간이 지니고 있는 두 측면인 삶과 죽음을 설명하기 위한 장치로 생각된다(즉 선악을 알게 하는 나무의 열매: 죽음의 시작 / 삶의 나무의 열매: 삶)

아담이 타락한 후에 신은 다음과 같이 말한다: "보라, 이 사람이 선악을 아는 일에 우리 중 하나같이 되었으니 이제 혹 그가 자기 손을 내밀어서 삶의 나무의 과실도 따서 먹고 영원히 살까 함이라 하시니라"(창세기 3:22). 엘로힘은 인간이 선악과를 먹은 후에 삶의 나무의 열매까지 먹고 영생할까 두려워 그리로 가는 길을 차단하였다: "그러므로 신께서 그 사람을 쫓아내시고 에덴의 동산 동편에 그룹들과 두루 도는 불타는 칼을 놓아 삶의 나무의 길을 지키게 하시니라."(창세기 3:24).

인간이 선악과라는 '독(毒)사과'를 먹고 죽을 수밖에 없는 운명에 처했다고 가정하자. 그렇다면, 왜 엘로힘은 인간이 '해독제(解毒劑)'인 '삶의 나무의 열매'를 먹고 영생할 수 없게 만들었는가? 우리에게는 이처럼 해결되지 않은 많은 문제들이 놓여있다.

§19 충동의 체계학[Systematik]이 지니는 과제. 정치철학에서의 충동
의 체계학

TW 7, 70 / 『법철학』, 97 f.

▶ "충동의 순화[Reinigung der Triebe]라고 하는 요구 속에는, 충동이
자기의 직접적인 자연규정성의 형식으로부터도, 그리고 내용의 주관적
인 것과 우연적인 것으로부터도 해방되어 충동의 실체적 본질로 환원
되어야 한다는 일반적인 생각이 들어있다. 이러한 무규정적인 요구의
진정한 의미는, 충동이 의지규정의 이성적 체계로 존재해야 한다는 것
이다. 이렇게 충동을 개념으로부터 파악하는 것이 법학의 내용이다."

(해설)
● 헤겔이 인간본성의 선 혹은 악을 고찰하고 있는 §18과 "충동의 순화
[Reinigung der Triebe]라고 하는 요구"를 언급하고 있는 §19에서 헤겔
은 아마도 칸트의 『단순한 이성의 한계 내에서의 종교』(Die Religion in-
nerhalb der Grenzen der bloßen Vernunft, 1793)의 제1권을 염두에 두
고 있는 것으로 보인다. 제1권: 「선과 더불어 있는 악한 원리의 내재에
관하여 혹은 인간본성 속에 있는 근본악에 대하여」(Erstes Stück. Von
der Einwohnung des bösen Prinzips neben dem Guten: oder Über
das radikale Böse in der menschlichen Natur). 인간은 본래 선한가 악
한가 하는 문제에 대한 헤겔의 견해는 §139에서도 찾아볼 수 있다.[27]

27 Knox, 315 참조. 그리고 PG, 523-548 (CC.) Die Religion. VII. Die Religion.

(주해)

▶ "이 법학의 내용은 자기의 개별적인 모든 계기들에 따라, 예컨대 법(권리), 소유, 도덕, 가정, 국가 등에 따라, 인간은 본래 법(권리)에의 충동뿐만이 아니라 또한 소유·도덕에의 충동도, 그리고 또한 성애(性愛)의 충동과 사교성(사회성)에의 충동 등도 갖고 있다는 식으로 말할 수 있다.[28] 그런데 만약 우리가 이러한 경험심리학의 형식 대신에 더욱 품위 있게 철학적 형태를 갖추려고 한다면 그러한 형태는 앞에서 언급된 것처럼, 최근에 철학으로 간주되었을 뿐만 아니라 여전히 간주되고 있는 것에 따라 볼 때, 인간이란 권리(법), 소유, 국가 등을 의욕하고 있음을 자기의 의식의 사실[Tatsache seines Bewußtseins]로서 자신 속에서 발견한다고 말함으로써 값싸게 얻을 수 있다. 더 나아가, 여기서 충동의 형태로 나타나는 것과 동일한 내용의 또 다른 형태, 즉 의무의 형태가 나타날 것이다."

(해설)

● "앞에서 언급된 것처럼"이란, §2와 §4에 관련된다.

● "더 나아가, 여기서 충동의 형태로 나타나는 것과 동일한 내용의 또

C. Die *offenbare* Religion. 번역본은, 임석진 역, 『정신현상학』, 299-338. 특히 322, 328 f. 참조.

28 이 서술은 아마도 '인간이성의 충동들'에 관한 프리스의 논의(*Anthropologische Kritik der Vernunft*, Heidelberg, 1838, III, Part 3, §§178-183)에 대해 그 명예를 손상시키는 언급인 것 같다. 프리스의 논의는 도야(陶冶, Bildung)에 대한 우리의 지적·도덕적 열망을 우리 안에서 경험적으로 발견되는 충동으로 간주하고 있다: "나의 도야에 기여할 수 있는 것은 경험의 문제다. 그리고 내가 이러한 도야에 관심을 가지고 있다는 사실조차, 나에게는 단지 내적 지각의 문제일 뿐이다. 그러므로 나는 여기서 충동[Antrieb]을 선험적인 필연성을 가지고서가 아니라 경험적 판단 속에서만 인지한다[erkenne] (*Anthropologische Kritik der Vernunft*, Heidelberg, 1838, III, 72, §182) (Nisbet, 401 참조).

다른 형태, 즉 의무의 형태가 나타날 것이다"라는 점에 관해서는 §133, §148 이하, 특히 §150 주해를 참조.

• 경험심리학이 "인간은 본래 법(권리)에의 충동뿐만이 아니라 또한 소유·도덕에의 충동도, 그리고 또한 성애(性愛)의 충동과 사교성(사회성)에의 충동 등도 갖고 있다"고 주장할 때의 각 충동의 대상들 가운데 법(권리), 소유는 헤겔 『법철학』의 추상법의 내용에 대응하고, 도덕은 도덕의 내용에, 그리고 성애(性愛)는 가정에, 사교성(사회성)은 시민사회와 국가에 각각 대응한다.

§20 행복

TW 7, 71 / 『법철학』, 98 f.

▶ "충동과 관계하는 반성은 바로 이들 충동을 표상하고 계산하면서 서로를 비교하고, 그리고 나서는 이들 충동을, 그것을 충족시키는 여러 가지 수단 및 결과 등과, 그리고 만족의 총화(總和)—즉 행복—와 비교하면서 이러한 소재에 형식적인 보편성을 부여함으로써 이러한 외면적인 방식으로 이 소재의 조야(粗野)함과 야만성(野蠻性)을 순화한다. 이렇게 사유의 보편성이 발현되도록 하는 것이 교양[교육, Bildung]이 지니는 절대적인 가치다(§187 참조)."

(해설)

• 공리주의는 충동을 위계적으로 질서 지우려 하는데, 그러기 위해서는 여러 "충동을 서로 비교"하고 "이들 충동을, 그것을 충족시키는 여러 가지 수단 및 결과 등과" 비교해야 한다고 설명한다. 그러나 이러한 시도가 별 도움이 되지 못하는 이유는, 만족에는 질적인 차이가 있

어서, "여기서는 이러한 순위를 매기는 척도가 주어질 수 없기"(§17 보유) 때문이다.

• 목적으로서의 행복에 대해선 §123을 참조할 것. 또한 "만족의 총화(總和)"로서의 행복에 관해서는 헤겔의 1822/23의 강의 중 다음의 내용을 참고할만하다: "우리는 인간이 무엇을 해야 하는가 라는 물음으로부터 출발했다. 이 물음에 대해 우리는, 인간의 본성을 알게 되어야만 했다고 대답할 수 있다. 인간은 이러저러한 충동들을 가지고 있다. 우리가 이 충동들을 하나의 목적으로 결집함으로써 행복이론이 발생하였다. 인간의 어디에서 자기의 만족을 찾아야 하는가? 그것은 충동 속에서다. 그러나 개별적인 충동 속에서가 아니라 우리는 하나의 충동이 다른 충동의 배후로 어느 정도까지 물러나야 하는지를 계산해야 한다."[29]

• 'Bildung'이 일반적으로 어떤 의미로 사용되는지 살펴보자. 독일어에서는 '교육'을 가리키는 용어로 'Erziehung'과 'Bildung'이 사용된다. 그러나 이들 중 하나만 대표적으로 사용할 경우에는 'Erziehung'이 선택된다. 어원적으로 보면 'Erziehung'은 '밖으로'[Er(=ex)] '끌어낸다'[ziehen]를 뜻하는 동사 'erziehen'의 명사형이다. 따라서 이 용어는 인간의 내면에 있는 것을 밖으로 끄집어낸다는 의미를 지니며, 인간 속에 선험적으로 내재하는 것을 전제하는 이성주의적 교육관이라 할 수 있다. 이와는 달리 'Bildung'은 '짓다', '형성하다' 등을 뜻하는 동사 'bilden'[영어 'build']의 명사형으로, 선험적으로 주어진 것이 없는 상태에서 어떤 것들을 하나하나 쌓아가는 것을 뜻하므로, 인식론적 경험주의에 입각한 교육관이라 할 수 있다. 독일어에는 교육을 뜻하는 두 가지 용어가 있는 데 반하여, 영어로는 'education'이라는 용어를 사용하는데, 이 용어는 독일어 'Erziehung'과 같은 라틴어 어원인

---

29 Ilting III, 143-144. 그리고 Enz §§479-480도 참조.

'educare' [e(=ex) + ducare(=pull out)]로부터 유래한다. 말이 나온 김에 좀 더 설명하자면, 경험주의자들은 인간이 선험적 지식을 가지고 있다는 것을 부인한다. "이미 감각 속에 존재하지 않은 것은 지성 속에 존재하지 않는다"(Nihil est in intellectu, quod prius non fuerit in sensu)는 것이, 경험주의자들이 오래 전부터 가지고 있는 주장이다. 우리가 어떤 것을 경험하기 전의 우리의 의식의 상태는 '아무것도 쓰여 있지 않은 지워진 서판(書板)'과도 같다. 그런데 일반적으로 '빈 서판'으로 번역되고 있는 라틴어 tabula rasa는, 글자 그대로는, '(글이나 그림 등이) 지워진 서판'(erased tablet)이라는 뜻을 지니고 있다. 'rasa'는, '지우다'를 뜻하는 'radere'의 여성 과거분사형이며, tabula는 tablet이라는 의미인데, 고대에는 밀랍이 입혀져서, 글을 쓴 다음에 완전히 지워질 수 있는 서판을 가리켰다.[30] 예컨대 유대·기독교의 성서에서 말하고 있는 모세가 시내산에 올라가 신으로부터 십계명을 받기 전에 '아무것도 쓰여 있지 않은 돌판'이 tabula rasa다. 이런 것을 헬라스어로는 'pinax agraphos'(πίναξ ἄγραφος, unbeschriebene Tafel)라고 한다. 그것은 '아무것도 쓰여 있지 않은'[agraphos] '판(板)'[pinax]이다. 이것을 라틴어로 번역한 것이 바로 tabula rasa다. 그런데 헬라스어로 된 표현은 경험주의가 주장하는 사태를 올바로 나타내고 있다. 즉, 우리가 감각경험을 하기 전의 우리의 의식의 상태는 마치 포맷(format)만 되어 있고 아무런 자료도 저장되어 있지 않은 디스크와도 같다. 그러나 라틴어 번역은 '이미 무언가가 쓰여졌다가 지워진 서판'을 가리키고 있기에, 본래의 경험주의의 취지를 제대로 나타내고 있지 못하다. 로크(John Locke, 1632–1704)는 『인간지성론』(An Essay concerning Hu-

---

30 http://de.wikipedia.org/wiki/Tabula_rasa-, 그리고 http://dictionary.reference.com/browse/tabula+rasa 참조.

man Understanding, 1689) 제2권 제1장: '관념 일반 및 그 기원에 관하여'에서 이 상태를 "아무런 문자도 적혀있지 않은 백지(白紙)"[31]라고 표현하고 있다.

그러나 고대에 아이스퀼로스(Αἰσχύλος, Aischylos, Aeschylus, BC 525 경-BC 456 경)도 이미, 체험들은 "감각의 서판 속으로" 새겨진다고 말한다.[32] 아리스토텔레스에 있어서도 『혼에 관하여』(Περί Ψυχῆς)에서 혼과 밀납서판의 비교를 발견하게 된다. "우리는 그것을, 아직 아무것도 실제로 쓰여 있지 않은 서판처럼 생각해야 한다."[33]

스토아학파에서도 혼과 밀납서판의 비교가 발견된다. 중세로부터 이 사상은, 알버투스 마그누스(Albertus Magnus, 1200 경-1280), 프란시스쿠스 메르쿠리우스 반 헬몬트(Franciscus Mercurius van Helmont, 1614-1698 경) 그리고 토마스 아퀴나스 등 여러 철학자들에 의해 받아들여졌다. 토마스는 다음과 같이 말한다: "그런데 인간의 지성은 예지적인 것(Intelligiblen)과 관련된 능력을 가지고 있지만, 아리스토텔레스가 De anima의 제3권에서 말하는 것처럼, 처음에는 아무것도 쓰여 있지 않은 서판["tabula rasa"]과 같다. 여기서 분명하게 드러나는 사실은, 우리가 처음에는 가능적으로만 지성적[intelligent]이지만, 나중에는 현실적으로 지성적으로 된다는 것이다."[34]

---

31   "§2. 그렇다면 마음이, 말하자면, 아무런 문자도 적혀있지 않고 어떤 관념도 없는 백지라고 생각해보자. 어떻게 해서 마음은 관념을 갖추게 되는가?"(§2. Let us then suppose the Mind to be, as we say, white Paper, void of all Characters, without any *Ideas* : —How comes it to be furnished?"(*An Essay concerning Human Under-standing*, ed. with an introduction, critical apparatus and glossary by Peter H. Nidditch, Oxford, 1975, 104.

32   Arnim Regenbogen, Uwe Meyer, *Wörterbuch der philosophischen Begriffe*, Hamburg, 2005 : tabula rasa.

33   *De anima* (*Über die Seele*) III 4, 429b29430a2.

34   "Intellectus autem humanus [⋯] est in potentia respectu intelligibilium, et in

그런데 Bildung은 '교육'으로만이 아니라, '교양', '도야(陶冶)', '형성', '성장' 등 여러 가지로 번역된다. 예컨대 헤겔은, 현상지로부터 절대지에 이르기까지의 정신의 운동의 도정(道程)을 편력하는『정신현상학』은 곧 "의식 자신이 학에 이르기까지 형성되는 상세한 역사"(Die ausführliche Geschichte der Bildung des Bewußtseins selbst zur Wissenschaft, PG, 67)라고 말하며,『정신현상학』에 앞선 저술인『기독교의 정신과 그의 운명』(Der Geist des Christentums und sein Schicksal)에서는 "생(生)은 전개되지 않은 통일로부터 도야(陶冶)를 통하여, 완성된 통일에 이르는 원을 지나왔다"(N., 379)고 말하고 있는데, 이 경우, '형성'이나 '도야' 대신에 '교양'이나 '성장'이라는 용어를 사용해도 별 무리가 없을 것이다. 또한 괴테의『빌헬름 마이스터의 수업시절』(Wilhelm Meisters Lehrjahre, 1797/96)이나 섬머셋 모옴(W. Somerset Maugham, 1874-1965)의『인간의 굴레』(Of Human Bondage, 1915)와 같은 소설은 특별한 반전(反轉)을 포함하고 있지 않은데, 이런 소설을 'Bildungsroman'이라고 하며, 우리말로는 '교양소설'이라고들 부르는데, '성장소설'이라 해도 좋을 것이다.

• Bildung과 관련하여 헤겔은『법철학』§187의 보유에서도 다음과 같이 말하고 있다: "요컨대, 교양은 특수성이 사상(事象)의 본성에 따라 처신하도록 특수성을 연마(鍊磨)하는 것이다. 참된 독창성은 사상(事象)을 창출하는 마당에서 참된 교양을 원하지만, 거짓된 독창성은 단지 교양 없는 사람들에게나 관심거리가 되는 무의미한 것에 매달릴

---

principio est sicut tabula rasa in qua nihil est scriptum, ut philosophus dicit in III de anima. Quod manifeste apparet ex hoc, quod in principio sumus intelligentes solum in potentia, postmodum autem efficimur intelligentes in actu." (Thomas von Aquin, Summa Theologiae I q.79 art.2 corr (http://www.corpusthomisticum.org/sth1077.html#31730).이상 https://de.wikipedia.org/wiki/Tabula_rasa 참조. 이상, 백훈승,『철학입문』, ebd., 113 ff. 참조.

뿐이다"[35]

한편 헤겔은 남자의 세계와 여자의 세계를 비교하면서, 남성을, "독자적(자각적)으로 존재하는 인격적 자립성과, 자유로운 보편성을 알고 의욕하는 것으로 스스로 분열하는 것으로서의 정신적인 것, 즉 개념적으로 파악하는 사유를 지닌 자기의식과 객관적 궁극목적을 의욕하는 것으로 스스로 분열하는 것으로서의 정신적 존재자"[36]로 간주하는 반면에, 여성은 "실체적인 것을 구체적인 개별성과 감정의 형식을 통하여 알고 의욕하는 것으로서의, 통일(합일) 속에서 자기를 보존(유지)하는 정신적 존재자"[37]로 간주하고 있다. 여기서 헤겔은 남성의 속성을, 보편적인 것을 개념적으로 파악하는 능력으로, 여성의 속성을, 개별성·감정에 주로 관계하는 것으로 보고 있다. 그래서 "여성은 물론 교양을 갖출 수는 있지만, 철학과 같은 고차적인 학문이나 보편적인 것을 요구하는, 어떤 기술의 산물들을 위해 만들어지지 않았다"[38]고 보는데, 이런 헤겔의 주장에 동의할 여성은 그리 많지 않을 것으로 보인다.

---

35 "Bildung also ist Glättung der Besonderheit, daß sie sich nach der Natur der Sache benimmt. Die wahre Originalität verlangt, als die Sache hervorbringend, wahre Bildung, während die unwahre Abgeschmacktheiten annimmt, die nur Ungebildeten einfallen"(PR, 345 / 『법철학』, 365).

36 "das Geistige, als das sich Entzweiende in die *für sich* seiende persönliche Selbständigkeit und in das Wissen und Wollen der *freien Allgemeinheit*, [in] das Selbstbewußtsein des begreifenden Gedankens und [in das] Wollen des objektiven Endzwecks, (...)"(PR, 318 / 『법철학』, 332).

37 "das in der Einigkeit sich erhaltende Geistige als Wissen und Wollen des Substantiellen in Form der konkreten *Einzelheit* und der *Empfindung*: (...)"(PR, 318 / 『법철학』, 332).

38 "Frauen können wohl gebildet sein, aber für die höheren Wissenschaften, die Philosophie und für gewisse Produktionen der Kunst, die ein Allgemeines fordern, sind sie nicht gemacht."(§166 보유. PR, 319 / 『법철학』, 333).

(보유)

▶ "이렇듯 행복의 내용이 각자의 주관성과 감정 속에 존재하기 때문에, 이러한 보편적 목적도 각자에게 특수한 것이어서 그 안에서는 내용과 형식의 어떠한 참된 통일도 존재하지 않는다."

(해설)

● 이 구절은 결국 공리주의에 대한 비판이다. 사람에 따라 가치 있는 것으로 생각하는 바가 다를 수 있고, 그에 따라 행복의 기준도 각기 다를 수 있다. 그렇기 때문에 이런 입장에서는 의지의 내용과 형식의 진정한 통일이 이루어질 수 없는 것이다.

3.3. 즉자대자적으로 자유로운 의지: §§21-24

§21 자유의 이념: 자기를 의식하는 의지의 세 단계. 의지 속에서 관철되는 사유. 법의 원리

TW 7, 71 ff. / 『법철학』, 99 ff.

_____

▶ "그러나 이러한 형식적이고 대자적으로 무규정적이며, 자기의 규정성을 저 소재에서 발견하는 보편성의 진리는 자기 자신을 규정하는 보편성이며, 의지이며 자유다. 이 의지는 보편성을, 다시 말하여 무한한 형식으로서의 자기 자신을 자신의 내용, 대상, 목적으로 가지므로, 즉자적으로 자유로운 의지일 뿐 아니라 동시에 대자적으로도 자유로운 의지, 즉 참된 이념이다."

(해설)

• 의지의 내용과 구별되는 의지의 형식은 이미 §5에 기술된 바 있다. 헤겔은 이 형식을 '대자(對自)' [Fürsichsein]라고 즐겨 부른다. 이러한 상태는 의지가 독자적으로 존재하여 자아가 자기를 독립적인 자로 알며, 타자로부터 자신을 추상할 수 있는 상태를 가리킨다. 이러한 의지의 형태가 무한하다고 말하는 것은, 그것이 순전히 자기 자신에만 관계함으로써 모든 제한으로부터 벗어나 있기 때문이다.[39]

§§21-24에서는 즉자대자적으로 자유로운 의지에 대해 서술하고 있는데, 이에 대한 이해를 위해서, 의지가 즉자로부터 대자를 거쳐 여기까지 이른 과정을 정리하고 지나가자.[40] 의지는 여러 형태를 띠게 되는데, 헤겔은 의지의 대립된 형태 내지는 규정이 전개되어 의지가 의지 자신과 통일되는 과정을 "직접적 혹은 자연적 의지"(§11~§14)와 "자의"(Willkür, §15~§20), 그리고 "즉자 대자적인 의지"(§21~§24)라는 세 형태로 고찰하고 있다. 첫 번째 형태인 "직접적 혹은 자연적 의지"는 "우선 단지 즉자적으로 자유로운 의지"(§11)다. 우선 의지의 내용은 직접적이다. 즉, 그것들을 통해 의지가 본래 규정됨을 발견하는 "충동, 욕망, 경향"(§11)이다. 이런 내용을 의지는 자기 자신의 타자로 대한다. 따라서 결심은 자기 자신과의 결합이 아직은 아니다. 의지의 형식은 주어진 것으로서의 내용에 대립해 있다.[41] 그리하여 의지에는 "추상적인 결심 자체만이" 귀속된다(§13). 의지는 자기의 내용에 있어서 타자에 의존해 있다. 이러한 의지는 "그 자체로 유한한 의지"(§11)이며 주관적인

---

39 Enz §158-159 참조. Knox, 315 참조.

40 이하의 내용은 백훈승, 「헤겔의 의지 개념」, 『범한철학』 제56집 (135-163), 범한철학회, 2010, 150 ff.를 정리한 것이다.

41 Thomas Petersen, *Subjektivität und Politik. Hegels »Gundlinien der Philosophie des Rechts« als Reformulierung des »Contrat Social« Rousseaus*, Ffm., 1992, 69 참조.

의지로서 "외적인 직접적 실존"(§8)에 관계하기 때문에, 자연적인 의지다. 이러한 의지는 진정한 자유 내지는 자유의 이념에 이를 수 있는 가능성만을 지니고 있기 때문에 헤겔은 그것이 "단지 개념상으로만 자유로울 뿐"이라고 말한다. 예컨대 어린이는 완전한 인간(즉자 대자적 인간)이 아니기는 하지만 인간(즉자적 인간)임에는 틀림없다. 어린이는 그 자신이 지니고 있는 내적 장애나 외부로부터의 장애가 없을 경우 완전한 인간(成人)으로 발전하게 된다. 어린이는 가능태로서의 인간인데, 헤겔은 이것을 "즉자적인 인간"(an sich Mensch, §10 보유)이라고 말한다.

두 번째 형태의 의지는 "자의"(§15)로서, 자연적 의지가 즉자적으로만 자유로운 의지라면, 자의는 대자적으로만 자유로운 의지다. "충동, 욕망, 경향"에는 여러 가지가 있고 그것들을 만족시키는 방법도 여러 가지가 있다. 우리는 이들 모두를 충족시킬 수는 없고 그들 가운에 하나 혹은 몇 가지를 선택해야 하는데, 이렇게 선택하는 의지가 바로 자의다. 의지가 어쨌든 현실적인 의지로 존재하려면 "결단하는 의지"(beschliessender Wille, §12)가 되어야 한다. 직접적·자연적 의지가 주어진 내용에 직접적으로 매여 있는 데 반해, 의지는 자의 속에서 자신을 "자기 자신 곁에 존재하는 무한한 자아"(§14)로 유효하게 만든다. 의지는 그 자체로, 단지 가능한 것에로 침잠하는 "내용을 넘어서" 존재한다. 의지는 어떤 특정한 내용에도 얽매이지 않고, 다양한 규정들 가운데서 선택할 수 있다.[42]

자의로서의 의지(§17)는 형식적으로만 자유로울 뿐이다(§14, §21). 이러한 의지는 결정을 하고(§12), 선택하기는 하지만(§14), 그것은 자기에게 외적으로 주어진 내용들 사이에서 결정하고 선택하는 것이기 때문이다. 즉, "모든 것으로부터 추상하는 자유로운 반성"(§15)으로서

---

42 Petersen, ebd., 69 참조.

의 자의는 그 어떤 특정한 내용에도 얽매이지 않기는 하지만, 어쨌든 외적으로 주어진 어떤 내용에 얽매여 있다. 자의는 자신의 무한성 속에서 유한성을 넘어서지 못한다. 왜냐하면 가능한 모든 "내용은 형식과(즉, 의지의 형식과: 필자 첨가) 다른 것이요, 따라서 유한한 것"(§16)이기 때문이다.[43] 그러므로 자의는 "대립으로서의 의지"(§15 주해)다.[44]

"결단 속에서 선택된 것(§14)을 의지는 마찬가지로 다시 포기할 수 있다(§5)."(§16). 그러나 의지가 이것이 아닌 저것을 선택할 수 있기는 하지만 모든 것을 선택할 수 있는 것은 아니며, 무한한 선택이 가능한 것은 아니다. 의지는 어차피 특정한 어떤 것을 선택할 수밖에 없다. 여기에 의지의 유한성이 존재하는 것이다. 그러므로 이러한 규정성이 바로 "자아가 자신에게로 복귀하기 위한 전제다."[45] 그리고 "의지는 자기의 규정이나 이 규정의 지양에 앞서서 완성된 것이나 보편자가 아니라 (...) 자기를 자기 속으로 매개하는 활동 및 자기에로의 복귀로서" 비로소 의지인 것이다(§7).

자의에 있어서는 형식과 내용이 대립할 뿐만 아니라 내용들 간에도 대립이 존재하는데(§15), 이러한 대립을 헤겔은 "충동과 경향의 변증

43　자의는 유한자와 무한자의 변증법을 통해 규정된다(WL I, 149 ff. 참조). 자연적인 의지가 유한성에 상응한다면, 자의는 "무한전진"의 악무한에 귀속된다. 이러한 전진은 유한성이나 한계를 단지 넘어서는 것일 뿐이며, 이러한 넘어섬 속에서는 그러나 새로운 한계가 다시 직접 발생한다. 그러므로 무한성은 유한성을 자립적인 대립자로서 보존하고 있다: "이러한 악무한은 (...) 유한자의 부정이기는 하지만, 사실은 유한성으로부터 해방될 수 없다. 악무한 자체에서는 유한자가 자신의 타자로 다시 등장한다. 왜냐하면 이러한 무한자는 자기의 타자인 유한자에 대한 관계를 벗어나서는 존재할 수 없기 때문이다."(WL I, 155).

44　Petersen, ebd. 참조.

45　Manfred Baum, "Gemeinwohl und allgemeiner Wille in Hegels Rechtsphilosophie," in: *Archiv für Geschichte der Philosophie*, hg. v. Hans Wagner, 60. Band (175–198), 1978, 178 f.

법"이라고 부른다. 이들 충동이나 경향은 "서로 방해하고 한편의 만족
이 다른 쪽의 만족의 종속이나 희생을 요구하는"(§17) 현상을 보이게
된다. 헤겔은 여기서 공리주의, 특히 벤담의 쾌락계산을 염두에 두면
서, 공리주의 윤리가 자의의 자유에 머무르는 것으로 비판하고 있는 것
으로 보인다.[46] 공리주의는 충동을 위계적으로 질서 지우려 하는데, 그
러기 위해서는 여러 "충동을 서로 비교"하고 "이들 충동을 그 충족 여
러 가지 수단 및 결과 등과 비교"해야 한다고 설명한다(§20). 그러나
이러한 시도가 별 도움이 되지 못하는 이유는, 만족에는 질적인 차이가
있어서, "여기서는 이러한 순위를 매기는 척도가 주어질 수 없기"(§17
보유) 때문이다. 결국 공리주의에 따르면 행복의 내용은 "각자의 주관
성과 감정 속에 존재하기 때문에" "이러한 보편적 목적도 각자에게 특
수한 것이어서 그 안에서는 내용과 형식의 어떠한 참된 통일도 존재하
지 않는"(§20 보유) 것이다.

  세 번째 단계는 "즉자 대자적인 의지"인데, 이 의지는 "보편성을, 다
시 말하여 무한한 형식으로서의 자기 자신을 자신의 내용, 대상, 목적
으로 하는 한, 즉자적으로 자유로운 의지일 뿐 아니라 동시에 대자적으
로도 자유로운 의지, 즉 참된 이념이다."(§21). 다시 말하면 이러한 의지
는 "의지 자체를 오직 그 자체로서 간직함으로써 그 자신을 자기의 순
수한 보편성 속에서" 자기의 대상으로 삼는데, "자기의 대상, 내용과 목
적을 이러한 보편성으로까지 순화하고 고양하는 자기의식은 이런 일을
의지 속에서 관철하는 사유로서 수행한다."(§21 주석). 여기에서도 우리
는 "사유하는 지성"(denkende Intelligenz)과 의지의 불가분리성을 강
조하는 헤겔의 입장을 재확인할 수 있다. 헤겔이 말하는 즉자 대자적인
자유, 온전한 자유, 진정한 자유는 개개인의 특수한 욕망을 실현하는

---

46 上妻精, 70 참조.

자의로서의 자유가 아니다. 인간은 자기의식으로서 본래 자유로운 자라는(형식적·주관적 측면) 보편성을 지니고 있는데, 즉자 대자적인 의지란, 이러한 측면이 외면적으로도 실현될(내용적·객관적 측면) 것을 의욕하는 의지를 말하며, 이것을 다른 말로 하면, "자유의지를 의지하는 자유의지"(§27)라고 할 수 있다. 이러한 의지는 인간이 지닌 보편적 자유가 그가 살아가고 있는 현실 속에, 그리고 법, 도덕, 인륜, 사회제도들 속에 구현되기를 의욕하는 의지다. 이렇게 될 때, 자의에 있어서 성취되지 못했던 "형식과 내용의 대립"이 극복되는 동시에, 사사로운 욕망충족의 과정을 끝없이 되풀이하는 악무한적 반복이나 순환으로부터 벗어나게 된다. 이렇게 함으로써 의지는 자유가 실현된 객관세계에로 나아갔다가 자유인 자기 자신에로 되돌아오는 "진실로 무한한"(§22 및 보유) 의지가 된다. 이때, 자신 속에 존재하는 자유와 자신 밖의 세계(현실) 속에 실현된 자유의 관계는 "구별 아닌 구별" 혹은 "내적 구별"의 관계에 있는 바, 이것이 바로 진무한이다. 즉자 대자적으로 자유로운 의지 속에서는 "모든 제한과 특수한 개별성이 지양되어"(§24) 있어서 즉자 대자적인 보편성을 지니고 있는데, 이러한 보편성은 "공통성 혹은 전체성 같은 반성작용이 가진 보편성"도 아니고 "개별자를 벗어나서 그것에 대립하여 존재하는 추상적인 보편성, 추상적인 지성적 동일성(§6 주석)"도 아니라, "자신에 있어서 구체적인, 따라서 대자적으로 존재하는 보편성이며, 자기의식의 실체, 내재적인 유(類) 혹은 내재적 이념"으로서, "자신의 대상을 덮고 자신의 규정을 관철시켜 나가며 자신의 규정 안에서 자신과 동일한 보편자로서의 자유로운 의지의 개념"이다(§24 주해).

　이렇듯 의지의 형식과 내용이 통일된 진정한 의지를 설명하기 위하여 헤겔은 다시금 진리의 정의를 상기시킨다. 즉, "철학에서 말하는 진리는 개념이 실재에 상응함을 말한다"(§21 보유). 그렇다면 의지의 진리는 의지 개념이 의지의 실재에 상응하는 것을 뜻한다. 개념이 실재에 대응하는 경우를 가리켜 헤겔은 '이념' 이라고도 하므로, 의지의 진리는 의지의 이념이라고도 할 수 있다. 그런데 의지의 본성은 자유이므로 의지를 '자유의지' 로 바꾸어서 표현하면, 자유의지의 진리(이념)는 자유의지 개념이 그 실재에 대응함을 가리킨다. 그런데 이러한 일은 자유의지가 자유의지를 의지하는 경우에만 가능하다. 그렇기 때문에, 이성적인 것으로서의 자유로운 정신은, 자기의 대상 속에서 오로지 자신과 자기 자신의 자유만을 발견해야 한다(이러한 목적이 성취되는 과정은 §28에 기술된다). 정신은 자기의 잠재성을 충분히 전개하여 이념, 즉 주관과 객관의 통일로 존재한다. 물론 이러한 통일의 출발점은 '자유의지가 자유의지를 의지할' 때에 주어지지만, 이러한 의지가 의지 자체로만 머물러 있다면, 그것에는 진정한 내용이 결여되어 있기 때문에 아직은 추상적인 동일성에 불과하고 진정한 통일을 성취하지는 못한 것이다. 칸트의 윤리학은 이러한 추상성을 극복하지 못했다. 여기에 추가로 요구되는 것은, 의욕된 대상이 자유 자체와는 분명히 대립된 형태(왜냐하면 구체적인 것은 추상적인 동일성이 아니라 대립자들의 통일이기 때문이다)를, 즉 구체적인 법률의 형태를 취해야 할 것이라는 사실이다. 그러므로 구체적인 자유란, 단지 자기만을 의욕하는 의지가 아니라, 법률의 지배하에 사는 사람들의 지성과 의지를 구체화하는 법률과 일치하는 것을 의욕하는 의지다. 그리고 의지의 이념은 주관적인 의지와 그러한 의지에 내용을 부여하는 객관적인 제도들의 체계의 종합이다.[47]

(주해)

▶ "감각적인 것 일반은 외면적인 것을 뜻하며 또 그럼으로써 자기의

---

47 Knox, 317 f. 참조.

식의 자기 외적 존재[das Außersichsein]를 나타내듯이 욕망, 충동으로서의 의지의 자기의식도 역시 감각적이다. 반성하는 의지는 그와 같은 감각적인 것과 사유하는 보편성이라는 두 계기를 지니고 있다. 그런데 즉자대자적으로 존재하는 의지는 의지 자체를 오직 그 자체로서 간직함으로써 그 자신을 자기의 순수한 보편성 속에서 자기의 대상으로 삼는 바―보편성은 자연성의 직접성과 또한 반성에 의해 산출되면서도 자연성이 덧붙여져 있는 특수성이 그 속에서 지양되어 있는 그런 것이다. 그런데 이렇듯 지양한다는 것, 그리고 보편성으로 고양된다는 것이 다름 아닌 사유활동이라고 불리는 것이다. 자기의 대상·내용 및 목적을 이러한 보편성에 이르기까지 순화하고 고양하는 자기의식은 이와 같은 일을, 의지 속에서 스스로를 관철하는 사유작용으로서 행한다. 바로 이것이야말로 의지는 오직 사유하는 지성으로서만 참된, 그리고 자유로운 의지임이 밝혀지는 지점이기도 하다. 노예는 자기의 본질이나 자기의 무한성 및 자유로움을 깨닫지 못하며 따라서 그 자신을 진정한 존재자로 깨닫지도 못하는 바―이렇듯 스스로를 깨닫지 못한다는 것은 그가 자기를 사유하지 못한다는 것과 마찬가지다. 그런데 사유를 통하여 스스로를 본질로 파악함으로써 바로 그 자신을 우연적이며 참되지 않은 것으로부터 탈피하도록 하는 이 자기의식이야말로 법·도덕·모든 인륜의 원리를 이루는 것이다. 이런 점으로 볼 때 철학적으로 법, 도덕 및 인륜에 대해 말하면서도 사유는 배제하고자 하며 다만 감정, 마음, 그리고 가슴이나 영감에 호소하는 사람들은 그야말로 사상과 학문이 그리로 떨어지게 된 극도의 경멸을 표현하는 것이다. 왜냐하면 여기서 학문은 스스로 절망하여 최고의 무기력상태에 빠져들고 야만성이나 생각 없음[das Gedankenlose]을 원리로 삼고 할 수 있는 모든 것을 다해, 인간으로부터 모든 진리와 가치와 존엄성을 앗아가버렸기 때문이다."

(해설)

• 의지로서의 자기의식 혹은 자기의식으로서의 의지, 아니 더 정확히 말해서 의지를 가진 인간이나 자기의식을 지닌 인간은 정신과 육체의 두 요소로 이루어져 있다. 여기서 헤겔은 정신을 내면적인 것으로, 육체를 외면적인 것으로 생각한다. 그래서 인간의 육체가 지닌 다섯 개의 감각기관인 시각기관, 청각기관, 후각기관, 미각기관, 촉각기관, 그리고 그것들의 능력인 시각, 청각, 후각, 미각, 촉각, 그리고 이들을 통해 감각된 것을 "외면적인 것"[die Äußerlichkeit]이라고 말한다. 이것들은 자기의식을 지닌 인간의 "자기 외적 존재"[das Außersichsein]의 측면이다. 따라서 욕망이나 충동으로 나타나는 의지 또한 모든 경우에 있어서 '정신적'인 것은 아니고 "감각적인"[sinnlich] 것이기도 하다. '감각적'이란 것은 곧 '물질적'임을 뜻한다. 우리는 물질적인 것만을 감각할 수 있지, 정신적인 것을 감각할 수는 없다. 우리의 감각기관 역시 물질적인 것이기에, 그것은 당연히 물질적인 것만을 감각할 수 있는 것이다.

• 그런데 "반성하는 의지"는 양(兩)방향의 계기를 가지고 있다. 즉 첫째로는 감각세계로 향하는 계기와, 두 번째로는 의지 자체로 향하는 계기가 그것이다. 전자의 계기를 헤겔은 앞선 서술에서 특수성의 계기로 불렀고, 후자의 계기를 보편성의 계기로 명명한 바 있다. 그래서 "즉자대자적으로 존재하는 의지는 의지 자체를 오직 그 자체로서 간직함으로써 그 자신을 자기의 순수한 보편성 속에서 자기의 대상으로" 삼는 동시에, 이러한 보편성 속에는 의지의 외부세계인 "자연성의 직접성", 그리고 반성적 사유에 의해 산출되면서도 "자연성이 덧붙여져 있는 특수성"이 지양된 채로 내포되어 있다. 그런데 이러한 직접성 및 특수성을 보편성으로 고양하는 활동이 바로 "사유활동"인 것이다. 이러한 사유는 바로 자기의식이며, 이것이 바로 즉자대자적인 의지가 지니고 있는 '대

자적'인 측면이다. '대자성'은 다른 말로 '독자성' 혹은 '독립성'이라고
할 수 있다. 타자에 매몰되거나 의존하여 자신의 대자성·독자성을 잃
어버린 의지는 자유로운 의지가 아니다. 그래서 헤겔은 "노예는 자기의
본질이나 자기의 무한성 및 자유로움을 깨닫지 못하며 따라서 그 자신
을 진정한 존재자로 깨닫지도" 못한다고 말하는 것이다. 진정으로 자유
로운 자는 대상세계로 향한 사유의 방향을 자기 자신에게로 돌려서 자
기를 사유해야 한다. 다른 말로 하면, 타자에 대한 의존으로부터 탈피하
여 '주인의식'을 가지고 자신의 삶을 개척해나가야 한다는 말이다.

• 헤겔은 또한 "법, 도덕 및 인륜에 대해 말하면서도 사유는 배제하
고자 하며 다만 감정, 마음, 그리고 가슴이나 영감에 호소하는" 낭만주
의자들을 비판한다. 그런데 "법·도덕·모든 인륜의 원리를 이루는 것",
그리고 "인간으로부터 모든 진리와 가치와 존엄성을" 지킬 수 있는 것
은, "야만성이나 생각 없음[das Gedankenlose]"[48]이 아니고, "자신을
우연적이며 참되지 않은 것으로부터 탈피하도록 하는" 자기의식이라는
점을 강조한다.

(보유)

▶ "철학에서 뜻하는 진리는 개념이 실재에 부합해야 함을 의미한다.
예컨대 몸은 실재이고 혼은 개념이다. 그런데 혼과 몸은 서로 부합(符
合)해야 한다. 따라서 죽은 사람도 여전히 하나의 존재자이긴 하지만
더 이상 참다운 존재자가 아니라 몰개념적인 현존재다. 그러므로 죽은
육체는 부패한다. 따라서 참된 의지란, 의지가 의지하는 것이 바로 의
지의 내용이어서 의지와 동일하다는 데에, 그리고 자유가 자유를 의욕

---

48 '생각 없음'[Gedankenlosigkeit]에 대해서는 앞서 TW 7, 39 (§3)에서 언급한 바
있다.

한다는 데에 있다."

(해설)

• 이 부분의 의미와 '혼' [Seele], '몸' [Leib], '육체' [Körper] 등의 구분에 대해서는 §1의 보유에 대한 해설을 참조할 것.

§22 현실적 무한자로서의 자유의지: 자유의 소질. 지성의 무한성

TW 7, 74/ 『법철학』, 101 f.

▶ "즉자대자적으로 존재하는 의지는 참으로 무한하다[*wahrhaft un-endlich*]. 왜냐하면 의지의 대상이 자기 자신이며, 이로써 또한 의지의 대상은 의지에 대해서 타자[*ein Anderes*]도 제한[*Schranke*]도 아니라 오히려 의지는 의지의 대상 속에서 단지 자기 자신으로 복귀하였기 때문이다. 더 나아가서 이 의지는 단순한 가능성, 소질[Anlage], 능력[*Ver-mögen, potentia*]이 아니라 현실적이며 무한한 것[das *Wirklich-Unend-liche* (infinitum actu)]이다. 왜냐하면 개념의 현존재, 혹은 개념의 대상적인 외면성은 내면적인 것 자체이기 때문이다."

(해설)

• "즉자대자적인 의지"는 진정한 의지를 말한다. 그것은 "참으로 무한하다[*wahrhaft unendlich*]". 즉 그것은 '진무한(眞無限)'이라는 말이다. '진무한'은 무한 자체만이 고립되어 있는 것이 아니라 자신 속에 유한을 내포한 무한을 가리킨다. 의지의 경우, 진정으로 무한한 의지는, 의지가 자신만을 고수하는 것이 아니라 자신의 타자에게로 나아갔다가 타자 속에서 자기를 잃어버리지 않고, 타자를 안고 자기에게 복귀함으

로써 유한을 자신 속에 포함하고 있는 그러한 의지다.

• 이 경우, 의지의 대상은 바로 주체가 자신의 내면에 있던 목적을 외부로 정립한 것이므로 그것은 자기의 타자나 제한이 아니다.—"의지의 대상은 의지에 대해서 타자[ein Anderes]도 제한[Schranke]도 아니라 (…)"—또한 주체가 자신의 목적을 단지 자신 속에만 정립한 단계에서, 의지는 "소질"이나 "능력(가능성)"으로 존재하지만, 이미 목적을 외부에 정립하고 실현한 단계에서 그것은 현실성으로 존재한다.—"이 의지는 단순한 가능성, 소질(Anlage), 능력(Vermögen, potentia)이 아니라 현실적이며 무한한 것[das Wirklich-Unendliche (infinitum actu)]이다."

• 예컨대『법철학』〈인륜(人倫)〉장(章)에 등장하는 외적이고 객관적인 국가조직은 의지의 내면성을 개념에 적합한 방식으로 구체화한 것이다. 거기에는 의지의 보편성, 특수성, 개별성이 드러나 있다. 이 세 가지 계기가 바로 유기적 통일체를 형성하는 것이다. 의지는 자기를 제도들 속에 구체화하며, 따라서 거기에서는 헤겔이 내면과 외면의 동일성이라고 부르는 바가 확립되어 있는 것이다.[49] 의지는 자신의 자유를 객관세계에 실현한다. 따라서 의지 자신 속에 존재하는 자유와 자신의 외부세계(현실) 속에 실현된 자유는 "구별 아닌 구별" 혹은 "내적 구별"의 관계에 있게 된다. 이것이 바로 진무한이다.

(주해)

▶ "그러므로 우리가, 자유로운 의지는 즉자대자적으로 자유로운 의지라는 규정 없이 자유로운 의지 그 자체에 관해서 말한다면, 우리는 단지 자유의 소질[Anlage] 혹은 자연적이고 유한한 의지(§11)에 관해서

---

49   Knox, 317 참조.

만 말하는 것이며, 바로 그럼으로써 그 단어와 의미를 고려하지 않고 자유로운 의지에 관해서 말하는 것이다. 지성은 무한자를 단지 부정적인 것으로만 이해하고, 그리고 이와 더불어, 피안에 있는 것[ein Jenseits]으로 이해함으로써, 더욱더 지성은 무한자를 자신으로부터 멀리 밀어내고 외타적인 것으로서 자기로부터 멀리할수록 무한자에게 더 많은 경의를 표하는 것으로 생각한다. 자유로운 의지 속에서 진무한은 현실성[Wirklichkeit]과 현재[Gegenwart]를 갖는다. 즉 자유로운 의지 자체는 자신 속에서 현재화되어 있는 이런 이념이다."

(해설)

● 우리가 만약 "즉자대자적으로 자유로운 의지", 즉 진정한 자유의지—주관적인 것과 객관적인 것이 통일된 의지, 보편성과 특수성이 통일된 의지, 형식과 내용이 통일된 의지—라는 규정을 하지 않고, 일단 "자유로운 의지 그 자체"에 관해 생각해볼 수 있다. 이 경우 두 가지가 가능하다. 즉 진정한 의지가 갖추어야 할 두 가지 측면 가운데 어느 하나만 갖춘 '자유로운 의지'를 생각할 수 있다. 첫 번째로는, 오직 형식적으로만 자유로운 의지다. 그것은 '나는 나다'를 고수하는 자유의지다. 그러나 이러한 자유의지는 아무것도 결단하지 않는 단순한 추상적이고 관념적인 자유의지에 불과하다. 두 번째로는, 이와는 반대로, 나는 그 어떤 내용, 그 어떤 특수한 것들도 모두 다 취할 수 있다고 하는 자의(恣意)로서의 자유의지다. 그러나 실제로 우리는 모든 내용을 다 의지의 대상으로 삼아 현실에서 취할 수는 없다. 그것들 가운데 하나 혹은 몇 가지만을 취할 수 있을 뿐이다. 그리하여, 모든 내용을 다 취할 수 있다고 주장하는 이러한 자유의지도 진정한 자유의지가 아니다. 전자의 형태의 자유로운 의지를 헤겔은 여기서 "단지 자유의 소질[Anlage]"에 관해서만 말하는 것이라고 설명하고 있고, 이와는 달리 후자의

형태의 자유로운 의지는 "자연적이고 유한한 의지(§11)"라고 설명하고 있다. 자의(恣意)로서의 자유의지가 바로 "자연적"이고, "유한한" 의지인 것이다. 자의는 자기가 아무것이나 마음대로 할 수 있다고 생각하지만 그것은 착각이요, 그러한 자유는 방종에 불과하다. 그것은 실제로는 모든 것을 할 수 없기에 "유한한" 의지다. 이런 두 종류의 '자유의지'는 우리가 "바로 그럼으로써 그 단어와 의미를 고려하지 않고", 즉 '진정으로 자유로운 의지'라는 이 말의 의미를 고려하지 않고, 자유로운 의지에 관해서 말하는 것이다.

• 다음으로 헤겔은 지성과 무한자의 관계에 대해 이야기한다. 지성이 생각하는 무한자는 "단지 부정적인 것", "피안에 있는 것"이다. 그러나 이미 우리가 보았듯이, 지성이 생각하는 무한자는 진무한자가 아니라 위무한자 내지 악무한자다. 악무한자는 유한자와 대립해 있는 무한자다. 그것은 유한자의 부정태에 불과하다. 그러나 진무한자는 이와는 달리, 유한자와 대립해 있지 않고 자신 속에 유한자를 포함하고 있는 무한자다. 악무한자는 단지 유한자의 부정태에 불과하지만, 진무한자는 자신 속에 유한자라는 부정태를 지니고 있는 긍정적 존재자다. 그러므로 진무한자는 "단지 부정적인 것"인 악무한자와 구별된다.

• 그러면 헤겔은 왜 여기서 지성의 무한자, 즉 악무한자에 관해서 말하고 있는 것인가? 그것은 바로 진무한의 형태로서의 진정한 자유의지, 즉자대자적인 자유의지에 대해 설명하기 위해서다. 즉 진정한 자유의지는 의지의 내용으로서의 특수자들을 도외시하고 그것으로부터 고립해서 존재하는 유아독존식의 의지가 아니라, 자신 속에 특수한 내용들을 포함하고 있는 의지, 혹은 자기의 대자적인 자유를 현실세계에 실현한 자유의지다. 진무한자로서의 자유로운 의지라면, "현실성[Wirklich-keit]과 현재[Gegenwart]"를 갖는다. 즉 "자유로운 의지 자체는 본래[in sich] 현재화되어 있는 이런 이념"인 것이다.

이 점과 관련해서 우리는 『철학강요』 §54 및 그 보유를 참조할 필요가 있다. 『철학강요』의 이 부분에서 헤겔은 칸트 실천철학 내지 윤리학의 형식성을 비판하고 있다. 헤겔의 입장에서 볼 때 그것은 의지의 보편성만을 주장하고 의지의 구체적인 내용은 무시하는 공허한 자유의지에 불과하다. 진정한 자유의지, 자유의지의 이념은 형식과 내용의 통일에서 비로소 가능한 것이다.

(보유)

▶ "사람들이 무한성을 원의 모습으로 생각한 것은 옳다. 왜냐하면 직선은 밖으로 나아가고, 늘 계속해서 밖으로 나아가서, 진무한이 자기 자신 속으로 복귀하는 것과는 달리 단지 부정적인 악무한을 나타내기 때문이다. 자유로운 의지는 참으로 무한하다. 왜냐하면 그것은 단지 하나의 가능성이나 소질이 아니라 그것의 외적 현존재는 그것의 내면성, 즉 그것 자체이기 때문이다."

(해설)

● 진무한 및 그것의 표상에 관해서는 이미 설명한 바 있으므로 더 이상 언급할 필요가 없을 것이다. 여기서 다시 한 번 헤겔은 의지가 내면적으로 지니고 있는 형식적 보편성이 객관세계에 외면화·실현됨으로써 발생하는 구체적이며 진정한 자유의지의 형태에 관해 언급하는데, 이때 의지의 외부에 실현된 것으로서의 "외적 현존재"는 의지의 내면성이 외화된 것이므로, 의지의 내면성과 같은 것이라고 할 수 있다. 그래서 양자 사이에는 '구별 아닌 구별' 관계가 성립한다. 이 관계는 $p \rightleftarrows q$ (p: 내면적 의지 / q: 내면적 의지가 외화된 것)라는 쌍조건 관계 내지 원환관계다. 이것은 바로 진무한의 표상이다.

§23 자기-자신-곁에-존재함 및 진리로서의 자유의지

TW 7, 74 f. / 『법철학』, 102

▶ "의지는 오직 이러한 자유 속에서만 전적으로 자기 곁에 존재한다. 왜냐하면 의지는 자기 자신 외에는 그 어떤 것과도 관계하지 않음으로써, 다른 어떤 것에 대한 모든 의존관계를 내버리기 때문이다. 이러한 의지는 참된 것이다. 혹은 그것은 더 정확히 말하면 진리 자체다. 왜냐하면 이 의지의 규정은, 자기의 개념이며 자기에 대립해 있는 것으로 존재하는 자기의 현존재 속에 존재하기 때문이며, 혹은 순수한 개념이 자기 자신의 직관을 자기의 목적과 실재로 지니고 있기 때문이다."

(해설)

● "오직 이러한 자유 속에서만"이라는 것은, 즉자대자적으로 자유로운 의지가 누리는 구체적인 자유를 가리킨다. 그러므로 이때의 의지는 단지 '자신 곁에만' 존재하는 추상적인 의지와는 다르다. 구체적인 의지 내지 구체적인 자유란, "타자 속에서 자기 곁에 존재하는 것"(TW 7 §4 보유 참조; Enz §24 보유, Enz §382 보유, Enz §469 참조)으로 표현된다. 의지는 자기의 내면적 규정을 객관세계에 외화함으로써 자신의 자유를 실현하며, 이렇게 해서 이루어진 것이 바로 법을 포함한 여러 제도들이다. 그렇기 때문에 의지는 자신의 외부에서도 자기 자신을 직관하게 된다. 이렇게 의지의 내면과 외면이 합치되므로 헤겔은 "이러한 의지는 참된 것이다. 혹은 그것은 더 정확히 말하면 진리 자체다"라고 말하는 것이다. 의지가 외면적인 것들에 관계하는 경우에, 이 외면적인 것들은 의지가 표출된 것이므로 결국 의지는 자기 자신과 관계하는 것이다. 이렇게 의지는 내면적인 것과 외면적인 것의 분리와 구별을

지양함으로써, 외면적인 "세계 속에서 편안함을 느낀다"(Ilting IV, 105). 예컨대 헤겔이 『법철학』 §260에서 "국가는 구체적 자유의 현실이다"(Der Staat ist die Wirklichkeit der konkreten Freiheit)라고 말할 때, 개인이 자기 자신과 가장 편안함을 느낄 수 있는 것은 바로 국가 속에서 가능하다는 점, 혹은 자아가 편안함을 느낄 수 있는 대상들이 적어도 실현되기 위해서는 국가라는 제도가 필요하다는 점을 말하고 있는 것이다.[50]

§24 자유의지의 보편성: 즉자대자적인 보편성. 이성적인 것으로서의 즉자대자적 보편자

TW 7, 75 f. / 『법철학』, 102 f.

▶ "이러한 의지는 보편적이다. 왜냐하면 그 속에서는 모든 제한과 특수한 개별성은 지양되어 있기 때문이다. 이들 제한이나 특수한 개별성은 오직 개념과 개념의 대상 내지 내용과의 상이성 속에서만 존재한다. 혹은 다른 형식으로 보면, 제한이나 특수한 개별성은 개념의 주관적인 대자적 존재와 개념의 즉자적 존재와의 상이성, 개념의 배타적이며 결단하는 개별성과 개념의 보편성 자체와의 상이성 속에서만 존재한다."

(해설)

• 즉자대자적인 의지가 '보편적'이라고 할 때의 '보편'은 물론 '구체적 보편'을 가리킨다. 그렇기 때문에 이러한 보편 속에는 "모든 제한과 특수한 개별성은 지양되어" 있다.

---

50 Nisbet, 401 f. 참조.

(주해)

▶ "보편성의 여러 가지 규정은 논리학에서 언급된다(『철학강요』§ 118~§126[51]). 보편성이라는 표현으로 제일 먼저 생각나는 것은 추상적이고 외면적인 보편성이다. 그러나 여기에 규정된 것과 같은, 즉자대자적으로 존재하는 보편성에 대해서는, 공통성[Gemeinschaftlichkeit] 혹은 전체성[Allheit] 같은 반성의 보편성을 생각해서도 안 되고, 또한 개별자를 벗어나서 다른 편에 존재하는 추상적인 보편성, 추상적인 지성의 동일성(§6 주해)을 생각해서도 안 된다. 즉자대자적으로 존재하는 보편성이란, 자신에 있어서 구체적인, 따라서 대자적으로 존재하는 보편성이며, 자기의식의 실체, 내재적인 유(類) 내지는 내재적 이념이다. ― 이것이야말로 자신의 대상을 포괄하면서 자신의 규정을 관통하며 자신의 규정 안에서 자신과 동일한 보편자로서의 자유로운 의지의 개념이다.― 즉자대자적으로 존재하는 보편자는 어쨌든, 우리가 이성적인 것이라고 부르며, 그리고 이와 같은 사변적인 방법으로만 파악될 수 있는 그런 것이다."

(해설)

● 보편성에 관한 설명은 『철학강요』§169-178에서도 찾아볼 수 있다. 그런데 헤겔은 위에서 두 가지 종류의 보편성에 대해 설명하고 있다. 첫 번째의 보편성은 우리가 일반논리학에서 말하는 '개념'이 지니

---

51 제 3판에서는 §§169-178. 〈개념론〉 A. 주관적 개념의 b. 판단의 부문. 헤겔은 여기서 판단에 있어서의 "주어는 우선 개별적인 것이며 술어는 보편적인 것이다. 그러나 판단이 발전함에 따라 주어는 단순히 직접적인 개별자로 머물지 않고 특수한 것 및 보편적인 것이라는 의미를 가지게 되고, 술어는 단순히 보편적인 것에 머물지 않고 특수적인 것 및 개별적인 것이라는 의미를 가지게 된다"고 하는 입장에서 a) 질적 판단, b) 반성의 판단, c) 필연성의 판단, d) 개념의 판단이라고 하는, 개념의 자기규정의 진전에 바탕을 둔 판단의 종류별을 시도하고 있다.

는 보편성이다. 이것은 '공통성'이라는 의미의 보편성이다. 그러나 이러한 의미의 보편성은 "추상적인 보편성, 추상적인 지성의 동일성"이다. 왜냐하면 거기에는 '특수자' 내지는 '특수성'이 추상되어 있기 때문이다. 그러나 이와는 달리 진정한 보편성, 즉 "즉자대자적으로 존재하는 보편성이란, 자신에 있어서 구체적인, 따라서 대자적으로 존재하는 보편성이며, 자기의식의 실체, 내재적인 유(類) 내지는 내재적 이념"이라고 헤겔은 말한다. 왜냐하면 이러한 보편성은 자기동일성을 고수하면서도 자신 속에 특수한 규정들 및 내용들을 포괄하고 있기 때문이다. 따라서 이렇게 "즉자대자적으로 존재하는 보편자"는 "이성적인 것"이다. 이성적인 것은 이념적인 것과 동의어이며, 이념적인 것은 어떤 것의 개념(주관적인 것)과 실재(객관적인 것)가 통일된 것이다. 의지의 경우, 의지의 형식적인 보편성으로서의 주관적인 측면과 의지의 내용 및 규정들로서의 의지의 객관적인 측면이 통일된 상태가 바로 즉자대자적인 의지요, 이성적인 의지다. 그런데 이러한 '통일'은 지성에 의해서가 아니라 "사변적인 방법으로만 파악될 수 있는 그런 것"이다.

추상적인 자유이념의 전개: §§25-33

§25 의지의 주관성(주체성)

▶ "주관적인 것이라 함은 의지 일반에 관하여 의지의 자기의식의 측면, 즉 개별성(§7)의 측면을 말하며, 즉자적으로 존재하는 의지 개념과는 구별된다. 따라서 의지의 주관성이란, α) 의지의 순수형식, 즉 자기의식의 자신과의 절대적인 통일이다. 이 통일 속에서 자기의식은 자아=자아로서 전적으로 내면적이며, 또한 자신에의 추상적인 의존이다. ─ 그리고 이것은 자기 자신에 대한 순수한 확신이어서, 진리와는 구별된다. β) 의지의 특수성, 즉 자의인 동시에 임의의 목적들의 우연적인 내용이다. γ) 어쨌든 일면적인 형식(§8) ─의욕된 것의 내용이야 어떻든 그것이 겨우 다만 자기의식에 속하는 내용에 불과하며, 아직 실현되지 않은 목적인 한, 그것은 이 일면적인 형식이다."

(해설)
• 여기서 말하는 의지의 주관성(주체성)이란, α) 추상적인 자기의식

으로서의 의지의 단계('나=나')와 β) 보편적인 의지내용이 아닌 어떤 일개인으로서의 자기 자신의(주관적인) 의지가 목적으로 가지고 있는 우연적인 내용을 말하며, γ) 아직 실현되지 않은 목적으로, 단지 주관 (주체) 속에만 머물러 있는 내용을 말한다.

• 그런데 헤겔은 이 같은 내용을 지니고 있는 의지의 측면을 "주관적 (주체적)"이라고 부르면서도, 이것을 "개별성"(§7)의 측면이라고 말하고 있는데, 이는 오류다. '개별성'[Einzelheit]이란, (추상적인) 보편성과 특수성이 통일된 구체적인 것이 지니고 있는 성격을 가리키는 용어이기 때문이다.

§26 의지의 객관성: 반성규정의 변증적 본성. 의지규정들에의 적용

TW 7, 76 ff. / 『법철학』, 104 f.

▶ "α) 의지가 자기 자신을 자기의 규정으로 가지고 있고 자기의 개념에 들어맞고 참된 것인 한에서의 의지는, 전적으로 객관적인 의지다. β) 그러나 자기의식의 무한한 형식을 지니지 않은 객관적인 의지는, 자기의 객체나 혹은 상태—이 상태의 내용이 어떤 성질을 지니고 있든지 간에—속으로 침잠한 의지다. 이런 의지는 노예의 의지, 미신적(迷信的)인 의지 등과 같은 유아적(幼兒的)인 의지, 풍습(風習)에 길들여진[sittli-che] 의지다. γ) 마지막으로 객관성은 주관적인 의지규정과 대립된 일면적인 형식(형태)이며, 이와 더불어, 외면적인 실존으로서의 현존재의 직접성이다. 그리하여 이런 의미의 의지는 자기의 목적을 완수함으로써 비로소 객관적인 것으로 된다."

(해설)

• α)의 단계에서 말하는 의지는 "전적으로 객관적인 의지"로서, 이것은 즉자대자적인 의지다. 왜냐하면 이때의 의지는 "자기 자신을 자기의 규정으로 가지고 있고 자기의 개념에 들어맞고 참된 것"이기 때문이다. 그러나 β)의 단계에서 말하는 의지는 그렇지 않다. 왜냐하면 이 의지는 "자기의식의 무한한 형식을 지니지 않은 객관적인 의지"여서, 단지 "자기의 객체나 혹은 상태"라고 하는 '특수성'의 세계에 침잠·매몰된 의지이기 때문이다. 이때의 '객관적인'이라는 말의 의미는 '주체적이 아니라'는 의미다. 즉 자기 자신을 고수하지 못하고 객관세계·대상세계에 자신의 주체성을 빼앗겨버린 의지를 가리킨다. 그러므로 헤겔은 이러한 의지를 가리켜 "노예의 의지, 미신적(迷信的)인 의지 등과 같은 유아적(幼兒的)인 의지, 풍습(風習)에 길들여진[sittliche] 의지"라고 하는 것이다. 따라서 γ)의 단계는 "주관적인 의지규정과 대립된 일면적인 형식(형태)"이며, "의지는 자기의 목적을 완수함으로써 비로소 객관적인 것으로 된다." 그런데 이때의 '객관적인'이라는 말은 '객관에 매몰된', '주관성(주체성)을 잃어버린'이라는 의미가 아니라, '주관적인 것이 객관세계에 펼쳐진(외화된)'이라는 의미로 사용되고 있다. '주관적'과 '객관적'이라는 용어의 여러 의미에 대해서는 보유에서 추가적으로 설명하고 있다.

• 여기서 "유아적(幼兒的)인, 풍습(風習)에 길들여진"[der kindliche, sittliche] 의지"라고 헤겔이 말할 때, "sittlich (e)"라는 표현을 사용하고 있다. "sittlich"라는 용어는 헤겔에 있어서 대체로, 그리고 『법철학』에 있어서는 §26의 경우를 제외하고는 '인륜적'이라는 의미로 사용되고 있다. 그리고 이미 언급한 것처럼, 인륜(人倫)[die Sittlichkeit]은 외면적인 추상법(抽象法)[추상적 권리][das abstrakte Recht]과 내면적인 도덕(道德)[die Moralität]이 지양된 단계다. 그러나 여기 §26에서 말하는

"sittlich"는 '인륜적'이라는 의미로 사용되지 않고, "관습·습속·풍습에 길들여진"이라는 의미로 사용되고 있다. 이 용어가 이렇게 이중적인 의미를 지니게 된 이유는, 'sittlich'와 'Sittlichkeit'라는 말이, '관습·습속·풍습'을 뜻하는 'Sitte'로부터 유래하기 때문이다. 그래서 'sittlich'는 '관습적인', '풍습에 따른' 등의 의미뿐만이 아니라 '윤리적인' —그리고 헤겔의 경우에는 '인륜적인' —이라는 의미도 함께 나타내게 된 것이다.

TW 7, 78 / 『법철학』, 105 f.

(보유)

▶ "흔히 사람들은 주관적인 것과 객관적인 것이 확고하게 서로 대립해있는 것으로 생각한다. (...) 우선 '주관적'이라는 표현을 살펴보면 이것은 ① 단지 어떤 특정한 주관의 목적에 불과한 그러한 목적을 뜻할 뿐이다. (...) 그러나 다시 이에 못지않게 ② 오직 자기를 대상으로 삼고 그 이상의 모든 내용을 사상(捨象)할만한 힘을 소유한, 저 순수하고 공허한 자아도 주관적이라고 할 수 있다. (...) 그런데 객관적인 것도 역시 이에 못지않게 상이한 의미로 이해될 수 있다. 즉, ③ 이 말을 놓고 우리는 그것이 현실적인 실존이든 아니면 우리가 자신에게 대립시키는 단순한 사상(思想)이든 간에 우리가 스스로 대상화하는 모든 것으로 이해할 수 있다. 그런가하면 또 이에 못지않게 우리는 목적이 그 속에서 실현되어야 할 현존재의 직접성이라고도 파악한다. 즉, 이때 목적 그 자체가 아무리 전적으로 특수하고 주관적이라 할지라도 그것이 나타날 경우에는 분명히 객관적이라고 부른다. 그러나 또한 ④ 객관적 의지는 바로 그 속에 진리가 존재하는 그런 의지이기도 하다. 따라서 신(神)의 의지나 인륜적 의지는 객관적 의지다. 끝으로 우리는 ⑤ 전적으로 자기

의 객체 속에 침잠해 있는 의지도 객관적이라고 할 수 있는데, 말하자
면 주체적인 자유를 결여한 채 신뢰(信賴) 속에서 사는 유아적(幼兒的)
인 의지나, 혹은 자기를 아직도 자유로운 자로 알지 못함으로써 의지가
결여된 그러한 의지[ein willenloser Wille]인 노예의 의지 등이 이런 의
지다. 이런 의미로 볼 때, 외타적(外他的)인 권위에 의해서 조종되는 행
동을 함으로써 아직도 자신 속으로의 무한한 복귀를 성취하지 못한 모
든 의지는 객관적이다"(번호는 필자가 붙임).

(해설)

• 여기서 헤겔은 '주관적'(subjektiv)이라는 용어와 '객관적'(objek-
tiv)이라는 용어가 지닌 여러 의미를 설명한다. 우선 '주관적'이라는 것
은, ① '하나의 주관에만 해당하는(속하는)'이라는 의미 — 객관적(보편
타당한)과 대립되는 의미 — 와, ② '객관(대상)이 아닌 주관에 속하는'
이라는 의미를 지니며, '객관적'이라는 것은, ③ '주관이 아닌 객관(대
상)에 속한'이라는 의미와, ④ '하나의 주관에만 해당하는 것이 아니라
모든 주관에 해당하는 보편적인 것'이라는 의미를 지니고 있다. 그리고
또한 ⑤ '주체성·자립성을 대상 속으로 잃어버렸다'는 의미 — 이것도
넓게 보면 ③의 의미에 해당함 — 를 지니고 있다. 즉 이때의 '객관적인
의지'는, '자기의' 주관에 속한 것이 아니라 '타인의' 주관(이것은 그
의 입장에서 보면 그의 '대상'임)에 속한 의지를 말한다(어린이나 노예
가 그러하다. 그들은 자신들의 — 주관적·주체적인 — 의지가 아니라 자
신들의 타자(객체)인 부모나 주인의 의지에 따라 움직인다.

§27 자유로운 정신의 절대적 규정

TW 7, 79 / 『법철학』, 106 f.

▶ "자유로운 정신의 절대적인 규정 혹은 달리 말하면, 자유로운 정신의 절대적인 충동(§21)이란, 자유로운 정신에게 있어서 자기의 자유가 대상이 되는 것이다. 즉 자유가 자유로운 정신 자신의 이성적인 체계로 존재한다는 의미에서만이 아니라 이성적인 체계가 직접적인 현실이라는 의미에서도 자유가 객관적인 것이 되는 것이다(§26). 그리하여 자유로운 정신은 이념으로서, 즉자적인 의지가 무엇인지를 자각하게 된다. 즉 의지의 이념의 추상적인 개념은 어쨌든 자유의지를 의욕하는 자유의지 [*der freie Wille, der den freien Willen will*]다."

(해설)

● 이성적인 것으로서의 자유로운 정신의 궁극적인 운명은, 정신은 자기의 대상 속에서 오로지 자신과 자기 자신의 자유만을 발견하게 될 것이라는 사실이다. 이러한 목적이 성취되는 과정은 §28에 기술된다. 이에 따르면 정신은 세계와 좋은 관계에 있다. 정신은 자기의 잠재성을 충분히 전개하여 이념, 즉 주관과 객관의 통일로 존재한다. 이러한 통일은 어떤 의미로는, '자유의지가 자유의지를 의욕할' 때 성취된다. 그러나 이것은 추상적인 동일성에 불과하다. 여기에는 진정한 내용이 결여되어 있다. 헤겔이 보기에 칸트 윤리학은 이러한 추상성을 결코 극복하지 못한다. 추가로 요구되는 것은, 의욕된 대상이 자유 자체와는 분명히 대립하는 형태(왜냐하면 구체적인 것은 추상적인 동일성이 아니라 대립자들의 통일이기 때문이다), 즉 구체적인 법률의 형태를 취해야 할 것이라는 사실이다. 그러므로 구체적인 자유란, 단지 자기만을 의욕하는 의지가 아니라, 법률의 지배하에 사는 사람들의 지성과 의지를 구체화하는 법률과 일치하는 것을 의욕하는 의지다. 그리고 의지의 이념은 주관적인 의욕과 그러한 의지에 내용을 부여하는 객관적인 제도들의 체계의 종합이다.[1]

• Enz §469의 보유를 참조할 것.

§28 체계의 총체성으로서의 자유의 이념

TW 7, 79 f. / 『법철학』, 107

▶ "주관성과 객관성의 대립[Widerspruch]을 지양하여 자기의 목적을 주관성의 규정으로부터 객관성으로 옮겨놓아 객관성 속에서 동시에 자기 곁에 머무르는 의지의 활동은, 그 속에서 객관성은 단지 직접적인 현실로 존재하는 의식의 형식적 양식(§8)과는 다른, 이념의 실체적 내용의 본질적인 전개다(§21). 그런데 이러한 전개 속에서는 개념이, 우선 그 자체로는 추상적인 이념을 자기의 체계의 총체성으로 규정하는가 하면 또한 이 총체성은 실체적인 것으로서, 단순한 주관적 목적과 그 목적의 실현 사이의 대립과는 무관하게 오직 이 목적과 그것의 실현이라는 두 형식 속의 동일자로 존재한다."

(해설)

• 의지의 활동은 의지가 가지고 있는 목적(이것은 내면적인 것이다)을 객관세계에 실현하고자 한다. 이렇게 하여 주관적인 목적은 실현된 목적으로 전환되고, "주관성과 객관성의 대립[Widerspruch]"은 지양된다. 실현된 목적은 결국 의지가 자신 속에 가지고 있던 것을 외부로 정립한 것이므로 의지는 외면적인 것에서도 결국 자기 자신 곁에 머무를 수 있게 된다. 의지 개념의 이러한 전개는 "우선 그 자체로는 추상적인 이념을 자기의 체계의 총체성으로 규정하는" 과정이며, 이러한 총체성만

---

1   Knox, 317 f. 참조.

이 "실체적인 것"이고, 이러한 총체성 속에서는 "단순한 주관적 목적과 그 목적의 실현 사이의 대립"은 소멸하게 된다.

§29 자유의 현존재로서의 법 일반: 칸트의 법이론

TW 7, 80/『법철학』, 107

▶ "현존재 일반이 자유로운 의지의 현존재라는 사실, 바로 이것이 법(권리)이다. ─따라서 법(권리)은 일반적으로 이념으로서의 자유다"(Dies, daß ein Dasein überhaupt *Dasein des freien Willens* ist, ist das *Recht*. ─Es ist somit überhaupt die Freiheit, als Idee).

(해설)

• 같은 내용을 『철학강요』에서도 말하고 있다: "자유로운 의지의 현존재로서의 실재 일반이 법이며, 이 법은 단순히 한정된 법률상의 법뿐만 아니라 자유의 모든 규정의 현존재로서 포괄적으로 해석되어야 한다"(TW 10, 383 §486).

(주해)

▶ "'나의 자유나 자의(恣意)를 보편적인 법칙에 따라서 모든 사람의 자의와 공존할 수 있도록 제한하는 것'이 주요문제로 되어있는 칸트의 규정[『도덕형이상학』(*Metaphysik der Sitten*, 1797) 제1부 〈법론의 형이상학적 시작근거들〉(Metaphysische Anfangsgründe der Rechtslehre)의 서론]뿐만 아니라, 이보다 더 일반적으로 받아들여지는 규정은, 한편으로는 단순히 제한이라는 부정적 규정을 포함하고 있는 데 불과하지만, 다른 한편으로 보면, 한 사람의 자의가 다른 사람의 자의와 일치

한다는 긍정적인 것, 즉 보편적 법칙이나 이른바 이성의 법칙은, 잘 알려진 형식적 동일성이나 모순율로 귀착된다. 지금 인용한 법(권리)에 대한 정의는 루소 이래로 특히 널리 알려진 견해를 담고 있는데, 이에 따르면 의지가 즉자대자적으로 존재하는 이성적인 의지로서가 아니라, 그리고 정신도 참된 정신으로서가 아니라 특수한 개인으로서, 그리고 저마다가 독자적인 자의를 지닌 개별자의 의지로서, 실체적인 토대이며 최초의 것이라고 한다. 일단 이렇게 가정된 원리에 따르면 이성적인 것은 분명히 이러한 자유를 제한하는 것으로만 나타날 수 있을 뿐이며 또한 내재되어 있는 이성적인 것으로서가 아니라 다만 외면적이며 형식적인 보편자로서만 나타날 수밖에 없다. 그와 같은 견해는 사변적 사상(思想)이라고는 없어서 철학적 개념을 포기해버렸을 뿐만 아니라, 또한 사람들의 머리와 현실 속에서 다 같이 엄청난 현상을 빚게 되었으니, 이 가공할 결과란 그러한 결과가 토대로 삼고 있는 사상들의 천박성에 그대로 비례하는 것이다."

(해설)

• "'나의 자유나 자의(恣意)를 보편적인 법칙에 따라서 모든 사람의 자의와 공존할 수 있도록 제한하는 것'"('die Beschränkung meiner Freiheit oder Willkür, daß sie mit jedermanns Willkür nach einem allgemeinen Gesetze zusammen bestehen könne')이라는 "칸트의 규정"은, 칸트의 『도덕형이상학』(*Metaphysik der Sitten*)의 〈법론의 서론〉[Einleitung ind die Rechtslehre]의 다음과 같은 진술을 기억에 의해 인용한 것이다: "그 자체로 혹은 행위의 준칙에 따라 모든 사람의 자의(恣意)의 자유가 보편적인 법칙에 따라 공존할 수 있는 모든 행위는 옳다."[2]

---

2 "Eine jede Handlung ist recht, die oder nach deren Maxime die Freiheit der

이와 유사하게 칸트는 같은 책의 〈법론의 서론〉 §B에서 "그러므로 법이란, 한 사람의 자의가 자유의 보편적 법칙에 의하여 타인의 자의와 통일될 수 있는 제약(制約)들의 총체다"[3]라고 말하고 있다.

★ "지금 인용한 법(권리)에 대한 정의는 루소 이래로 특히 널리 알려진 견해를 담고 있는데,"

● 이 구절에 관해서는 루소의 『사회계약론』(Du contrat social, 1762) 제1편 제6장을 참조할 것. 여기서 루소는 "각 구성원의 신체와 소유를 공동의 힘을 다해 지키고 보호할 연합의 형태를 발견하는 것, 그리고 그 속에서 각 구성원이 다른 구성원들과 연합하지만, 여전히 자기에게만 복종할 수 있고 전과 마찬가지로 자유로울 수 있는 연합의 형태를 발견하는 것. 이것이 사회계약이 그에 대한 해답을 제공하는 근본적인 문제다"[4]라고 말하고 있다. 여기서 우리가 알 수 있는 루소의 사상은, 근본적인 것은 단일한 개인이며 그의 자연적 자유라는 것, 그리고 국가의 과업은 이런 것들을 보호하는 것일 뿐이라는 것이다.[5]

● "이에 따르면 의지가 즉자대자적으로 존재하는 이성적인 의지로서

Willkür eines Jeden mit Jedermanns Freiheit nach einem allgemeinen Gesetze zusammen bestehen kann"(Rechtslerhe, Einleitung in die Rechtslehre. §C. Allgemeines Prinzip des Rechts, 31, in: *Metaphysik der Sitten in zwei Teilen, Rechtslehre, Tugendlehre. nebst den kleineren Abhandlungen zur Moral und Politik*, Leipzig, 1838).

3 "Das Recht ist also der Inbegriff der Bedingungen, unter denen die Willkür des einen mit der Willkür des anderen nach einem allgemeinen Gesetze der Freiheit zusammen vereinigt werden kann"(ebd., 30).

4 Jean-Jacques Rousseau, *On the Social Contract*, tr. by G.d.H. Cole, Mineola, NY., 2003, 8 f.

5 Knox, 318 참조.

가 아니라, 그리고 정신도 참된 정신으로서가 아니라 특수한 개인으로서, 그리고 저마다가 독자적인 자의를 지닌 개별자의 의지로서, 실체적인 토대이며 최초의 것이라고 한다"는 주장에 관해서는 『법철학』 §261의 〈보유〉를 참조할 것. 그리고 루소의 생각에 대한 헤겔의 평가에 대해서는, 『철학사 강의』(TW 20, 307 f.)를 참조할 것.

• "또한 사람들의 머리와 현실 속에서 다 같이 엄청난 현상을 빚게되었으니, 이 가공할 결과란 그러한 결과가 토대로 삼고 있는 사상들의 천박성에 그대로 비례하는 것이다"라는 주장은 아마 프랑스혁명과 테러에 대한 언급인 것 같다. 이 점에 관해서는 『법철학』 §5를 참조할 것.[6]

§30 자유 이념의 발전단계: 설명

TW 7, 83 f. / 『법철학』, 108 f.

▶ "법(권리)은 어쨌든 신성한 것이다. 왜냐하면 법은 절대적 개념의 현존재이며, 자기를 의식하는 자유의 현존재라는 단지 그 이유 때문이다. 그러나 법의 형식주의(그리고 더 나아가서 의무의 형식주의)는 자유개념이 전개되는 차이로부터 생긴다."

(해설)

• 위의 주장을 1817/18의 하이델베르크 강의와 비교해보라: "법(권리)은 일반적으로, 의지의 자유와 그것의 실현에 의해 구성되는 관계를 표현한다. 의무란, 그것이 나에게 본질적인 것으로 간주되어야 하는 한에서의 그러한 관계다. 나는 의무를 인지해야 하고 존경해야 한다. 혹

---

6 Nisbet, 403 참조.

은 의무를 산출해야 한다"[7](『법철학』§133 ff., §148-149 참조).[8]

§31 발전의 변증적 방법: 변증법

TW 7, 84 f. / 『법철학』, 109 ff.

▶ "학(學)에서 개념이 자기 자신으로부터 전개되어, 개념의 제규정의 단지 내재적인 전진 및 산출이 이루어지는 방법은, 상이한 관계들이 존재한다는 확신을 통해서, 그리고 나서는, 어딘가 다른 곳으로부터 취한 그런 소재에 보편적인 것을 적용함으로써 일어나는 진행이 아니다. 이 방법은 여기서 마찬가지로 논리학으로부터 전제되어 있다."

(해설)

★ "학(學)에서 개념이 자기 자신으로부터 전개되어, 개념의 제규정의 단지 내재적인 전진 및 산출이 이루어지는 방법은, (...) 여기서 마찬가지로 논리학으로부터 전제되어 있다."

● 이것은 『법철학』§2에 등장하는 '법 개념의 연역'의 경우도 마찬가지다: "따라서 법 개념은, 그것의 생성(Werden)에 따라서 볼 때 법학의 외부에 속하며, 여기에서 법 개념의 연역은 전제되어 있어서 주어진 것으로 받아들여야 한다."

● "어딘가 다른 곳으로부터 취한 그런 소재에 보편적인 것을 적용"한다는 것은, "더 이상 사변적 사유와 개념의 발전이 아니고 지성의 포섭"(TW 7, 34)이다. 그리고 지성의 "포섭은 이에 따라서 볼 때 특수자

---

7 *Philosophie des Rechts: Die Mitschriften Wannenmann (Heidelberg 1817-1818) und Homeyer (Berlin 1818-1819)*, edited by K.-H. Ilting, Stuttgart, 1983, 40.

8 Nisbet, 403; Knox, 318 참조.

나 개별자에 보편자를 적용하는 것일 뿐인데, 특수자나 개별자는 그 무규정적 표상에 따라서 열등한 질을 지닌 것으로서 보편자 아래로 정립된다"(TW 6, 309). 헤겔은 여기서 칸트가 외부로부터 주어진 질료에 감성적 직관과 지성의 형식이라는 보편적인 것을 적용하여 인식을 구성한 것을 가리키고 있다.

(주해)

▶ "보편적인 것의 특수화를 해소할 뿐만 아니라 산출하기도 하는 개념의 운동원리를 나는 **변증법**이라고 부른다.—따라서 변증법은 감정이나 직접적 의식 일반에 주어지는 대상이나 명제 등을 해소하고 혼란되게 하고 이들을 이리저리 끌고 다니면서 그것의 대립물을 이끌어내는 데만 관계한다는 그런 의미를 지니고 있지 않는데—이것은 플라톤에게서도 자주 나타나는 하나의 부정적인 양식이다. 그러므로 이러한 부정적 양식의 변증법은 어떤 생각과 반대되는 것이라든가 고대의 회의주의와 같이 단호하게 어떤 생각의 모순을 자기의 궁극적인 성과로 간주할 수도 있고, 또한 진리로의 접근이라는 무기력한 방법, 현대의 반쪽짜리 철학[eine moderne Halbheit]을 자기의 궁극적 성과로 간주할 수도 있다. 고차적인 의미에서의 개념의 변증법은 규정(한정)을 제한이나 대립물로서 산출하고 파악할 뿐만 아니라 바로 이 규정으로부터 긍정적인 내용과 결과를 산출하고 파악해야만 하며 또한 그렇게 함으로써만 오직 이 개념의 변증법은 발전과 함께 내재적인 진전도 이루는 것이다. 이런 점에서 이 변증법은 어떤 주관적 사유의 외적 행동이 아니라 유기적으로 가지와 열매를 산출하는 내용이 지닌 독자적인 혼[*die eigene Seele*]이다. 그런데 이때 주관적인 것으로서의 사유는, 이념에 갖추어진 이성의 독자적 활동으로의 이념의 이러한 발전을, 자기편에서의 어떤 부가물을 덧붙이지 않고, 단지 주시할 뿐이다. 어떤 것을 이성적으로 고찰

한다는 것은, 외부로부터 어떤 이성을 그 대상에게 갖다줌으로써 그 대
상을 가공하는 것을 의미하는 것이 아니다. 대상은 독자적으로(그 자체
로, für sich selbst) 이성적이다. 여기서, 자기에게 현실성을 부여하여
자기를 실존하는 세계로 산출하는 것은, 자기의 자유 속에 존재하는 정
신, 즉 자기의식적인 이성의 최고절정이다. 학이란 오직 사상(事象)의
이성의 이러한 고유한 노동을 의식으로 가져오는 과업만을 가지고 있
다."

(해설)
● 헤겔은 개념의 운동원리를 '변증법'이라고 부른다(주해). 직접적
으로 존재하는 것은 그 자체 미분화(未分化)된 그대로 전체적인 것이
다. 그것은 반성의 매개를 통하여 이것을 구성하는 제계기에 의해 분절
화(分節化)된다. 그러나 거기에서 끌어낸 제규정이 전체적인 것의 제계
기라면, 이는 따로따로 독립해서는 존재할 수 없고 다시 전체적인 통일
속으로 복귀하지 않으면 안 된다. 여기에서 전체는 부분에 있어 명확하
게 됨과 동시에, 부분은 전체 속에서 고찰되게 된다.
● 이리하여 개념의 운동은 직접성과 매개성 양자의 통일로서의 전체
성이라는 형식을 갖추게 되는데, 이 형식이 바로 변증법이라 불리는 것
이다. 그리고 개별적인 제규정이 그 자신 독립적인 것으로서는 부정되
면서도 전체적인 것 속에서 보존되는 것을 지양(止揚, Aufheben)이라
고 한다(『철학강요』 §236~243).
● 플라톤에게서도 자주 나타나는 하나의 부정적인 양식의 변증법을
말할 때 헤겔이 염두에 두고 있는 것은 아마도 『파르메니데스』(Par-
menides)의 후반부일 것이다. "고대의 회의주의"에 대해서는 헤겔의
『철학사 강의』(TW 19, 62-86)를 참조할 것. "고대의 회의주의"는 예
컨대 섹스투스 엠피리쿠스(Sextus Empiricus, 160-210)의 회의론을 가

리킨다. 헤겔의 변증적 사유에 있어서 '회의'는 불가결한 계기로서, '독단주의'를 부정하는 것이다. 그러나 회의주의에서의 부정(否定)과, 헤겔이 말하는 부의 차이점은, 회의주의가 행하는 부정은 '전면적인 부정'인 데 반하여, 헤겔에 있어서의 부정은 '제한적 부정'·'규정적 부정'[die bestimmte Negation, the determinate negation]이라는 점이다. 헤겔의 변증법에 관해서는 앞의 TW 7, 12 / 『법철학』, 30에 대한 해설을 참조할 것.[9]

헤겔은 학(學)에 이르는 자연적 의식의 도정(道程)이 "회의(懷疑)의 도정"(der Weg des *Zweifels*)이며 일종의 회의주의라고 보고 있는데, 이러한 회의주의는 고대의 회의주의와 다르다는 점을 다음과 같이 말하고 있다:

그러므로 이 철저하게 수행되는 회의주의는 진리와 학을 진지하게 열망하는 사람들이 이 양자에 대하여 준비를 하고 채비를 차렸다고 망상하고 있는 태도, 즉 학에 있어서는 권위에 따라 다른 사람들의 사상(思想)에 굴종하지 않고, 모든 것을 자신이 음미하고, 자기의 확신에만 따르며, 더 나아가서는 모든 것을 자신이 만들어내고, 자신의 업적만을 진리라고 생각하려고 하는 결심과는 다른 것이다. (...) 불완전한 의식의 제형태 가운데 하나가 말하자면 회의주의인데, 이 회의주의는 결과 속에서 항상 단지 순수한 무(無)만을 뽑을 뿐, 이 무가 특히 무 자신을 결과로 자아내도록 한 바로 그 어떤 것의 무라는 사실을 사상(捨象)해버린다. 그러나 무라는 것이 단지 그로부터 그 자신이 유래하여 온 바로 그 어떤 것의 무라고 이해될 경우에는, 이 무는 실은 진정한 결과다. 따라서 무는 그 자신이 한정된 무이며 어떠한 내용을 가지고 있다. 무나 공허의 추상으로 끝나는 회의주의는 이러한 공허로부터 단 한발도

---

9 Knox, 318 및 Nisbet, 403 참조.

나아갈 수 없으며, 오히려 회의주의는 새로운 어떤 것을 동일한 공무(空無)의 심연 속으로 내던질 목적으로 그 새로운 어떤 것이 자기에게 나타날 것인지 그리고 그것이 무엇인지를 기다리는 것임에 틀림없다. 이와는 반대로 만약 결과가 참으로 존재하는 듯이, 즉 제한된 부정으로서 파악될 경우에는, 그것에 의하여 곧 어떤 새로운 형식이 발생하며, 그리고 부정 속에서 이행이 이루어져, 이 이행에 의하여 [의식의]제형태의 완벽한 계열을 통한 진행은 저절로 생기게 되는 것이다(PG, 67 ff.).

그런데 여기서 말하는 회의주의는 대상을 전적으로 부정하는 회의주의가 아니라, 소위 '제한적 부정(규정적 부정)'을 수행함으로써, 일정한 긍정적인 결과를 초래하는 회의주의를 가리킨다. "무나 공허의 추상으로 끝나는 회의주의"에 관해서 헤겔은 『철학강요』에서 다음과 같이 말하고 있다: "1. 변증법적인 것이 그 자체로 지성에서 분리되어 특히 학문적인 개념들로 나타난 것이 회의주의다. 회의주의는 단순한 부정만을 변증법적인 것의 결과로 포함하고 있다."[10]

• "진리로의 접근"에 대해서는 TW 7, 27/『법철학』, 53에 대한 해설을 참조할 것. 또한 헤겔의 1802년의 논문인 "철학에 대한 회의주의의 관계, 회의주의의 상이한 변양들의 서술 및 최근의 회의주의와 고대의 회의주의의 비교"[11] 및 『정신현상학』(PG, 154-158)과 『철학사 강의』(TW 19, 358-402)도 참조할 것.[12]

---

10 "1. Das Dialektische, vom Verstande für sich, abgesondert genommen, macht, insbesondere in wissenschaftlichen Begriffen aufgezeigt, den *Skeptizismus* aus; er enthält die bloße Negation als Resultat des Dialektischen" (TW 8, 172).

11 "Verhältnis des Skeptizismus zur Philosophie. Darstellung seiner verschiedenen Modifikationen und Vergleichung des neuesten mit dem alten," in: TW 2, 213-272.

12 Nisbet, 403 참조.

§32 형태화의 계열로서의 의지의 규정들: 체계적·사변적 및 시간적·
 역사적 발전

TW 7, 85 ff. / 『법철학』, 111 ff.

▸ "개념의 전개 속에서 이루어지는 규정들은 한편으로는 그 자체가
개념이지만 다른 편에서 보면 이 개념은 본질적으로 이념으로 존재하
기 때문에 그러한 규정들은 현존재의 형태를 띤다. 그리고 발생하는 일
련(一連)의 개념들은 이와 더불어 동시에 일련의 형태들을 지닌다. 그
리하여 이 형태들은 학(學)에서 고찰되어야 한다."

(해설)
• 개념이 그 자체로 머물러있지 않고 그것에 합당한 현존재를 얻게
될 때 이념이 된다는 것은 이미 살펴본 바와 같다. 이렇게 개념이 현존
재로 전개될 때, 전개되는 계기마다 그것이 취하는 형태는 상이하다.
예컨대 〈인륜〉 장에서 개념의 전개는 가정, 시민사회, 그리고 국가라는
형태를 띠고 나타난다. 그리고 "이 형태들은 학(學)에서 고찰되어야" 하
는 것이다.

(주해)
▸ "좀 더 사변적인 의미에 있어서, 개념의 현존재의 양태와 이 개념의
규정성은 하나이며 동일한 것이다. 그러나 여기서 한 가지 지적해두어
야 할 것은, 추가적으로 규정된 형태를 결과로 가지는 제계기가 이념의
학적 발전 속에서는 개념의 규정들로서의 개념에는 선행하지만, 형태
들로서의 시간적인 전개 속에서는 개념에 선행하지 않는다는 사실이
다. 그러므로 가정으로 규정된 이념은 개념규정들을 전제로 삼고 난 다

음에 가서야 가정이 이들 규정들의 결과로서 서술될 것이다. 그러나 또 이러한 내적 전제들이 대자적으로도 이미 소유권, 계약, 도덕 등의 형태들로 현존한다는 바로 이 사실은, 개념의 전개의 다른 측면이다. 그리고 이념은 고차적으로 완성된 교양(도야) 속에서만, 개념의 전개의 이 다른 측면들을 이 독특한 형태를 지닌 현존재에 이르도록 하였다."

(해설)

● 우리는 학에 있어서의 개념의 논리적 발전과 현존하는 제형태에 있어서의 개념의 역사적 발전을 구별해서 말할 수 있다. 즉, "이념의 학적인 발전"의 순서가 "시간적인 발전"의 순서와 동일하지는 않다.[13] 예컨대, 『법철학』의 서술 순서를 통해서 우리는 이러한 점을 확인할 수 있다. 즉, 역사적(시간적)으로는 국가가 먼저 발생했고 그 후에 시민사회가 형성되었으므로, 『법철학』의 서술이 가족-국가-시민사회의 순으로 이루어져야 함에도 불구하고, 가족-시민사회-국가의 순으로 되어 있다. 그 이유는, 헤겔이 여기서 다루는 것은 '역사적인 현실태(현존태)'로서의 시민사회와 국가가 아니라 이념으로서의 시민사회와 국가이기 때문이다.

(보유)

▶ "이념은 최초에는 겨우 추상적인 개념일 뿐이므로 그것은 계속해서 자기를 자신 속에서 규정해야만 한다. 그러나 이 초기의 추상적 개념은 결코 포기되지 않고 자신 속에서 단지 더욱 풍요롭게 된다. 그리하여 최후의 규정이 가장 풍부한 것이 된다. (...) 그러나 이러한 방식으로 우리가 얻는 것은, 일련의 사상(思想)과 또한 이와 다른 일련의 현

---

13 上妻精, 79 참조.

존하는 형태들인데, 이럴 경우에 실제로 나타나는 시간의 질서는 개념의 질서와 부분적으로 다르다는 점을 덧붙일 수 있다. 그래서 예컨대 우리가 가정에 앞서서 소유가 존재했다고 말할 수는 없지만 그럼에도 불구하고 소유가 가정에 앞서 다루어지고 있다. 그리하여 왜 우리가 최고의 것, 즉 구체적으로 참된 것으로부터 시작하지 않느냐는 물음을 여기서 던질 수 있을 것이다. 이에 대한 답변으로, 우리는 바로 참된 것을 어떤 결과라는 형식으로 간주하려 하기 때문이라고 말할 수 있을 것이다."

(해설)

• 개념은 초기에는 맹아(萌芽)의 형태로 존재하며, 그것의 전개를 통해 점차 완성된 것인 이념에 이른다. 개념의 이러한 전개에 있어서, 이전의 상태는 다음 상태에 의해 부정된다고 할 수 있다. 그러나 그것은 완전히 무화(無化)된다기보다는 다음 단계로의 발전의 계기로 작용한다. 그러므로 헤겔은 이러한 사태를 완전한 무화·절멸(絶滅)이 아니라 '지양(止揚)'이라고 말한다. 발전단계에 있어서 이후의 상태는 이전의 상태의 전면적인 부정이 아니라 '제한적(규정적) 부정'[die bestimmte Negation], 즉 '어떤 특정한 사태의 부정'인 것이다.

• 이념의 발전은 가장 추상적인 개념에서 출발하여 가장 구체적인 것에로 나아가게 된다. 스스로를 규정해가는 이념의 학적인 발전은 개념에 내재하는 변증적인 필연성에 따라 진행하며, 그 어떤 다른 요인에 의해서도 방해받지 않는다.

• 이념의 두 계기는 1) 형식―즉 개념(여기서는 의지)―그리고 2) 내용―즉 개념의 실존 혹은 유한자의 영역에서의 개념의 구체화[구현(具現)](여기서는 의지를 구현하는 일련의 권리들, 주체들, 제도들]이다. 개념은 자기의 규정들을 전개함으로써 그리고 그 규정들을 현존하

도록 구현함으로써 자기의 잠재성을 실현한다.

• 그러나 역사적 현실에 있어서는 우리는 항상 많든 적든 이미 발전하여 실현되어 있는 제형태의 공존(共存)을 보게 된다. 재산, 계약, 가족 등의 여러 제도들은 어떤 시대에도 존재한다. 역사의 발전 속에서 변하는 것은 이들이 갖는 존재방식일 뿐이다. 개념의 학적인 발전은 역사이해에 실마리를 부여하긴 하지만, 실제로 일어나는 사건의 전개와 기계적으로 일치하는 것은 아니다. "시간의 순서"로 볼 때 소유가 가정보다 앞서 현존했다고 말하기는 어렵다. 그러나 헤겔이 여기에서 소유를 가정보다 앞서 논한 것은 "개념의 순서"에 따라서다: "우리의 진행은 추상적인 형식들이 독자적으로 존재하지 않으며 참되지 않은 형식들이라는 것을 보여주는 진행이다."(§32 보유).[14]

§33 구분: 이 구분의 원리. 도덕과 인륜

TW 7, 87 ff. / 『법철학』, 113 ff.

▶ "즉자대자적으로 자유로운 의지의 이념이 발전하는 단계에 따라보면, 의지란

A. 직접적이다. 따라서 의지 개념은 추상적—즉, 인격—이며 그의 현존재는 직접적·외적인 물건이다. 이것이 추상적 혹은 형식적인 법(권리)의 영역을 이룬다.

B. 외적인 현존재로부터 자신 속으로 복귀한 의지로, 이것은 곧 보편자에 대립하여 주관적인 개별성으로 규정된 의지다.—또한 이 보편자는 한편으로는 내면적인 것, 즉 선(善)이고 다른 한편으로는 외적인 것, 즉

14 上妻精, 79 f. 참조.

현존하는 세계여서, 이념의 이 두 측면은 오직 서로를 통해 매개된 것으로 서만 존재한다. 여기서 이념은 분열되거나 또는 특수한 실존으로 있는 가운데, 주관적 의지의 법은 세계의 법 및 단지 즉자적으로만 존재하는 이념의 법과 관계하게 된다. 이것이 도덕의 영역이다.

C. 의지는 이들 추상적인 두 계기의 통일 및 진리이며—사유된 선의 이념이 자신 속으로 복귀한 의지와 외부세계[15] 속에서 실현된다. —따라서 실체로서의 자유는 주관적 의지로서 존재하는 것 못지않게 또한 현실성과 필연성으로서도 존재한다. 결국 이것은 이념이 즉자대자적으로 보편적인 실존으로 나타나는 것, 즉 인륜이다.

그런데 또 인륜적 실체는 동시에,

a) 자연적 정신—즉, 가정

b) 그의 분열과 현상 속에서의—시민사회, 그리고

c) 국가인 바, 이것은 곧 특수한 의지의 자유로운 자립성 속에 있는 동시에 보편적이고 객관적인 자유다. —이러한 α) 한 민족의 현실적이고 유기적인 정신은 β) 특수한 민족정신들의 관계를 거쳐나감으로써 γ) 마침내 세계사 속에서 보편적인 세계정신으로 현실화되어 드러나는 바, 이 보편적 세계정신의 법이야말로 최고의 법이다.

(...) 아마도 통상적으로는 같은 의미를 지닌 것으로 간주되는 도덕 [Moralität]과 인륜[Sittlichkeit]이 여기서는 본질적으로 다른 의미로 취급되었다. 보통사람들의 생각조차도 이 두 용어를 구별하는 것으로 보인다. 칸트의 언어사용은 특히 도덕이라는 표현을 사용하고 있는데, 결국 칸트철학의 실천적 원리들은 철저하게 이 도덕개념에 제한된 채 심지어 인륜의 입장을 불가능한 것으로 만들며 실로 인륜 자체를 분명히

---

15 헤겔의 수고(手稿)로 필기되어 내려오는 메모들에는 "즉, 다른 주체들"이라고 쓰여 있다.

말살하고 혐오한다. 그런데 도덕과 인륜이라는 말이 어원상으로 같은 의미를 지니고 있다는 사실이, 일단은 서로 다른 이 두 단어를 서로 다른 개념으로 사용하는 것을 방해하지는 않을 것이다."

⟨해설⟩

• ⟨서론⟩의 이 마지막 절에서 헤겔은 추상법으로부터 인륜에 이르는 『법철학』의 전체 내용을 아주 개괄적으로 요약하면서, 특히 도덕과 인륜을 구별하고 있다.

• 헤겔은 도덕[Moralität]과 인륜[Sittlichkeit]이 통상적으로는 같은 의미로 사용된다는 사실을 알고 있다. Moralität은 영어로는 보통, morality로, Sittlichkeit는 ethics로 번역한다. 전자는 도덕 내지 도덕성으로, 후자는 윤리 혹은 인륜으로 번역하고 있다. 이 문제를 좀 더 자세히 살펴보자. ethics [Ethik, 윤리(학)[16]]라는 용어는 헬라스어의 ἔθος (ethos: 개인적인 습관, 사회적인 습관·풍습)와 ἦθος (ēthos: 품성, 성격, 성향)로부터 유래한다. ἔθος (ethos)는 습관, 풍습, 관습을 뜻한다. 그리고 ἦθος (ēthos)는, 전승된 행위규칙과 가치척도를 아무 의심 없이 따르지 않고 그때그때마다 요구되는 선(善)을 통찰과 숙고를 통해 자기의 습관으로 만들며, 사회에서 통용되고 알맞은 풍습에 자기의 행위를 지향하도록 하는 데 익숙한 윤리적인 인간의 마음에 형성된 품성이나 성향을 가리킨다.[17] 아리스토텔레스는 탁월함에는 지적인 탁월함과 품성의 탁월함이라는 두 종류가 있는데, 품성의 탁월함[ἡ δ᾿ ἠθικὴ (ἀρετή: 필

---

16 'ethics'를 한자의 '윤리(倫理)'로 번역한 사람은, 동경대 교수를 역임한 동양철학사 연구의 선구자 이노우에 데쯔지로(井上哲次郎, 1859~1944)다(다까마 나오미사, 『철학이란 무엇인가』, 참한 편집부 역, 1985, 105 f. 참조).

17 Annemarie Pieper, *Einführung in die Ethik*, Tübingen, 1991, 25 f. 참조. 그리고 Henry George Liddell and Robert Scott (compiled), *A Greek-English Lexicon*, Oxford, 1968, 766 참조.

자 첨가)]은 습관으로부터(ἐζ ἔθουϛ) 생겨난다고 하면서, '품성의' (ἠθική)라고 하는 말은 '습관' 을 뜻하는 ἔθος라는 말에서(ἀπὸ τοῦ ἔθους) 조금만 변형하여 얻어진 것이라고 말하고 있다.[18]

이렇게 볼 때, 'ethics (Ethik)' 는 1차적으로는, 개인적·사회적인 습관·풍습, 그리고 개인의 품성(성격, 성향)을 뜻한다. 그리고 'ethics (Ethik)' 가 '학(學)' 의 의미로 사용될 때에는—이 말의 어원은 헬라스어 ἠθική (ethike)다—그것의 1차적인 의미에 대한 비판적인 연구를 뜻한다. 이 두 번째 의미의 '윤리학' 은 도덕철학(moral philosophy) 혹은 도덕학(moral science)이라고도 부른다.

그런데 인간의 풍습에는 예컨대 식탁예절[table manners]이라든지 의상(衣裳)의 양식(樣式)들처럼 단순한 관례(慣例)에 불과하여 우리가 그것들을 원하는 대로 바꿀 수 있다고 생각하는 것들이 있다. 이것들은 도덕이 아니라 풍습(생활양식)들이다. 그러나 진실을 말하는 것, 빚을 갚는 것, 부모를 공경하는 것, 그리고 타인의 목숨과 재산을 존중하는 것 등과 같이, 보다 더 근본적인 관습들이 있다. 그래서 우리는 이러한 행동들을 '관례적' [customary]이라고 할 뿐만 아니라 '옳다' [right]고도 판단하며, 그런 행위를 벗어나는 것을 '그르다' [wrong]고 판단하며, 그런 행위는 일시적인 기분이나 변덕으로부터가 아니라 인간 자신 속에 있는 어떤 원리로부터 이루어진다고 판단한다. 이런 행위들이 '도덕' 이며, 윤리학이 다루는 것은 오직 이러한 도덕들이다. 그러므로 윤리학은 인간행위의 옳고 그름에 관한 연구다.[19]

18   Aristotle, *The Nicomachean Ethics*, Book II, 1103a, with an English Translation by H. Rackham, in: *The Loeb Classical Library Vol. 19*, London/Cambridge, Massachusetts, 1968, 70. 그래서 습관을 뜻하는 ἔθος (ethos)와 품성을 뜻하는 ἦθος (ēthos)는 동족어로서, 이들 간에는 의미의 밀접한 연관성이 있다.

19   Austin Fagothey, S.J., *Right and Reason. Ethics in Theory and Practice*, Saint Louis, 1967, 1 f. 참조.

영어 'moral'은 프랑스어 'moral'과 라틴어 'morale'로부터 왔고, 다시 라틴어 'morale'는 라틴어 'mos'(복수는 'mores')에서 나왔다. 그런데 'mos'는 헬라스어 'ethos'와 'ēthos'의 번역어다. 따라서 'mos' 역시 '풍습'과 '품성' 모두를 의미한다.[20] 그래서 'mos'의 번역어인 'moral'도 이 양자의 의미를 포함하며, '윤리'나 '도덕'으로 번역될 수 있다. 물론 앞에서 말했듯, '윤리'라는 말은 글자 그대로는, 인간사회 [윤(倫)]의 규범[리(理)]을 가리키고, '도덕'이라는 용어는, 윤리를 존중하는 사람들의 심성(心性)이나 덕(德)을 가리키지만, 오늘날 이 용어는 상호 교차적으로 사용되고 있다. 또한 독일어에는 '풍습·관례·도덕'을 뜻하는 단어로 Moral 외에 Sitte라는 용어가 있다. 이때, Moral에 대해 Moralität을, 그리고 Sitte에 대해 Sittlichkeit라는 용어를 사용하면, '도덕'이라고 하는 인간의 내면적인 측면을 가리키게 된다.[21]

• 논의를 원점으로 돌려보자. 우리나라에서도 일상어법으로는 '도덕', '윤리', '인륜' 등의 용어를 거의 같은 의미로 사용한다. 이러한 사정은 이에 대응하는 영어나 독일어의 경우에도 대동소이하다. 그러나 사람들은 이들 용어가 많은 경우, 같은 어원을 가지고 있고, 동일한 의미로 사용되지만, 그럼에도 불구하고 무언가 다른 의미를 지니고 있다고 생각한다. 그리고 이제 여기 헤겔의 『법철학』에서 헤겔은 Moralität과 Sittlichkeit를 자신의 독특한 철학적 입장에서 파악하여 전자를, 단지 개인의 주관적인 도덕적 확신에 해당하는 의미로, 후자를 개인의 주관적인 도덕적 확신이 국가의 객관적인 법에 합치하는 의미를 지닌 것으로 본다. 그리하여 통상적으로는 Moralität을 '도덕'으로, Sittlichkeit를 '인륜'으로 번역한다. 따라서 헤겔은 바로 위의 인용문에서처럼, 칸

---

20 Annemarie Pieper, ebd., 26 참조.
21 백훈승, 『철학입문』, ebd., 240 ff. 참조.

트의 실천철학이 주관성의 영역에 머물러 있어서 주관성의 영역과 객관성의 영역이 통일된 인륜의 영역을 말살한 것이라고 비판하고 있는 것이다. 칸트윤리학에 대한 이러한 비판을 우리는 〈도덕〉[Moralität]장, 특히 도덕의식[도덕적(자기)확신][Gewissen]에 관한 절에서 잘 살펴볼 수 있다.

• 도덕과 인륜의 구별에 대해서는 §141을 참조할 것. Moralität은 추상적인 도덕이다. 그것은 순전히 도덕적인 모든 행위의 형태, 즉 양심성[conscientiousness]을 지니고 있지만, 이 형태에 상응하는 내용을 결여하고 있다. Sittlichkeit는 이성적인 제도들과 법들이 양심의 확신의 내용을 제공하는 이성적인 사회질서의 구체적인 도덕이다.[22] 이와 관련하여 또한 우리는 1817/18의 하이델베르크 강의를 참조할 수 있다:

"여기서 도덕과 인륜의 구별이 이루어진다. 즉, 도덕은 반성된 것이다. 그러나 인륜은 주관적인 것과 객관적인 것의 상호침투[Durchdringung]다. (물론 우리는 우리말로 모든 것을 표현할 수 있기를 바라지만, 철학에서는 — 예컨대 존재[Sein]나 실존[Existenz]에 있어서처럼 —더 멀리 떨어져 있는 것, 반성된 것을 부르는 외국명(外國名)을 가지고 있다. 법과 도덕은 관념적인 계기들일 뿐이다. 그들의 실존[Existenz]은 비로소 인륜이다[인륜 속에만 존재한다]. 진정한 도덕은 인륜 속에 존재하는 전체의 도덕일 뿐이다."[23]

• '도덕'은 개별적인 행위자의 사회적·역사적 상황으로부터 추상되어서, 그것들을 명백하게 고려하지 않고 그것들에 대해 비판적으로 반성하거나 혹은 자기의 도덕적인 처지를 고려하는 한에서의 그 개별적인 행위자의 주관적인 삶을 가리킨다. 헤겔은 도덕을 칸트의 도덕철학

22 Knox, 319 참조.
23 *Philosophie des Rechts: Die Mitschriften Wannenmann (Heidelberg 1817–1818) und Homeyer (Berlin 1818–1819)*, edited by K.-H. Ilting, Stuttgart, 1983, 89.

의 입장과 동일시하는 경향이 있다(PR §105-108, PG 596-598, Enz §503-512 참조). '인륜' 혹은 '인륜적 삶'은 '관습적인 도덕'[customary morality]같은 것을 의미한다. 헤겔은 동시에 사회제도들의 체계와 동화하고 그것을 실천하는 개인의 도덕적 태도(PR §146-7)를 가리키기 위해 이 단어를 사용한다(PR §144). 인륜적 삶은 도덕에 의해 분리된 것을 조화롭게 만들고 재통일하는 것으로 생각된다(PR §141; PR §142-157; PG 347-357, 438-445; Enz §513-516).[24]

(보유)

▶ "우리가 여기서 법에 관해서 말할 때, 결코 사람들이 보통 이해하는 시민법만을 가리키는 것이 아니라, 마찬가지로 여기에 속하는 도덕, 인륜, 세계까지도 가리키는 바, 왜냐하면 개념은 사상(思想)들을 진리에 따라 취합하기 때문이다. 우선 자유로운 의지가 추상적으로 머물러 있지 않기 위해서는 자신에게 현존재를 제공해야 하는데, 이러한 현존재의 첫 번째 감각적 재료가 물건(物件, die Sachen), 즉 외적인 물(物, Dinge)이다. 자유의 이 최초의 양식은 우리가 소유로 알아차려려야만 할 자유의 양식, 즉 형식적·추상적법의 영역이려니와, 여기에는 또한 못지않게 계약으로서의 매개된 형태를 지닌 소유와 그리고 범죄 및 형벌로서의 손상된 형태를 지닌 법이 속한다. 여기서 우리가 지니는 자유는 우리가 인격[Person]이라고 부르는 것, 다시 말하면 자유롭고 더욱이 대자적으로 자유로우면서 물건 속에서 자기에게 현존재를 부여하는 주체[Subjekt]다. 그러나 현존재의 이러한 단순한 직접성은 자유에 적합하지 않으며, 이러한 규정의 부정이 도덕[*Moralität*]의 영역이다. 나는 더 이상 단지 이 직접적인 물건 속에서 자유로운 것이 아니라 지

---

24 Nisbet, 404 참조.

양된 직접성 속에서도 자유로운 바, 다시 말하면 나는 나 자신 속에서, 즉 주관적인 것 속에서도 자유롭다. 이 영역은 바로, 외면성은 무관심한 것으로 정립됨으로써 나의 통찰과 의도, 그리고 나의 목적이 문제되는 곳이다. 그러나 여기서 보편적 목적인 선(善)은 단지 나의 내면에 머물러 있어서는 안 되고 실현되어야 한다. 즉, 주관적인 의지는 자기의 내면적인 것, 즉 자기의 목적이 외적인 현존재를 얻기를, 요컨대 선(善)이 외적인 실존계에서 실현될 것을 요구한다. 형식적 법이라는 앞에서 본 계기와 마찬가지로 도덕은 둘 다 추상태이며, 인륜이 비로소 이들의 진리를 이룬다. 결국 인륜은 개별자, 즉 주체의 의지가 자기의 개념에 합당한 의지와 통일된 것이다. 인륜의 최초의 현존재는 다시금 사랑과 감정의 형태를 지닌 자연적인 것이니, 이것이 곧 가정이다. 여기서 개인은 유연하지 못한(경직된) 인격성을 지양하고, 전체 속에 있다는 의식을 지닌 채 존재한다. 그러나 그 다음 단계에서는 실체적인 통일 및 본래적인 인륜의 상실이 발견된다. 즉, 가정은 붕괴하여 가족들은 서로에게 자립적인 자들로 관계한다. 왜냐하면 가족들은 상호간의 욕구로 맺어진 유대(紐帶) 속에서만 서로 얽혀있기 때문이다. 시민사회라는 이 단계가 흔히 국가로 간주되었다. 그러나 국가는 비로소 제3의 단계를 이루는 것, 즉 인륜이며 또한 개인의 자립성과 보편적 실체성의 거대한 통합이 일어나는 정신을 의미한다. 따라서 국가의 법은 앞에서 본 여러 단계들보다 고차적인 것이다. 즉 그것은 오직 세계정신이라는 최고의 절대적 진리에만 종속되는 가장 구체적인 형태를 지닌 자유다."

(해설)

• 여기 보유에서도 헤겔은 다시 한 번 자신의 『법철학』의 전체 내용을 간략하게 개괄하고 있다. 즉, 『법철학』은 법(추상법)만을 다루는 것

이 아니라 도덕과 인륜의 영역, 그리고 세계사의 법까지도 다루고 있다는 점을 말한다. 그러면서 추상법, 도덕, 인륜의 순서로 내용을 요약한다.

『법철학』의 서술은 〈서문〉[Vorrede]과 〈서론〉[Einleitung]에 이어 〈추상법(抽象法)[추상적 권리]〉[das abstrakte Recht], 〈도덕(道德)〉[die Moralität] 그리고 〈인륜(人倫)〉[die Sittlichkeit]의 단계로 진행된다. 우선은, 법이 특정한 '추상적인' 현상방식(소유, 계약, 불법)들로부터 시작하여 칸트의 도덕철학에 대한 비판을 거쳐서 마침내 인륜적인 삶의 형태들(가정, 시민사회, 국가)에 대한 이론으로 전개되어 나간다. 이때, 인륜 속에는 추상법과 도덕이 지양(止揚)되어 있고, 인륜 내에서도 '가정'과 '시민사회'는 '국가' 속에 지양되어 있다. 그리고 〈객관적 정신〉에 대한 서술의 마지막 부분에서는 세계사에 관해 간략히 언급된다. 결국 객관적 정신의 내용은 인간세계의 문제들, 즉 법과 국가, 경제와 사회, 정치와 역사 등이다. 따라서 객관적 정신의 이론은 인간들 사이에서, 즉 가정·사회·국가 안에서 그 목적과 기초를 지니는 인간의 행위들을 주제로 삼는다.

• 인륜의 최초의 현존태인 가정(家庭)에서 "개인은 자기의 유연하지 못한(경직된) 인격성[seine spröde Persönlichkeit]을 지양하고, 전체 속에 있다는 의식을 지닌 채 존재한다"는 주장에서 나타나는 "유연하지 못한(경직된) 인격성"이라는 표현은, "자아는 완전히 공허하고, 점(點)과 같으며[punktuell] 단순하지만, 이러한 단순함 속에서 활동한다"(§4 보유)는 구절을 상기시킨다.[25] 그런데 하나의 개별적 존재자로서의 인

---

25 또한 헤겔은 이미 『정신현상학』에서도 이와 유사한 주장을 하고 있다. 즉, 고립된 자아의 실체성은 "추상적인 보편성"[die abstrakte Allgemeinheit]이다. 왜냐하면 "그러한 실체성의 내용은 이러한 경직된 자기[dieses spröde Selbst]이며, 실체 속에서 해소되지 않은 자기다"(PG, 343).

간은 가정을 이루고 가정의 성원(成員, *Mitglied*)이 됨으로써 더 이상 고립된 자아로 존재하지 않고, 타자인 가족성원과의 "이러한 통일 속에 있는 자기의 개별성"[seiner Individualität *in dieser Einheit*]을 "즉자대자적으로 존재하는 본체성"[an und für sich seiender Wesentlichkeit]으로 의식하는 "자기의식"을 가진다. 그리하여 개인은 "가정에서, 고립된 인격체로가 아니라, 성원(成員)으로 존재한다"[um in ihr nicht als eine Person für sich, sondern als *Mitglied* zu sein](§158).

가정이란, 사랑으로 결속된 공동체인데, 사랑에 대하여 헤겔은 같은 절(§158)의 보유에서 다음과 같이 말한다:

사랑이란 어쨌든, 나와 타인이 통일되어 있다는 의식이어서, 사랑 속에서 나는 홀로 고립되어 있는 것이 아니라, 나는 나의 자기의식을 나의 독자성을 포기하는 행위로서만 획득하며, 또한 나와 타인의 통일 및 타인과 나의 통일을 안다는 의미에서 나를 앎으로써 획득한다. (...) 사랑을 이루는 첫 번째 계기는, 내가 오직 나만을 위한 독립적 인격체이기를 바라지 않는다는 것이며 (...) 두 번째 계기는, 내가 나를 다른 하나의 인격체 속에서 획득한다는 것, 즉, 다른 인격체가 다시금 내 속에서 획득하는 그것을 내가 그 인격체 속에서 유효하게 만든다는 것이다. 따라서 사랑이란, 지성이 해소할 수 없는 가장 큰 대립이다. 왜냐하면 부정되면서도 여전히 내가 긍정적인 것으로서 지니고 있어야만 할 자기의식의 이러한 점적(點的)인 성격[Punktualität]보다도 더 견고한 것이란 없기 때문이다. 사랑이란 대립을 낳는 것이면서 동시에 대립을 해소하는 것이기도 하다. 이렇듯, 대립을 해소한다는 점에서 사랑은 인륜적 결합이다.

● 예컨대, 「사랑」("Liebe", 1797년 말)이라는 헤겔의 청년시절의 단편에 나타나는 로미오와 줄리엣의 사랑을 통해 이 문제를 생각해보자.

헤겔은 사랑을, "서로 주고받음"(ein gegenseitiges Nehmen und Geben=mutual give and take)이라고 규정한다. 쉐익스피어(William Shakespeare, 1564-1616)의 『로미오와 줄리엣』에서 줄리엣은 로미오에게, "당신께 드리면 드릴수록 저는 더 많이 갖게 되요!"(Je mehr ich gebe, desto mehr habe ich)라고 고백한다. 이것이 바로 '사랑의 역설'이다. 즉, 일반적으로 우리는 우리가 가지고 있는 것을 남에게 주면, 남에게 주는 그만큼 우리 것은 줄어든다. 예컨대 내가 천만원을 가지고 있는데, 그 중 오백만원을 다른 사람에게 주면 나에게는 오백만원만 남게 된다. 그러나 줄리엣은, 자기가 사랑하는 사람에게 주면 줄수록 더 많이 갖게 된다고 고백한다. 무엇을 주기에 그런가? 그것은 바로 '사랑'이다.

로미오와 줄리엣이 서로를 진정으로 사랑할 때 그들의 마음의 상태는 어떠한가? 로미오가 줄리엣을, 그리고 줄리엣이 로미오를 사랑한다고 해서 그들 자신이 사라지는 것은 아니다. 로미오는 로미오대로, 줄리엣은 줄리엣대로 남아있으면서 그들은 온전히 하나가 되는 것이다. 이것이 바로 헤겔이 말하는 동일과 비동일의 동일[Identität der Identität und der Nicht-identität], 통일 속의 구별[Unterschiede in Einheit], 하나 속의 여럿[Vielheit im Einen], 결합과 비결합의 결합[Verbindung der Verbindung und der Nichtverbindung]이다. 온전히 하나가 되지 못한 사랑은 진정한 사랑이 아닐 것이다. 따라서, 온전한 사랑에는 두려움이 없다: "사랑 안에는 두려움이 없고 온전한 사랑은 두려움을 내어 쫓나니, 두려움에는 형벌이 있음이라. 두려워하는 자는 사랑 안에서 온전히 이루지 못하였느니라"(요한1서 4:18).

사랑 속에서는 일자는 타자 속에서, 그리고 타자는 일자 속에서 자기 자신을 바라보며 그 존재를 확인한다. 나의 존재는 타자에 의해 인정되고, 반대로 타자의 존재는 나에 의해 인정된다. 사랑은 이러한 상호성

속에서만 의미를 갖는 것이다. 이렇게 볼 때, 사랑 속에서는 일자의 독
자성이 한편으로는 유지되지만, 또 다른 한편에서 보면 그의 독자성은
타자 속에 방기(放棄)되는 것이다. 그리하여 일자가 타자와 통일되어
있다는 자각을 통해서만 일자의 자기의식은 가능하게 된다. 사랑에서
는, 일자는 타자 속에서, 그리고 타자는 일자 속에서 존재함으로써만
그 의미를 갖게 된다. 일자가 타자로부터 완전히 독립해버린다면 더 이
상 사랑은 존재하지 않게 된다. 그렇기 때문에 헤겔은 "사랑이란, 지성
이 해소할 수 없는 가장 큰 대립"이라고 말한다. 왜냐하면 사랑 속에서
일자는 일자로서의 독립성을 지니는 한편, 타자에 대한 의존성을 지니
기 때문이다. 이런 의미에서 "사랑이란 곧 대립을 낳는 것이면서 동시
에 대립을 해소하는 것이기도" 한 것이다. 따라서 사랑이란, 지성이 해
소할 수 없는 가장 큰 대립이다. 왜냐하면 부정되면서도 여전히 내가
긍정적인 것으로서 지니고 있어야만 할 자기의식의 이러한 점적(點的)
인 성격[Punktualität]보다도 더 견고한 것이란 없기 때문이다.

　자기의식의 점적(點的)인 성격[Punktualität]은 "나는 나"를 고수하
는 자아의 비연속성을 가리킨다. 그러나 이러한 나의 독자성만을 고집
해서는 공동체의 일원이 될 수 없다. 자아가 지닌 이러한 배타적인 점
적인 성격은 외부의 타자에게로 뻗어나감으로써, 자신에 내재해 있는
"선성(線性, die Lenearität)" 및 "면성(面性, die Flächenhaftigkeit)"[26]
을 전개해야 한다. 다시 말하면 개인은 "자기의 유연하지 못한(경직된)
인격성[seine spröde Persönlichkeit]"을 사랑의 공동체인 가정 속에서
지양하는 것이다.

　• 앞에서 논의된 내용과 중복되는 점을 제외하고 여기서 한 가지 언
급해야 할 점은, 헤겔에 있어서 나타나는 '시민사회'와 '국가'의 구별

26　Enz §296. TW 9, 164.

이다. 이 점에 관해 좀 더 자세히 살펴보자. '시민사회'라는 말은 18세기 말에 주로 퍼거슨(A. Ferguson, 1723-1816)의 『시민사회사론(市民社會史論)』(Essay on the History of Civil Society, 1767)을 통해 널리 유포되었다. 그러나 이 말이 최초로 사용된 것은 홉스(Thomas Hobbes, 1588-1679)의 『인간본성론』(Human Nature: or The fundamental Elements of Policie, 1650)에서다. 그러나 홉스나 로크는 시민사회와 국가를 동일시했고 스미스(Adam Smith)도 양자를 명확하게 구별하지 않았다. 이러한 사정은 칸트와 피히테에게 있어서도 마찬가지다. 정치적 국가와 시민사회를 구별한 것은 헤겔의 공적(功績)이다. 그리고 이 구별은 오늘날까지도 답습되고 있다.

시민사회는, 17-18세기 신흥 시민상공인들의 경제활동영역인 동시에, 국가의 제도와 공공정책을 통해 안정적으로 작동되는 정치사회이기도 하다.[27] 즉, 헤겔이 말하는 시민사회는 국가와 시장으로부터 독립된 영역이 아니라, 근대적 시장의 원리가 작동하는 경제사회와, 국가제도가 작용하는 정치사회라는 양 측면을 지니고 있다. 그리하여 헤겔은 시민사회의 세 계기를 다음과 같이 구분하고 있다:

1) 필요(욕구)의 체계[das System der Bedürfnisse]: 시민사회의 경제적 측면에 관해 논의함.

2) 사법(司法)활동[Rechtspflege]: 필요(욕구)의 체계에 포함되어 있는 인격권이나 소유권과 같은 보편적인 것을 사법활동에 의해 보호함.

3) 복지행정[Polizei]과 직업단체[직능단체, Korporation]: 1)과 2)의 두 체계 안에 잔존(殘存)하는 우연성에 대해 미리 배려하는 것. 특수한 이익은 복지행정과 직업단체를 통해 공동의 이익으로 배려되고 관

---

27 이에 반해, 현대의 시민사회는 국가와 시장(市場)으로부터 독립된, 그리하여 국가와 시장의 개입으로부터 자유로운 공공성을 지닌 사회임을 주장한다.

리된다(§188).

• 시민사회는, 가정이라는 실체성이 자신의 통일성을 상실하여 분열됨으로써, 자립적 개별자로서의 성원(成員)이 형식적 보편성 속에서 결합된 상태로, 헤겔은 이를 "이 외적(外的) 국가"[welcher äußerliche Staat]이라고 한다(§157). 시민사회에서는 개별성(내지 특수성)과 보편성이 진정으로 통일되어 있지 못하고 분열상을 보인다.

• 시민사회를 구성하는 두 가지 원리는 특수성과 보편성이다. 외적 국가 혹은 "필요국가, 지성국가"[Not- und Verstandesstaat, §183]라고도 불리는 시민사회는 인류의 발전단계에서 가정과 국가 사이에 위치한다. 이러한 시민사회는 개별자의 특수성과 보편성의 형식이라는 두 가지 원리를 갖고 있다. 첫 번째로, 시민사회에서는 각자가 특수한 목적으로 존재하는 구체적인 인격체이며, 그의 목적은 오로지 자기 자신의 필요(욕구, Bedürfniss)의 충족이고, 그에게 있어서 그 밖의 모든 것은 무(無)다.[28]

두 번째의 원리는 "보편성의 형식"(§182)이다. 즉, 각 개인의 사적

---

[28] 특수성(의 원리): "그 자체가 특수한 목적으로서, 필요(욕구)의 전체로서, 그리고 자연필연성과 자의의 혼합체로서 존재하는 구체적인 인간(인격체)"[Die konkrete Person, welche sich als *besondere* Zweck ist, als ein Ganzes von Bedürfnissen und eine Vermischung von Naturnotwendigkeit und Willkür, (...)]. 이렇게 자기 자신의 이익을 스스로의 목적으로 삼는 개인을 헤겔은 사인(私人, Privatperson, 법철학 §187) 또는 시민(Bürger, bourgeois, §190)이라고 부른다. 그런데 이때의 'Bürger', 'bourgeois'는 경제적 사회로서의 시민사회의 성원을 가리키는 용어로서, 곧 "우리가 인간이라고 부르는, 그 관념의 구체화된 존재자"(ebd.)다. 따라서 이것은 프롤레타리아(Proletariat)와 대비되는 계급으로서의 부르주아가 아니라, 정치공동체인 국가의 성원인 공민(公民, Staatsbürger, citoyen)과 대비되는 용어다. 이 점과 관련하여 녹스(Knox)는 다음과 같이 말하고 있다: "우리는 한 국가의 구성원을 '인간'[men]이라고 말하지 않고 '영국인'[Englishmen], '독일인'[Germans] 등으로 말한다. 정치제도는 다를 수 있으나 경제적 필요[economic needs]는 어디서나 같다."

(私的) 이익 및 필요(욕구)는 다른 개인들의 이익 및 필요(욕구)와 서로 관련되어 있고, 각 개인의 필요(욕구)의 충족은 다른 개인의 그것에 의존해 있어서, 그는 오직 이런 관계망 속에서만 자기의 필요(욕구)의 충족을 얻을 수 있다.[29] 즉 개별자들은 자신들의 특수이익들을 공동의[gemeinsame] 이익들로 배려함으로써만 충족시킬 수 있다. 시민사회의 이러한 성격을 규정하는 용어로 "전면적인 의존의 체계"[ein System allseitiger Abhängigkeit, §183]라는 표현을 사용하고 있는데, 이는 바로 "필요(욕구)의 체계"[das System der Bedürfnisse, §188] 외에 다른 것이 아니다. 시민사회에서는 누구나 개별자로서 사리(私利)를 추구한다. 그러나 타인과 관계하지 않고서는, 즉 보편성의 관계망 속으로 들어가지 않고서는 자신이 목적하는 바를 성취할 수 없다. 개별성은 보편성과의 매개를 통해서만 성립 가능한 것이다. 즉, 시민사회에서는 개인의 생계, 복지, 권리는 만인의 생계, 복지, 권리와 어울려지면서 이 연관성 속에서만 실현된다. 예컨대 시민사회에서 어떤 사람은 구두 만드는 사람이고, 어떤 사람은 정육점 주인이며, 또 어떤 사람은 옷 만드는 사람이고, 버스 운전기사다. 여기서 한 사람이 자기 자신의 필요(욕구)[특수한 것]를 충족시키기 위해서는 타인들의 도움[보편적인 것]에 의존할 수밖에 없다. 한 사람이 이 모든 일을 할 수는 없기 때문이다. 따라서 개인들의 필요(욕구)는 그물망처럼 얽힌 "전면적인 의존의 체계"를 이루는 것이다.

---

29 보편성(의 원리): "그러한 다른 특수성과 본질적으로 관계하는 특수한 인간(인격체)은 그리하여 각각의 특수자는 다른 특수자를 통하여, 그리고 이와 동시에 전적으로 두 번째 원리인 보편성의 형식에 의해 매개된 것으로서만 타당한 것으로 되고 만족할 수 있다."("-aber die besondere Person als wesentlich in *Beziehung* auf andere solche Besonderheit, so daß jede durch die andere und zugleich schlechthin nur als durch die Form der *Allgemeinheit*, *das andere Prinzip*, *vermittelt* sich geltend macht und befriedigt." PR, 339)

• 헤겔은 이런 성격을 지닌 시민사회를 "외적인 국가, 즉 비상(非常)국가, 그리고 지성의 국가(den *äußeren Staat*, —*Not*- und *Verstandessta-at*)"(§183)라고 말한다. 그 이유는 무엇인가? 시민사회에서는 '겉으로는' 특수성과 보편성이 통일되어 있는 상태로 보이지만 사실은 그렇지 않으므로 '외면적으로만' 국가처럼 보일 뿐이며, 무엇인가가 부족함(곤궁함, Not)이 있으며, 따라서 특수성과 보편성이 온전히 통일되어 있지 않으므로 —이성적이 아니라— '지성(적)'이라는 수식어를 붙인 것이다.

그러나 개인이 사리를 추구할 때, 타인은 그 개인의 목적을 이루기 위한 수단이 되지만, 이 관계는 상대적이어서, 타인으로서의 개인 자신의 사리를 추구하는 경우에 그의 타자 또한 수단이 된다. 그러나 타인이 수단이 된다고 해서 타인에게 (일방적으로) 해(害)를 입히는 것이 아니라, 개인은 타인의 복지도 만족시키면서 자기도 만족시킨다(§188 보유 참조). 시민사회에서는 특수와 보편이 온전히 통일되어 있지는 않지만 상호 연관되어 있는 동시에 제약하고 있다. 예컨대 세금을 내는 일은 개인의 특수성을 침해하는 것이 아니라 —물론 부당한 세금징수는 별도의 문제지만—그것은 보편성을 유지하기 위한 일인 동시에, 또한 그것 없이는 특수성 혹은 개인의 목적의 특수성도 충족될 수 없는 것이다(§184 참조).

헤겔은, 인륜의 상실태인 시민사회는 직업단체[직능단체, Korpora-tion]를 통해 그 인륜을 회복하는 것으로 보고 있다. 직업단체 속에서는, 제한된 범위에서이긴 하지만, 상호부조를 통해 특수성과 보편성의 통일이 가능하게 된다. 즉 인륜적 인간[der sittliche Mensch]은 보편적인 것을 직업단체 속에서 발견하며, 개인이 시민사회 속에서 자신을 배려할 뿐만 아니라 타인을 위해서도 행동한다는 무의식적 필연성은 직업단체 속에서 비로소 의식적인, 그리고 사유하는 인륜으로 된다. 따라서 "원자론의 체계"(das System der Atomistik, Enz §523)로서의 시민 사회는 가족과 직업단체라고 하는 고정된 유기적 제도들에 의해 완전한 붕괴로부터 구출될 수 있다. 그러나 헤겔에 의하면, 이러한 직업단체의 목적은 제한되어 있기 때문에[30], 개별자와 보편자의 진정한 통일을 실현하지는 못하며, 직업단체는 국가의 감독을 받아야 하고, 개별자와 보편자의 진정한 통일은 국가 속에서 이루어진다. 시민사회에서는 필요(욕구)가 무한히 산출될 뿐만이 아니라 "다른 한편으로는 결핍[Entbehrung]과 곤궁[Not]도 무한정하다. 그런데 이러한 혼란상태는, 이를 통제하는 국가에 의해서만 조화에 이를 수 있다"(§185). 이리하여 시민사회로부터 국가로의 이행이 이루어진다.

헤겔은 국가와 시민사회를 혼동하지 말라고 이야기한다. "소유와 인격적 자유의 안전과 보호"(§258)는 국가의 사명이 아니라 시민사회의 사명이다. 국가 속에서 개인의 궁극적 목적은 자기의 사익(私益)이 아니라, 개인과, 객관정신으로서의 국가의 통일, 그리고 보편적인 삶을 영위하는 것(§258)이다.[31] 즉, 국가는 객관적 정신이므로, 개인은 국가의 일원일 때에만 객관성과 인륜을 지닌다. 그런데 객관정신으로서의 국가와 개인의 합일은, 개인의 주체성의 포기를 뜻하지 않는다. 그것은 보편성과 개별성이 상호 침투된 통일이며, "객관적 자유, 즉 보편적이고 실체적인 의지와 개인적인 지(知)로서의 그리고 특수한 목적을 추구하는 개인의 의지로서의 주관적인 자유와의 통일이다"(ebd.). 국가 속에서 한 개인은 개별자인 동시에 보편적인 존재자다. 즉, 그는 이제 더

---

30 직업단체의 보편적인 목적은 영업, 그 고유한 사업과 이익에 포함되어 있는 목적보다 더 넓은 범위를 갖고 있지 않다.

31 개인의 사익의 희생과 보편적 삶의 영위가 가장 뚜렷이 드러나는 경우는 아마 전쟁일 것이다. 사익만을 생각한다면, 전쟁이 일어났을 때 외국으로 도피하는 것이 가장 좋을 것이다. 그러나 사람들은 국가를 위해 기꺼이 생명의 위험을 무릅쓰고 전쟁터로 나간다.

이상 사인(私人) 혹은 시민(市民, Bürger)이 아니라 공민(公民) 혹은 국민(國民, Staatsbürger, citoyen)인 것이다.[32]

---

32 "개별자는 자신과 가족을 돌보고, 일하며 계약을 맺는 등의 일을 한다. 그리고 이와 마찬가지로 그는 보편적인 것을 위해서도 일하며 보편적인 것을 목적으로 삼는다. 전자의 측면에서 보면 그는 시민[bourgeois]이고 후자의 측면에서 보면 공민[citoyen]이다"(『예나실재철학 II』, 249).